加强沟通理解 寻求共同安全

——中日韩安全合作国际研讨会论文集

刘卿◎主编

人民出版社

图书在版编目（CIP）数据

加强沟通理解　寻求共同安全：中日韩安全合作国际研讨会论文集/刘卿
主编. —北京：人民出版社，2016.12
　ISBN 978-7-01-017009-1

　Ⅰ.①加… Ⅱ.①刘… Ⅲ.①国家安全—国际合作—中国、日本、韩国—国际学术会
议—文集 Ⅳ.①D815.5-53

　中国版本图书馆 CIP 数据核字（2016）第 292054 号

加强沟通理解　寻求共同安全——中日韩安全合作国际研讨会论文集
JIAQIANG GOUTONG LIJIE XUNQIU GONGTONG ANQUAN——ZHONG-RI-HAN ANQUAN HEZUO
GUOJI YANTAOHUI LUNWENJI
刘卿　主编

责任编辑：曹　利
封面设计：九　五
出版发行：人　民　出　版　社
地　　址：北京市东城区隆福寺街 99 号
邮　　编：100706
邮购电话：（010）65250042　65258589
印　　刷：环球东方（北京）印务有限公司
经　　销：新华书店
版　　次：2016 年 12 月第 1 版　2016 年 12 月北京第 1 次印刷
开　　本：787 毫米×1092 毫米　1/16
印　　张：26
字　　数：380 千字
书　　号：ISBN 978-7-01-017009-1
定　　价：56.00 元

编　委　会

序　言

2016年5月30—31日，由中国国际问题研究院主办的"第二届中日韩安全合作国际研讨会"在京召开，中国外交部亚洲司肖千司长出席了会议并作发言，中日韩三国合作秘书处杨厚兰秘书长代表三国合作秘书处作了发言，日本防卫省前审议官德地秀士和韩国国家发展研究院院长金锡友分别作为日韩代表发言。来自外交部、中日韩三国合作秘书处和三国外交安全领域的官员及学者五十余人与会。

中日韩三国一衣带水，在东北亚乃至世界上都具有举足轻重的地位。同为亚洲重要国家，三国对地区和平稳定和发展繁荣肩负着共同的责任。从长远来看，东亚已经成为全球最具活力和发展潜力的地区，三国之间的关系也必将深刻影响全球格局的变革与发展。当前，面对错综复杂的地区安全局势，三国更加需要结合本地区的特点，积极探索合作的前景与可能路径，为地区的长治久安共同努力，使亚洲的"和平红利"得以长久延续。2015年11月，中断三年的三国领导人会议机制在首尔重启，三国领导人发表了《关于东北亚和平与合作的联合宣言》，重申了对中日韩合作的高度重视。李克强总理提出，中方愿继续举办中日韩安全合作国际研讨会，探讨安全理念的对接与融合，为实现地区安全与发展营造良好氛围。

本次研讨会作为落实领导人会议成果的重要举措，显示了中方对加强三国政治安全领域合作、筑牢三国合作基石的高度重视。研讨会汲取首届会议经验，设置"东北亚安全形势评估""地区国家安全政策调整新趋势""地区安全挑战的主要因素"及"地区安全合作的政策建议"四个议题。三方与会者各抒己见，观点深入碰撞交锋。大家一致认为，当前的地区安全局势在一定程度上趋于复杂化、紧张化。为避免陷入"安全困境"，需要尽快构建多边安全协调机制。与会专家提出的真知灼见，对今

后理解三国安全合作难点，以及寻找合作途径，具有重要的参考意义。

为此，我们特将与会者提交的论文结集成册，并翻译为中、日、韩三种文字，以飨三国读者，促进学术交流。需要强调的是，各位作者在文中所表达的观点，既不代表其本国政府或所在机构的立场，也不代表编者的立场，仅仅是其个人看法。

衷心感谢各位作者的鼎力支持，同时也感谢各位编委及译者的辛勤付出；人民出版社为本书的顺利出版做了大量工作，在此一并表示感谢。

中国国际问题研究院院长 苏 格

2016年8月18日

前書き

　　2016年5月30日から31日まで、中国国際問題研究院に主催された「第二回中日韓安全保障協力国際会議」が北京で開かれ、中国外交部アジア局肖千局長が会議に出席してご挨拶を、中日韓協力事務局楊厚蘭局長が事務局を代表して発言を、日本防衛省元審議官徳地秀士氏と韓国国家発展研究院金錫友院長が夫々日本側と韓国側の代表としてご挨拶をしてくださった。それから、外交部、中日韓協力事務局や三カ国の外交安保分野から50余名の官僚や学者に会議に出席していただいた。

　　中日韓三カ国は一衣帯水の隣国であり、北東アジアないし全世界でもかなり重要な地位を占めている。同じくアジアの重要な国家として、三カ国は地域の平和安定と繁栄発展に対して共同の責任を背負っている。長期的な目で見れば、東アジアが既に全世界で最も活力や発展の潜在力を持つ地域と成長しており、三カ国の関係も必ず世界構成の変革や発展に深い影響を及ぼすに違いない。目下、複雑に絡まっている地域の安保情勢に対して、三カ国は地域の特徴を把握した上で協力の将来性と可能な道を積極的に模索する必要が一層あり、地域の長期的な安定のために共同で努力を重ねてアジアの「平和の黒字」を長く持続させていくべきである。2015年11月に３年ぶりに三カ国首脳会議の機制がソールで再開され、三カ国の指導者は「北東アジアの平和と協力のための共同宣言」を発表して中日韓の協力への高度重視を重ねて言明した。中国側は今後とも中日韓安全協力国際会議を続けて行うことによって、安全理念の繋がりと融合の問題を検討し、地域の安全と発展のために良い雰囲気を作り出したいと李克強総理が提出した。

　　今回のシンポジュームは首脳会議の成果を実践させる重要な一環として、中国側が三カ国政治安保領域の協力や三カ国協力の基礎の建築に

対する高度の重視をも表している。会議は第一回の会議の経験を吸収して「北東アジア安保情勢評価」、「地域国家安保政策の新たな調整趨勢」、「地域安保挑戦の主要要素」、「政策提案」という四つのテーマを設けた。三カ国の参会者が自由に自分の意見を発表して色々な観点を深く戦わしたが、現在の地域安保情勢はある程度で複雑化や緊張化に向かっていると皆さんが一致して思っている。「安保難局」への陥りを避けるために、なるべく早く多国間安保協調機制を構築する必要がある。出席の専門家に提出された正確で透徹した意見は、今後で三カ国の安保協力の難点を理解するまた協力の道を模索するには重要な参考価値を持っている。

　そのため、我々は参会者の論文を一冊の本に纏め、また三カ国の読者に読んでいただいて学術的な交流を促すために中日韓三カ国の言葉で翻訳致した。ただ、各論文の観点はただ個人的な見方で、各国政府や所属機関の立場及び編集者の立場を代表したものではないとここで強調しておきたい。

　最後に、大いに支持してくださった執筆者の皆様と、いろいろとご苦労なさった編集委員会の皆様に感謝の意を申し上げたい。また、人民出版社の皆様がこの本を順調に出版させるためにたくさんの仕事をしてくださって、ここで感謝させていただきたいと存じる。

中国国際問題研究院院長　蘇　格

2016年8月18日

머리말

    2016년 5월 30일부터 31일에 걸쳐 중국국제문제연구원에서 주최한 "제 2회 중·일·한 안보협력 국제세미나"가 베이징에서 개최되었다. 회의에서는 중국 외교부 아세아사 쇼우첸사장의 연설에 이어 중·일·한 안보협력 비서처 양후란비서장이 3국협력비서처를 대표하여 발언하였으며 일본방위성 전임 심의관 도쿠치 히데시와 한국국가개발연구원 김석우원장이 각기 일본과 한국을 대표하여 발언을 하였다. 회의는 외교부, 중·일·한 3국협력비서처와 3국 외교 안전분야의 관원 및 학자 50여명이 참석하였다.

    중·일·한 3국은 인접국으로서 동북아 심지어 세계에서도 중요한 자리를 차지하고 있다. 중·일·한 3국은 모두 아세아의 중요한 국가이며 지역의 평화, 안정과 번영에 공동의 책임을 갖고 있다. 동아세아는 세계에서도 가장 많은 활력과 발전잠재력을 가진 지역이기 때문에 장기적으로 볼 때 3국간의 관계는 세계 구도의 변혁과 발전에 심각한 영향을 미친다. 지금의 복잡다단한 지역안전 정세에 직면하여 3국은 본 지역의 특성과 결부하여 협력의 전망과 경로를 적극 탐색함으로써 지역의 장기적인 평화를 위해 공동으로 노력하고 아세아주의 "평화 복리"가 장기적으로 계속되게 하여야 한다. 2015년 11월, 3년 동안 중단되었던 3국 정상회의기제가 서울에서 재개되면서 3국 지도자들이 ≪동북아 평화와 협력 공동선언≫을 함께 발표함으로써 중·일·한 협력에 대한 3국의 각별한 중시를 표명하였다. 리커챵총리는 중국이 중·일·한 안보협력 국제세미나를 계속 개최하여 안전이념의 통일과 융합을 토론하고 지역의 안전과 발전을 위해 양호한 분위기를 마련할것이라고 말했다.

    금번 세미나는 정상회담의 성과를 실제에 옮기는 중요한 회의로서 3국의 정치안전분야의 협력을 강화하고 3국간의 협력의 기반을 튼튼히 다지는데 각별한 중시를 돌리고 있다는것을 말해준다. 세미나는 제1회 회의 경험을 섭취하여 "동아세아 안전정세 평가", "지역 국가안보정책 조정의 새로운 추세", "지역안전 도전의 주요 요소"및 "정책적 건의"등 4개 의제로 나누었다. 회의 참가자들은 너나없이 자기의 의견을 발표하였고 열렬한 토론을 진행하였으며 모두 현재 지역안전정세는 더욱 복잡해지고 긴장해지고 있는 추세이기 때문에 "안전의 곤경"에서 빠져나오기 위하여서는 다자 안보협력기제를 서둘러 구축하여야 한다고 인정하였다. 회의 전문가들의 투철한 견해는 향후 3국안전협력의 난점을 해결하고 협력의 경로를 모색하는데 중요한 참고가치를 제공할것이다.

　이에 우리는 회의 참가자들이 제출한 논문을 책으로 펴내여 학술교류를 촉진하고자 중·일·한 3개 문자로 번역하였다. 다만, 논문집의 논문은 개인의 견해일뿐 본 국 정부나 소재 기구나 편집자의 입장을 대표하지 않는다.

　마지막으로 여러 작가들의 적극적인 지지에 진심으로 감사를 드리며 여러 편집자들의 아낌없는 수고에 심심한 감사를 드린다. 그리고 이 책의 출판을 위해 많은 수고를 해준 인민출판사에도 감사를 드린다.

중국국제문제연구원 원장 수거

2016년 8월 18일

目　录

致　辞

增进政治互信关系　维护地区和平稳定　苏　格　/3

在第二届中日韩安全合作国际研讨会上的致辞　肖　千　/5

加强三国安全合作　构建地区安全机制　杨厚兰　/8

第一章　东北亚安全形势评估

两对结构性矛盾与东北亚安全形势　虞少华　/13

东亚安全：以朝鲜安全问题和东海形势为中心　[日]片原荣一　/16

近期朝鲜半岛安全局势评析　[韩]郑载兴　/20

核试验后的朝鲜半岛形势　杨晓青　/23

朝核问题新进展与中国东北亚安全环境塑造　任晶晶　/26

东北亚安全合作的历史与现实　[韩]金锡友　/29

第二章　地区国家安全政策调整新趋势

日本的防卫政策：最新进展与地区合作　[日]德地秀士　/37

东北亚需要谋求可持续安全的新方向　刘江永　/40

东亚国际形势："中日韩+美国"的复合外交　[韩]金圣哲　/47

进攻性姿态、安全困境加剧与政策考虑　[韩]朱宰佑　/54

"新指针"给日美同盟带来的新变化　江新凤　/ 57

日本未来战略走向　龚都刚　/ 60

朝鲜第七次党代会和朝核问题　［韩］白鹤淳　/ 62

第三章　地区安全挑战的主要因素

阻碍东北亚地区安保合作的原因及对策　［韩］申相振　/ 69

东北亚地区合作课题——以日韩关系为中心　［日］西野纯也　/ 73

韩中围绕朝鲜半岛和平统一的论争：

　　相互认识·争论·战略的界限　［韩］文兴镐　/ 77

建设"东北亚经济走廊"势在必行　石源华　/ 82

当前东北亚安全面临的挑战及出路　刘卿　/ 84

慰安妇协议与日韩安保合作　张薇薇　/ 87

中日韩安全合作面临的机遇与挑战　笪志刚　/ 90

第四章　地区安全合作的政策建议

日中韩国内舆论与地区安全机制的构建　［日］加茂具树　/ 97

非对称2×2朝美博弈中的朝核协商局面　［韩］李弘揆　/ 103

东海稳定与未来中日关系　胡继平　/ 113

朝鲜非核化所需的政策转换　［日］前田宏子　/ 115

目　次

挨　拶

政治的相互信頼関係を促進し、地域の平和と安定
　　を維持する　蘇　格 / 119

第二回中日韓安全協力国際会議の開会式における挨拶　肖　千 / 122

三カ国の安全協力を強化し、地域安全メカニズムを
　　構築する　楊厚蘭 / 125

第一章　東アジア安全保障環境の評価

二組の構造的な矛盾と北東アジア安全情勢　虞少華　 / 131

東アジアの安全保障：北朝鮮をめぐる安全保障問題と東シナ
　　海情勢を中心に　片原栄一 / 135

近来朝鮮半島の安全情勢への評価と分析　鄭載興　 / 139

核実験後の朝鮮半島の情勢　杨暁青 / 142

朝鮮半島核問題の進展及び中国による北東アジア安全
　　環境の構築　任晶晶　 / 146

北東アジア安全協力の歴史と現状　金錫友　 / 150

3

第二章　地域国家の安全政策調整における新趨勢

日本の防衛政策について—最近の進展と地域協力　徳地秀士　/ 157

北東アジアが求めるべき持続可能な安全の新たな方向　劉江永　/ 161

東アジアの国際情勢—中韓日＋米の複合外交　金聖哲　/ 169

攻撃的な姿勢、緊張化の安保難局と政策の考慮　朱宰佑　/ 177

「新ガイドライン」が日米同盟にもたらす新しい変化　江新鳳　/ 180

日本の戦略動向　龔都剛　/ 183

朝鮮労働党第七次大会と北朝鮮核問題　白鶴淳　/ 185

第三章　地域安全を挑戦する主な要素

北東アジア地域の安保協力を妨害する要素及び対策　申相振 / 193

北東アジア地域の協力に向けた課題—日韓関係
　　を中心に—　西野純也　/ 197

朝鮮半島の平和統一をめぐる韓中論争–
　　相互認識・論争・戦略の限界–　文興鎬　/ 201

「北東アジア経済回廊」の建設を推進すべき　石源華 / 206

目下の北東アジア安全が直面する挑戦及び活路　劉　卿　/ 209

慰安婦協議と日韓安保協力　張薇薇 / 212

中日韓安保協力のチャンスとチャレンジ　笪志剛　/ 216

第四章　地域安全協力についての政策提案

日中韓 3 カ国の国内世論と地域安全保障メカニズムの
構築　加茂具樹　/ 223

非対称2×2米朝「ゲームの理論」から見た北朝鮮の核実験に関する協議の情
勢　李弘揆　/ 229

東中国海の安定と将来の日中関係　胡継平　/ 241

北朝鮮非核化のために必要な政策転換　前田宏子　/ 243

한국어 목록

개막식 연설

정치적 상호신임관계를 증진 지역의 평화와 안정을 수호　苏　格　/ 247
제2회 중일한 안보협력 국제세미나에서의 연설　肖　千　/ 250
3국 안보협력의 강화와 지역안보기제의 구축　杨厚兰　/ 254

第1장　동북아　안보정세평가

두가지 구조적 모순과 동북아 안보정세　虞少华　/ 259
동아시아의 안전 보장 : 북한을 둘러싼 안전 보장 문제와 동중국해 정세를
　　중심으로　片原荣一　/ 263
최근 한반도 안보정세 평가 및 분석　郑载兴　/ 268
북핵 실험 이후 한반도 정세　杨晓青　/ 274
북핵 문제의 새로운 진전과 중국 동북아안보 환경 구축　任晶晶　/ 278
동북아 안보협력의 역사와 현실　金锡友　/ 282

第2장　지역국가들　안보정책변화의　새로운　추세

일본의 방위정책에 대하여___최근의 진전과 지역협력　德地秀士　/ 291
동북아시아 지속가능한 안보를 위한 새 방향 필요　刘江永　/ 296
동아시아 국제정세:한국·중국·일본+미국의 복합외교　金圣哲　/ 305

공격적 태세, 안보딜레마의 가속화및 정책 고려　朱宰佑　/ 314

"신가이드라인"이 일미동맹에 가져온 새로운 변화　江新凤　/ 318

일본의 미래 전략 방향　龚都刚　/ 322

북한의 제7차 당대회와 북핵문제　白鹤淳　/ 324

제3장　지역안보 도전의 주요 요소

동북아지역 안보협력 장애요인과 몇가지 제안　申相振　/ 333

동북아지역협력 실현을 위한 과제

　　——한일관계를 중심으로　西野纯也　/ 338

韓•中韓半島平和統一論議- 相互認識•爭點•戰略의限界　文兴镐　/ 343

'동북아 경제 회랑' 구축은 피할 수 없는 추세　石源华　/ 349

현재 동북아안보에 존재하는 도전 및 출로　刘　卿　/ 352

위안부협의와 한일 안보협력　张薇薇　/ 356

중•일•한 안보 협력이 직면한 기회와 도전　笪志刚　/ 360

제4장　지역안보협력에 대한 정책 제안

한중일 3 국 국내 여론과 지역 안보 메커니즘의 구축　加茂具树　/ 367

비대칭적 2×2게임에 적용한 북•미간 북한 핵 협상 양상　李弘揆　/ 374

동중국해 안정과 미래 중일 관계　胡继平　/ 395

북한의 비핵화를 위해 필요한 정책적 전환　前田宏子　/ 398

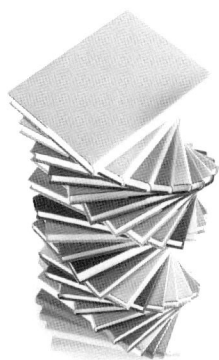

致辞

增进政治互信关系　维护地区和平稳定

苏　格[*]

尊敬的外交部亚洲司肖千司长，

尊敬的日本防卫省前防卫审议官德地秀士，

尊敬的韩国国家发展研究院金锡友院长，

尊敬的中日韩合作秘书处杨厚兰大使，

尊敬的各位嘉宾，女士们、先生们：

大家上午好。现在，我谨代表主办方欢迎各位齐聚北京，参加由中国国际问题研究院举办的第二届中日韩安全合作国际研讨会。

中日韩是一衣带水的邻邦，是东北亚乃至世界上的三个重要国家。中日韩三国人口总数占世界的20%，经济总量占世界的22%、亚洲的70%，外汇储备占世界的47%，三国合作对地区和平稳定与发展繁荣，乃至全球格局发展都有深远影响。

2015年11月，在三国共同努力下，重启了时隔三年的领导人会议机制，中日韩三国发表了《关于东北亚和平与合作的联合宣言》，对推动三国合作发挥重要引领作用。2016年4月，习近平主席在华盛顿出席核安全峰会时与朴槿惠总统举行会晤，就双边关系及共同关心的重大国际和地区问题深入交换意见，达成多项共识。我们欣慰地看到，中日关系也出现进一步改善的迹象。日本外相岸田文雄4月访华，透露推进中日关系积极信号。一段时期以来，三国有关部门积极互动，包括举办了教育部长会、环境部长会、三国记者联合采访、三国青年官员交流等重要活动，各领域合作显现良好发展势头。

女士们、先生们，中日韩经贸合作是三边关系的基石。近来，三国在区域贸易自由化建设方面取得重大进展。再过两天（6月1日）就是《中韩自由贸易协定》签署一周年的日子，我们高兴地看到，自贸协定生效执行得非常顺利，不到半年时间里中韩实施了两次降税，两国在经济、文化、旅游等多领域的交流、合作得到全面提升。中日韩之间自贸协定的谈判也取得了积极的进展，在几个领域当中的模式谈

---

[*] 苏格：中国国际问题研究院院长、前驻冰岛、苏里南大使。

判基本上达成了共识。随着中国经济新常态的稳步发展，日韩经济政策和产业结构调整的深化，三国都将为彼此发展带来更多机会。

近年来，三国人文交流十分活跃。2015年，三国人员往来近2400万人次。中韩人文交流共同委员会自2013年建立以来，已举行三次全体会议，开展近70项人文交流活动，2016年又计划增加69个合作项目，涉及学术教育、青少年等多个领域。随着中日关系缓和，中日人文交流回暖。2015年访日中国游客达到约500万人，同比翻了一番，在各国访日游客人数中跃居首位。随着赴日人数的增加，中国人对日本的印象也在发生改变。

同时也应看到，三国合作还面临诸多复杂因素的挑战，尤其是政治安全领域。长期以来，中日韩之间存在的某些敏感问题，特别是历史问题，成为掣肘三国关系发展的重要原因。朝核问题、海洋权益等问题产生的分歧助长了三国战略互疑。加之其他力量加入地区角力，地缘政治因素突出。而本地区安全关系的制度化欠缺，至今没有形成一个稳定的安全机制。东北亚仍然是一个地理概念，而非像北美或者欧洲那样的制度概念。如何从机制化层面维护地区安全和稳定，这亟须地区国家，尤其是处于这一地区中心的中日韩三国的共同努力。

各位嘉宾、各位朋友，本届研讨会的主旨就是探讨三国如何加强安全领域对话与合作，增进政治互信关系，为维护地区和平稳定建言献策。研讨会分四个分议题：一是如何评估当前东北亚安全形势，包括核试验后的朝鲜半岛形势、东海的安全形势、地区内各国转型新趋势；二是如何看待地区国家安全政策调整新趋势，包括美日、美韩同盟发展，日本新安保法带来的变化，中国军队改革，韩国防卫政策的调整；三是如何认识地区安全挑战，即影响地区合作的主要因素，包括区域热点问题、不同安全认知、安全困境、信任赤字等；四是地区安全合作的政策建议，包括并行推进思路、地区安全合作机制建设（比如建立信任措施、危机管理、海上和空中相遇准则）、非传统安全合作（比如救灾、海上联合搜救、打击恐怖主义、打击跨国有组织犯罪的法律合作）、在多边安全架构（如联合国和"10+3"）下的协调与合作。

相信出席本届研讨会的三国安全领域的专家们，将为大家带来一场思想盛宴，帮助加深了解彼此的安全关切，进一步增进三国互信关系，共同提升安全领域合作，为东北亚未来的和平与发展积蓄智慧。

谢谢大家！

在第二届中日韩安全合作国际研讨会上的致辞

肖　千[*]

日本防卫省前防卫审议官德地秀士先生，
韩国国家发展研究院金锡友先生，
中日韩合作秘书处秘书长杨厚兰大使，
中国国际问题研究院院长苏格大使，
女士们，先生们：

大家上午好。很高兴出席第二届中日韩安全合作国际研讨会。我谨对研讨会的召开表示热烈祝贺，对中国国际问题研究院为主办此次研讨会所做的周到安排表示感谢。

中国、日本和韩国是东亚乃至世界最重要经济体，三国经济总量占东亚的90%、亚洲的70%、世界的20%。三国间的相互关系及三国间的合作对区域乃至世界的和平、稳定和发展有着举足轻重的作用。三国合作始于1999年，17年来各领域交流合作不断推进，建立起外交、文化、经贸等20多个部长级会议机制和60多个工作层磋商机制。中日韩自贸区建设稳步推进、现已进入第十轮谈判。"亚洲校园""东亚文化之都"等重点项目取得积极效果，进一步拉紧了三国人文交往的纽带。三国合作取得的成绩有目共睹，值得肯定。

自2012年以来，由于众所周知的原因，三方合作进程受到干扰，合作势头有所减弱。随着中日、韩日关系的逐步改善，2015年11月，第六次中日韩领导人会议在首尔举行。三国领导人均重申对中日韩合作的高度重视，一致同意本着"正视历史、面向未来"的精神，妥善处理历史等敏感问题，深化在政治、经贸和财经、可持续发展、人文等领域的合作。2016年以来，三国有关部门积极落实会议成果，举办了教育部长会、环境部长会、自贸区谈判、三国记者联合采访、首届中日韩公共外交论坛等重要活动，推动各领域合作持续深入发展。

在第六次领导人会议上，李克强总理提出，中方愿继续举办中日韩安全合作国

---

[*]　肖千：中华人民共和国外交部亚洲司司长。

际研讨会，探讨安全理念的对接和融合，为实现地区安全与发展营造良好氛围。本次研讨会作为落实领导人会议成果的重要举措，显示了中方对加强三国政治安全领域合作、筑牢三国合作基石的高度重视。

女士们、先生们，

环顾全球，中日韩三国所处的东亚地区局势总体保持和平稳定，经济保持较快增长，区域合作取得丰硕成果。东亚已成为美国、欧盟之外的世界经济第三极，可以称得上全球最具活力和发展潜力的地区。但同时也要看到，亚洲地区历史恩怨、冷战残余、领土和海洋权益争议交织，热点问题时起时伏，恐怖主义、难民潮、自然灾害、跨国犯罪等非传统安全威胁的挑战日益增多。特别是2016年年初以来，朝鲜半岛局势再次陷入严重危机，东北亚局势更加复杂。

中日韩同为亚洲重要国家，对东北亚乃至亚洲地区的和平稳定和发展繁荣肩负着共同的责任。面对错综复杂的安全挑战，需要针对本地区的特点，积极探索应对之策，共同致力于地区的长治久安，延续"和平亚洲"的红利。

一是夯实双边关系的基础。中日韩三国应理性看待彼此的发展，尊重和照顾彼此利益关切，确保世代友好相处。自2012年以来中日韩合作的起伏跌宕给我们一个重要启示，就是必须本着"正视历史、面向未来"的精神，妥善处理双边关系中的历史等敏感问题，才能确保三国合作走在健康、稳定的轨道上，从而为东北亚地区和平发展作出积极贡献。

二是妥善处理热点问题。"冰冻三尺非一日之寒"，复杂的历史纠葛和现实的利益纷争使东北亚的一些热点问题格外敏感棘手。只有充分照顾各国的根本利益和民族感情，稳妥推进热点问题的解决，才能避免矛盾激化、局势升级，维护来之不易的和平稳定环境。应坚持实现半岛无核化，并行推进半岛无核化与停和机制转换；应通过直接当事方之间的对话协商解决领土和海洋权益争议，避免给三国合作机制造新的障碍。

三是携手应对非传统安全挑战。自然灾害、环境污染、网络犯罪等非传统安全问题是三国面临的最现实、最突出的威胁。多年来，三国在灾害管理、环境保护、地震科技、民用核安全、打击犯罪、粮食安全等非传统安全领域开展了广泛合作，打下了良好合作基础。下一步，三国应进一步深化合作，提供更多公共安全产品，为三国民众的福祉构筑稳定、安宁的环境，并在务实合作的过程中积累互信，为未来的区域安全架构建设提供思路。

四是探索构建符合地区实际的安全架构。目前，东北亚地区多边安全对话机制建设滞后，与本地区的经济合作发展现状不协调。强化双边军事同盟，牺牲别国安全来谋求自身绝对安全只会制造对立和隔阂，不利于维护地区的共同安全。中方倡

导共同、综合、合作和可持续的亚洲安全观，韩方提出了东北亚和平合作构想，日方也多次表示愿为地区和平稳定发挥作用。三国要发挥东方智慧，摒弃冷战思维与零和博弈的观念，加强安全理念的交流和安全理论创新，通过对话合作，推动持久安全与发展，共同构建具有较强包容性、顺应时代潮流、符合本地区发展需求的安全架构。

女士们、先生们，

在座诸位是中日韩三国在安全合作领域的重要学术代表。2015年8月，中日韩思想库网络正式成立，中国外交学院、韩国国立外交院和日本国际关系论坛被指定为各国牵头机构。希望诸位积极关注并参与中日韩思想库网络，为推动三国合作，特别是政治安全领域合作提供智力支撑。

中日韩合作秘书处为服务三国各领域合作交流发挥着越来越重要的作用。希望秘书处保持和加强同有关学术机构的联系与合作，为三国研究安全合作的学者提供更多的交流平台和机会。

最后，预祝本次研讨会圆满成功！

谢谢大家！

加强三国安全合作　构建地区安全机制

杨厚兰[*]

尊敬的中国外交部亚洲司司长肖千阁下，

日本防卫省前防卫审议官德地秀士阁下，

韩国国家发展研究院金锡友院长，

中国国际问题研究院苏格院长，

各位专家、学者、朋友们：

上午好！

非常高兴受邀出席第二届中日韩安全合作国际研讨会。首先，请允许我代表中日韩三国合作秘书处对此次研讨会的召开表示热烈祝贺；其次，我也想感谢中国国际问题研究院为筹备此次研讨会所做的大量工作。

回顾我的外交生涯，很长时间都是在和韩国、日本两国打交道。我最深的感受是，三国之间的联系，无论是经贸合作还是人员往来，比以往任何时候都要紧密。尽管三国双边关系时有起伏，但三国加强合作的呼声从未减弱。2015年9月我就任中日韩三国合作秘书处秘书长以来，走访了三国不少地方，与三国各界的朋友们交流，深切感受到了社会各界对于加强三国合作、推进三国友好的强烈愿望。

然而，我们也必须看到，与三国经贸、人文交流一派欣欣向荣相比，三国政治安全合作的步伐还比较缓慢。由于历史、领土等众所周知的问题影响，三国间政治互信不足，合作易受双边问题干扰。这种经济和安全不匹配的现实对三国合作造成负面影响，不利于东北亚地区的和平与稳定。中日韩三国是搬不走的邻居，邻居间有不同意见很正常，关键是如何面对和管控分歧，切莫让矛盾影响合作的大局。

令人欣喜的是，2015年重启的中日韩领导人会议正是体现了三国聚焦合作、管控分歧的政治意愿。三国领导人一致认为只有积极改变地区国家经济相互依存与政

---

[*] 杨厚兰：中日韩三国合作秘书处秘书长，前驻阿富汗、尼泊尔、缅甸大使，前外交部朝鲜半岛事务大使。

治安全紧张并存的局面，才能推动地区实现永久和平稳定和共同繁荣。会议同时重申，三国间的双边关系是三国合作的重要基础，三国将本着正视历史、面向未来的精神，妥善处理有关问题，为改善双边关系、加强三国合作共同努力。

政治互信是三国合作的基础。要实现三国合作稳定持续发展，实现地区长治久安，传统安全合作是必不可少的，就像空气与水，是三国得以和平依存的重要保障。罗马不是一天建成的，传统安全合作也不能一蹴而就，需要耐心和时间，通过不断交流与对话，培养彼此间的信任。为此，我个人想提几点看法：

一是加强理念交流、树立区域新安全合作观。时代在前进，世界不会倒退回你输我赢的冷战时代，合作共赢越来越成为国家间交往的目标。亚洲国家在过去几十年中得以稳定发展，归功于该地区总体的和平环境。经历过热战和"冷战"的中日韩三国应以史为鉴、吸取教训，共同捍卫来之不易的和平，不能让冲突和战争再在亚洲上演。新时期需要有新的安全理念。中国提出的共同、综合、合作、可持续的亚洲新安全观，韩国倡导的"东北亚和平合作构想（NAPCI）"等，都是有益于地区国家共同繁荣的构想，三国应在这方面多做交流，寻求安全合作利益共同点。

二是妥善处理地区敏感问题。当前，朝核问题是影响地区和平稳定的核心因素，作为东北亚近邻，中日韩三国有责任和义务推进半岛无核化，维护半岛和平稳定。东北亚和平安全是我们共同追求的目标，因此，在朝核问题上，有关国家应共同承担责任，而不是相互指责；应坚决执行联合国安理会的有关制裁决议，同时也应意识到，制裁不是最终目的，有关国家应积极接触对话，共同努力尽早恢复六方会谈，以和平方式争取半岛无核化进程取得实质进展。

三是加强非传统安全领域合作。非传统安全问题严重威胁东北亚地区经济社会稳定。中日韩三国已在自然灾害、恐怖主义、网络安全、打击跨国犯罪、传染病防治等方面开展了双多边对话，建立了相关合作机制，取得了积极成果。非传统安全领域的合作敏感度低、容易推进，三国应继续扩大这一领域合作，并发挥其对传统安全合作的积极溢出效应。

四是完善东北亚区域安全机制建设。东北亚是当前国际社会安全形势最为严峻的地区之一，错综复杂的利益关系使得该地区现有的安全结构已难以解决当今复杂的安全问题。推进地区安全合作，完善区域安全机制构建，成为东北亚各国不可回避的现实需要。面对复杂多变的地区形势，中日韩三国不应消极等待，应以危机管控、建立信任措施等方面作为突破口，积极推动安全对话。为此，秘书处建议三国可考虑从"外交+防务（2+2）对话"入手，通过开展关于地区安全问题的对话与磋商，增进相关国家间互信，逐步寻求有效降低地区紧张局势的措施，待条件成熟时

适时启动三国防务合作。

　　朋友们，中日韩安全合作需要各方的智慧和努力。我希望在接下来一天半的会议中各位专家学者能够畅所欲言，展开建设性讨论，为三国安全合作和地区安全机制构建贡献真知灼见。相信通过不断对话，三国安全合作必将获得新的发展。最后，衷心祝愿此次研讨会圆满成功。谢谢！

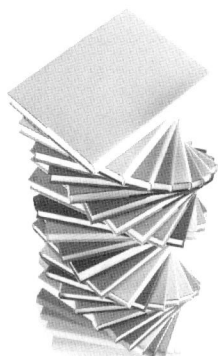

第 一 章

东北亚安全形势评估

两对结构性矛盾与东北亚安全形势

虞少华[*]

一、东北亚安全形势一年来主要动向及特点

东北亚安全形势在过去的一年中又向恶化方向发展。

首先，以朝鲜进行第四次核试验和第五次卫星发射为标志，朝核危机再次升级，朝鲜核导计划持续并快速推进，朝鲜拥核意志更趋强硬。在受到国际社会一致谴责，并承受史上最严厉制裁的同时，朝鲜仍通过劳动党七大政策文件，向外界宣示其坚持拥核立场，并试图寻求国际社会对其核国家地位的认可。在联合国通过2270号决议对其行动予以谴责和实施制裁后，朝鲜仍置若罔闻地进行了一系列导弹发射。

其次，有关国家针对朝鲜核导计划的应对过度，其最典型表现是美韩联合军演规模不断扩大，烈度空前，同时冠名为"攻克平壤""斩首行动"等，演练进攻性质鲜明。在联合国2270号对朝制裁决议出台之后，美韩还公布了极为严苛的对朝单边制裁。这些无助于打开当前僵局，反而促成形势轮番升级。

最后，以朝核威胁为由，美国与日韩等盟国的双边与多边军事合作提升力度，包括积极推动部署"萨德"、美日韩反导联合演练等。这些军事部署直接触动朝鲜之外其他国家的安全关切，致使地区安全格局进一步失衡。

此外，在中韩积极改善对日关系并力推中日韩合作的背景下，日本推进"军事正常化"的脚步愈发趋紧。安倍政权于2015年9月强行通过《新安保法》，再于2016年3月开始实施，这标志日本认可"集体自卫权"，扩大其适用范围，并放宽了对可使用武器的限制。当前安倍政权还在大力谋求修改和平宪法，其对地区安全的负面影响令人担忧。

在上述突出动向影响下，地区安全格局的最新特点是：朝核问题导向的危机事态周期变短，紧张僵局持续之久创历史之最，各方回旋余地均在缩小，合作方立场分歧空前加大。

---

[*]　虞少华：中国国际问题研究院亚太所研究员。

二、两对结构性矛盾对地区安全形势的影响较前突出

地区安全形势之所以出现上述特点，与本地区两对结构性矛盾近年来摩擦加剧、对地区负面影响增大有关。

一是朝韩对抗升级加大形势失控危险。朝韩分裂是特定历史时期大国博弈的产物。20世纪50年代，半岛南北双方都曾准备以武力并借助大国力量去实现半岛统一，结果是把大国拖入了战争也未达到目的，分裂与对立却由此更加固化，东北亚地区的冷战结构也因之更加强化。这使朝韩双方都意识到，在周边大国仍要确保战略均势的情况下，实力相当的半岛任何一方都很难凭借自身力量强行迅速完成以己为主的统一，也很难同时得到分属不同阵营大国的支持。正因如此，在冷战结束前到冷战结束后的相当长一段时间里，朝韩关系是相对稳定的，甚至几次迈出了共同寻求改善关系与和解的步伐。例如，1972年朝韩发表《7·4南北共同声明》，1992年双方签署《关于南北和解、互不侵犯和交流合作协议书》以及《关于朝鲜半岛无核化联合宣言》。

然而，这些年情况发生了变化。由于冷战结束后朝鲜半岛安全结构的失衡，以及半岛双方与周边大国关系的不均衡演变，朝韩实力对比迅速拉开差距，动摇了建立在均势前提下的半岛"消极和平"基础，促使朝鲜以打核牌的方式推动朝美对话，希望改变自己对韩劣势地位，并通过发展核导计划以非对称手段确保安全。但这又恰恰加深了朝韩之间的不信任，而随着核问题逐步升级，朝鲜陷入空前国际孤立。加上其他各种原因，朝鲜国内政治与经济也不同程度地存在不确定因素。上述背景下，韩国保守势力以强力急速统一半岛的冲动再被激活，一些观点甚至认为朝鲜政权的仓促交替是己方不可多得的时机；而朝鲜对自身安全与体制保障的忧患更深，认为威胁不仅来自美国，也越来越多来自韩国的"统一攻势"。因此，尽管当前朝韩关系冲突多以核问题为争议焦点，但以己为主统一对方和不被对方吞并统一的攻防才是双方的核心利害考量。李明博政府和朴槿惠政府直接或间接以弃核为前提的对朝政策，重心都是打掉朝鲜所剩不多的优势。而朝鲜毫无弃核之意，还试图争取合法核国家地位，也是为在分裂双方的殊死竞争中确保杀手锏。以此审视当前东北亚局势，就不难理解朝韩近期空前激烈的相互抨击、以牙还牙的军事示强，以及克敌不惜伤己的种种反制措施了。

二是大国博弈加剧使矛盾增加合作受挫。东北亚是大国利益集中之地，如前所述，半岛分裂最初也是大国角逐利益划界而治的结果。世界范围的冷战结束后，如果相关大国都能放下冷战式零和思维，全面实现同半岛南北的关系正常化，朝鲜

半岛有可能开启向统一过渡的进程。然而，美国急于确立"一超独霸"格局，是地区大国关系难以根本摆脱冷战影响的主要原因。特别是近年随着中国综合国力快速增长，美国担心地区主导地位不保的焦虑加重，从而加大力度强化同盟体系，以确保在安全领域的绝对优势，以及对地区事务的话语权。在此背景下，中美竞争面加大，半岛核问题也由最初的双方合作亮点演变为新的摩擦争点。奥巴马政府对朝的"战略忍耐"政策无疑是有关对话停滞不前的直接原因之一，而与此同时美国一再指责中国"对朝施压不力造成核形势恶化"，也间接导致六方会谈有关国家就朝核问题合作不畅。更为负面的是，美国出于制约中国发展的需要，以朝核威胁为由，推动韩国引进和部署"萨德"，不仅扩大中美对立面，也激化了中韩矛盾，给整个东北亚形势带来复杂影响。

相似的情况也出现在中日之间。在中国快速发展、影响力不断提高的同时，日本出现了政治右倾化和"正常国家意识"膨胀的趋势，其中原因不能不说与日本尚难接受两国力量消长变化的现实有关。为扭转这种势头，近年来日本以朝鲜核导威胁为由，一方面配合美国"重返亚太"政策，积极推动日韩军事合作，另一方面利用美国战略需要，完成《日美防卫合作指针》修改，实现日本安保环境重新界定和松绑自卫队武力使用限制，提升军事部署，包括引入高波段雷达等先进武器系统。朝鲜进行第四次核试后，美国就包括朝核问题在内的所谓地区安全问题再次向中国施压，日本也乘乱在与其毫不相干的南海问题上大刷"存在感"，试图向中国发难。

值得注意的是，上述两对结构性矛盾正在出现消极互动的倾向。简单而言，就是韩国和朝鲜都希望推动大国向自身目标倾斜，如韩国期待大国博弈的结果是中美加强合作共同向朝鲜施压，朝鲜幻想中美重回冷战对抗，从而给自己带来安全空间。而大国也有从朝韩对抗中寻找机会的需要，如美国和日本都在积极谋求利用朝韩对峙抓紧打造美日韩军事合作"铁三角"。毫无疑问，这种消极互动对地区安全环境极其有害，可能使全球冷战遗留最多的东北亚地区重现冷战式对抗，地区内任何一国都难以真正从中获益。

东亚安全：以朝鲜安全问题和东海形势为中心①

［日］片原荣一*

在21世纪的国际社会，国际关系的不确定性及地缘政治学意义上的风险在急速增加，尤其是东亚地区（或说亚太地区）的安全环境更是日益严峻。

在可见的将来，美中关系的走向应该掌握着确保东亚地区和平与安定的至关重要的钥匙。第二次世界大战后六十多年来，美国的军事影响力及同盟战略在确保地区安全方面发挥了决定性的重要作用。换言之，美国的战略优势（strategic primacy）是支撑地区和平与安定的基础。然而，近年来，中国保持了令人瞩目的经济成长态势并已成为世界第二经济大国，不仅在经济方面，而且在政治、军事、文化方面，中国在国际社会上不断扩大着自己的影响力。此外，印度也在不断增强自己的存在感，无论在经济发展方面，还是在外交及安全方面。俄罗斯作为欧亚大陆的能源大国，近年来也在一面推进能源外交，一面力图实现军事上的现代化。不仅如此，地区内各国都明显表现出谋求军事现代化，尤其是增强海军实力的倾向。在这些动向的影响下，地区的力量分布局势发生了急速变化，地区内各国都面临着如何进行战略应对的问题。例如，美国奥巴马政权不断推进战略调整，认为应该将军事态势及军事力量的重心转移到亚太地区，不过叙利亚、伊朗等中东形势还难以稳定下来。又如，2014年俄罗斯军事介入乌克兰以后，欧美各国与俄罗斯的对立日渐尖锐与明显。有人指出，如果共和党总统候选人唐纳德·特朗普在2016年11月的美国总统大选中获胜，以往美国的全球战略可能会从根本上被重新审视。

本文的目的是要讨论近年来的东亚安全课题，同时展望未来的地区安全秩序。在地区面临的诸多问题中，本文将重点关注朝鲜问题和东海海洋安全问题，从多方面和长期性的角度来探讨如何在可见的将来促进地区安全秩序稳定化的问题。

---

①　本篇系作者研讨会上的发言纲要。

*　［日］片原荣一：日本防卫研究所研究员。本文系个人观点，不代表其他立场。

一、东亚安全环境概览

1. 竞争的美国与中国：中国的崛起与美国的"平衡战略"。

2. 朝鲜半岛局势（朝鲜核导弹问题）。

3. 台湾问题。

4. 东海、南海的海洋安全问题。

5. 地区内各国的军事现代化与海军力量的增强（特别是潜艇）：中国、澳大利亚、韩国、越南、印度尼西亚、新加坡、印度、巴基斯坦等。

6. 非传统安全课题（恐怖袭击、网络安全、大规模灾害等）。

二、朝鲜安全问题

1. 朝鲜核导弹能力的强化→核弹头的小型化（弹道导弹可以搭载）→对邻国（包括中国）的直接军事威胁增大→美国"加强遏制战略"的可信性。

2. 朝鲜挑衅等引发冲突的风险：

（1）升级为全面战争。

（2）核武器和导弹技术的扩散。

（3）难民涌出。

（4）来自特殊部队的恐怖袭击。

3. 朝鲜核灾害的风险。

三、东海的海洋安全问题

1. 中国海上活动的活跃化和常态化。

2. 美中专属经济海域区（EEZ）内的侦察行动问题。

3. 钓鱼岛问题与冲突风险。

日中四点原则共识（2014年11月7日）：为安定化所做的努力。

（1）遵守四个基本文件和发展战略互惠关系。

（2）本着正视历史、面向未来的精神克服政治上的困难。

（3）双方认识到围绕钓鱼岛等东海海域近年来出现的紧张局势存在不同主张，同意通过对话磋商防止局势恶化，建立危机管控机制，避免发生不测事态。

（4）双方同意利用各种多边、双边渠道逐步重启政治、外交和安全对话，努力构建政治互信。

4. 台海危机和冲突的风险。

四、展望地区安全秩序的未来

1. 为大国协调机制（a concert of great powers）所做的努力：

（1）稳定的美中关系：美中战略和经济对话、美中军事交流（MMCA等）。

（2）维持美国军事存在及同盟体制带来的影响力。

（3）强化日中"战略互惠关系"，高层次磋商。

2. 构建规范、规则、制度（信任培养、危机管控、事态处理、军备管理）。

（1）海上意外相遇规则（CUES）。

（2）致力于建立"日中海空联络机制"（Japan-China Maritime and Aerial Communication Mechanism）、热线、日中海上搜索救助（SAR）协定、日中海上事务高级别协商、东海资源开发（磋商"延期"）、日中"防止海上事件协定"（军事及海上法执行机构）。

（3）推进美中军事交流（MMCA等）：

海空相遇行为准则MOU［Regarding the Rules of Behavior for the Safety of Air and Maritime Encounters （2014）］→空中相遇附件［an annex on air-to-air encounters （2015）］。

（4）确保航行自由和区域外国家的参与：美国、印度、澳大利亚等。

3. 安全困境与作用·反作用·力学的克服。

（1）扩充和强化建立信任措施。

（2）通过能力建设、网络化、信息共享确保透明性。

（3）东盟防长扩大会议的专家工作组（EWG）"海上安全"、强化共同训练和共同演习。

（4）美太平洋舰队的作用：灵活运用"环太平洋联合演习"。

（5）构建主要国家面向地区内各国的能力（如日本提供巡视船等）。

4. 美国的亚洲战略和中日韩安全合作。

（1）导弹防御［韩国和美国协商为驻韩美军配备末段高空区域防御系统（THAAD），中国反对］。

（2）中国对朝鲜的认识。

5. 日、美、中、韩四国安全对话与合作的可能性。

（1）如何处理朝鲜核导弹问题是迫在眉睫的共同的战略课题。

（2）信息共享、战略对话、应对计划制订、共同训练和演习。

迄今，美中关系虽然因各种对外要素和双方国内政治问题而不断跌宕起伏，但是在战略层面上一直保持着稳定的关系。可以说，在致力于解决世界经济和通货问题、气候变化、大规模杀伤性武器扩散、恐怖袭击问题、朝鲜问题、伊朗问题、海洋安全、人道救援活动、灾害救助等广泛的安全课题方面，稳定的美中关系和中国的协作是不可或缺的。然而，两国的军事关系却以互不信任为基调，未能表现出明显的改善，且因美对台军售及偶发性事件等不断重复中断和恢复。

为了给亚太地区带来安定，制定包容的战略和构建多边安全协调机制是十分重要的。就制定包容的战略而言，重要的一点是要确保意图和过程的透明性，应避免让美中两国或中国与地区主要国家陷入安全困境。为此，以非传统安全领域为中心将中国纳入更开放的多边协调机制中来，而非对中国形成战略包围，应该是个重大的课题。从这个角度出发，我们可以期待战略运用多边组织带来效果，如东亚峰会（EAS）、东盟地区论坛、东盟防长扩大会议、上海合作组织（SCO）等。此外，进一步扩大和强化多双边建立信任措施也是非常重要的。

亨利·基辛格在《论中国》（On China）的最后一章中指出，近些年的美中关系与第一次世界大战前英国和德国的关系有着相似性。当时，面对德国海军力量的增强，英国宁愿冒着对立冲突的危险也要谋求战略优势地位，结果终于拉开了战争的序幕。在当时的情况下，英国和德国都没有问问自己"如果对立的话将会走向何方"的问题，没能看清前方的道路，于是最终导致了世界大战。为了避免这种大国关系对立，我们希望制定新的包容的战略和构建多边安全协调机制，包容地且战略地稳定美中关系，将崛起的中国纳入多边安全架构中。

（刘丽娇　译）

近期朝鲜半岛安全局势评析

［韩］郑载兴*

朝鲜在2016年1月6日突然进行第四次核试验（氢弹），紧接着2月7日又发射远程弹道导弹（"光明星4号"），不久就宣布本国已拥有完备的核武体系。朝鲜并没有将此次核试验称为第四次核试验，而是冠之以"第一次氢弹试验"的表述，这也就是说，朝鲜很有可能已经进行了新形态的核试验。由于朝鲜拥核和远程弹道导弹技术的提高，韩国的安保形势正面临着前所未有的致命威胁。众所周知，朝鲜一直在推动核武器的多样化和小型化，迟早会实现核武器的实战化。自朴槿惠政府上台以来，朝鲜先是进行了第三次核试验，然后单方面宣布停战协议作废、进入战时状态、关闭开城工业园，又在东海岸多次发射短距离导弹，紧接着又进行第四次核试验和发射远程弹道导弹。朝鲜的这些举动无疑让朝鲜半岛的安全局势日益严峻。

经过朝鲜核试验和远程弹道导弹发射之后，东亚区域内的安保环境会因为各种因素变得更加复杂。特别是现在，朝鲜把核武器的小型化、轻量化及多样化当作终极目标以期能够与韩美同盟正面对抗，同时还希望能够借此发力恢复朝美关系正常化及同美国签订和平协定。朝鲜虽不是国际法认定的有核国家，但已是有制造核武器能力的拥核国家。基于此，韩国面临着极大的威胁和挑战。如果今后中美两国依然在朝核问题上固守不同立场，韩国在安保上会陷入进退两难的困境。

这一次朝鲜进行核试验明显是出于内部需要。第一，过去几年针对朝核问题的对话和协商几乎处于真空状态。朝鲜利用这个机会，在拥核国家和导弹强国的既成事实基础之上，构造了一个较为稳定的对外环境。第二，2013年朝鲜试射"舞水端"中程弹道导弹，韩美两国担心朝鲜可能会利用"舞水端"进行核攻击，因此实施了所谓的"量体裁衣式威慑战略"（Tailored Deterrence Strategy）。为了对抗此战略，朝鲜不仅不放弃拥核，还进一步强化了核武器。第三，这次的核试验意图很明显，不仅能确保金正恩的领导地位，而且有核国家的名头也会让朝鲜人民倍感骄傲。除此，较之于韩国而言，朝鲜拥核就意味着可以在军事上占有绝对优势，并且今后还能够在政治、外交和安保问题上对韩国施压。

---

　*　［韩］郑载兴：韩国世宗研究所研究员。

为了应对日益严峻的朝核威胁，现在的应对方案主要有：美国重新在韩国部署战术核武器、构筑"萨德"（THAAD，战区高空区域防御系统）、杀伤链系统（Kill Chain）以及KAMD（韩国导弹防御系统）等，或者韩国也拥有核武器。今后，万一朝鲜用核威胁或者攻击，是否能够抵御朝鲜核武器就成了事关韩国生死的重要课题。安全专家预测，如果朝鲜不弃核并且继续强化核武器的话，到2020年前后，朝鲜将拥有最少二十几枚、最多一百多枚的核武器。最近朝鲜的水下潜射导弹发射技术差不多已经进入完成阶段，很有可能在两三年内就能应用到实战。如果不久后朝鲜在任何区域都能使用核武器，韩国军队就应该从根本上改变现有的作战理念，应该以核武器使用为前提进行修改。

再者，由于氢弹试验和远程弹道导弹发射的成功，朝鲜在2016年或者2017年很有可能进行第五次核试验①或者再一次发射远程弹道导弹。在此基础上，若是仍以核冻结为前提来换取朝美关系正常化、和平协定以及暂停韩美联合军事演习，那么韩国将会面临来自朝鲜史无前例的安保威胁。因此，韩国现在有必要针对拥核的朝鲜重新制定安保策略和对朝政策。今后朝鲜会更加积极展示自身的核战略价值，并且很有可能再次对韩国进行武力挑衅。第四次核试验暴露出朝鲜核爆破能力欠缺，因此为了标榜自身能力，朝鲜很有可能利用钚和高浓缩铀（HEU）进行核试验，也有可能再次发射远程导弹和潜射导弹（SLBM）。从2013年8月起，朝鲜在宁边的5兆瓦核反应堆就开始持续运转，以用于生产钚。朝鲜很可能取出核燃料棒来增加钚的储量。

朝鲜通过此次核试验，已经进入有核国家的行列，现在韩国唯一可以抵御朝鲜核武器的方法就是要拥有可以和朝鲜对称、匹敌的核遏制力。因此，今后韩国会联合美国一起组建韩美遏制战略委员会（DSC），正式开始为应对朝鲜核武器和导弹威胁做努力。当前，韩国为发现、扰乱、破坏和防御朝鲜核武器和大规模杀伤性武器，已开始积极推进各种履行方针。为能实时识别、追踪朝鲜核武器和导弹发射的举动，韩国军方计划到本世纪20年代中期之前构建杀伤链系统和韩国自身的导弹防御系统。但是当下，韩国军方凭自身力量仍不足以遏制朝鲜，所以要暂时借用美国的战略资产（"萨德"、隐形武器和核潜艇等）。

在如此复杂的安保结构之下，为了实现今后朝鲜半岛的和平和稳定，需在以下几方面作出努力：第一，需要高级别的外交努力和解决办法，如协调中美—中日关系、中韩—中美关系，改善朝美关系和朝韩关系等。第二，要立足于战略的实用主义，在维系韩美同盟的同时进一步扩大同中国的战略合作伙伴关系。第三，要正确认识与朝鲜半岛有关的多个安保困境，通过对话和合作的方式，积极摸索改善朝韩

---

① 2016年9月9日朝鲜进行第五次核试验。——编者注

关系。除此之外，要清楚地认识到中国已是G2国家的一员，这一点毋庸置疑，中国如今在政治、经济领域的影响力日益扩大。因此，今后我们在看待朝鲜半岛安保困境的问题时，不能再从我们所希望的视角出发，而是应该立足于现实，并且以此为基础，积极谋求新的对朝政策和21世纪的新型对外战略。

中国对于朴槿惠政府提出的朝鲜半岛信任进程和东北亚和平合作构想表示肯定。在朝鲜半岛和平统一的必要性和朝核问题上，中韩双方也在一定程度上达成了共识。因此，韩国今后会重建使朝鲜半岛周边国家良性互动的多边对话渠道，并以此为基础，积极推进朝鲜半岛的安定。特别是像朝鲜核武器和远程弹道导弹发射等非对称性威胁，这些短时间内无法解决的难题，韩国会同周边国家一道加强合作，出谋划策，更积极、主动地解决问题。

（王付东　译）

核试验后的朝鲜半岛形势

杨晓青*

朝鲜进行第四次核试验以来，半岛局势持续紧张，东北亚地区的安全稳定受到严重威胁。一是发生冲突的危险增大，二是潜在的核扩散与核安全隐患加重。维护半岛和平、保持地区安全稳定，符合东北亚各国和国际社会的共同利益。半岛生战、生乱对任何一方都毫无益处。因此，眼下当务之急是缓解当前半岛紧张局势，避免生战、生乱，同时，有关各方应共同努力，尽快恢复六方会谈，把半岛核问题重新拉回对话谈判的轨道，为实现和平、全面解决朝鲜核问题创造条件。

一、朝鲜半岛形势持续紧张，地区和平稳定面临严重威胁

2016年1月6日，朝鲜进行了第四次核试验。朝鲜政府当天发表声明宣布成功进行了首次氢弹试验。随后，朝鲜又于2月7日上午成功发射"光明星4号"卫星。对此，国际社会反应强烈，纷纷谴责朝鲜严重威胁国际和平与安全，敦促朝鲜信守无核化承诺，停止恶化局势行动。联合国安理会3月2日一致通过第2270号决议，谴责朝鲜无视安理会相关决议进行核试验、使用弹道导弹技术从事发射活动，决定进一步对朝鲜实施一系列严厉制裁措施，以遏制朝鲜核导开发计划；并重申维护半岛和东北亚和平稳定，呼吁恢复六方会谈，以和平、外交和政治方式解决当前局势，要求安理会成员及其他国家不采取任何可能加剧紧张的行动，为通过对话实现和平、全面解决朝鲜核问题创造条件。为强化对朝制裁与威慑，2月10日，韩国和日本分别作出单边对朝制裁决定；3月15日，美国宣布对朝鲜实施新的追加制裁措施；美军在增强驻韩美军实力的同时，接连派遣B-52型战略轰炸机、F-22型隐形战机、核潜艇和航母编队等战略打击兵力赴半岛及周边实施威慑行动，频繁与韩国举行大规模联合军演，并推进在韩部署"萨德"，试图以制裁和军事威慑高压迫使朝鲜弃核。而朝鲜则坚持主张核试验是主权国家进行安全防卫的自卫权利，是针对美国敌视朝鲜政策采取的保卫国家安全和主权的自卫性措施，对安理会决议表示强烈抗议、坚

＊　杨晓青：海军军事学术研究所研究员。

决拒绝，并针锋相对地采取试射导弹、火箭炮、举行军演等反制措施，强硬回应制裁与军事威慑。由此，朝鲜半岛局势轮番升级、急剧恶化，双方互以先发打击相威胁，军事对峙日趋尖锐，发生冲突的危险不断增大，导致半岛紧张局势加剧，严重威胁地区安全稳定。这主要表现在两个方面：

一是朝鲜再次核试验引发半岛核危机，显示出朝核问题进一步逆向发展，导致朝核问题陷入困境，推进半岛无核化进程遭遇严重挫折，不仅加剧了半岛紧张局势，也埋下了地区核扩散、核军备竞赛的隐患。例如，此次朝鲜核试验后，日韩国内再次出现"核武装论"呼声。朝核问题及东北亚地区安全形势走向令人担忧。

二是半岛军事对峙尖锐化、白热化，局势持续紧张、高度敏感，冲突风险不断加大。激烈的威慑、对抗行动，极易导致半岛紧张局势升级。一旦半岛发生战乱，其损害范围将决不仅限于朝鲜半岛本身，而必然危及周边地区，且将严重冲击国际社会和平与安全。

二、缓解当前紧张局势，维护地区和平稳定需要各方共同努力

维护半岛和平、保持地区安全稳定，实现半岛无核化，不仅符合东北亚各国的需求，也是国际社会的共同利益所在，需要有关各方和国际社会加强合作，推动半岛和东北亚地区安全形势向和平稳定发展。

此次半岛核危机再次使国际社会致力于解决朝核问题、实现半岛无核化的努力陷于尴尬境地，朝核问题进入"核试验—制裁—再核试—再制裁"的恶性循环，并不断推升半岛紧张局势、增大诱发冲突的危险，导致半岛乃至东北亚地区面临紧张动荡。同时，半岛紧张局势加剧，也凸显解决朝核问题的紧迫性。

为什么朝核问题不进反退，半岛局势反复不定，应当如何应对、解决朝核问题与朝鲜半岛问题，值得认真反思。

冷战后的国际问题实践表明，任何一个热点问题都不可能仅仅依靠施压或制裁得到根本解决，军事手段更不可取，只会带来比问题本身更严重的后果。从朝核问题的发展来看，自2006年以来，联合国已先后通过第1718、1874、2087、2094、2270号等涉朝决议，制裁力度不断加大，但问题却始终未能得到解决甚至出现倒退，也印证了这一结论。

目前，半岛局势仍处于尖锐对峙状态，当务之急是如何缓解紧张局势，同时，还应积极寻求恢复六方会谈，将陷入泥潭的朝核问题重新拉回对话谈判的轨道，方能促进问题的解决。对此，中国政府在坚持半岛无核化、坚持半岛和平稳定、坚持通过对话协商解决问题原则立场的基础上，从有利于根本解决半岛核问题，稳定半

岛及东北亚局势出发，提出了将实现半岛无核化与半岛停和机制转换并行推进的思路，期待有关各方为东北亚地区长治久安共同努力。

诚然，也应看到，缓解当前半岛紧张局势、恢复六方会谈仍面临很大的困难。

一是朝鲜坚持拥核。朝鲜在进行第四次核试验后发表声明称，其核试验是为应对以美国为首的敌对势力日益增加的核威胁、保卫自主权和民族生存权、维护半岛和平与地区安全采取的自卫性措施，只要外部敌对势力不侵害朝鲜自主权，朝鲜就不会首先使用核武器，也不会转移相关技术；只要美国继续采取敌朝政策，朝鲜就将持续强化核遏制力。同时，朝鲜再次向美国提议"停核换停演"却再次遭拒。在2016年5月6日召开的朝鲜劳动党第七次代表大会上，朝鲜再次明确其拥核国地位，但将核打击限定于在遭受核侵略时，且相对低调地表示将不对无核国家使用核武器。

二是美国拒绝与朝对话。与恢复六方会谈的条件几乎相同，美国政府坚持朝鲜必须首先承诺弃核并采取实质性去核措施，否则拒绝与朝鲜对话。2015年以来，美国先后三次拒绝朝鲜对话提议，并继续在朝鲜半岛强化联合军演。美朝相互设定前提条件，无疑是目前通过对话谈判和平解决朝核问题的严重障碍。

三是美国借用此次半岛核危机推进在朝鲜半岛部署"萨德"，这不仅可能进一步刺激朝鲜发展核导技术，不利于缓解半岛紧张局势，而且将损害周边国家的战略安全利益，对地区和平稳定产生消极影响。

为维护半岛和平、地区安全和世界稳定，有关各方应当综合考虑各方的主要关切和利益，顺应和平、发展、合作的时代潮流，共同努力，加强对话与合作，建立互信，共同维护世界核不扩散体系，尽早恢复六方会谈。

朝核问题新进展与中国东北亚安全环境塑造

任晶晶[*]

周边安全环境对于中国外部安全的影响最大、最直接。在中国崛起和综合实力持续提升的背景下，中国的周边安全战略和政策正在发生由以应对为主向以构建为主的历史性转变，这一转变对于国际格局和地区局势的影响巨大而深远。当前，中国周边安全形势的变化呈现出一些新动向，不同地缘板块的交织搅动给中国周边安全环境的构建平添了新的不确定因素。2016年，由于朝鲜半岛局势发生新的变化，发生冲突的风险增大，对中国的安全利益和周边安全大局有可能产生直接的威胁。因此，降低冲突风险，保持大局可控，是2016年中国东北亚战略的方向和维护东北亚安全的当务之急。

2015年以来，朝鲜半岛风波迭起，险象环生。朝鲜延续了过去几年来的强硬示威与"悬崖战术"相结合的政策套路，继续保持核威慑，并开始试图将更为强硬的核恫吓付诸行动。为了回应美韩联合军演，朝鲜在2015年内进行了多次远程导弹试射，用以向外界宣示其战斗力。2015年5月，朝鲜在东海地区首次以潜射方式试射了弹道导弹；10月，朝鲜在劳动党建党70周年阅兵时展示了号称"能够打到美国本土"的远程导弹。2016年以来，朝鲜分别在1月、2月进行了新一轮核导试验，造成了半岛局势的新一轮矛盾冲突和紧张升级，引发了联合国的严厉制裁。

在韩国方面，朴槿惠执政后提出了"东北亚和平倡议"，把实现南北统一作为重要议程，先后提出了"信任进程"和"德累斯顿构想"。但是，韩国以朝鲜弃核、改革开放和自主统一为宗旨的半岛和平进程不可能得到朝鲜的积极回应。面对朝鲜的核武器威胁，韩国大幅度提升军事对抗级别，进一步强化了同美国的军事安全合作，放弃了从美军手中收回作战指挥权的计划，并决定部署"萨德"。此外，美日韩三国还在三边军事合作上实现了突破，形成了三边军事协调机制的雏形。尽管日韩军事合作背后有美国的压力，但基础还是日韩有共同应对来自朝鲜威胁的现实需要。

面对朝鲜半岛的复杂紧张局势，中国从维护自身安全利益和半岛和平稳定的大

＊　任晶晶：中国社会科学院地区安全研究中心副秘书长、研究员。

局出发，一方面，在坚持朝鲜半岛无核化原则不动摇、反对朝鲜拥有和发展核武器的同时，积极发挥外交主动性，在维护中朝关系稳定的前提下使其得以逐步缓和；另一方面，着力提升与韩国的合作水平，包括签署自贸区协定，推进安全合作机制建设等，把加强中韩关系作为稳定朝鲜半岛局势的重要抓手。应该说，中国的这种政策和做法是有利于维护朝鲜半岛大局稳定的。

但是，朝鲜半岛的根本性矛盾始终存在，并且随时都有爆发的危险。朝鲜半岛问题的根源在于美国的对朝政策和朝美关系，但朝鲜试图通过拥核并大幅度提升核武器水平向美国施压、把美国逼到谈判桌上来的做法是一步险棋，搞不好会惹出大乱子来。朝鲜靠核武器立国，发展远程战略导弹，不仅美国不会接受，而且也遭到了所有东北亚国家的普遍反对，它搅乱了东北亚地区的安全秩序，危及了其他国家的安全利益，包括中国在内的有关各方都不会接受一个拥核的朝鲜。同时，朝鲜试图抛开中国单独摆脱其困难处境的做法，也是一种一厢情愿的徒劳努力，只会使其变得更加孤立，更加远离国际社会。

朝鲜半岛局势事关中国重大安全利益，中国已多次明确表示不允许在家门口生乱、生战。无论是朝鲜发展核武器，还是美国借机把核武器部署到韩国，都会危及中国的安全；若美国对朝鲜使用武力，则后果难以预料，朝鲜半岛有可能爆发大规模战争，甚至会把中国拖入其中。因此，中国始终在外交层面致力于朝鲜半岛无核化、致力于保持半岛和平稳定、致力于通过和平谈判解决争端。尽管中国会积极参加联合国对朝鲜的新一轮制裁，严格履行第2270号决议，以对朝鲜施加更大的压力，让其为继续发展核武器付出代价，但是，中国仍会避免让局势朝极端的方向发展，如果发生大的冲突和动荡，必然会殃及中国的安全利益。为此，中国不会放弃通过谈判解决问题的基本立场。

不过，从六方会谈的经验来看，如果美朝双方不作大的政策调整，中国的斡旋作用是有限的，而这正是半岛局势的真正危险所在。从现实情况来看，美国已经进入选举周期，大选期间的对朝政策往往会向更加强硬的方向一边倒。在朝鲜方面，拥核已经成为其写进宪法和党章的基本国策，成为金正恩执政的强力支撑，因此朝鲜决不会自行改弦易辙，主动弃核。面对强大的外部军事压力和严厉制裁，朝鲜只有以硬对强。在韩国方面，朴槿惠政府已被逼到墙角，只有全面采取强硬措施，才能迫使朝鲜作出改变。这种"强硬措施"包括让美国全面提升军事部署、提升韩美联合作战能力等。因此，朝韩双方的紧张对峙将成为未来一个时期半岛局势的常态。

在此情况下，中国必须为可能发生的不测做好准备。从中国的选择来看，不在半岛生乱、生战符合中国的最大利益。中国政府已经清楚地表明了立场：朝鲜半岛

不能有核（包括朝鲜发展与美国部署），半岛问题不能用武力解决，中国的国家安全利益必须得到有效维护和保障。

朝鲜半岛问题的根源在美朝关系。当前和今后一个时期，无论哪一方采取切实的调整与改变，都有可能对局势的发展产生转折性影响，但现在看来似乎很难。当前，引发新一轮对抗的直接原因是朝鲜违反联合国决议，不听劝告，进行新一轮核导试验。如果朝鲜当局继续一意孤行，激化矛盾，进而挑起战事，中国不会为其承担安全责任。当然，出于保护自身安全和地区和平的考虑，一旦乱局发生，中国必会根据自己的判断，果断采取积极有为的行动，制止战争，进而推进有利于朝鲜半岛长久和平的安全机制建设。

近年来，中国的安全战略和安全政策发生了很大变化。在国内安全方面，成立了中央国家安全委员会，提出了以总体国家安全观为统领的新安全理念。在对外安全方面，提出了共同安全、合作安全、发展安全的新构想。在安全环境与安全机制构建方面，中国彰显了做新型大国的决心和担当。尽管中国的周边安全环境面临着诸多新挑战，但总的来看，挑战和机遇并存。安全环境构建必须服务于中国的总体发展战略，符合做新型大国的战略定位。中国不会在涉及国家安全的重大问题上作任何让步，必然会对那些危及国家重大利益的挑战或挑衅进行反制，但同时又会从构建和平发展周边环境的大局出发，审慎与理智地处理争端，努力降低发生冲突的风险，努力寻求对话、协商与合作的机会，增强对大局的掌控能力。

总体来看，2015年，尽管一些挑战性问题突出，但对中国总体安全大局的影响有限，热点问题没有引发大的冲突，中国周边地区和平发展的大环境基本上得到了维护。2016年，世界和地区经济低速增长的阴影难以散去，一些矛盾冲突点会继续发热，大国博弈的联发效应会继续扩散。从中国周边安全环境塑造的角度来说，最重要的是要妥善管控分歧，维护周边局势的基本稳定，避免局部冲击整体，让和平发展的大环境得以维持和延续。

"不畏浮云遮望眼，不为挑衅乱心性"。作为一个大国，中国综合实力的持续提升必然会引起国际社会和周边国家复杂与多样的反应。在这一过程中，中国自身对于外部安全的要求与期待也会发生相应的变化。中国对于周边安全形势的判断既不能低估威胁与风险，又要避免以点概面、过度反应，应对复杂多变的周边安全形势，最需要的是战略定力与战略韧性。

东北亚安全合作的历史与现实

［韩］金锡友[*]

　　1945年，第二次世界大战落下帷幕，东北亚地区迎来了新的格局。在历史上，中国经济基础强大雄厚，经济总量曾占到世界经济的30%。正是凭借如此强大雄厚的经济基础，中华文明才在华夏大地绵延了数千年。但是1840年鸦片战争以后，中国的生产力以及文化、政治影响力一落千丈。值此水深火热之时，中国共产党挑起大旗，带领中国人民翻身当家做主人，并在1949年成立了中华人民共和国。之后的数十年间，中国取得了令世人瞩目的成就，2010年经济总量已跃居世界第二位。中国会于何时登顶，何时成为头号政治、军事强国？若真如此，世界安全秩序又该如何，国家间还会和平共处、繁荣共享吗？

　　第二次世界大战虽然已经落幕，但是全世界都曾因为美苏两个超级大国而卷入冷战风波。1950年4月，朝鲜最高领导人金日成访问莫斯科，并同斯大林商议使用武力统一朝鲜半岛，此举直接导致了冷战激化。苏联解体后公布的资料显示，斯大林同意武力统一朝鲜半岛的前提是获得毛泽东的支持。斯大林此举旨在通过在朝鲜战场上消耗中美两国的力量，来达到稳定欧洲前线的目的。就这样，1949年10月才成立的新中国在成立不到1年的时间内便参加了"6·25战争"（朝鲜战争）。此后，以朝鲜半岛为中心的东北亚地区经受了比欧洲大陆更为严峻的冷战考验。虽然1978年韩国保健社会部部长参加了在莫斯科召开的世界卫生组织会议，但是中国政府却拒绝韩国专家入境参加1983年在中国境内召开的联合国浅海底矿产资源研讨会。所以很长一段时间内，中韩两国的外交部长在国际会议场合中，即使碰面也不打招呼，装作互不认识。甚至在1985年"3213鱼雷艇事件"时，由于中韩之间尚未建立外交关系，韩国也只能通过美日的外交途径向中国政府通报。

　　1989年东欧剧变和1991年12月苏联解体后，绵延数十年的冷战落下帷幕。在此之前的1978年12月，中国共产党召开了十一届三中全会，并在会上确立了改革开放政策。虽然中韩两国曾经分属不同阵营，但在经过1983年"卓长仁劫机事件"、

---

　　*　［韩］金锡友：韩国国家发展研究院院长。

1985年[①]"3213鱼雷艇事件"、1986年汉城亚运会、1988年汉城奥运会以及1990年北京亚运会等大事件以后，中韩两国间的交流日益加深，最终双方于1992年8月24日正式建交。中韩关系正常化也意味着东亚版本的冷战格局正式落下帷幕。1992年时，中韩两国双边贸易额仅为64亿美元。但到2015年，双边贸易额已增长到2300亿美元，是1992年的近36倍。有440万名韩国人来华，660万中国人访韩。中韩每周有129条航线总计超过1100个航班，而韩日之间每周只有43条航线、806个航班。在首尔的中心大街上，韩语和中文并用。

20世纪60年代，内战后的韩国经济不振，前景惨淡。为此，韩国恢复与日本的邦交，开展交流合作、学习先进技术，实现了产业现代化。这也可以视为韩国的改革开放。韩国国内的教育热也促成了这一硕果。韩国民众非常重视学习，喜欢把论语的第一句话"学而时习之，不亦说乎"作为座右铭。

改革开放以后，中国在经济和社会领域取得了令人瞩目的成绩。中国仿佛回到了18世纪以前，经济每年都以10%的速度超高速增长。在这个过程中，韩国劳动密集型产业也提供了不少经验技术。中国实现产业升级以后，韩国又将这些企业迁到越南，这些劳动密集型产业正在越南发挥着相同的作用。现如今，韩国的出口对象国中，越南仅次于中国和美国，位列第三。当然，经济合作带来的硕果是双向的。韩国对中国的经济发展起到了巨大作用的同时，中国也帮助韩国克服了1997年的经济危机。中日韩三国的总人口占到世界总人口的20%，总GDP占世界GDP总量的22%。因此，经济实力的增长一定能揭开亚洲的新篇章。

国际政治学界普遍认为，东亚各国间很难建成类似欧盟的区域性合作组织，尤其是安全合作组织。这是因为相比欧洲而言，东亚国家在历史、地理、文化和政治方面异大于同。当然，欧洲的区域一体化也不是一蹴而就的。1950年，法国外长舒曼提出建立区域共同体的构想，随即德国、法国、意大利和比利时、荷兰、卢森堡三国率先从容易达成共识的领域进行合作，着手建设共同体，即后来的"欧洲煤钢共同体"，之后又延展到其他领域，欧洲原子能共同体（EURATOM）和欧洲经济共同体（EEC）应运而生。虽然在过去的数百年间，德法曾是不共戴天的仇敌，但是两国清算了历史，共同主导共同体的建设。1949年，以美国为中心的西方阵营建立了最早的安全合作组织北大西洋公约组织（NATO），后来的华约组织在政治、军事上和北约势均力敌。

安全合作相较于经济、社会、文化领域的合作来说，十分敏感，进展也相对缓慢。冷战结束之后，东北亚地区间的政治、文化和人员交流呈爆发式增长，在这种大背景下，安全合作就没必要避而不谈了。此时，三国领导人的意志和勇气显得尤

---

① 作者所写时间为1984年，经译者查阅，时间应是1985年。——译者注

为重要。

2012年，韩国总统朴槿惠出席中日韩三国合作秘书处主办的国际论坛，并在会上做了演讲。她提到，现下的东北亚出现了"亚洲悖论"（Asian Paradox）的现象，一方面，各国之间在经济方面的相互依存度越来越高，但另一方面，领七主权和历史遗留问题也让地区国家间关系日益紧张。对此，朴槿惠提出了"东北亚和平合作构想"，主张首先从核能安全、自然灾害、气候变化、社会福利以及跨国犯罪等非传统安全领域的议题进行对话，逐渐增进区域内国家之间的信任，进而延展到传统安全领域。

2003年中日韩峰会以后，三国就加强安全对话、促进三国国防领域之间的交流与合作达成了一系列协议，现在有必要积极促进传统安全领域的合作。如今的中美关系与过去的美苏两极对峙不同，竞争与合作并存，所以这不会限制东北亚和平合作构想的发展。

有人认为，东盟地区论坛（ARF）是处理东北亚地区安保问题的典范，所以应趁此机会，让中日韩三国就疑难问题进行讨论。但是，把东北亚三国的问题放到东盟的框架下解决略欠妥当。毕竟，东盟（ASEAN）整体的经济实力还不足韩国的两倍。这是典型的"贵冠履，轻头足"，本末倒置。东北亚的安全问题还是在中日韩三国的框架下解决比较适宜。在此意义上说，这一次中国国际问题研究院主办的中日韩安全合作国际研讨会就是一个很好的开端。

借助东盟"10+3"机制的东风，中日韩三国自1999年起就开始自行举办三国间的会议。从2008年开始，三国轮流主办中日韩峰会。除峰会外，还有六十多个磋商组织在运行。2011年9月，中日韩合作秘书处在首尔成立，现任秘书长是中国的杨厚兰大使。2012年，由于历史遗留问题，日本同中韩的关系恶化，致使三国峰会一度中断，时隔三年半后才得以重启。但是，峰会中断期间三国在环境、贸易、文化及预防犯罪等领域的合作依旧活跃，人员交流也大幅增长。

虽然政治关系紧张，但是赴日的中韩游客会感动于富有亲切感的日本文化，来华的日韩游客会对悠久的中国文化和新兴的城市文明感触颇多，去韩国的中日游客也能感受到韩国年青一代的激情和活力。这缓解了中日韩体制不同带来的影响，消弭了人员交流的壁垒。

当前，各国人民对于政府的发言权不同程度地有所增加。这是全球化、信息化和民主化的结果，也是国家层面和国际层面无法阻挡的潮流，是交通通信发达、人类意识和智慧发展带来的必然结果。虽然国际社会不同于国内社会，但若大国的作为不合情理，它的主导权也会被动摇。这也是前文强调国际秩序中软实力（soft power）和硬实力（hard power）的重要性的原因。

2016年3月初，李世石和阿尔法狗（AlphaGo）的世纪对决震惊世人，很难想象十年之后，这个世界会变得如何。但无论是质还是量，都会比上个十年的变化更令人震惊。韩国电视剧《冬日恋歌》的男主角裴勇俊席卷日本，《来自星星的你》中的金秀贤和《太阳的后裔》中的宋仲基在中国也圈粉无数。华流、韩流和日流不断给中日韩各国社会带来文化冲击，也带来了一连串的综合效应。这种文化现象日后有望改变中日韩各国的思考方式。

联合国未来展望报告预测，到2050年，将实现太阳能革命、无人驾驶电车、合成生命体，人类寿命会达到130岁以及失业率会达到50%。科学技术的发展也会引起人类价值观和思考方式的变化，弱肉强食会退出历史舞台。1648年，《威斯特伐利亚合约》标志着30年战争的结束，引起了体制的变革。1992年，欧盟签署了《马斯特里赫特条约》，在欧盟内部实现了人力和资本的自由流通。这些改革在今后的中日韩三国间也可能发生，甚至会超越前者。

所以，从现在开始应该避免那些有违历史趋势的举动。从这个角度来说，我们应当关注三国国内民族主义兴起的行为。日本的民族主义是日本实现近代化的精神支柱，韩国和中国的民族主义使两国摆脱殖民地或半殖民地状态，实现民族独立。为实现近代化和争取世界经济、社会的主导权，中日韩三国若是采取排他性民族主义的举动，这会与未来社会的发展背道而驰。相较于日益频繁的民间交流，这样做也有违时代走向。回望人类发展的历史，即便试图复活排他性民族主义，也是不会成功的。现在三国的国力虽有差异，但却都充满自信，最小的韩国也是如此。倘若真的试图复活民族主义，那无异于向世人宣告本国的不自信。

最后，当今只有朝鲜半岛还笼罩在冷战的乌云下。中日韩三国在政治、经济领域所取得的进展都取决于政府和人民的关系，与政府为人民利益所做的努力成正比。以中国为例，1949年中华人民共和国成立与中国共产党带领人民摆脱军阀混战、致力于建立人民政府的努力息息相关。之后的改革开放，不仅解决了温饱问题，还实现了经济的高速增长。现如今，中国政府大力推进反腐斗争，也是将关注点放在民心民意上。

与此相对比，朝鲜一直致力的核武器开发不是为了人民的利益，而是为了某一个家族的利益。朝鲜当局公然违反《核不扩散条约》，忙于研发小型化、轻量化的远程导弹，罔视人权，置民众生死于不顾。一旦朝鲜的上述目标得以实现，韩国会深陷绝望的泥潭，韩国政府也无法忽视国民对朝强硬应对的诉求。整个东北亚地区会蒙上核扩散的阴影。

从这个角度来说，我们十分欢迎联合国安理会在2016年3月2日就朝鲜第四次核导试验作出的第2270号决议。在此情况下，中美的强力制裁就显得尤为重要。

但是，中国的举措应该是最有成效的，因为中朝接壤，中朝贸易占朝鲜对外贸易的90%以上。

朝鲜违反国际信义和国际约定进行核开发，使得半岛局势日益紧张。中国政府虽然一直坚守国际信义致力于地区和平和朝鲜内部稳定，但是有时对朝鲜的小动作也无能为力。所以到现在为止，朝鲜一直坚定地认为中国决不会抛下自己，所以也就明目张胆地进行核试验。因此，中方应该通过制裁明确地告诉朝鲜当局，当下的金正恩政权不是不可替代的。

如果朝鲜依旧坚持不弃核，中国政府就应该向朝鲜发出警告，比如可以停止对朝鲜的石油供应或者不遣返逃往中国的朝鲜人。这样做，也是希望朝鲜政权能作出弃核的合理决定。

如果朝鲜能弃核并加入改革开放的潮流中，那么东北亚地区一定会蒸蒸日上。中国的东三省也能不被牵制而正常地发展，朝鲜半岛南北也就可能通车，各种输油管、输气管也会遍及半岛全境，东北亚地区间的合作甚至是安全合作也会大有进展。因此，中日韩三国应该齐聚智慧优先解决朝核问题，让域内所有人民都能享受改革开放、和平发展的惠泽。

（王付东　译）

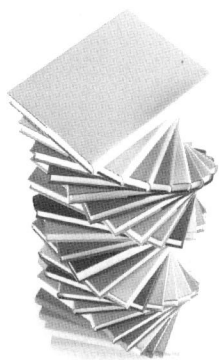

第二章

地区国家安全政策调整新趋势

日本的防卫政策：最新进展与地区合作

［日］德地秀士*

中国两年一次会以几种语言发布国防白皮书。一般而言，通过用白皮书等公开具体信息来提高国防政策及军队动向的透明度，这种做法有助于地区信任的培育。因此，大家强烈期待中国更加保持这种努力，确保一种各方都能信服的透明度的存在。

从2015年5月公布的白皮书《中国的军事战略》来看，让人注意到的是中日间的相互理解尚且不足。因为第一部分"国家安全形势"中如此写道："日本积极谋求摆脱战后体制，大幅调整军事安全政策，国家发展走向引起地区国家高度关注。"

在此基础上，笔者想从三个方面来论述日本的防卫政策，一是亚太地区的安全环境，二是对宪法的重新解读和安保法制，三是日美同盟的强化。

一、亚太地区的安全环境

我们说名义与实际上冷战都已结束了四分之一个世纪，然而今天仍然被称为"冷战后"，还在使用上一个时代的名称。这也成为今天国际社会安全环境之复杂的一个佐证。

在亚太地区，遗留着南海问题等关于近现代主权国家基本属性的传统安全课题。在朝鲜半岛，同一个民族被一分为二，南北武力对峙的状态持续了半个多世纪，这也是尚未解决的重要课题之一。可以说，冷战的结束反而使这些课题更加显现出来。

此外，这一地区当然也不可避免地产生了全球化带来的非传统安全课题。第一，大规模杀伤性武器及其运输工具的扩散是朝鲜问题中极其重要的课题。朝鲜的核导弹开发是亚太地区最严重的隐患因素之一，包括中国在内的国际社会必须一致施压来阻止这一行为。第二，亚太地区并未与国际恐怖主义的威胁绝缘，2016年1月的印度尼西亚雅加达发生恐怖袭击，2015年年初在叙利亚发生的杀害日本人质的恐

---

* ［日］德地秀士：日本防卫省前防卫审议官。

怖事件说明日本也逃脱不了恐怖主义的威胁。第三，不能忽视妨碍国际公域稳定使用的动向，国际公域包括海洋、天空、宇宙以及网络空间等。

要在这种复杂的环境中谋求地区的和平与安定，就需要建立能够有效应对这许多课题的系统。从这一观点出发，本地区有两件事情尤为重要。一是美国的稳定持续性存在，二是多样组合而成的地区合作网络。

第一，支撑着美国存在感的是由美国和地区内国家之间的同盟关系构成的安全体系，即"轮辐体系"（hub&spokes system）。其中特别是日美同盟关系是系统中最重要的辐条。理由有三，一是日美两国拥有许多共通的安全课题；二是美国在太平洋地区驻军中，驻日美军力量最多且最稳定运作；三是日美共通的价值观，这是支撑日美同盟关系的巨大精神支柱。

第二，地区合作网络的发展也是思考地区和平安定问题的重要因素。在上述"轮辐体系"中，不仅要强化日美及韩美这种两国间的合作关系，还要强化日美韩、日美澳这种三国合作关系，甚至是日韩、日澳间关系，进行交叉多样化的组合。日本与东盟间以灾害救助等非传统领域为中心的合作关系也可以是努力的一环。

在上述安全环境中，日本用安保法制充实自己的角色，制定新的《日美防卫合作指针》来支持"轮辐体系"，扩展与相关国家合作关系的范围，以此努力为国际社会的和平与安全积极贡献力量。

二、宪法的重新解读和安保法制

在全球化程度极高的今天，无论哪个国家都不可能仅凭一国之力来确保安全。这对作为通商国家、海洋国家的日本来说尤其重要。正是基于这种认识，日本才通过变更宪法解释来限定性地承认集体自卫权的行使，并根据立宪主义原则来确立安保法制。

以往用来进行解释的基本理论简单来说就是，日本宪法许可的自卫措施是，"当外国的武力攻击从根本上颠覆国民追求生命、自由及幸福的权利时，面对这种紧迫、不正当的事态，为了保护国民的这些权利而不得不采取措施，只有这种措施才是被许可的，为此而进行的必要且最低程度的武力行使是被许可的"。正因这一理论得到了维持，所以新解释中认可的集体自卫权归根结底是"自卫"的权利，是有限定的认可。

此外，2015年通过的新安保法除了规定集体自卫权行使的法律框架外，还纳入了其他的重要事项。例如，日本作为国际社会的一员，要共同面对和积极参与处理威胁国际社会和平安全的事态等，这些内容会扩展与中国等所有国家之间新安全合作的可能性。

三、日美同盟的强化

日美同盟关系是由美国对日防卫义务和日本对美提供基地义务构成的非对称同盟关系，是难以管理的同盟关系。要让同盟关系变得更有效，就必须提高相互性，制造彼此合作的关系。《日美防卫合作指针》就是在日美安保条约的非对称基本框架中追求同盟关系相互性的尝试。2015年的新《日美防卫合作指针》的具体意义和作用可分为以下五点。

第一，关于日美共同的紧急事态处理计划，就日美共同紧急事态处理计划的关联措施提出政策框架。

第二，作为日本构建紧急事态处理机制的触媒，新《日美防卫合作指针》的制定是与包括日本行使集体自卫权规定的新安保法并行的，两者有着极其密切的关系。

第三，关于日美安保体制的方向性，新《日美防卫合作指针》以具有透明度的方式向日本周边国家解释了日美安保体制的方向，起到了沟通的作用。

上述三种作用是以往的《日美防卫合作指针》中也具有的意义和作用，而本次新《日美防卫合作指针》还增加了以下两点新的意义和作用。

第四，1978年及1997年的《日美防卫合作指针》聚焦于自卫队与美军在作战方面的协作，与之相比，2015年的《日美防卫合作指针》则不仅局限于作战方面，更涉及日美防卫合作的整体，如防卫装备与技术合作、情报合作与情报保全、教育研究交流等。这也是日美防卫合作的范围扩大的表现。

第五，构建双边、多边的安全合作网络的重要性日益增强，这在日中韩的安全合作方面也非常重要，如果是为了应对共同的安全课题，那么同为美国同盟国的韩国自不必说，包括中国在内的任何国家都可以纳入合作范围中来。

为了妥当地应对传统课题和非传统课题，日本需要在增加自己的选择项的同时强化日美同盟的相互性。在这种问题意识下，日本对宪法进行了重新解释并确立了新安保法，同时还制定了新的《日美防卫合作指针》，并将这些不加掩盖地展示出来。

这些措施对于今后为国际社会的和平与安定贡献力量是必要的条件，犹如车的两轮。它们会提高制止纷争的能力，有助于从更低层面上来处理国家之间的紧张关系。而且，它们还会支持日美两国，甚至更广泛的多国合作关系，以及包括非国家主体在内的大范围合作关系。

如此，强化日本安全，提高日美同盟的抑制力，为地区带来和平与安定，将有助于确保作为世界经济大动脉的东亚海上交通安全，甚至朝鲜半岛的和平统一。

（刘丽娇　译）

东北亚需要谋求可持续安全的新方向

刘江永[*]

2016年4月28日，习近平主席在亚信第五次外长会议开幕式上的讲话指出："今年年初以来，朝鲜半岛局势持续紧张。中国为管控形势、推动各方对话谈判付出巨大努力。我们坚持朝鲜半岛无核化，坚持维护半岛和平稳定，坚持通过对话协商解决问题。作为联合国安理会常任理事国，中国全面完整执行联合国安理会有关决议。作为半岛近邻，我们决不允许半岛生战生乱，一旦发生这样的情况对谁都没有好处。希望各方保持克制，不要相互刺激和激化矛盾，而是要共同努力，把半岛核问题早日拉回到对话谈判解决的轨道，推动实现东北亚长治久安。"[①]

面对朝鲜继续进行核试验与美韩联合军演不断加强的恶性循环，东北亚安全充满困惑、迷茫与挑战。笔者认为，当前的首要目标应该是防止朝鲜半岛"痉挛性紧张"引起战争冲突；其次，美韩停止针对朝鲜的例行联合军演和联合国决议以外的对朝制裁，朝鲜中止核试验和导弹试验；最后，根据可持续安全观重启"六方会谈"，各国可商讨在"六方会谈"期间暂停联合国第2270号决议规定的某些制裁，中止联合国决议以外的任何单边对朝制裁。

一、东北亚安全迫切需要树立可持续安全观

习近平主席2016年4月28日提出，要循序渐进，探讨建立符合地区特点的安全架构。亚洲存在多个安全合作机制，在维护地区安全方面都发挥着一定作用。我们要坚持和发扬亚洲国家长期以来形成的相互尊重、协商一致、照顾各方舒适度的亚洲方式，加强地区各项安全机制协调，围绕彼此一致或相近目标逐步开展合作，形成合力，求得实效。在此基础上，可以逐步探讨构建符合亚洲特点的地区安全合作新架

---

* 刘江永：清华大学国际关系研究院教授。

① 习近平：《凝聚共识，促进对话，共创亚洲和平与繁荣的美好未来——在亚信第五次外长会议开幕式上的讲话》，2016年4月28日，人民网，http://politics.people.com.cn/n1/2016/0428/c1024-28311946.html。

构。①

可持续安全观涉及朝鲜半岛无核化与和平安全的顶层战略设计。为防止类似中东、欧洲的战乱在东亚上演，以可持续安全观为指导，重启"六方会谈"，共建东北亚安全合作机制显得愈发重要。否则，即便未来在东北亚建立类似欧洲的多边安全机制，也难保东北亚安全的可持续性。

迄今，朝鲜和美国、韩国尖锐对立，但对立双方背后的"现实主义"决策思维逻辑则似乎完全相同，即双方决策者都坚信，只有拥有能够毁灭对方的军事力量与手段，才能确保自身的安全。对美朝而言，这种传统军事战略理论与现实主义政治思维，必然导致朝核危机与美韩军演轮番升级。然而，即便朝鲜拥有可以打击美国本土的核武器，也不可能在摧毁美国之前确保朝鲜不从地球上消失。朝鲜领导人需要的决不是这样的结局。苏联曾拥有与美国可以匹敌的庞大核武库，但是最终却在经济危机与军备竞赛中"和平解体"，是前车之鉴。朝美韩三国决策者或许都有一些"英雄"情结，但如果结局是朝鲜半岛战火重燃，甚至是一场"准核战"带来的核灾难都将成为朝鲜半岛历史的罪人。

因此，朝核问题要走出"死胡同"，首先需要相关各方摆脱囿于传统军事理论与现实主义政治思维的"死胡同"，共同树立可持续安全观，并在此基础上提出解决问题的新思路、新举措。舍此，朝鲜半岛无核化与东北亚和平稳定，恐怕都将难以实现。那种不惜一战也要优先解决朝核问题的鲁莽想法，既不现实也不会得到任何负责任政府的采纳。

值得庆幸的是，2014年5月习近平主席在上海举行的亚信峰会上首次提出"共同、综合、合作、可持续的亚洲安全观"。2015年9月，习近平主席又在联合国大会的重要讲话中指出："我们要摒弃一切形式的冷战思维，树立共同、综合、合作、可持续安全的新观念……我们要推动经济和社会领域的国际合作齐头并进，统筹应对传统和非传统安全威胁，防战争祸患于未然。"②这是中国领导人首次在联合国正式提出可持续安全观，从而使这一新的安全理念具有全球意义。中国奉行和平外交政策，提出并带头践行共同、综合、合作、可持续的亚洲安全观，始终是国际和地区安全的维护者、建设者、贡献者。③如何把可持续安全理念运用于缓解和解决东北

---

① 习近平：《凝聚共识，促进对话，共创亚洲和平与繁荣的美好未来——在亚信第五次外长会议开幕式上的讲话》，2016年4月28日，人民网，http://politics.people.com.cn/n1/2016/0428/c1024-28311946.html。

② 《习近平在第七十届联合国大会一般性辩论时的讲话》，2015年9月28日，中国外交部网站，http://www.fmprc.gov.cn/web/ziliao_674904/zyjh_674906/t1301660.shtml。

③ 习近平：《凝聚共识，促进对话，共创亚洲和平与繁荣的美好未来——在亚信第五次外长会议开幕式上的讲话》，2016年4月28日，人民网，http://politics.people.com.cn/n1/2016/0428/c1024-28311946.html。

亚安全的现实问题，值得认真思考和共同探讨。

可持续安全的基本定义是国家、地区乃至全球以较低成本长期确保和平与安全状态。可持续安全的范畴包括传统安全和非传统安全两大领域、国内和国际两大方面。在传统安全领域长期维护本国与世界的和平；在非传统安全领域长期加强双边及多边国际合作。可持续安全就是要保持和平与安全状态的可持续性。可持续安全追求的是通过国际社会的和平合作，争取各国以较低的安全成本保障较高水平的安全状态，维护人类安全。[①]

可持续安全追求的价值目标是低成本、高安全的可持续性，实现本国安全与国际安全利益平衡的最大化。可持续安全的特点是具有全球视野，既是某个国家的安全战略问题，也是关系到人类前途命运的国际社会共同的安全战略问题。可持续安全战略的原则是：重视综合安全，提倡合作安全，谋求共同安全，争取持久安全。[②]

可持续安全注重以人为本，强调国家生存的安全环境与生态环境的统一性。它要求不得用战争解决主权国家之间的纠纷，尤其反对使用核武器或其他大规模杀伤性武器，反对核扩散，反对军备竞赛，反对以破坏社会、文化、经济和生态环境为代价换取某一国家或国家集团片面的安全利益。

可持续安全采取的措施应具有预防性、综合性和协作性。当今世界，国家面临的安全威胁日趋多元化。传统安全因素与非传统安全因素相互交织，任何一个国家都难以单独应付上述威胁的挑战，需要各国在社会、文化、宗教、经济、政治等多方面加强合作，综合治理，以利消除安全威胁的根源。[③]

二、实现可持续安全要靠"和平的多边主义"

从世界安全形势来看，自20世纪90年代，即冷战后以来，从阿富汗、伊拉克、科索沃、利比亚、叙利亚到乌克兰，南亚、中东、欧洲等地爆发了多场较大规模的局部地区战争。在2008年美国金融海啸冲击和"颜色革命"的持续影响下，近年来一些西亚北非国家内部社会、政治、民族、宗教矛盾激化，接连出现动乱与内战。这些暴力冲突与战争不仅造成上百万平民无家可归，沦为难民，而且漂洋过海涌入欧洲，形成第二次世界大战后欧洲最大的难民潮。与中东、欧洲局势相比，东亚地区尽管有尖锐的领土争端、历史问题、朝核问题等，但基本上保持了和平局面。

---

① 刘江永：《可持续安全论》，清华大学出版社2016年版，第257页。

② 刘江永：《论可持续安全战略的构建——关于21世纪安全战略的哲学思考》，《世界经济与政治》2004年第7期，第49页。

③ 刘江永：《可持续安全论》，清华大学出版社2016年版，第257页。

上述现象与21世纪以来世界上出现的两股潮流有关：一是目前在东亚地区占据上风的"和平的多边主义"。例如，亚信峰会、东盟地区论坛、朝核问题"六方会谈"、"香山论坛"等多边安全对话机制，主张通过和平方式，对话谈判缓解或解决国际争端。2015年，在美国及其盟国没有针对伊朗展开联合军演的情况下，最终通过谈判达成伊朗核问题协议。如伊朗能获得可持续安全并免受制裁，便可为朝核问题的解决提供一个示范。二是冷战后开始在中东、欧洲蔓延的"暴力的多边主义"，即以美国为首的军事集团对主权国家发动的军事打击。"暴力的多边主义"在历史上曾经出现，即帝国主义列强联合起来入侵某一个主权国家或扼杀其政权。近年来，中东战乱、"伊斯兰国（IS）"出现、欧洲难民潮的产生，很大程度上是来自所谓"颜色革命"和"暴力的多边主义"的叠加冲击与后遗症。放弃核计划的利比亚2011年爆发内战，最终遭到以美国为首的多国联军空中打击。这对朝鲜半岛无核化产生了相当消极的影响。

必须指出的是，近年来东北亚安全也出现了安全成本不断上升而安全程度持续下降的恶性循环，可持续安全面临越来越严峻的挑战。朝鲜半岛"痉挛性紧张"反复出现，与"六方会谈"中断而朝鲜核试验与美韩联合军演轮番上演直接有关，即东北亚"和平的多边主义"受挫而"暴力的多边主义"倾向抬头所致。作为外交手段的"六方会谈"好像是娃娃玩腻了的一个玩具被扔在一边。美日韩军方开始加强合作，日本新安保法实施后有可能以所谓行使"集体自卫权"为名，为战后以来首次参与"暴力的多边主义"打开缺口。如果"和平的多边主义"长期被冷落，"暴力的多边主义"乘势而上，最终很可能导致朝鲜半岛一场前所未有的大浩劫！因此，要实现朝鲜半岛无核化与东北亚的可持续安全，必须施行"和平的多边主义"，摒弃和杜绝"暴力的多边主义"。否则可能世界大乱！

三、把握与调动有利于东北亚可持续安全的因素

与中东、欧洲相比，东北亚安全结构与环境有以下特点：第一，该地区国家没有像以美国为首的北约军事集团，在冷战后多次对外发动局部地区战争或军事介入；第二，除少数宗教极端势力、民族分裂势力和国际恐怖势力以外，该地区广大穆斯林与其他宗教信众长期和睦相处，没有大规模宗教冲突引发的新仇旧恨；第三，该地区重视经济发展、就业与民生，各国政府有效维持着本国的社会管理与秩序而未失序、失控；第四，尽管该地区的中国海峡两岸、朝鲜半岛均未实现统一，但彼此实际上都认同以和平方式处理各自的统一问题；第五，该地区的安全与繁荣得益于中国的改革开放与和平发展，与邻为善，以邻为伴。中国经济发展、市场广

大，人民生活水平提高，人民币流量增加，带来的是中国企业与游客大量走出去，直接或间接带动了世界各国，特别是东北亚的经济。

2016年继美国主办第四届核安全峰会后，东北亚地区也将主办世界级的国际峰会。例如，同年7月，蒙古国将主办亚欧峰会和亚欧峰会成立20周年庆典活动，届时将有53个成员国家和组织的代表参加。9月，中国政府将在杭州举办第十一次二十国集团领导人会议。这是中国首次举办二十国集团峰会。峰会主题是构建创新、活力、联动、包容的世界经济。中国政府将通过这一"主场外交"继续扩大国际"朋友圈"、深化与伙伴国的合作，为世界经济注入活力与信心①。这些都有利于东北亚国家为世界和平与发展作出积极贡献。

2017年美国新总统执政后如何处理大国关系及朝鲜半岛问题，值得关注。2018年韩国平昌冬奥会、2020年日本东京奥运会、2022年北京—张家口冬奥会的相继举办也将促进本地区的安全、合作与发展，并为中国"十三五"规划的实现创造新的机遇。与此同时，东北亚各国在维护本国及地区安全合作方面也需要加强合作，减少对抗。

四、共建东北亚可持续安全的努力方向

第一，作为顶层设计，有关各国要有长远战略沟通与协调，而不能仅仅拘泥于眼前利益与得失。未来30年，东北亚要努力建立可持续发展的经济命运共同体、可持续安全的和平命运共同体、和谐与友爱的社会文化共同体。为此，就要提倡和坚持"和平的多边主义"，抵制"暴力的多边主义"，促进共同安全；提倡海洋国家与陆地国家和平合作的"海陆和合论"，抵制各种服务于战争和霸权的传统地缘政治思想。中国作为海陆兼备的大国，提出共建"一带一路"倡议就是谋求海洋国家与陆地国家、陆地国家之间、海洋国家之间的和平合作。其中自然应包括朝鲜半岛，也欢迎海洋国家美国与日本的参与。

第二，朝核问题"六方会谈"虽然遇到严重困难，但作为和平的多边主义的一种尝试，其积极作用不容否认。"六方会谈"是否重启，涉及相关国家内部决策影响力的变化对最高领导人的影响，以及各国之间的彼此互动。"六方会谈"期间，外交在有关各方国内决策中的影响力上升，而"六方会谈"停摆后，有关各国内部军方的发言权必然上升。这也是美韩顽固坚持联合军演的原因之一，结果会助长"暴力的多边主义"。作为朝鲜的决策者需要了解，2017年美韩领导人将更迭，如果重开"六方会谈"能使美韩等国内部对朝决策影响力从军方转向外交，或许将有

---

① 上述会议已如期顺利召开。——编者注

利于朝鲜外部安全环境的改善。

第三，朝鲜半岛无核化与和平稳定，必须实现共同安全，即尊重和保障东北亚每一个国家的安全。习近平主席指出："安全应该是普遍的，不能一个国家安全而其他国家不安全，一部分国家安全而另一部分国家不安全，更不能牺牲别国安全谋求自身所谓'绝对安全'。否则，就会像哈萨克斯坦谚语说的那样，'吹灭别人的灯，会烧掉自己的胡子'。安全应该是平等的。各国都有平等参与地区安全事务的权利，也都有维护地区安全的责任。任何国家都不应该谋求垄断地区安全事务，侵害其他国家正当权益。安全应该是包容的，应该把亚洲多样性和各国的差异性转化为促进地区安全合作的活力和动力，恪守尊重主权独立、领土完整、互不干涉内政等国际关系基本准则，尊重各国自主选择的社会制度和发展道路，尊重并照顾各国合理安全关切。强化针对第三方的军事同盟不利于维护地区共同安全。"①美朝、朝韩之间要摆脱安全成本上升而安全感下降的趋势，获得各自的可持续安全，就必须使对方具有起码的安全感，而不是相反。

第四，朝鲜半岛无核化与和平稳定，必须实现综合安全，即用综合手段维护东北亚的传统安全和非传统安全。习近平主席指出："我们应该通盘考虑亚洲安全问题的历史经纬和现实状况，多管齐下、综合施策，协调推进地区安全治理。既要着力解决当前突出的安全问题，又要统筹谋划应对潜在的安全威胁，避免头疼医头、脚疼医脚。"②

东北亚安全问题极为复杂，现实问题与历史问题相互交织，既有热点、敏感问题，又有跨国犯罪、环境安全、网络安全、能源资源安全、重大自然灾害、跨国传染病等带来的挑战。那种仅凭军事优势就可确保安全的思维方式已经落伍。因此，未来的"六方会谈"也许不应仅拘泥于讨论朝鲜半岛无核化问题，还可以为东北亚的综合安全发挥积极的建设性作用，努力实现双赢、多赢、共赢，以此为解决问题的"入口"，最终找到实现朝鲜半岛无核化的"出路"。有关各方不应为"六方会谈"复会预设条件，强迫其他国家接受。

第五，朝鲜半岛无核化与和平稳定，必须探索合作安全。习近平主席指出："合作，就是要通过对话合作，促进各国和本地区安全。有句谚语说得好，'力量不在胳膊上，而在团结上'。要通过坦诚深入的对话沟通，增进战略互信、减少相互猜疑，求同化异、和睦相处。要着眼各国共同安全利益，从低敏感领域入手，积极培育合作应对安全挑战的意识，不断扩大合作领域、创新合作方式，以合作谋和平、以合

---

① 习近平主席2014年5月21日在上海举行的第四届亚信峰会上所做的主旨发言。人民网：http://world.people.com.cn/n/2014/0521/c1002-25046183.html。

② 同上。

作促安全。要坚持以和平方式解决争端，反对动辄使用武力或以武力相威胁，反对以一己之私挑起事端、激化矛盾，反对以邻为壑、损人利己。"[1]

在预防传染疾病、打击走私贩毒、防止重大自然灾害、改善生态环境等非传统安全领域，包括朝鲜在内，可以展开有关国家之间的安全合作。接下来的几年，韩国、日本、中国将分别主办世界冬季奥运会、夏季奥运会等重大国际赛事。中日韩都要与有关各国合作确保赛事安全。美朝双方保持克制符合各国共同的安全利益。朝鲜半岛北南双方也可利用国际体育盛世改善彼此的关系。以此为契机，东北亚可持续安全的航船就可驶出危险水域而扬帆远航。

第六，东北亚的可持续安全，有赖于发展经济、改善民生。习近平主席提出："可持续，就是要安全和发展并重，以实现持久安全。'求木之长者，必固其根本；欲流之远者，必浚其源泉'。发展是安全的基础，安全是发展的条件。贫瘠的土地上，长不出和平的大树；连天的烽火中，结不出发展的硕果。对亚洲大多数国家来说，发展就是最大的安全，也是解决地区安全问题的总钥匙。"他主张："要建造经得起风雨考验的亚洲安全大厦，就应该聚焦发展主题，积极改善民生、缩小贫富差距，不断夯实安全的根基。要推动共同发展和区域一体化进程，努力形成区域经济合作和安全合作良性互动、齐头并进的大好局面，以可持续发展促进可持续安全。"[2]笔者认为，作为发展中国家的中国和朝鲜，更需重视这一发展与安全的辩证关系，而不可失去平衡，丢掉根本。

综上所述，2015年11月第六次中日韩领导人会议发表的《关于东北亚和平与合作的联合宣言》，以及韩国提出的"东北亚和平与合作构想"，与可持续安全观是一脉相通的。尽管以上主张可能暂时得不到美国和朝鲜的决策者认同，但美国大选后的新政府需要了解这些善意的建议和主张，朝鲜领导人迟早也会认识到可持续安全的重要性。只要美朝两国能就可持续安全议题实现良性互动，就可能为东北亚可持续安全开启一扇大门，中国将在这一过程中发挥积极的建设性作用。

---

[1]　习近平主席2014年5月21日在上海举行的第四届亚信峰会上所做的主旨发言。人民网：http：//world.people.com.cn/n/2014/0521/c1002-25046183.html。

[2]　同上。

东亚国际形势："中日韩+美国"的复合外交

［韩］金圣哲*

一、美日同盟的强化

（一）美日首脑会谈（2015）

2009年，民主党在鸠山由纪夫的带领下取得了历史性胜利。然而不过三年，自民党在2012年重新掌权。上台之后的安倍晋三成功地强化了日美同盟。2015年4月，安倍访美并与奥巴马举行首脑会谈。安倍还在美国国会联席会议上发表演讲，这在历任日本首相中还属首次。这次访问也为安倍政府调整自身关于东亚历史遗留问题的立场提供了契机，其间双方还签署了最新的《美日防卫合作指针》（guideline），《跨太平洋伙伴关系协定》（TPP）也取得巨大进展。由此，美日同盟进一步强化，这也推动了两国在经济和安保领域的合作。

2015年4月，美日首脑会谈期间发表了《美日共同展望声明》和《核不扩散共同声明》，前者表示两国将尽早签署TPP。新的《美日防卫合作指针》不仅强化了美日同盟，还扩大了日本在地区和世界安保问题上的角色，双方还将继续在应对气候变化、经济可持续发展、能源安全以及极端主义等全球问题上积极构建伙伴关系。在谈到有关亚太地区稳定时，《美日共同展望声明》中还说，以武力改变现状、损害他国主权和领土完整的行动是对国际秩序的挑战，似乎意在针对中国。

美日同盟的强化是为了从经济和安保领域应对中、朝、俄"日益增长的威胁"。修订防卫合作指针、扩大自卫队活动范围、解禁集体自卫权，美日是想借此打造"全球化同盟"。除此之外，美日TPP谈判已进入后期阶段，两国之间的距离已相当接近，但农产品和汽车领域依然存在问题，需要进一步协商。如果有必要，将再次举行部长级磋商。作为对抗中国主导的亚投行的TPP协定取得重大进展，美日在经济领域的合作也会进一步得到强化。2011年3月11日，日本东部海域发生大地震。为拉动灾后日本经济、政治和社会的发展，安倍政府大力推动安倍经济学。在日元

* ［韩］金圣哲：韩国世宗研究所首席研究员。

贬值的影响下，日本经济似有复苏之迹象。美日安保同盟的强化也帮助日本向军事大国方向发展。日本经济与安保领域的恢复和发展与美国的背后支持密不可分，这样做也符合美国自身的利益。日本默许汇率贬值，致使丰田等日本汽车企业在美销量增加，再加上石油等能源价格持续下跌，这些因素使得日本的安倍经济学产生了一定的效果。2014年下半年日本经济告别负增长，2015年上半年出现贸易顺差，日本经济有望实现正增长。

（二）新《美日防卫合作指针》

2015年4月，美日召开首脑会谈，其中最重要的议题就是修改《美日防卫合作指针》。4月27日，美日举行安全磋商会议（"2+2"会谈），两国就新《美日防卫合作指针》达成协议。指针中明确写出双方共同防卫岛屿，强调从平时到发生突发事件的"无缝"合作，并成立常设"联盟合作机制"帮助日美两国协调配合。

时隔18年首次修订的《美日防卫合作指针》强化了美日同盟从灰色地带（gray zone）事态到大小岛屿保护的合作，旨在抑制中国的军备增长和海洋发展。有关南海等海上通道（sea lane）的安全保护合作事项也包含在内。此前的《美日防卫合作指针》仅将日美军事合作扩大到与朝鲜半岛局势等相关的"周边事态"。此次修订体现了安倍政府新安保法的核心部分，即对当前中国进入钓鱼岛海域并加强在南沙群岛的军事活动等进行防范，自卫队对灰色地带事态加强警戒监视活动等内容。另外，新《美日防卫合作指针》也将过去建立的联盟合作机制常设化，把在"日本有事时"日美将共同进行岛屿防卫也写入其中。

为缓解中国和东南亚国家在南海地区的紧张局势，日美双方还就海上通道安全加强了合作。当与日本友好的第三国受到攻击，并危及日本生存以及人民追求生活、自由和谋求幸福的权利时，为确保日本生存和保护日本人民，基于集体自卫权，日本将进行海上扫雷、强制搜查可疑船只货物、护卫船舶以及防护美国军舰等活动。当发生对日本的和平与安全有重大影响的事态（即重要影响事态）时，美军将负责"支援和补充"等后方工作。此举旨在对中国进行遏制。双方的合作地域也从周边扩大到全球，内容涉及对解决国际纠纷的多国军队进行后方支援、纠纷解决后进行人道主义支援以及保障海上通道安全等。新《美日防卫合作指针》中也提到双方将在网络和太空等新兴领域展开更为紧密的合作。

新《美日防卫合作指针》允许自卫队扩大活动范围，从"周边"扩展到全球，还允许自卫队必要时可使用武力。对此，韩国政府明确表示，没有韩国政府的允许，日本军队决不得进入朝鲜半岛。21世纪绝对不同于20世纪30年代，在东亚地区，日本处在美、中、日、俄和朝鲜半岛的力学关系中并不太讨好。日本虽然通过

强行修宪让自己变成了一个普通国家，但是在中美两个大国的影响之下，即便是增加了自身的军事实力，也不能自由活动。美日同盟的强化也制约着日本一般的军事活动。经济陷入泥潭的日本为了美日同盟也会在后方支援美国。若想要恢复经济，进一步推动本国同中韩之间的合作，日本就必须改变自己对待历史遗留问题的态度。安倍政府固守国粹主义的右翼史观，如果坚持采取不关照周边国家的安保政策，不要说国家间关系甚至连日本自身的经济也要受损。所以，只有实用的选择才能对各国利益有所助益，也才能为东亚的和平发展作出积极贡献。

二、中日关系的稳定

（一）中日关系的改善

2015年4月，亚非领导人会议及万隆会议60周年纪念活动在印度尼西亚的雅加达召开。时隔5个月，中日双方领导人又坐在一起就改善双方关系进行磋商。日本首相安倍引用1955年达成的万隆会议十项原则，对第二次世界大战表示深刻反省。双方首脑决定推进政府间对话和民间交流，改善双方关系，双方还讨论了中国主导的亚投行和历史认识等问题。

中日峰会的主要内容如下：两国首脑表示，最近一段时间中日关系有所改善，双方就推进战略互惠关系达成一致，双方也会继续推进中日间的对话和交流。安倍在万隆会议的演讲中提到1955年万隆会议确定的十条原则（"万隆精神"）中的两条，即"不以侵略或侵略威胁、行使武力来侵犯他国的领土完整和政治独立"及"通过和平手段来解决国际争端"。在此基础上，安倍还表示："我们发誓日本在对过去的战争作出深刻反省的同时，在任何时候都会做一个坚守上述原则的国家。"不过，安倍并未像前首相小泉纯一郎那样，在50周年峰会上沿用"村山谈话"原文，表明对"殖民地统治和侵略"的"由衷道歉"，反而大谈为亚非的繁荣稳定、和平发展一起努力。

习近平主席指出，60年前的万隆会议促进了亚非拉民族解放运动，加速了全球殖民体系瓦解的历史进程，但是并没有直接提及日本的历史认识问题。同时，还表明中国愿同有关各方一道共同建设好亚洲基础设施投资银行（AIIB）。安倍说，强者决不能用武力欺压弱者，除此，还承诺日本将在今后5年援助培养亚非35万名人才。

（二）中日关系中的经济和安全

经济是影响中日关系的重要因素。中国政府从2014年开始就针对经济减速提出了相应对策，地方政府积极推进同日本的贸易交流和技术转让。国内形势的变化也

带动了中日关系的发展。进入21世纪以前，日本在对华外交中很大部分是借助日元贷款，但是由于中国经济的高速发展，这种援助国和被援助国的关系框架已不复存在。中国用一代人的时间完成了日本和欧美发达国家需要四五代人才能完成的现代化壮举。从经济方面考虑，现在的中日是命运共同体的关系。中国军队进出南海的行为虽有显示国力之意，但日本仅仅想借新的安保法案来对抗中国是不够的。在硬碰硬的冲突之前，双方首先要先处理好政治间的关系。

外交上的纷争过去之后，中日两国关系有所改善，针对领土纷争也达成了有关协议，高级别会谈和港口停靠也已达成一致。两国在经济上日益互相依赖，对对方国家的出口和投资也都在增加。但是，从安全层面来说，双方依旧时刻对对方的军事行动保持警惕。日本对于中国人民解放军的现代化建设深感威胁，中国对于日本在军事上的积极作为也有所不安。所以，双方关系的改善意义重大，不仅能够推动地区的繁荣发展，妥善处理敏感问题，还能促进包括六方会谈在内的多方合作，加速问题的解决。历史遗留问题是阻碍中日关系发展的绊脚石，除此之外，经济和外交上的竞争、领土纷争和主权问题、台湾问题、彼此的不信任以及国民间的负面情绪等问题都阻碍着中日两国政治关系的发展。

小泉纯一郎之后，日本首相虽然更换了多次，但改善中日关系的主旋律并没有改变。中日关系的改善对于周边国家大有益处。为了减少海上冲突，双方从2014年11月开始着手准备海上联络机制。从钓鱼岛纷争可以看出，中国在亚太地区的实力不容小觑，这让日本感觉到了威胁。从复合相互依赖理论来看，中日两国在安全和领土问题上矛盾最深，历史及教科书问题次之，经济方面则合作与竞争并存。这种复合外交的局面还会一直存在下去。

三、美日韩的安全合作

（一）美日韩三国首脑会谈（2016）

以核安全峰会为契机，2016年3月31日，美日韩三边首脑在华盛顿举行了会晤。会上，三国就朝鲜核导、反恐、气候变化以及绑架劫持等问题进行了探讨。三国首脑在共同商讨强化安全合作的具体对策之后，向外交和国防部门下达了指示。同时，三国还就积极履行联合国安理会制裁朝鲜的决议案进行了磋商。针对伊斯兰极端组织，三国表示要进行军事作战和人道主义援助等多方面的准备，此外还就南海问题和东海问题交换了意见。今后，日韩两国将进行双边首脑会谈，对于慰安妇问题，双方将切实履行2015年达成的韩日协议。

美日韩三国首脑围绕三国在朝核问题上的合作进行了集中讨论。三国认为，现

在只有对朝鲜强力施压，才能改变朝鲜的战略手段，这同时也为强化三国合作提供了机会。三方会谈以前，美韩双方的首脑进行了双边会谈，双方重申通过坚决打击来解决朝鲜核问题，并对今后两国战略同盟关系的发展和发展方向交换了意见。美国总统奥巴马重申将切实履行《对韩防卫公约》和安理会对朝制裁决议案，并对朝鲜的挑衅行为提出严厉警告。日韩首脑会谈中，双方首脑围绕朝核问题进行讨论并决定强化两国在履行安理会制裁决议案上的合作。双方都认为，应该稳健履行2015年12月达成的《慰安妇协议》。另外，连锁式首脑会谈的最后一节是朴槿惠总统和习近平主席的首脑会谈。双方在会上重申将继续发展中韩战略合作伙伴关系，就朝鲜问题而言，双方将加强关于朝核问题的战略互动，共同努力履行安理会决议。

中美首脑会谈中，美国就南海问题强调应该和平解决"航海自由"和领土纷争。中方则强调中国决不允许任何打着"航海自由"的口号侵犯中国的领土主权和国家安全的行为。美日会谈中，双方主张由于当下中国经济增速放缓，所以暂时还应该由七国集团（G7）主导世界经济，努力让《跨太平洋伙伴关系协定》（TPP）早日生效。

（二）美日韩的安全合作

2012年李明博政府"暗箱"操作在国务会议上以"紧急案件"的处理方式通过了《韩日军事情报保护协定》，此举被曝光后，举国哗然，最终该协定流产。美日韩三国的安保合作也因此浮上水面。2016年3月31日，美日韩三国峰会在华盛顿召开。席间，美日强调签署《韩日军事情报保护协定》是具有重大意义的，而韩国却持不同立场，认为应该有所调整。美国总统奥巴马表示三国间的安保合作势在必行，日本首相安倍回应说三国应该加强包括安保在内的所有领域的合作。此举是希望把《韩日军事情报保护协定》当作垫脚石，让三国间的军事合作再上一个新台阶。朴槿惠总统也表示要推动三国在潜力领域的合作并且进一步扩大到域内其他国家，但是并没有提到与安保有关的字眼。朴槿惠总统虽然认可《韩日军事情报保护协定》的重要性，但是无法忽视通过该协定面临的国内压力。三国首脑会谈之后的记者会上，韩国政府人士表示，考虑到前任政府推动《韩日军事情报保护协定》被迫中断的事实，新政府要想签署该协定，就必须造就一个特定的国内外环境。当下，朝鲜半岛情况不容乐观。朝鲜在2016年年初进行了第四次核试验和远程导弹发射，所以韩国很需要日本的军事情报。但即便如此，考虑到诸多的政治因素，这项协定也很难达成。李明博政府4年前在国务会议上通过的《韩日军事情报保护协定》是"暗箱"操作，所以遭万民唾弃，不得民心。很多人认为韩美安保同盟会发展为美日韩三边同盟，进而东北亚

会进入新冷战。但因韩国国内争议不断，所以这项协定无疾而终。对此，2014年12月，韩国政府决定无论国会是否同意，韩国都要同美日签署《关于朝鲜核与导弹威胁的情报交流协议》，以美国为纽带实现军事情报的共享。但是，日本方面对此表示不满，强调虽相信韩国但是要想实现真正的军事情报共享，就必须提高至协定的规格。美国也对韩国施压，要求日韩年内必须签署《韩日军事情报保护协定》。

对于日本来说，改善韩日关系就可以扩大美日韩三国的合作，就能进一步提高对朝鲜包围网的作用。2015年年末，韩日就慰安妇问题达成协议。此举被认为意义重大，三国间最疏远的日韩关系由此得到改善。三国主导对朝施压，严格履行安理会对朝制裁决议案。2014年年末，关于朝鲜的核导问题，虽然通过美国韩日也交流了情报，但是效率却大打折扣。所以，当下的安保合作中，首要任务是先抓紧签署符合两国利益的《韩日军事情报保护协定》。

针对朝鲜日益增加的核导威胁，近来美日韩三国加强了在安保问题上的合作。日方表示，根据现在签署的情报交流协议，日韩之间需要通过美国才能进行间接的情报交流，所以比起这个，他们更希望签署《韩日军事情报保护协定》直接进行军事情报的共享。美日韩安全会议（Defense Trilateral Talks，DTT）自2008年起每年举行，至今已举行六次，各国助理国防部长级官员作为首席代表出席会议。2015年，美日韩三国防务长在香格里拉进行了安全会议的工作级别磋商。2014年，美日韩签署了《关于朝鲜核与导弹威胁的情报交流协议》。这份协议实则是一份没有任何约束力的谅解备忘录，按照协议，交流范围仅包括朝鲜核导有关的情报，日韩只能经由美国进行情报交流。美日韩三国间的安保合作也仅仅停留在针对朝鲜进行情报交流和政策互助的水平上。军事上的合作也只是以美国为媒介把驻韩美军和驻日美军联系在一起。所以，日韩之间的安保合作非常薄弱。

本来美韩同盟旨在遏制朝鲜，如果美日韩安保合作进一步强化，那么美韩同盟就会受到美日同盟遏制中国的影响。这会损害到中韩友好合作关系，也会引发东北亚地区韩美日对中俄朝的新冷战格局，这样的格局势必会影响到朝鲜半岛的和平统一。而为了半岛的和平统一，有必要构建国家间信任，使多方合作制度化。在美日韩安保合作问题上，除了共享有关朝鲜的情报以外，还可以在诸如海上灾难紧急救助，共同应对极端分子和海盗，共同防卫海上通道（SLOC）、网络安全以及联合国维和行动（PKO）等非传统安全领域开展多方位合作。

四、中日韩关系的发展

目前，东亚局势的复杂多变，一部分是因为安保危机，另一部分则是因为经济

危机。2008年美国、日本及欧洲的经济危机很容易让人联想到1929—1934年的大萧条。当时，英国由于在第一次世界大战后失去了经济上的霸权地位，使得能够维持世界经济体系的霸权国家不复存在。在这样的背景下，各国开始只追求自身利益，采取贸易保护主义，因此矛盾纷争层出不穷。经济萧条和法西斯主义的兴起最终导致了第二次世界大战。进入21世纪后，美国的政治、经济霸权逐渐弱化，自由贸易开始衰退，国家主义和民族主义崛起，围绕资源、能源的竞争和摩擦也在不断升级。在东亚的东海和南海领域，围绕领土资源的纷争很可能引发小规模的摩擦和冲突。

第二次世界大战以后，美国掌控的世界经济体系随着美国自身霸权的衰退正逐渐变为以美国、欧盟、中国、日本等为中心的多边主义格局。与G20峰会类似，G7峰会也应加入新型经济国，围绕当前的世界经济问题进行讨论并提出相应的解决对策，带动多边主义的发展。作为当今世界的霸主，美国应该在克服本国经济危机的同时重建、维持并且发展世界经济体系，以便管理和完善那些可以调节国家间冲突纠纷的国际机构。

在军事安保层面，中日韩之间的军事力量差距日益拉大。但在全球化的今天，考虑到集体防务体系和中日军事力量的增强，韩国应该继续坚定不移地追求自主国防，继续强化韩美同盟，最终目标是同中日一起为构筑多边安保体系而努力，并且要将东亚地区的安保竞争和摩擦维持在一定的限度内。

在这一问题上，韩国应当充分发挥自身在东亚地区及至全球范围内的纽带作用。韩国认为，维持东北亚的安定和世界和平的前提条件就是成功并且和平地解决朝鲜问题。在此基础之上，有必要积极引导中美日三国参与其中。自1991年加入联合国之后，韩国一直致力于多边外交。近年来更是举办了G20峰会和核安全峰会，积极地发挥作为多边外交中心的中坚国领导作用。虽然中日韩三国之间有很多历史遗留问题，但为了商议解决东亚问题，三国共同设立了中日韩合作秘书处。

应将以中日韩为代表的东亚看作一个整体，在此基础上确保中日韩三国的安全，追求经济利益最大化，开展丰富多彩的社会文化活动。作为地区行为体的中日韩三国，应当共同为区域一体化打造核心机制。中日韩应通过共享正确的历史观和世界观，在历史争论中解决面向未来的国民个人的关切。对于在历史认识和领土问题上存在的严重分歧，三国应当在集体的外交网络环境中保持个别国家利益和共同体区域利益之间的均衡。只有扩大中日韩合作，构建包括美国在内的政策网络才有可能构筑东亚多边合作共同体。构筑包括双边、多边以及小多边外交在内的"中日韩+美国"的复合外交政策网络将对东亚的和平发展有重大意义。

（王付东　译）

进攻性姿态、安全困境加剧与政策考虑

［韩］朱宰佑*

一、近期周边国家的安全形势和发展趋势

2016年东北亚地区国家的安全形势受如下情况的影响，这些情况很可能会加重安全困境。

第一，朝鲜在2016年1月6日进行了第四次核试验，并且自2015年至2016年又在陆海空多空间进行多次导弹发射试验。通过第四次核试验，朝鲜的核威力大幅增加。外界预测，朝鲜很可能已经实现了核弹头小型化。所以在这种情况下，联合国在3月3日通过了史上最严厉的第2270号决议。虽然面临史上最严厉的制裁，但朝鲜顶风而上，进行了六次短程导弹和潜射弹道导弹（SLBM）试验以及三次弹道导弹推进器试验。外界预测，朝鲜最近很有可能进行第五次核试验。①

第二，韩美两国为了防御朝鲜核武和导弹，不断强化合作，从2016年2月开始就一直商讨在朝鲜半岛部署末段高空区域防御系统——"萨德"（THAAD）的有关事宜。3月，成立联合工作组，启动"萨德"部署议程。美国国务院主管军控事务的助理国务卿弗兰克·罗斯在2月表示，美韩正就在韩国部署"萨德"的可能性展开讨论。2016年4月8日，美国国防部长阿什顿·卡特在美国外交关系委员会（CFR）就"在中国强烈反对的情况下，美国还能在韩国部署'萨德'吗？"的问题作出如下回答，"部署'萨德'是必要而且一定要成功的事情"。中国外交部就在朝鲜半岛部署"萨德"一事表示反对，并声明"任何国家在谋求自身安全时，都应考虑别国安全利益和地区和平稳定"。3月23日，在例行记者会上，中国外交部发言人华春莹就相关问题作出如下回答"'萨德'绝非一个简单的技术问题，我们对有关问题的实质与危害有着清醒认识"。她表示，"中方在反导问题上的立场是一贯的、明确的，任何国家在谋求自身安全时，都应考虑别国安全利益和地区和平稳定。"2016年3月31日，核安保峰会在华盛顿中心举行，会议期间中国国家主席习近平同美国

---

* ［韩］朱宰佑：韩国庆熙大学教授。

① 2016年9月9日朝鲜进行了第五次核试验。——编者注

总统奥巴马举行了会晤，习近平主席说"中方坚决反对美国在韩国部署'萨德'。因为这样的部署将会损害中国国家安全的利益，也会损害地区的战略平衡"。出席此次首脑会谈的中国外交部副部长郑泽光在记者会上强调"美国在韩国部署'萨德''损人不利己'"，"避免采取任何可能加剧局势紧张的言行，不得采取任何可能影响其他国家安全利益和地区战略平衡的举措"。

在"萨德"和南海问题明朗以后，据外媒报道，中国自2015年下半年开始就进行了一连串的导弹发射试验。对此，评论员广泛认为，中国此举是在向"萨德"和南海问题进行武力示威。针对这样的评论，中国在西沙群岛部署了导弹，并作出回应："中国出于本国防卫的目的，在本国领土范围内进行任何部署都是合法的。"

第三，在美国的默许下，2016年3月22日日本宣布修改《自卫队法》施行令等30项相关政令，此外还新设了向联合国维和行动（PKO）派遣司令官的相关规定。这些规定自29日起生效。据预测，2016年7月参议院选举以后，日本政府会着手准备包括美日相互军需支援协定（ACSA）和警卫出动在内的40项训令。所以，面对着日本的军事主义和军力扩张以及其复活军国主义的野心，中国对美日同盟关系的变化极度敏感。

二、东北亚各国间的战略应对方案

第一，针对朝鲜连续的核试验和导弹试射，我们有必要重新深刻思考我们的战略，纠正立场，还需要同周边国家具体协商，认真考虑如何才能提高对朝制裁的效果及其方法。为确实履行对朝制裁，提高制裁效果，一定要考虑到以下两点：一是无论是积极参与或是强化对朝制裁，都不一定导致朝鲜政权崩溃。二是对同朝鲜有来往的国家、企业和企业人士实施一贯的"间接抵制"不太容易。古巴的例子就是最好的印证。由于苏联石油供给出现了差错，古巴遭遇了史上最严重的经济危机。为了维持政权，最终当局只能选择进行改革开放（卡斯特罗避免了政权的崩溃）。美国对同古巴有来往的国家、企业和企业人士都进行了类似"次级抵制"的间接抵制。但是，遭受到了很多关于违反国际法和国家主权原则的批判（加拿大和墨西哥通过反对法案，在国内法和国家法相冲突的情况下，充分利用按照国内法优先主义和"新法优先主义"的原则处理的惯例，欧盟向世界贸易组织起诉美国）。因此，正如中国所说，对朝鲜的强烈制裁不应该是作为目的而应该作为一种手段，即一种能够促使朝鲜对话协商或者进行改革开放的手段。

第二，由于朝鲜核问题和领土纠纷的问题，东北亚地区正陷入安全困境之中。域内国家应该强化彼此间的合作，一道阻止此现象。韩美两国已就"萨德"部署达

成原则性协议，并且将其协议内容规定为十年机密，这引起了韩国国民的极度不满。此举首先不仅妨碍了国民的知情权，很明显，同时也增加了域内国家间的不信任。由于朝鲜核问题和领土纠纷的问题，日本现在试图通过修订自卫队和国防相关法案来扩大国防活动范围，寻求自主国防。中国也因为"萨德"和领土问题实施了一连串的导弹发射试验。这强化了美国在朝鲜半岛部署"萨德"的理由。因此，为了摆脱安全困境，在无法重启六方会谈的情况下，至少应该在域内国家间推动诸如中美韩、中朝韩、中美朝韩、韩美日、中日美韩或者五方会谈之类的小规模对话或者协商。

第三，在对安全困境没有深刻认识的情况下，韩国今后应该考虑在对待朝鲜的挑衅行为上采取更加强而有力的行动。这是由于周边国家对于朝鲜的挑衅和韩国遭受的损害没有深刻的认识。除日本以外的周边国家，也许是因为考虑到朝鲜的挑衅行为不是持续的而只是一时兴起，或者缺乏武力报复措施，或者时间一过又会恢复原状，所以虽然也指责朝鲜的挑衅行为，但是不采取实质行动来对待朝核问题。 因此，今后如果朝鲜再次发起挑衅行为，韩国政府应该不仅仅局限于口头应对，而应该通过实际的惩处带动周边国家积极向朝鲜施压。

（王付东　译）

"新指针"给日美同盟带来的新变化

江新凤[*]

2015年4月27日，日美两国发布了新版《日美防卫合作指针》（下称"新指针"）。"新指针"在日美合作机制、时机、范围、内容、领域等方面都有新的变化，预示着日美同盟合作将向全时态、全地域、全领域、全方位方向发展，日美同盟得到进一步强化，将成为全球性合作同盟。

一是协调机制常设化。"新指针"提出要新建一个常设的"同盟协调机制"，以确保双方从平时到战时各个阶段，从政策与运用两个层面对各项活动进行协调。据此，日美两国于2015年11月3日新设"同盟协调小组"，该机构由两国防务和外交等部门的政府中枢要员构成，目的是使日本自卫队和美军从平时起实现一体化运作，包括加强情报共享和军事行动协调，共同制订作战计划。并计划于2017年成立作为日美联合作战司令部的"日美共同部"，以实现日美作战指挥体制一体化。

二是合作时机全时化。由1997年版《日美防卫合作指针》中的"平时、遭到武力进攻、周边事态"扩大到"从平时到紧急事态的整个过程中"，强调要从平时到战时的各个阶段进行不间断的"无缝合作"，以确保日本的和平与安全。具体分为五种情形：平时；日本和平与安全受到威胁时；日本受到武力攻击时；日本以外的国家遭受武力攻击时；日本发生大规模灾害时。不仅是平时和战时，而且在非和非战的"灰色地带"也将进行军事合作。特别是"新指针"在新安保法尚未在法律上正式通过的情况下解禁日本集体自卫权，允许日本自卫队在"与日本关系密切的国家遭受武力攻击并威胁到日本的存亡"时使用武力实施作战行动，且日美采取联合作战行动，表明日美在解禁日本集体自卫权问题上互有需求，美国"亚太再平衡"战略需要日本发挥更多的军事作用，日本则借机摆脱军事上的束缚，向"军事正常化"国家迈进。

三是合作范围全球化。"新指针"强调日美同盟具有"全球属性"，把日美合作的地域范围由"日本及周边地区"扩大到"日本、亚太乃至更广阔地区"，并明确提出不再为合作限定地理范围，使日美同盟成为全球性合作同盟。这意味着，日

---

* 江新凤：中国人民解放军军事科学院外国军事研究部研究员。

本军事力量可以跟随美军走向海外，借机实现海外用兵的目的，同时日美联手军事干预地区冲突的可能性大大增加。

四是合作内容多样化。"新指针"详细规定了平时、日本和平与安全受到威胁时、日本受到武力攻击时日美双方合作的内容和方式。合作内容由美国协防日本扩大到日美联合作战、跨域作战，由日本为美国提供后勤支援扩大到相互使用设施、核生化防护等更广泛合作范围。作战样式也由传统的防空、反潜等扩展到联合反导、跨域作战等，从而使日本军事力量活动的空间大大拓展。且日本自卫队在日美同盟合作中的作用更加突出，"日主美辅"、相互支援的趋势明显。如"新指针"规定，当日本受到武力攻击时，日本须以日本为主体保卫本国国民与领域，美国则应与日本紧密协调，给予恰当的支援。

五是合作领域全维化。日美军事合作从传统军事领域向新兴领域拓展，由陆、海、空防御作战向陆、海、空、天、电、网的全时空、全维度联合作战拓展。"新指针"首次明确将太空和网络空间纳入日美合作范畴，强调两国政府和军队要加强太空和网络空间领域的合作。表明日美两国已将太空和网络空间作为军事合作的新舞台，试图在新兴战场空间占据制高点，为其日后进行跨域联合作战打下基础。

六是合作对象多元化。1978年和1997年的两版《日美防卫合作指针》均未涉及第三方合作，但此次"新指针"强调要强化三边及多边安全与防卫合作，特别是与域内外伙伴国及国际机构的合作。日美军事合作将向"日美+1""日美+X"拓展，建立日美澳、日美印、日美韩、日美菲、日美越等三边以及日、美、澳、印、韩、东盟等多边安全合作机制。在南海局势升温的背景下，日本加强与越菲等国的军事合作，向越菲提供巡逻船，向菲出租军用教练机，使用越菲军事基地，帮菲训练海岸警卫部队，参加美澳、美菲联合军演等，目的是通过加强双边和多边军事合作建立亚太地区安全合作网，塑造有利于日本的地区和国际安全环境，并通过更多地发挥军事力量作用，提升日本影响力，遏制中国崛起，争做地区和国际秩序的主导者。

七是加大遏华力度。"新指针"文本中虽未提中国，但确保太空系统抗毁能力、强化防空反导能力，根据航行自由等国际法采取各种措施维护海洋秩序等内容，明显是针对中国的。在美国推行"亚太再平衡"战略和中国综合国力迅速上升的大背景下，日美加大了联手遏华的力度。特别是在东海和南海形势升温的背景下制定这份文件，以中国为主要防范和遏制对象的意图不言而喻。有日本媒体评论指出，"新指针"出台目的之一就是为了对付中国，尤其是为了应对中国"可能武力改变钓鱼岛形势现状"。

从上述分析看，日美军事同盟进一步加强，日美将可能在全球范围内联合军

事干预安全事务。"新指针"的出台表明,安倍拉美介入钓鱼岛冲突的目的已经达到,一旦发生中日钓鱼岛军事冲突,日美将联手应对中国。日本还可能以行使集体自卫权为名,军事介入南海、台海事务。这意味着台湾问题、钓鱼岛问题、南海问题的处理和解决将变得更加艰巨和复杂,甚至可能出现美日与中国发生军事冲突的可能性,海洋、太空和网络空间等领域的竞争也将更趋激烈。

在"和平与发展"的世界大潮流中,我们应更多地寻求共同利益和合作空间,而不是拉帮结伙地搞军事对抗;在钓鱼岛主权和南海等问题上,应尊重历史事实和中国的利益诉求,而非一味"选边站"或联手军事施压;应共同管控好危机,而不是以"航行自由"为由不断派舰机进入中国南海岛礁附近海域制造紧张气氛。如果日美强化同盟以遏制中国崛起为目的,将会损害中美和中日关系的战略利益,同时也不利于地区的和平与稳定。"新指针"和新安保法实施后,日美如何成为全球性合作同盟,我们将拭目以待。

日本未来战略走向

龚都刚[*]

安倍第二次执政后，日本战略发生了重大变化，通过了首个"国家安全保障战略"，以所谓的"积极和平主义"为基本方针，突破"和平宪法"第九条约束，颠覆"专守防卫"政策，行使集体自卫权，向"军事正常化"迈进一大步，体现了四大战略走向。

一是将加强日美安保体制的战略支撑作用。日美安保体制是日本战略的支柱，不管日本哪一党、哪一个人执政，只要坚持日美安保体制让美国人放心，就能坐稳宝座。反之，则会陷入被动和困境。2010年6月2日，鸠山首相因全面修正日美安保体制和美军普天间基地迁出冲绳的努力失败而引咎辞职。2010年6月8日菅直人接任首相和2012年12月27日安倍第二次担任首相后之后，均表示日美安保体制是日本安全保障的基轴，结果都避免了政治动荡的尴尬局面。由此判断，未来随着安倍继续执政，日美安保体制在日本战略中的支柱性作用仍会稳中有增。

二是将加强价值观外交的战略支配作用。价值观外交几乎支配现任日本主要领导的思想：其一，催生了"菱形安全保障构想"。这是安倍提出的思想，期望与美澳印等"价值观相同"的国家组成统一阵营，连成菱形的海洋线包围网，企图构建从西太平洋到印度洋的菱形状海域的守护战略。其二，催生了"自由与繁荣之弧"战略，这是麻生太郎提出的思想，企图从东北亚开始，对中亚、高加索、中东、东欧，一直到巴尔干半岛的各国进行支援，扩大日本的政治影响力。随着安倍的继续执政，价值观外交对日本战略的决定性作用仍将会增强。

三是将加强岛屿实际控制权的战略导向作用。日本与周边国家或地区存在岛屿争端，掌握哪个岛屿的实际控制权，则其战略重心转向哪里。从日俄岛争和日韩岛争来看，由于俄罗斯和韩国分别掌握日本北部争议岛屿的实际控制权，因此日本战略重心不在北部。从中日钓鱼岛争端来看，日本在掌握实际控制权的情况下，仍单方面实行钓鱼岛"国有化方针"，引发新一轮中日钓鱼岛冲突，说明日本战略重心仍在向钓鱼岛方向转移。当前，日本仍在试图强化对钓鱼岛的控制权，否认钓鱼岛

---

[*] 龚都刚：海军军事学术研究所副研究员、军事学博士。

主权有争议的事实，导致中日关系持续紧张，很显然，责任在日方而不在中方。

四是将加强南海航行自由的战略牵制作用。南海航行自由从来不是问题，迄今，从未出现哪国舰机因航行自由而被困南海的问题。但是，在美国大肆煽动和挑衅之下，日本紧跟美国步伐，加大南海军事存在，升级南海军事化，南海航行自由反倒成了问题。日本仍在以南海航行自由受到威胁这个伪命题为借口，公开反对中国南海岛礁建设和西沙群岛正常部署，加速战略南进。日本一边强调和平管理和解决争端的重要性，一边加大南海军事存在，扩大中国与南海相关国家的矛盾，在加大对华战略牵制的同时，也将加深中日海上对抗。

最后申明一下，以上对日本战略发展动向的描述，纯属个人观点。谢谢大家！

朝鲜第七次党代会和朝核问题

［韩］白鹤淳*

2016年5月6—9日，朝鲜劳动党举行了第七次代表大会，朝鲜在这次大会上阐述了关于核问题的立场。这一立场与全世界所期望的方向背道而驰，因而让外界倍感失望。事实上，这次代表大会主要针对朝鲜国内问题，夸大朝鲜自身在政治思想和军事安保上的成就，并将今后的重点放在建设经济强国和科技强国上。

本文将审视朝鲜在第七次党代会上关于朝核问题的内容、朝鲜的对韩政策和对美政策等。本文还将分析最近朝鲜对韩国提出的军事会谈建议，并且对朝核问题的解决方案进行思考。

一、朝鲜第七次党代会

（一）与朝核有关的内容

朝鲜第七次党代会（以下简称七大）阐明了今后朝鲜会继续走经济建设和核武建设的并进路线，强调"并进路线不是一时的应对之策，而是朝鲜革命的最高利益，是朝鲜必须永远坚持的战略路线"，"在坚持强化以核武力为中心的国家防御力量的同时，大力进行经济建设，尽早建成繁荣的社会主义强国是最正当和革命的路线"。朝鲜还宣称，"只要帝国主义不放弃核威胁和专横，朝鲜将永远坚持并进路线，并且从质和量上强化核武力"。

朝鲜还宣称，"只要敌对势力不用核武器攻击朝鲜的自主权，朝鲜作为核拥有国将不会首先使用核武器，并切实履行国际社会的核不扩散义务，为实现世界无核化而努力"，即朝鲜再次确认不放弃核武器，继续维持和强化核武能力。

（二）与韩国有关的内容

第一，朝鲜对于朴槿惠政府的不信任表露无遗。七大批判了韩国将国际社会引

---

*　［韩］白鹤淳：韩国世宗研究所朝鲜研究中心主任。

入"民族内部问题，半岛统一问题""亲美事大""追随美国主子"等做法。朝鲜强调，"要崇拜和信任本民族，统一问题只能在民族内部进行讨论"。

第二，就统一问题而言，金正恩政府没有明显的改变，依旧全面坚持金日成的以"联邦制"为中心的"主体祖国统一路线"（金正日的"祖国统一的三大宪章"）。但是，尽管朝鲜官方仍主张联邦制，七大报告中直接引用了《6·15共同宣言》第二章的内容。这表明，南北关系一旦有所改善进而举行首脑会谈时，关于统一问题的讨论将以《6·15共同宣言》为基础来进行。

第三，朝鲜也试图在对韩政策上通过改善朝韩关系来稳定朝鲜半岛局势。例如，"国家的统一可以通过和平与非和平方式来实现，可以通过对话协商来打破北南关系如今的对峙局势"，"朝韩可以通过各领域、各级别的对话协商，积极化解相互的误解和不信任，寻找祖国统一和民族共同繁荣的出路"。正是在这种背景下，金正恩在七大上向韩国提议进行军事会谈。

（三）与美国有关的内容

朝鲜反复向美国要求取消对朝鲜的敌对政策、停和机制转换以及从韩国撤走军队和战争装备。但饶有趣味的是，这些都是之前就提出的对美要求，朝鲜并没有向奥巴马政府提出任何新的提议。这也就意味着朝鲜并没有对奥巴马政府有所期待。

二、朝鲜对韩美政策及核政策的背景

朝鲜为何在七大上对于核问题、对韩政策、对美政策等都表现出积极的态度呢？第一，近来，朝鲜和韩美之间由于"核战争威胁"和"先发制人战略"的对峙高潮迭起，加之联合国安理会强化了对朝制裁，加剧了朝鲜与韩美两国、朝鲜与联合国安理会（国际社会）之间的对决和不信任。在此情况下，朝鲜认为其与奥巴马政府、朴槿惠政府进行合作的可能性很低。

第二，美国正值总统大选，奥巴马政府对朝鲜采取新的积极政策的可能性几乎为零。韩国的情况也不容乐观，执政党新国家党分化严重，又在议员选举中惨败，面对着朝小野大的尴尬局面，朴槿惠政府沦落为跛脚鸭，对朝政策也不会有大的调整。朝鲜判断，奥巴马与朴槿惠的对朝政策不会有大的变化。作为参考的是，美国的六方会谈特使塞勒在2015年9月重新回到国家情报局（DNI）工作，对朝政策特别代表金成就任驻菲律宾大使。所以，美国的六方会谈首席和副代表全部缺席。这在客观上说明，奥巴马政府目前对于朝美对话不感兴趣。

三、朝鲜提议朝韩军事会谈

金正恩委员长在七大上强调朝韩军事会谈的必要性。他说，"现在朝韩军事当局之间的沟通渠道完全中断，南北双方随时可能爆发武装冲突甚至引发大规模战争"，"为了朝鲜半岛的和平与统一，应首先重启南北军事当局之间的对话和协商"，"南朝鲜当局若真有改善南北关系之意，就应当以诚实的态度进行南北对话和协商。"朝鲜在5月和6月多次提议进行朝韩事务性接触，讨论举行双方军事当局会谈问题。值得注意的是，这是2016年2月自关闭开城工业园以来，朝鲜首次通过黄海地区军事通信线路向韩国传达对话提议。

（一）军事会谈提议背景

2016年的韩美联合军演集合了韩美两国史上最多的兵力和装备。这使得朝鲜感受到了"公开的"先发制人威胁。这次对朝威胁来得迅猛，因此朝鲜当下也迫切地需要降低与以往不尽相同的战争威胁。

作为参考，在2013—2016年的韩美联合军事演习期间，朝鲜与美国在朝鲜半岛相互进行公开的核战争威胁，并都采取"先发制人的威胁"策略。在2013年3—4月韩美联合军演期间，朝美两国公开进行使用核武器的威胁训练后，要实现朝鲜半岛无核化的目标将更加困难。

当时，朝鲜威胁对美国使用中程"舞水端"导弹后，朝鲜的导弹威胁成为实质性的问题。此后，美国在关岛的海空军基地设置"萨德"。2013年10月初，韩美安保会议制定了应对朝鲜大规模杀伤性武器和导弹威胁的"量体裁衣型遏制战略""4D（探测、防御、扰乱、破坏）战略"等对朝"先发制人"打击的军事战略。在2016年春韩美联合军演期间，韩美公开进行先发制人打击朝鲜的军演等内容。

（二）韩国政府的反应

韩国政府坚持"先无核化后对话"的基本立场，拒绝了朝方提议。韩国提出，朝鲜若有缓解军事紧张和构筑南北信赖的诚意，就应当从最为紧迫的无核化问题上做起。韩国主张，现在不是进行对话的时机，而是应进一步加大对朝制裁。这反映在2016年6月23日韩国国防部对于朝鲜人武部对话提议的答复内容里。

四、朝核问题的解决方向

今后，朝鲜为了能在技术层面完成氢弹试验，一定会继续进行核试验。若六方会谈、朝美会谈等对话仍无法进行，朝鲜仍将无视联合国制裁与某些国家的单边制裁，继续进行核导试验。而且，朝鲜领导人与任期有限的选举制领导人对于时间的概念是不一样的。金正恩没有任期限制，而美日韩等国领导人有任期限制。金正恩政权可能更加无视短期的困难和利益，而追求自己期望的中长期利益。韩国人在解决朝核问题过程中接连经历失败的打击，因而国内主张韩国拥核的观点一直持续不断。这样的判断是基于不可能阻止朝鲜拥核的观点。

另外，中国外交部部长王毅主张，应当并行推进半岛无核化与停和机制转换。虽然这事实上也是《9·19共同声明》的精神，是多个国家的学者和专家一贯的主张。但是，中国在公开场合将其定为自己国家的政策，这本身意义非常重大。那么到底该如何处理朝核问题呢？

第一，在朝鲜不弃核的情况下，韩国和日本也会主张拥核，因此从战略角度上讲，这决不是一件喜闻乐见的事情。朝鲜不可能抛弃并进路线的观点并不符合事实，因为朝鲜的并进路线也是在特定的国际环境、朝美关系中形成的对应之策。应当从长期而非短期来看，随着国际环境和朝美关系的变化，并进路线也会有所不同。比起对"朝鲜绝不弃核"这种"确定性"的深信不疑，从战略的角度来说，我们反而应该将朝鲜是否拥核置于"不确定"的方向上。因此，从长远的角度来说，解决朝核问题还是更令人期待的。与其费力搞清楚朝鲜的核武器数量是50枚还是100枚，不如考虑在现阶段设法冻结朝鲜继续进行核武开发的能力，然后通过协商逐步寻找实现朝鲜弃核的目标。

第二，这期间朝鲜以自己弃核为条件向美国提出的三个要求分别是美国撤销对朝的敌对政策、签署和平协定和朝鲜半岛全境无核化。其中，最为核心的要求是"签署和平协定"。美国若对此有诚意，将可以把朝鲜拉回核问题谈判之中。中国的王毅外长的主张正是基于此种脉络。

但笔者认为不应该单纯地并行推进朝鲜半岛无核化和停和机制转换，而应该有一个能将二者合并的新方法，即将朝鲜半岛无核化和停和机制转换合并成"一个问题"，然后再通过新的协议商讨，用"一个过程"来解决问题。此前关于朝核问题的协议包括1994年的《日内瓦协议》和2005年的《9·19共同声明》，但这些协议都没有得到切实履行。其中的原因包括，朝鲜进行核试验违反约定，美日韩也在领导人换届之后违背了此前的协议。更重要的是，在《9·19共同声明》这样重要的协议

中，并未将半岛和平协定与无核化问题合并为一个问题，而是分别处理。

最后，朝鲜半岛无核化和停和机制转换过程中，最核心的问题之一就是主要相关国家的领导人在解决朝鲜半岛问题上应该发挥自身的"政治领导力"。朝鲜半岛问题虽然是军事安保问题，但也是政治问题。因此，这不是技术官僚所能解决的问题，而更应由相关国家的领导人果断发挥政治领导力来解决问题。

（王付东　译）

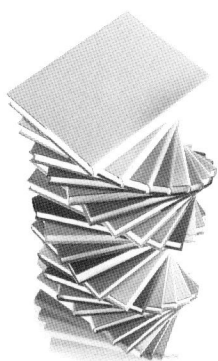

第三章

地区安全挑战的主要因素

阻碍东北亚地区安保合作的原因及对策

［韩］申相振[*]

一、中美对立的结构化

中美是决定东北亚安保和经济秩序的最重要的两个大国。习近平主席向美国提议将中美关系设定为"新型大国关系",但是中美关系如今依然停留在"旧型大国关系"的位置上。美国担心在不久的将来,崛起的中国会在亚太地区超越美国,因而在亚太地区部署了60%以上的美国海军力量。美国认为,亚洲比欧洲地区更为重要,在亚洲加强了最尖端武器的部署。而且,美国加强了与东亚地区的日本、越南、菲律宾等国的合作,这些国家与中国都有矛盾。5月22日至27日,奥巴马访问越南和日本等国家的核心目的也是试图在军事上加大对中国的包围。5月23日,奥巴马在越南宣布解除对越南军售禁令是试图在南海地区加大对华牵制。奥巴马曾公开宣称,美国急于与亚太国家签署TPP的目的是阻止由中国主导构建的东亚经济秩序。美国的"重返亚太"政策使得中美两国摩擦不断,阻碍了东亚国家间的合作和一体化。

虽然当前中国一再强调走和平发展的道路,但是美国和东亚的一些国家都认为中国的对外政策正在变得富有攻击性。2013年中国公布东海防空识别区,2014年中国在亚信峰会提出亚洲新安全观,2015年中国在南海地区建设人工岛礁并采取军事基地化的措施,这些事实都被美国与周边国家视为打破现状的行动。自2013年开始,中国为了与亚洲国家加强合作而推进的"一带一路"战略,也被美国和日本视为中国试图掌握亚洲地区秩序的行为。

随着中美两国在东亚地区的竞争变得日益结构化,东亚各国家也陷入了进退两难的尴尬境地。这意味着地区国家被迫在中美之间选边站。韩国朴槿惠政府虽然没有响应美国政府的要求,但日本却强化了与美国的同盟关系。对东亚地区秩序影响最大的中美两国之间的对立超过了合作,导致东亚地区的合作难以有所进展。

---

* ［韩］申相振:韩国光云大学教授。

二、中日竞争加剧

在近代化以前，东亚的两个强国——中国和日本就开始为了争取东亚的主导权展开竞争。直到不久前，日本还是主导东亚地区秩序的国家，但是从2010年开始，中国的GDP规模超过了日本，中日之间的矛盾正式表面化。2012年，日本采取了钓鱼岛国有化措施后，中国对此采取了军事示威活动，中日在东海地区爆发战争的风险上升。日本保守右翼的声音高涨，中国的民族主义情绪和爱国主义情绪也高涨，估计中日之间的矛盾也会长期持续下去。

中日两国以各自的经济实力为基础展开军事竞争，这足以影响到东亚的地区安全。2016年中国的国防预算仅仅增长了7.6%，但此前却长期年均增长10%以上，中国已成为仅次于美国的第二大国防预算大国。而且，中国进行的军队编制改革和符合现代战争要求的国防改革强化了战争能力。日本实施《新安保法案》，解禁集体自卫权。日本借此废弃了第二次世界大战以后长期维持的"防御安全"政策，拥有了在世界上到处派兵和参加战争的法律基础。日本可以以支援美军的名义和保护本国安保利益的理由向周边派出自卫队。为此，日本大幅增加了国防费，不仅在东海，也在南海地区加强了与美军的联合作战能力。日本的举动明显是针对中国。东亚的两个大国如果持续加剧对立的话，就有可能发生区域纠纷，区域共同体也就无法实现。随着中日之间的对立日益深化，2008年开始的中日韩首脑会谈自2013年开始停滞了两年，中日韩自贸区会谈也中断了。

三、朝鲜拥核和朝韩对立胶着化

朝鲜的四次核试验和数次的弹道导弹发射严重威胁到了朝鲜半岛和东北亚的地区安全。朝鲜以美韩的军事威胁为借口不断进行核导试验。但是，一旦朝鲜拥核，《核不扩散条约》就会变成一纸空文。为了应对朝核带来的威胁，美日韩加强军事合作，美国在朝鲜半岛布置核动力航空母舰等战略武器就会变成常态，"萨德"也会相继进入部署。朝鲜的核试验和弹道导弹发射已经成了威胁朝鲜半岛和东北亚地区安全的主要原因。韩国政府为了应对朝鲜的核武挑衅而关闭了开城工业园，禁止韩国人出入朝鲜在国外的食堂，实施韩美联合军演等制裁措施，朝鲜则威胁要对首尔进行核武打击，南北之间的对立深化。

朝鲜核危机的恶化加上朝韩对立的加剧使得朝韩间的交流合作全面中断，阻碍了东北亚地区国家间的经济合作，同时也削弱了中韩、中朝、朝日和朝美之间的信任。由于朝核问题的存在，中俄朝之间的图们江开发计划未取得进展，韩国推进的

欧亚倡议和中国"一带一路"计划的合作项目也未能实现。

四、历史问题和领土纠纷悬而未决

中日韩之间由于历史遗留问题相互不信任，领土纠纷也可能爆发为大规模的战争。2015年年末，韩日之间虽达成慰安妇问题的协议，韩日两国的国民舆论都对该协议表示不满。特别是韩国国内认为日本没有真诚道歉的舆论占据多数。虽然韩中之间在2004年达成5项协议，但韩中之间围绕古代史的争议随时可能爆发。同时，中日之间因历史问题而发生的不信任仍然在膨胀。

领土问题是阻碍中日韩三国关系发展的决定性因素。日本政府不断提出独岛问题，成为引发两国争端的话题。韩国民众认为独岛是日本于1905年通过日俄战争而强占的，因此对于日本的独岛宣称非常反感。韩中之间围绕黄海专属经济区和苏岩礁的管辖权等问题的分歧也亟待解决。中日之间围绕钓鱼岛主权问题的矛盾也日益有上升为战争的危险。

随着交通和通信手段的发展，中日韩三国的国民交流呈爆发式增长，但是大部分舆论调查结果都显示三国国民的关系不升反降。日本人对中国的友好感降至建交以来的最低点。中国人的对日好感度也日益下降。最近韩中两国国民的相互好感度也有下降趋势。中日韩三国都有很强的排他性民族主义情绪，不容易解决历史问题和领土问题，这是三国合作的巨大障碍。

五、几项对策

第一，要摆脱冷战的思考模式。现在东北亚地区合作的障碍大部分是由于冷战思维导致的。中美、中日走向敌对关系的原因也在于理念分歧，美国担心冷战时代获取的东亚主导权被中国剥夺，因此美国与日本强化了针对中国的同盟关系。中国也从现实主义的视角出发，对美日采取了增强军事力量和联合地区国家的做法。日本始终没有真正反省第二次世界大战罪行也是阻碍东北亚地区合作的重要原因。因此，美国、中国和日本三国都应为了东北亚的和平合作而打破冷战思维，开启符合21世纪的地区政策。

第二，不要开展军备竞赛，要寻求共同发展。现在东北亚地区正在展开自第二次世界大战以来最大的军备竞赛。美国、中国军费支出分居世界第一、第二位，日本、韩国、朝鲜的军事力量也进入世界前十强。俄罗斯是仅次于美国的第二大军事强国。现代战争的后果是毁灭性的，强化武力竞争不是明智之举。因此，世界经济

越不景气，各国越应该停止军备竞赛，谋求共同发展。

第三，要大力推进各种层次、形式的对话，增进了解，预防由于误判而可能产生的纷争。韩中日有必要通过类似本次会议的形式，聚集民间学者推心置腹地交流东北亚地区合作问题和发表各自立场，寻找问题的解决方案。同时，应落实迄今中日韩三国首脑会谈达成的协议，通过韩中日三国合作秘书处来主导多种多样的合作事项。韩中日可以对环保、经济交流合作、灾难救助等地区性问题探索合作方案。

同时，朝核问题已成为当前东北亚地区国家共同面临的现实威胁。美韩坚持战略忍耐政策，放任朝鲜核导试验，中国未在阻止朝核导试验方面发挥足够影响力。朝鲜第四次核试验后，国际社会对朝鲜进行了严厉的制裁，但是朝鲜劳动党第七次代表大会表明朝鲜没有弃核的可能性。比较现实的政策是通过强烈的施压以及同时进行对话来推动朝鲜核冻结。

第四，韩中日首脑会谈应该制度化。三国关系无论如何复杂，都可以通过首脑会谈化解彼此的误解和矛盾，在实务层面难以解决的难题可以通过首脑会谈来解决。因此，韩中日最高领导人定期会面可以增进东北亚的和平合作，减少彼此的矛盾。

（王付东　译）

东北亚地区合作课题——以日韩关系为中心

［日］西野纯也*

一、日韩关系改善的动向

在日韩邦交正常化迎来50周年的2015年12月28日下午3点半，外务大臣岸田文雄和外交部长官尹炳世共同举行记者招待会，宣布双方达成协定，慰安妇问题将"得到最终且不可逆的解决"。自20世纪90年代以来，慰安妇问题一直是影响日韩关系的一大悬案。这次能达成协议，首先应该对日韩外交当局的努力与安倍首相和朴瑾惠总统的政治决断给予高度评价。只是，如同韩国国内强烈反对声音所说的那样，要把这种一致付诸现实，日韩双方需要付出的努力比达成一致时所付出的更大。除此以外，韩国外交当局还在各种场合表明了"双轨"外交的主旨，即历史问题是一方面，但在其他领域，尤其是朝鲜问题上，应该与日本加强合作。

虽然因为联合国教科文组织世界遗产申报问题，日韩外交当局一度非常紧张，但是自春天起的主流动向并未发生改变。2015年8月安倍谈话发表的第二天，朴瑾惠总统在光复节演讲中说，"安倍首相的战后70周年谈话存在不少让我们觉得遗憾的地方，这是事实"，然而，"我关注到，谈话明确地向国际社会表示，以谢罪和反省为主干的历代内阁的立场在今后也不会动摇"。与过去两次的光复节演讲相比，这次的演讲基调更加积极。

因此，在8月中旬时，朴瑾惠总统应该是一面想着9月访华和10月访美以及之后的日中韩和日韩首脑会谈的事情，一面也在构思推进对日关系的问题了。11月2日的日韩首脑会谈后提出"要记住今年是韩日邦交正常化50周年的节点，为了尽早地妥协达成一致，要加快协商"，终于在2015年年底达成了慰安妇协议。

二、对慰安妇协议的暂定性评价

如何评价慰安妇协议？笔者将在回顾以往的历史经过和争论焦点的基础上，

指出以下三点不成熟的意见。第一，所谓"法律责任"的问题。日本政府坚持基于1965年的《日韩请求权协定》，这个问题"得到了完全且最终的解决"。而韩国政府的立场是，慰安妇问题是"反人道的不法行为"，不能根据该协定视为已经解决，日本政府仍有法律责任。一直以来，两国政府的立场非常坚定，要在这个问题上找到妥协点是极为困难的。而从这次达成一致意见的情况来看，日本方面虽然仍在坚持一贯的立场，但同时也逐渐向韩国方面靠近。

第二，资金筹措与事业实施的形式。协议中称，"韩国政府将设立以支援原慰安妇为目的财团，由日本政府预算一次性出资，日韩两国政府合作开展事业，以恢复所有原慰安妇的名誉和尊严，治愈其心灵的伤痛"。有过亚洲妇女基金会的失败经历，这次合作的特征是鲜明地打出"日本政府预算一次性出资"和"日韩两国政府合作"两点招牌。如此一来，这项新事业将在事实上以日韩两国政府的共同责任来推进下去。

第三，双方同意"今后在联合国等国际组织上，要控制围绕慰安妇问题进行相互指责和批判的行为"。朴槿惠政权上台以来，日韩双方屡屡发生彼此责难的纷争，不少美国相关人士也对此感到束手无策。因此，像这样由日韩双方领导人采取措施来严肃阻止相互责难带来的各种恶性循环是非常适当的。

那么，此次协议是否真的能"最终且不可逆地解决"慰安妇问题、令日韩关系进入新时代？考虑到原慰安妇的年龄，协定必须火速得到履行，然而履行协定的努力要获得肯定评价是需要很长时间的。这需要日韩两国政府和国民拿出强韧的忍耐力以实现彻底解决的目标。为此，我们应该留意以下三点。其一，最重要的是，今后仍要满怀诚意地去努力实现协定中的目标，即"恢复所有原慰安妇的名誉和尊严、治愈其心灵的伤痛"。其二，朴槿惠政府能否获得国内舆论，尤其是原慰安妇支援团体的理解。朴槿惠总统将面临如何慎重处理国民感情的问题。其三，围绕以慰安妇问题为首的历史认识问题，日韩两国国民感情持续恶化，那么应该如何去修复恶化的两国国民感情？要获得日韩两国国民对政府合作的理解和支持，就必须解决恶化了的国民感情问题。日韩两国领导人应该与暂时性的感情论诀别，提出长期性的蓝图，显示出重构邻国关系的决心并付诸实践。

三、对东北亚局势认识的乖离

与慰安妇问题一起令近年来的日韩关系变得艰难的另一个因素是，日韩两国对国际形势的认识是互相背离的。尤其是对邻国——中国的认识，由此引出双方对华政策的差异，这成为加剧日韩相互不信任和日韩关系恶化的结构性原因。

一方面，很遗憾，现在多数日本人都认为中国崛起对日本构成"军事上的威胁"。而另一方面，韩国舆论则认为对本国威胁最大的是朝鲜，其次是日本，之后才是中国。因此，日韩两国对东北亚国际形势的认识有着非常严重的背离。

就日本方面来说，钓鱼岛问题以及南海问题让日本国民认为中国给东亚地区带来了不安定因素。因此，自2010年以后，日本的安保政策的方向一方面是构筑日中之间的危机管理机制，另一方面是强化西南方面的防卫能力以防万一，以及做好准备应对介于警察力行使和防卫力行使之间的灰色地带事态。即使现在不是安倍政权，日本安保政策在大框架上仍然会沿着目前的方向发展。就韩国方面来说，朴槿惠政权的外交政策基本上也是受到韩国所处的国际关系所规定的。长期以来，韩国认为美、俄、中、日"四强"对朝鲜半岛局势有着决定性影响力，然而近年来韩国舆论一般转向了"G2论"，即只有美中两国掌握朝鲜半岛的命运。与此一致的是，朴槿惠政权展开的外交不仅重视美韩同盟，也很重视中韩同盟。

然而，韩国不改善韩日关系而急速亲近中国的做法让日本国内出现了朴槿惠政权在和中国共同"反日"的观点。这种简单化的理解只能妨碍对韩国外交的真正认识。日韩领导人和外交工作者们应该尽快地从国力变化带来的不安定关系中脱离出来，追求更高水平的合作关系。为此，首先必须要做的就是深入理解彼此的外交安全政策。对于如何应对现在的东北亚局势，尤其是日益崛起的中国和不透明的朝鲜，双方应该进行坦率的对话。作为东北亚国际秩序的当事者，日韩不应放弃构建共同的未来蓝图。

日韩两国均以美国为同盟国，发展日美韩三国合作的关系对日韩双方的安全来说是一笔巨大的资产，今后仍要不遗余力地从实务层面上推进日美韩以及日韩的安全合作并争取国民的支持。与此同时，还应更加关注2011年成立的日中韩合作秘书处，共同努力进一步扩大与中国合作的领域。不仅对历史问题，而且对东亚地区的现在和将来，朴槿惠政权和安倍政权都应积极摸索可以"共同"合作的内容，以此打开近年来的闭塞局面。

四、第四次朝鲜核试验后的东北亚局势

朝鲜核试验以后，可以说在相关国家中朴槿惠政权采取的对朝态度是最为严厉的。与历次对朝制裁一样，这次制裁的关键仍在中国，同时朴槿惠的对华外交也受到了质问，韩国政府开始表达出对中国的不满。联合国安理会通过的第2270号决议据称是过去20年来最为严厉的制裁，然而朝鲜依然继续挑衅性的言行举动，连日宣称要加快核导弹开发进程。

第2270号决议虽然是逼迫朝鲜放弃核试验，但其着力点不是改变体制，而是呼吁朝鲜回到谈判桌上来，这应该是反映了中国及俄罗斯的意向。那么，朝鲜停止挑衅行为，回到谈判桌上就可以了吗？答案是否定的。韩日美继续要求朝鲜真正实现无核化，不承诺无核化就不开启无条件的对话。中国的立场是不能只有"强制"，也需要给朝鲜"提供安心"。中国认为首先让朝鲜回到谈判桌上是很重要的，无核化是一个需要磋商的远期目标，必须避免持续制裁让朝鲜半岛局势过度紧张的局面。

当然，各国对决议的考虑和立场不同并不是现在才开始的，但是正因如此，这个问题的根源非常深远。2016年，日韩两国自不必说，其他相关各国也面临着更加困难的外交课题。

（刘丽娇　译）

韩中围绕朝鲜半岛和平统一的论争：
相互认识·争论·战略的界限①

[韩] 文兴镐*

　　2015年9月2日，中韩首脑会谈在北京举行。此次会谈对于朝鲜半岛及周边国家关系具有十分重大的意义。纪念中国人民抗日战争暨世界反法西斯胜利70周年阅兵式对于中国有多重意义。朴槿惠总统参加这一盛事，也吸引了国际社会的诸多目光。更令外界关注的是，朴槿惠总统此行还同习近平主席进行了非公开会谈，就朝鲜半岛和平统一问题进行了深入讨论。

　　当然，中韩两国首脑就朝鲜半岛和平统一问题进行了怎样的深入讨论，又达成了何种程度、何种范围的协议我们不得而知。但是，朴槿惠总统启程回国时，在飞机内召开了记者见面会。会上，她提到"中韩两国将针对朝鲜半岛统一问题展开对话"。之后，韩国有关部门就把同中国进行关于半岛统一问题的对话作为主要课题，着手设计不同的方案。当然，也许韩方此举是在过度解释，中韩首脑就半岛统一问题进行的讨论可能只是走形式而没有实质性的进展，或者虽然中方没有明确表示但是会谈确实是在友好的氛围中结束，朴槿惠总统从中感觉到中国对待半岛统一问题的态度很积极，当然也有可能就像朴槿惠总统所暗示的，此次讨论或许真有某种程度上的深入。考虑到如上的诸多可能，本文将对今后两国是否会如传闻所说就半岛统一问题进行正式对话，以及对话的前提和限制进行讨论。

　　第一，笔者将就中国最高领导人对于半岛统一的认识进行论述。特别是习近平主席的对朝认识和基本战略，除此之外，还将对习近平主席所希望看到的朝韩关系及半岛蓝图进行分析。要实现中韩两国就半岛问题展开对话，首先要清楚地认识到中国在半岛统一问题上是不能回避、不能不考虑的现实。第二，笔者将对在中韩正式探讨统一问题时最先提出的核心问题进行分析。中国坚持半岛统一必须以"和平"和"自主"为前提条件。文中会从多角度分析"和平"和"自主"的战略意义

---

　　①　本文为作者在研讨会上的发言摘要。

　　*　[韩] 文兴镐：韩国汉阳大学国际学院院长。

和结构限制会有怎样的变化。在"自主"和"和平"的问题上若不能让中方有所接受，那么中韩半岛统一对话也不会有深入进展。第三，分析中国政府近来对朝政策的变化。在联合国就朝鲜第四次核试验进行制裁的情况下，中国坚持在进行政策调整，此举对于中韩半岛统一对话有着决定性影响。

因此，笔者将带着上述问题就中韩半岛统一对话的可能性进行论述。但是，本文将重点放在现阶段对话难以解决的争议及其障碍上。因为在当下能够清楚地认识到对话的障碍，并且设计出一套解决方案比起对话本身更有意义。

一、对朝鲜半岛未来认识的局限

自2012年执政以来，习近平主席对于朝鲜半岛的认识按照时间可以分为过去、现在和将来三个阶段。这种认识是非常有弹性和复杂的思考方式，习近平主席会根据战略判断和反应的不同作出调整来处理相应的问题。第一，过去型认识。这种认识是对中国与朝鲜在抗日战争和抗美援朝战争中结下的历史纽带的积极评价。这些现在依然保留在习近平主席对朝鲜半岛和朝鲜的认识中，也在一定程度上影响着中国的对朝政策。

第二，现在型认识。这基于当前朝鲜与韩国的反差。韩国经济快速增长，政治实力也有所发展，与此同时，朝鲜政治经济极不稳定，最高领导人的领导力也有缺陷。中国对韩国和朝鲜有不同认知，把朝鲜半岛无核化放在半岛政策最优先的位置。

第三，未来型认识。在习近平主席的未来型认识中，即便半岛统一还不是一个核心问题，但是很可能上升到战略性高度。所以，如果真的推进中韩半岛统一对话，那么对话也是一种扩大习近平主席未来型认识的机会。

综上，习近平主席关于朝鲜半岛过去、现在和未来的三种认识，综合在一起发挥有机的作用。据此，他会根据事情的特点，采用不同的方案、运用不同的对朝政策。中国努力维持与中韩战略合作关系和中朝传统友好关系之间的平衡，确保对半岛影响力的最大化。中国不会抛弃朝鲜和韩国中的任何一个，只有通过这样的方式才能尽可能地调节好中朝和中韩的关系。现实情况下，其他国家很难沿袭中国的这种策略，这是中国独有的财产。所以，考虑到朝鲜体制存在的必要性以及中韩对半岛未来认识的差异，至少在现阶段推进中韩半岛统一对话会很困难。

二、和平自主统一的争论和局限

1992年8月24日，中韩建交并公布《中韩建交联合公报》，其中第五条表明了中

国在半岛统一问题上的公开立场，即"中华人民共和国政府尊重朝鲜民族早日实现朝鲜半岛和平统一的愿望，并支持由朝鲜民族自己来实现朝鲜半岛的和平统一。"随着时间的推移，两国政府对于半岛统一的认识可能会有程度上的差异，但中国政府在这个问题上的立场和原则是始终一致的。中方始终一贯坚持的大前提就是朝韩双方的自主和平统一。所以，如果不能满足这个大前提，就不能得到中方的支持。因此，即便是中韩两国实现了初级的半岛统一对话，从开始阶段就无法回避关于自主和平统一的问题。更困难的是，现阶段仅凭借韩国自己的努力无法实现半岛的自主和平统一。

首先，中韩最可能出现的分歧是在和平统一问题上。事实上，韩国比中国更希望和平统一。统一本身不重要，重要的是怎样统一。非和平的统一会动摇国家和民族根基，损害大量的人力、物力，这样的统一已经失去了统一的含义。所以，无论打着怎样的旗号，都不允许推进这样的统一。朝鲜半岛和平统一的前提是要获得朝鲜人民和国家领导人的同意，然后还要获得周边相关国家的支持。这两者都是和平统一不可或缺的重要因素。但是，考虑到现在朝韩交流合作的水平、中美日俄等周边国家对朝鲜半岛的政策基调，还有朝鲜本国的权力体系和内部统治情况，半岛和平统一的内外环境都不容乐观。

在这种情况下，中国完全支持由韩国主导统一的可能性几乎为零。但是虽然如此，韩国还是要从如下两个方面积极考虑，尽可能确保中方的支持。一是要调整方向。促进半岛周边地区的和平稳定，设计半岛和平统一的过程、目标和将来构想。二是统一要渐进式、阶段性地进行。政策上要将重点放在恢复朝韩共性、缓和紧张局势以及构建半岛和平体制上，然后有机结合这两个因素带来的综合效应，进一步拓展朝韩双方的交流合作。最能发挥这样效果的方案当属朴槿惠政府呕心沥血构想出的"朝鲜半岛信任进程"。在现阶段没有比"朝鲜半岛信任进程"更能改观朝韩关系和周边关系的方案了。虽然朝鲜常常有一些无法预测的举动，这些举动也阻碍善意的政策，但是在当前情况下，必须要采取实际行动来改变这种恶性循环。这些也是中国半岛问题专家的看法。中韩半岛统一对话就应该从这种观点出发，相互理解、相互协调。

其次，"自主统一"比"和平统一"更为困难。中国支持半岛统一的前提除了"和平统一"还有"自主统一"。这也就意味着朝鲜半岛周边的发达国家，特别是美国和日本不能介入，朝韩双方必须依赖自己的努力实现统一。中国强调自主统一的实质是因为其已经意识到韩国的安保全部依赖于韩美同盟。美军大规模驻扎韩国，驻韩美军的活动区域已经从朝鲜半岛扩张到其他纠纷地区。因此，中国已经意识到，在美国所谓的"软战略"下，朝韩双方不可能不受外力干预自主推进统一。

而且，最近就美军在驻韩基地部署"末端高空区域防御系统"（THAAD）一事，中方已经疑窦丛生。中方认为美军此举旨在将朝鲜半岛变成牵制中国的前哨基地，再加上韩国政府目前并不具备"战时作战指挥权"，原定的指挥权移交时间也被无限期延迟。

那么，就没有实现自主统一的方案吗？在当前的结构性困局中，强化中韩战略合作不失为一个良好的方案，但考虑到韩美同盟和中朝关系，中韩战略合作会面临相当多的阻碍。近期，朝鲜半岛发生了很多事情。9月2日，中韩举行首脑会谈；9月3日，朴槿惠总统出席天安门阅兵；10月10日，习近平主席向朝鲜发送贺电，刘云山访朝并参观阅兵仪式；10月16日，韩美首脑会谈，双方就强化韩美同盟和对朝政策达成协议。考虑到近来事态的发展，韩国夹在中美之间很难平衡。更为严重的是，这与中国强调的自主统一正渐行渐远。

因此，推进自主统一的方案就只能是缓解朝韩紧张局势、构建半岛和平体制，从而适度调节韩美同盟。清华大学的阎学通教授等认为1961年签署的《中朝友好合作互助条约》已经有名无实，尤其是"一旦缔约一方遭受到一国或几国联合武装进攻时，缔约另一方应立即尽其全力给予军事及其他援助"一条已经完全作废。对此，中国政府没有表明这一立场，大部分学者也不同意这一观点。这个观点有婉转批评韩国军事缺乏独立性、韩美军事同盟得到强化的含义。若韩国想要同中国开展半岛统一的对话并有所收获，就要对所有动向进行仔细分析，做好应对准备。由此看来，中韩在自主和平统一的问题上分歧很大。中国政府支持统一的前提条件"和平"和"自主"，在现阶段很难满足。

韩中关于朝鲜半岛和平统一的对话，存在着相互认识差异及主要观点的根本性对立，使得两国间关于和平统一对话的自身变得不可能，即使有初步的讨论，也很难实现真正意义上的进展。

尽管如此，值得注意的是中国国内有关朝鲜半岛局势和朝韩关系的舆论变化很快，特别是在青年一代中，这种变化范围更广。从长远来看，韩国应该大力推进青年一代的交流合作，让中国青年一代更客观地了解朝韩关系和半岛统一问题，尤需重视的是在韩留学的六万多中国留学生，他们是未来中韩关系的主角，要让他们明白半岛统一是东亚和平共荣的首要任务，也是区域内所有国家都能获益的"共同财产"。

中国支持半岛统一的大前提是自主和平的统一原则。正如前文所述，朝韩之间关系复杂，其中的国际因素也纷繁杂乱，不是仅仅靠中韩两国努力就能解决的问题。为了同中国进行半岛统一对话，韩国必须针对和平自主问题做努力，而且还必须要作出成绩。首先是和平的问题，应扩大朝韩之间的交流合作，缓解紧张局势。

如果交流合作无法达成并且还一直保持军事对峙的态势，那么对中国提出半岛统一讨论的建议就毫无说服力。其次是自主的问题。自主实则瞄准的就是韩美同盟，所以也跟和平问题挂钩。也就是说，朝鲜半岛一旦不和平，韩美两国就会强化同盟关系，韩国国防的自主性也就大打折扣。因此，应该确立如下的良性循环：增进朝韩之间的信赖⇒缓解紧张局势⇒推进半岛和平体制⇒调节韩美同盟的强度⇒提高韩国国防自主性⇒在中美之间取得平衡。

综上所述，现阶段阻碍中韩两国半岛统一对话的因素还有很多，对话基本不可能取得较大成果。尤其是最近中朝关系明显有所改善。从韩国的立场来看，在存在各种局限因素的情况下，与其迫切地与中国进行关于和平统一的对话，不如首先讨论如何使长远对话具有可能性。韩国政策应该着眼于对内及对外环境的建设。其中，韩国最应优先考虑的事宜是扩大韩朝间的合作交流，缓和军事紧张，实现朝鲜半岛和平体制的"可视化"。若无法满足上述条件，则不能满足中国为朝鲜半岛统一设立的和平与自主前提。尽管半岛统一很明显不是仅有中国支持就能解决的事情，但无法否认中国因素是半岛统一的关键因素。韩国有必要用长远的眼光客观看待半岛统一问题，真切盼望统一与"一厢情愿"式的统一思考是两个不同概念。韩国立足于半岛统一问题的长远规划，渐进且阶段性地解决统一问题才是获得朝鲜及周边国家支持的捷径。为了消除不信任和对立，应推动"朝鲜半岛信任进程"对内及对外的扩散，这不应是政治上的口号，而需要冷静且沉着的准备。现在迫切需要"朝鲜半岛信任进程"中的"一带一路"计划和半岛统一准备中的"韬光养晦"政策。

（王付东　译）

建设"东北亚经济走廊"势在必行

石源华[*]

2016年4月29日，笔者有幸参加由中国公共外交协会和中日韩合作秘书处在钓鱼台国宾馆主办的"首届中日韩公共外交论坛暨2016年中日韩合作国际论坛"，中国外交部副部长张业遂到会致词，三国前政要、外交官、著名学者、社会名流等欢聚一堂，深入研讨中日韩三国合作的重要性和发展趋势，会议透出的信息可以使人感受到中日韩三国进一步合作的浓浓春意，笔者深感：建设"东北亚经济走廊"势在必行。

在"一带一路"倡议提出和推行的过程中，东北亚区域合作没有得到应有的重视，并与之实现有机的结合。2015年3月28日，国家发展改革委员会、外交部、商务部联合发布《推动共建"丝绸之路经济带和21世纪海上丝绸之路"的愿景与行动》，文中讨论"一带一路"未及东北亚。国家现行规划和推行的中国周边"六大经济走廊"也未包括"东北亚经济走廊"。东北亚成为"一带一路"倡议的中国周边合作圈的缺口和断裂。这是一个应该引起重视和解决的重大问题。

东北亚地区是"丝绸之路经济带"和"21世纪海上丝绸之路"的连接处和结合部，无论对于亚洲地缘政治安全，还是对于中国周边经济合作，都是举足轻重的地区，更是"一带一路"建设不能回避的重要地区。笔者曾撰文主张建设"中朝韩经济走廊"，以朝鲜半岛为起点，经由各种途径，加入亚欧大陆桥，参与"丝绸之路经济带"的建设，同时与中国海上丝绸之路相衔接。（《世界知识》2015年第5期）后又主张建设"中朝韩俄经济走廊"，将俄罗斯包含其中。然而，由于朝核问题的存在和朝鲜半岛安全局势不稳定及种种原因，使其实现困难重重。为此，笔者进而认为可以借助近年中日韩合作发展趋势重振，建设以中日韩为核心的，包括俄、蒙、朝在内的"东北亚经济走廊"。

东北亚区域合作在中国周边的区域合作中启动最早。二十多年前，已由联合国主持了大图们江开发计划，中、日、韩、朝、蒙、俄六国全部参加，虽未取得成功，但积累了不少经验教训。从1999年起，中日韩启动合作进程，其间虽因政治原

　＊　石源华：复旦大学国际关系与公共事务学院教授。

因有所停顿，但无论是1997年的亚洲金融危机，还是2008年的全球金融危机，三国与东亚其他国家同舟共济，化危为机，共渡难关，取得了不少成功的经验。三国地缘相近，优势互补，人文交流密切，经济合作深化。2015年，三国贸易总额达到6257亿美元，人员往来近2400万人次。可以说，目前三国合作达到的水平，在中国周边地区的各种区域合作机制中是最高的，已经建立起以领导人会议为核心，20个部长级会议和60多个工作层机制为支撑的合作体系，相较中国周边其他六个经济走廊的发展进程比较成熟，处于超级领先地位，为今天建设"东北亚经济走廊"打下了坚实的基础。

"东北亚经济走廊"以中日韩为核心是一种历史的选择。中日韩都是亚洲重要国家和世界的主要经济体，三国人口总和超过亚洲的三分之一、世界的五分之一，经济总量占亚洲的70%、世界的22%，贡献亚洲经济增量70%和世界经济增量的36%，是世界经济版图和国际贸易合作的稳定增长极。2015年11月，中断三年的中日韩三国领导人会议在首尔重启，为东北亚区域合作注入了新活力，随即，教育部长、环境部长、自贸区谈判、三国记者联合采访、三国青年官员交流等相继举行，三国合作出现回暖的势头。理所当然应在东北亚地区推进建设"一带一路"倡议的第七条周边"经济走廊"，而且是具有举足轻重影响的"经济走廊"。

"东北亚经济走廊"建设面临的困境，其一是朝核问题导致朝鲜半岛的不稳定，成为东北亚区域合作的"安全死穴"；其二是日本出现"右倾化"，安倍政府甘当美国"亚太再平衡"战略的帮手，在历史问题上倒行逆施，在领土争端问题上主动挑衅，导致中日、韩日关系紧张。建设"东北亚经济走廊"需要对此两大问题实现战略性的突破。应在实现中日韩进一步合作的基础上，将经济走廊拓宽到整个东北亚，包括俄罗斯东部地区、朝鲜和蒙古，逐步实现六国之间"五通"，并将建设东北亚经济共同体作为进一步努力的目标。

建设"东北亚经济走廊"，将使中国与周边国家的国际经济合作圈实现合拢，使中国周边国际经济合作和"一带一路"发展战略形成一个完整的战略圈。"东北亚经济走廊"将有利于中国战略机遇的延长和"十三五"规划的实施，也有利于强化中韩和中俄全方位合作，促进日本参与"一带一路"建设，推动朝鲜融入国际社会和蒙古参与东北亚合作。"东北亚经济走廊"将造福于中国，造福于东北亚乃至全球。

当前东北亚安全面临的挑战及出路

刘 卿[*]

一、当前东北亚安全存在的主要挑战

第一，东北亚各国互信赤字进一步拉大。互信建设一直是东北亚安全建构的短板，近来，东北亚各国的互信关系再次受到严峻挑战。朝鲜核试和联合国制裁使得朝韩敌意加深，中朝、中韩互信也受到损害。美国在东北亚和东南亚加大对中国的挤压，使得中美战略互疑上升。日本加快推动修改和平宪法并积极介入南海问题等举动，引起了中韩对其战略动机的担忧和警惕。近来，日本国内出现要求缓和对华关系的迹象，外相岸田文雄也访问了中国，但中日关系能否就此反弹回升还有待于进一步观察。

第二，东北亚多边安全构建进程陷入倒退。八年来，六方会谈处于停滞状态，现在各方对恢复这一机制的紧迫性认识不一。2016年年初，联合国安理会通过第2270号决议，包括对朝鲜制裁和推动和平谈判两方面内容。但有关方只是强调对朝鲜制裁，对启动和平谈判进程意愿不大。如果完全不给朝鲜政治出路，最后有可能逼得朝鲜进一步铤而走险。在六方会谈陷入僵局的同时，东北亚地区没有出现可以替代的类似的其他多边会谈机制，朝核问题和地缘竞争成为阻隔地区国家安全合作的壁垒。

第三，美国"离岸平衡手"对地区震动影响增强。目前，美国政府负债已达19万亿美元，国防预算面临继续削减的压力。在这种背景下，国内 "孤立主义"崛起，要求在对外战略上减少成本开支。在亚洲，倾向于让亚洲人承担更多的战略成本，尤其是让盟国分担更多的防御支出同时借助于地区国家之间的矛盾运筹"离岸平衡手"，把控均势。在东北亚，希望更多由日韩应对朝核问题挑战，同时牵制中国。美国战略意图的改变导致对东北亚干预方式发生变化。美国更愿意作为组织者和管理者，在强化日美、韩美同盟关系的同时，对冲中国影响，让三国相互进行战略消耗。这种战略调整继续强化，将进一步改变东北亚安全结构面貌，让该地区难以摆脱"冷战"时期的安全框架。

---

* 刘卿：中国国际问题研究院亚太所所长。

二、东北亚亦存在安全环境改善的转机因素

一是三方在能共同受益的经济议题上合作意愿加强，将对安全领域的合作产生溢出效应。比如，中韩自贸区正式启动，中日韩加快自贸区谈判进程。这些合作都能给地区国家带来日益增多的利益，对安全合作的合法性与动力都大有益处，对于积累互信、培养合作习惯，以及保持沟通的畅通也大有帮助，显然，也有利于解决棘手的相关问题。

二是民间因素日趋活跃，促进三方相互关系的基础力量正在变得厚实。2015年，三国人员往来近2400万人次。过去三年，中韩人文交流共同委员会共举行三次全体会议，开展近70项人文交流活动。2016年又增加了69个新的交流合作项目。一批中韩友好交流网络平台正在搭建和准备开通，将对促进中韩两国网民信息交流发挥重要作用。中日人文交流趋暖。2015年，访日中国游客达到约500万人，同比翻了一番，在各国访日游客人数中跃居首位。随着赴日人数的增加，中国民众对日本的印象也正在发生改变。

三是当前有关方处于政策调整的酝酿期，安全合作存在转机因子。在朝鲜劳动党第七次全国代表大会（以下简称七大）之后，半岛形势可能缓和一段时期。七大表示，当前朝韩关系紧张状态"完全可以通过对话和协商解决"。近日，朝鲜提议举行朝韩军事之间的对话和协商，试探韩国的反应。美朝关系也有可能进一步转好。最近，朝鲜外务相李洙墉在访问联合国期间表示，如果美国停止军事演习，朝鲜愿意中止核武试验。奥巴马回应称，朝鲜如果就半岛无核化作出有诚意的表现，美国也愿意以诚意来做开展对话的准备。另外，朝鲜对美国"政权更替"寄予希望，无论选举结果如何，朝鲜对美政策都存在重新出发的可能。2015年年底，美朝曾进行过秘密谈判，在经过新一轮政府调整之后，双方再进行接触的可能性存在。2016年下半年，中日韩也存在进一步改善关系的机会，包括可能在日本举行的中日韩领导人会议和在中国举行的G20会议等。

三、促进东北亚安全合作几点思考

一是继续推进信任关系建设。中美需从大处着眼，认清在地区和平稳定上共同利益大于分歧，客观、理性地看待彼此的发展，突出合作一面而非竞争一面。双方应将推动解决朝核问题作为未来一段时期首要外交课题之一，避免将朝核问题作为推进谋求地缘政治优势的工具。中日韩三国是东北亚"关键三角"，如果三角信

任支离破碎，那么三角稳定框架则难以成形。为实现东北亚共同安全，走出"亚洲悖论"，三方应抛弃"零和"博弈思维，警惕冷战思维陷阱，拓宽安全选择的多样性；应继续通过坦诚沟通，增加互信、减少猜疑，以对话合作促进安全；妥善处理有关敏感问题，特别是历史问题。同时，做实、做深民意基础，本着负责的态度，正确引导舆论，相向而行，排除干扰，为三方合作创造条件。

二是推进多边对话机制建设，加快补缺"减震装置"。首先是尽快通过机制安排缓和朝核问题。在对朝鲜进行制裁的同时留出对话缺口，包括积极探讨实现半岛无核化与半岛停和机制转换并行推进的思路。通过对话、沟通渠道，理解朝鲜安全需求，赋予朝鲜安全感。同时，探讨其他安全对话机制的可能性。通过机制化安排，及时了解各方关切和实际难题，共同寻找解决之道。

三是多渠道培养东北亚合作习惯，形成合作文化。可聚焦于能明显增进各方共同利益的具体议题，特别是与经济有关的非传统安全领域。加快推进网络犯罪、金融诈骗、能源安全、核安全等领域的合作，扩大东北亚共同利益基础，使其在传统安全领域产生溢出效应。在合作中向朝鲜敞开大门，循序渐进地将其纳入地区非敏感合作之中。

慰安妇协议与日韩安保合作

张薇薇*

2015年12月28日，日本与韩国就解决慰安妇问题达成协议。韩国总统朴槿惠随后与日本首相安倍晋三通电话，安倍向"慰安妇"受害者表示道歉和反省。2016年7月底，韩国政府设立的援助基金"和解治愈财团"正式成立。日方确认将尽快向财团注资10亿日元，并且不以韩方撤走位于日本驻韩国大使馆门前的慰安妇少女塑像为前提。如果协议落实顺利，韩国政府需在相关措施落实后，确认"慰安妇"问题得到最终且不可逆的解决。

朴槿惠总统上任伊始，曾将慰安妇问题提到韩日之间首要问题的高度予以处理。日韩关系也因此"冰冻"了数年。2015年年底，在相关问题的解决基础并未发生明显变化的情况下，两国政府突然宣布达成所谓"共识"，强烈显示这是一份政治含义极为浓厚的协议。在随后的执行过程中，背后的政治考量更是显露无遗。

一、充满争议的慰安妇协议

慰安妇协议从达成到执行已半年有余，尽管推进迅速，但韩国和日本国内对其质疑和批评却从未停止。韩国慰安妇支持团体猛烈抨击这份协议是政府主导下的共识，根本没有征求受害人的意见。2016年7月28日"和解治愈财团"成立不久就发生财团理事长金兑玄被一名韩国男子喷射催泪喷雾的事件。日本国内舆论则大多质疑这真的会是"最终"的解决吗，向韩国基金注资10亿日元无疑有"赔偿金"的意味，将有损日本的声誉，等等。

其实，所谓慰安妇协议的实质就是"一份协议，各自表述"。日方强调的是慰安妇问题"最终且不可逆的解决"，要求韩国不再利用慰安妇问题打政治牌。而韩国则突出日本政府通过首相电话、外长表态及向慰安妇基金进行注资等行动承担起了事实上的"责任"，这也是韩国政府、民间长期以来就慰安妇问题的核心要求。

但双方的分歧无疑是显而易见的。在协议宣布后，日本首相安倍晋三和外相岸

---

* 张薇薇：中国国际问题研究院亚太所助理研究员。

田文雄都声称，日本政府认为慰安妇问题基于1965年《日韩请求权协定》已经最终且完全解决完毕的立场没有改变。2016年1月18日，安倍晋三在参议院预算委员会上称，没有证据直接表明日本政府和军队在第二次世界大战期间强征慰安妇，日军只是直接或间接地介入了开设慰安所或管理、运送慰安妇等工作。这表明日本政府依然不承认对强征慰安妇负有法律责任。可以肯定的是，这样的态度不可能在韩国民间得到认可与谅解。那尊立于日本驻韩国大使馆门前的慰安妇少女像也基本没有可能被撤走。对此，日本政府也心知肚明，因而为了尽快向前推进与韩国的合作，日本政府很快决定不再以撤走少女像作为向财团注资10亿日元的前提。

二、呼之欲出的安保合作

日韩两国政府之所以急于推进慰安妇协议，最主要的目的是想为推进安保领域的合作营造政治氛围。安倍晋三在2016年1月18日的参议院预算委员会上强调，"慰安妇协议""对日本安保有重大意义"。无独有偶，美国国务卿克里也指出"协议"有助于"改善美国最重要的两个盟国之间的关系"，将"加强美日韩三边合作"。显然，这才是慰安妇协议背后最大的推动力。

2009年至今，美国持续推动"亚太再平衡"，不仅将本国军事资源更多调配到亚太地区，还不断动员盟友之间加强合作，形成网状安全联盟，承担更多安全任务。日本和韩国是美国在东北亚地区的重要盟友，也是美国竭力撮合的对象。在视朝鲜的核与导弹开发计划以及中国加强海洋活动为国家安全主要威胁的日本，紧守日美同盟，加强与韩国的安保合作是安倍政权的政策方向。因此，在慰安妇协议问题上，日本愿意作出一定妥协。而韩国的国家安全政策主要针对朝鲜，并无意对崛起的中国进行防范和遏制，相反，韩国认为对北政策需要借助中国的力量。而且，由于过去遭受日本侵略的悲惨经历和日本政坛愈演愈烈的右倾倾向，韩国民间对同日本展开安保合作的反感度很高。

不过，近几年朝鲜核与导弹技术的迅猛发展改变了韩国的安保天平。2016年1月，朝鲜第四次核试验成功。4月，朝鲜成功进行潜射导弹试验。6月，朝鲜"舞水端"导弹发射成功，显示其中程导弹技术实现重大突破。对此，韩国感到，朝鲜的核导能力已对其构成实质威胁，迫切需要采取应对措施。7月8日，韩美两国正式宣布，将在韩国部署"萨德"（THAAD）。韩国的这一决定意味着美国全球导弹防御系统覆盖范围的进一步扩大，必将对东北亚地区和中国的战略环境带来重大影响，因而引发中国的强烈不满。

韩国部署"萨德"的决定同时也显示，在韩国迅速倒向美国寻求安全庇护的情

况下，日韩之间可能快速推进《军事情报保护协定》（GSOMIA）和《物资劳务相互提供协定》（ACSA）的签署。这是两份带有准军事同盟性质的协定。相关谈判其实早在2012年春时已接近尾声。但当时由于韩国在野党和公民团体的激烈反对，韩国临时取消了签约计划，一直搁浅至今。美国对此深感焦虑，百般撮合之下，2014年12月29日，美日韩三国签署了题为《美日韩关于朝鲜核与导弹威胁的情报交流协议》的备忘录，规定韩国国防部与日本防卫省之间通过美国国防部共享关于朝鲜的军事情报。该备忘录的实质是在日韩关系迟迟无法转圜的情况下，通过美国迂回实现军事情报交换。韩国国防部发言人2016年8月4日表示，如果美韩决定部署在韩国南部星州的美军最尖端陆基导弹拦截系统"萨德"的X波段雷达捕捉到朝鲜发射导弹，那么韩国可与日本共享情报。这显示，尽管出于对国内民意的担忧，韩国政府一直否认或避而不谈与日本之间的军事情报共享，但事实是，相关议题已被提上议事日程并可能迅速成为现实。日韩之间完全可能绕过以慰安妇问题为代表的政治障碍，而强化美国主导下的安保合作。

三、日韩强化安保合作的影响

以美国为核心，日韩加强安保领域的合作必将进一步加剧地区紧张局势。美国主导的军事同盟体系在东北亚的扩张表面上以朝核问题为由头和抓手，但更重要的目标是深化牵制中国的联盟体系。一段时期以来，美国和日本对中国南海岛礁建设、开展校验试飞等主权范围内的活动横加指责、多方施压。美国数次派出导弹驱逐舰在南海执行"自由航行"行动。日本表示全力支持，同时也蠢蠢欲动、意欲加入。但韩国一直未曾对中国在南海的行动作出负面评价。在美日韩加强安保合作的大背景下，美日应该也会加大对韩国的压力，促其作出某些表态或动作。这无疑将增大中国建设和平和谐的周边环境、推动地区合作的阻力，也会对中日韩三国合作带来负面影响。中国有必要冷静分析形势、积极化解矛盾，以更有力的政策推进中日韩合作及"一带一路"等大周边合作计划。

中日韩安全合作面临的机遇与挑战

笪志刚[*]

纵观近期的东北亚区域地缘安全局势，由于朝鲜半岛问题再度发酵，该区域安全风险陡然增大，美日韩对朝鲜半岛的强硬姿态，韩国部署"萨德"的决绝架势，中美围绕东海、南海博弈的日渐显性化，都使东北亚乃至亚太区域的地缘安全合作与博弈充满了诸多不确定性。与此同时，从横向维度看，中日韩自由贸易协定谈判进程加快，六方会谈再次启动的可能性依然没有消失，区域全面经济伙伴关系（RCEP）、"一带一路"等泛区域、区域合作机制与安排的深化，也将安全合作再次提上议事日程。对于区域稳定合作、繁荣发展而言，安全合作是不可或缺的。其中，中日韩的安全合作既面临严峻的挑战，但也迎来了润物无声的难得机遇。

由于错综复杂的历史恩怨与现实矛盾等因素制约，中日韩之间，乃至中日抑或日韩之间的安全合作水平一直较低，共同的安全合作机制几近于零，与近年不断增加的经贸及人文交流形成巨大反差。现在，在东北亚地缘局势持续恶化，区域内传统安全和非传统安全风险交织，冷战后遗症依然制约区域和平与发展的敏感时期，中日韩之间的安全合作或将由于需要共同应对自然灾害、核能风险、核危机、恐怖主义等而出现破冰试水的转机。本文以中日韩安全合作的新态势为引线，以化解风险和挑战为主线，以创造机遇、深化相互理解，推动以安全合作为宗旨，摸索旨在促进中日韩之间基于区域归属感和一体化认知的安全合作的有效路径。

一、中日韩安全合作面临新态势

（一）中日韩经贸合作与安全合作明显乖离

纵观近年的中日和中韩关系可以发现，与中日韩经贸合作总体稳定，虽有反复但规模依然维持较高水平相比，安全合作受制于地缘环境，中日双边或中日韩三边关系乃至于区域不确定因素的影响，导致围绕安全磋商与合作的信任度下降，战

---

*　笪志刚：黑龙江省社科院东北亚所所长、研究员。

略互疑加大，民众感情恶化，经贸合作与安全合作呈现明显的乖离态势，这也是中日、中韩或中日韩安全合作迟迟无法取得显著进展，双边或三边所面临的尴尬新态势的原因。

（二）东北亚地缘局势恶化催生安全合作需求

中日韩安全合作没有形成有效的制度机制与东北亚区域地缘和安全环境的恶化密切相关。从朝鲜在2016年年初接连发射导弹、卫星及核试验，到中日围绕东海、南海联动的博弈加剧、日本决定在宫古岛部署射程达300千米的陆对空导弹系统，再到韩国决定部署"萨德"后引发的中韩关系新变化，围绕东北亚区域地缘安全局势发生的巨大变化，中日韩安全合作的合作空间在收窄。甚至可以说，朝鲜半岛局势引发的东北亚地缘局势的恶化，虽然催生了中日韩安全合作的有效需求，但中日和中韩本身围绕国家安全和地缘安全的分歧及裂隙在加大，使中日韩安全合作面临双边及三边关系调整的磨合与挑战，短期安全合作需求受外部或双边关系影响呈下降走势。

（三）中日韩亟待建立安全合作的有效机制

虽然中日、中韩乃至中日韩三边之间，抑或东北亚区域整体之间存在国家利益、地缘战略和安全博弈的此消彼长，一些博弈还存在向冷战后遗症或新的安全同盟方向演变的可能。但不容置疑的是，从区域化和全球一体化、区域安全观新变化等中长期角度考量，从维护区域安全战略平衡的基本均势出发，中日韩面临突破国家狭隘安全利益观的桎梏，朝向以构建"亚洲安全观"为范式的安全合作的有效机制努力的重大选择。换言之，中日韩在加快关于经贸合作的自由贸易协定谈判进程的同时，需要摸索安全合作上的有效机制与模式，克服阻力，形成经济与安全合作在区域内的齐头并进。

二、中日韩安全合作迎来新机遇

（一）朝鲜半岛局势提升合作应对共识

从中日韩及国际社会空前一致响应联合国第2270号决议，对朝鲜实施史无前例的严重制裁来看，朝鲜半岛局势的重大变化为中日韩三国提升区域安全合作提供了难得契机，也为中日韩提升安全合作水平并最终解决包括朝鲜半岛无核化问题提供了诸多可能。现在的问题是，中日韩三国围绕安全合作形成了不同的战略取向，与中国大力主张倡导亚洲安全观和新型合作观、"亚洲的事情由亚洲自己来解决"不

同，日韩采取了安全合作倚重域外国家，经济合作倚重域内国家的双轨战略，降低了因半岛危机问题基本取得一致的三国共识，并不时受到域外因素的影响或制约。

（二）中日韩安全合作优势与潜力犹在

虽然美国等域外国家成功实现了在中日韩经贸合作上的隔山打虎，在安全合作上的分而治之，在地缘战略上的分头牵制，但由于中日韩在经贸领域不断提升的相互依赖度，最终在经贸领域超越欧盟的60%依存度、北美的50%依存度只是时间问题，而随着上述经贸依存度的不断上升，三国之间的安全互信、民意基础也将发生微妙变化，安全领域的区域一体化归属感、认同感将会上升，主权让渡意识也会出现，届时中日韩安全合作的潜力将进一步凸显，成为东北亚乃至亚太稳定的有生力量和区域安全的稳固基石。

（三）中日韩构建新安全观的可能性上升

中日韩有无构建新安全观抑或三边集体安全观的可能性？答案是肯定的，但不确定性和风险也是显而易见的。中日韩区域安全观的形成，与中日韩提升区域内自由贸易水平和深化地缘毗邻优势、近似文化背景优势、构筑经济互补优势密切相关。换言之，区域一体化认知和水平的提升是三国新安全观形成的前提，民间往来的日益频繁和便利化是构筑三边安全模式的有利基础。现在中国提出了新的亚洲安全观，日韩也提出了根据本国国情的区域安全设想，如何缩小中日韩三国的区域安全理念的分歧，认同彼此的安全合作路径，实现区域内以利益共同体和责任共同体为基本取向的区域安全命运共同体，是中日韩今后必须共同面对的课题。

三、中日韩安全合作的严峻挑战

（一）东北亚区域合作挫折感上升

中日韩安全合作面临严峻的挑战是不争的事实。中国针对美日来自东海的封堵可能，出于对东北亚区域合作采取避重就轻或另辟蹊径的做法，推出了"一带一路"建设及相应举措；围绕"萨德"形成的美日韩对决中俄朝的重回冷战体系的风险；美日韩军事同盟体系的整固与日美插手南海事务的力度加大；美国另起炉灶推进的跨太平洋伙伴关系协定（TPP）和跨大西洋贸易与投资伙伴协议（TTIP）等旨在制定规则上制约中国，都使本来在机制上就缺乏相应保证的东北亚区域合作挫折感上升，对中日韩构筑初期乃至中长期安全模式带来极大的隐患和挑战。

（二）美日韩安全体制的排他属性

中日韩建立安全合作长效机制的最大阻力抑或最大障碍无疑是美日韩军事同盟体制。这一是缘于美日韩安全体制的排他属性，二是缘于美国利用日韩遏制中国崛起的战略意图，三是体现了美国重返东北亚乃至推行"亚太再平衡"政策的地缘利益。前者使日韩被绑在美国军事同盟的战车上，无法展开带有独立性的安全战略，更遑论安全合作，甚至还有可能影响中日韩经贸合作的高质量提升。后者则代表了美国在全球战略和区域战略中的中长期考量，中美博弈的最终结果将使日韩不得不选边站，安全合作选项极有可能卷入可能发生的东西方对抗之中，成为中日韩长期不得不维持现状或谨慎判断的重大国家战略。

（三）中美博弈不确定性放大风险

中美之间的区域战略和国家利益博弈的加大和对立的日益显性化，使中日韩的安全合作始终无法摆脱来自美国的阴影，中美相互尊重、互利共赢、斗而不破或许能给日韩深化与中国的安全合作提供循序渐进的路径，但如果中美博弈不确定性持续存在，且裂痕加大，中日韩安全合作的风险也将随之放大，甚至存在重演20世纪冷战时期完全对立状态的可能。未来中美和则两利、斗则俱伤的全景图也为中日韩安全合作提供了选择的启示。

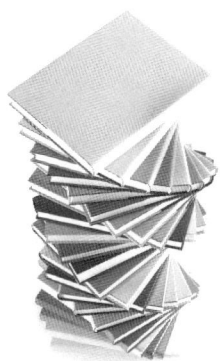

第四章

地区安全合作的政策建议

日中韩国内舆论与地区安全机制的构建

［日］加茂具树[*]

如何推进日中韩三国安全合作？克服安全困境（Security Dilemma）是一个关键。我们需要做些什么来防止以下安全困境的产生，或者即便产生也能缓和它？这一困境是："一国总是最先考虑本国的安全，但是强化本国的安全有时会给他国带来不安，如此他国也会强化自己的安全，结果双方强化安全的努力可能会让两国关系变得不稳定。"要构建地区安全机制，就必须对相关国家的舆论动向有所认识。

对于形成一个让主要政治过程中的主角们无法忽视的环境，舆论作为重要因素之一发挥着重大作用。尤其在民主国家中，人们希望政治决策反映国民心声。如果将民主外交定义为代表了主权拥有者即国民的意志的外交的话，那么外交就必须遵从国民的意愿。如此一来，舆论就是民主外交的基础了。而且，如果政党不顾舆论的强烈反对而强行实施某政策的话，那么不仅该政党的多数议员会面临再选失败的威胁，而且执政党内部的反对势力也会崛起，因此政党的指挥部会密切关注舆论动向。即使在威权主义国家，由于今天的社交网络媒体非常发达，所以不可能在政治决策上完全无视舆论动向。

当然，国民主张的外交政策并不经常是适当的。国民对外交的理解程度很低，或者即使能够理解，但要对外交及安全问题作出正确判断也还需要很长一段时间。有人认为国民舆论短期影响对外政策的情况比较少见，但与此同时，一般认为，从长期来看外交政策是反映了舆论动向的，这种说法成为了通论。无论是日本、中国还是韩国，决策者是不会不关心国民舆论的动向的。

迄今，实现了地区和平与繁荣的国际公共品及价值（日韩的情况是指日美同盟）是什么，为了实现地区和平与繁荣需要哪些国际公共产品及价值，对于这些问题，日中韩三国的国民未能拥有共同的认识。可以说，其原因在于日中韩三国对冷战时期以及冷战后就和平与繁荣问题方面所积累的经验和成绩未能达成共识。

然而，在通过三国合作来实现地区和平与繁荣这件事的重要性问题上，日中韩三国国民是达成了共识的。而且，关于必须克服哪些问题才能实现地区和平与繁荣

---

* ［日］加茂具树：日本庆应义塾大学教授。

这点，三国也有着共同的认识。

日中韩三国需要包容实现地区当前和平与繁荣的价值观，为实现地区和平与繁荣而创造三国共有的新价值观，并建立机制来维持这种新价值观的共有。此外，还要建立危机管理机制，推进基于成功经验上的信任关系，谋求相互合作的深化。

例如，在东亚及东南亚地区几乎每年都会发生大规模的自然灾害。于是，我们需要地区的军队、警察、消防、海上警备等组织发挥广泛的作用，如灾害发生后的紧急展开体制、事后的灾害救援等。如此就能构建三国在亚洲救灾方面的合作机制（以灵活运用彼此经验和成就的形式）。或者，积累东海及南海的海上安全（海上事故、搜救）、渔业资源保护方面的合作经验，不断加强信任关系的培养。让日中韩三国的水产资源保护当局及海上警备当局（或军队）紧密联系，建立热线以及将行动规范的运用落到实处等，这些都是非常重要的措施。

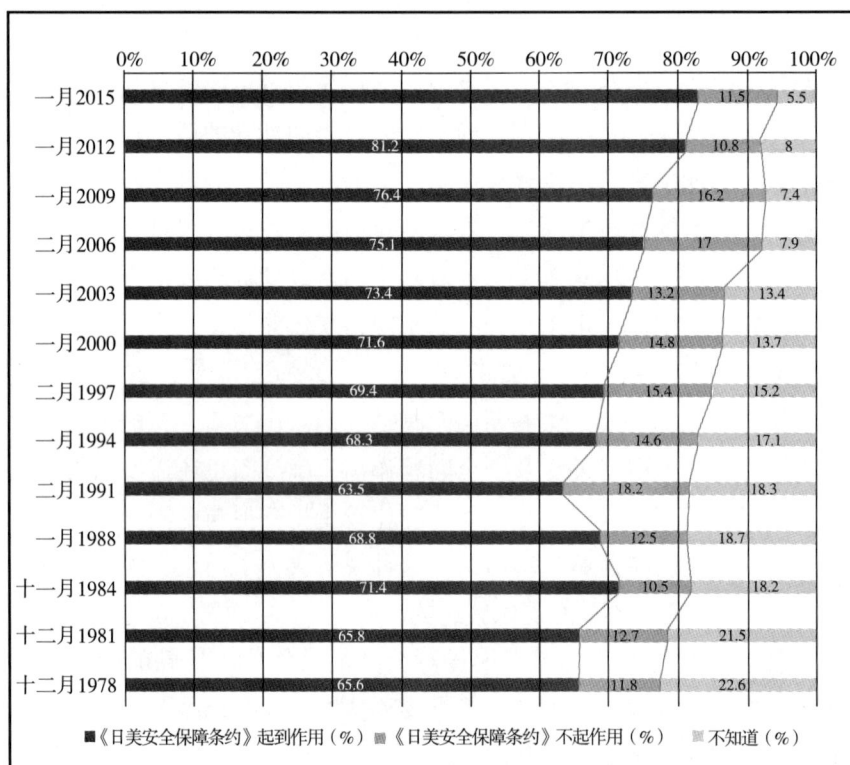

图1　对《日美安全保障条约》的看法

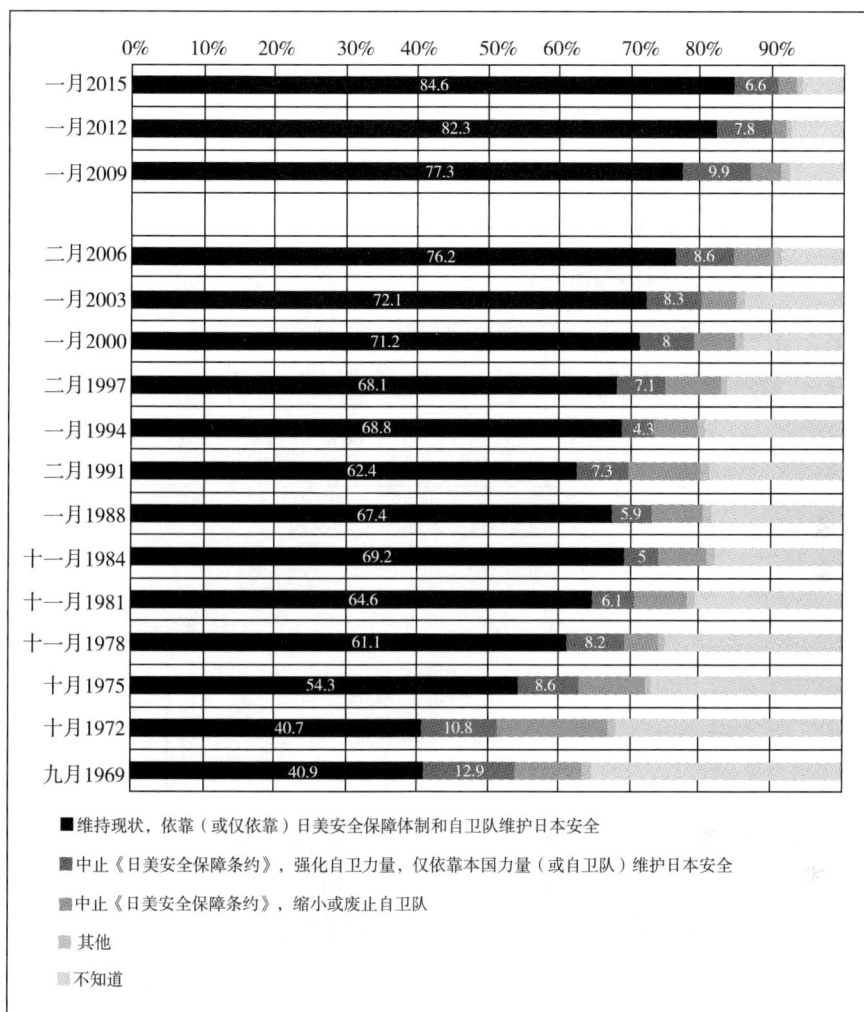

图2　维护日本安全的方法

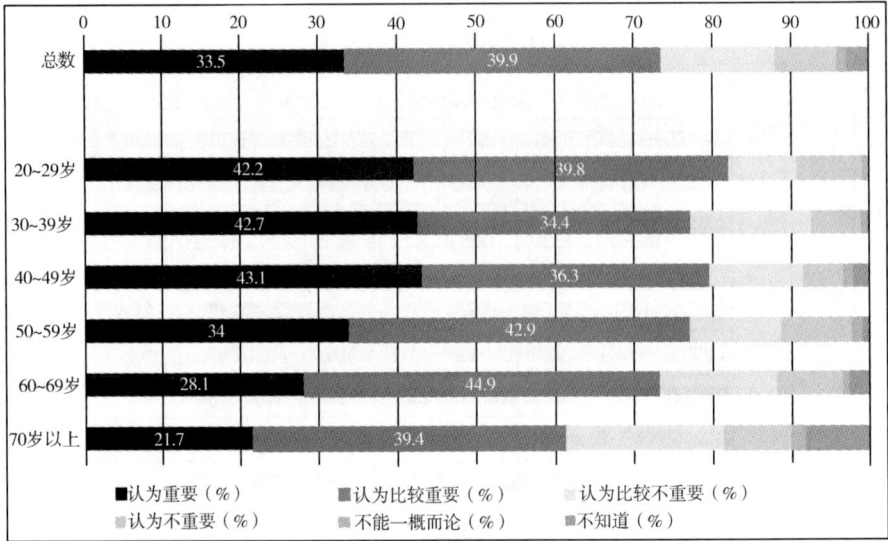

图3　日中关系今后的发展

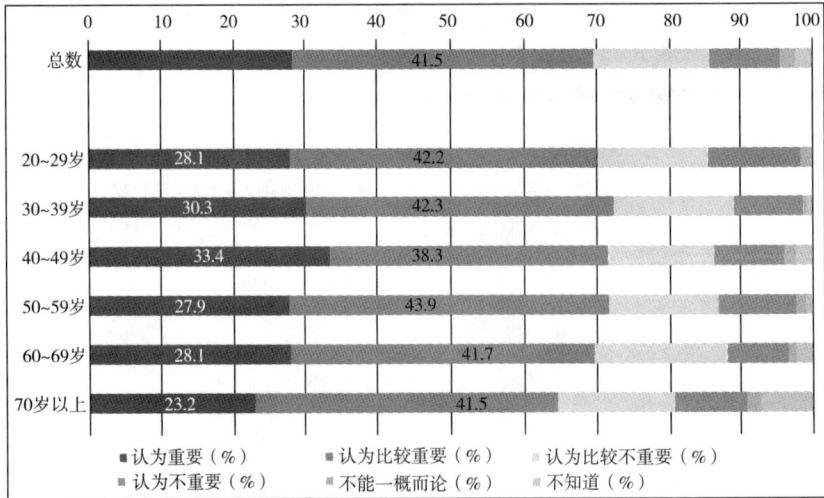

图4　在日本的和平与安全方面所关心的内容

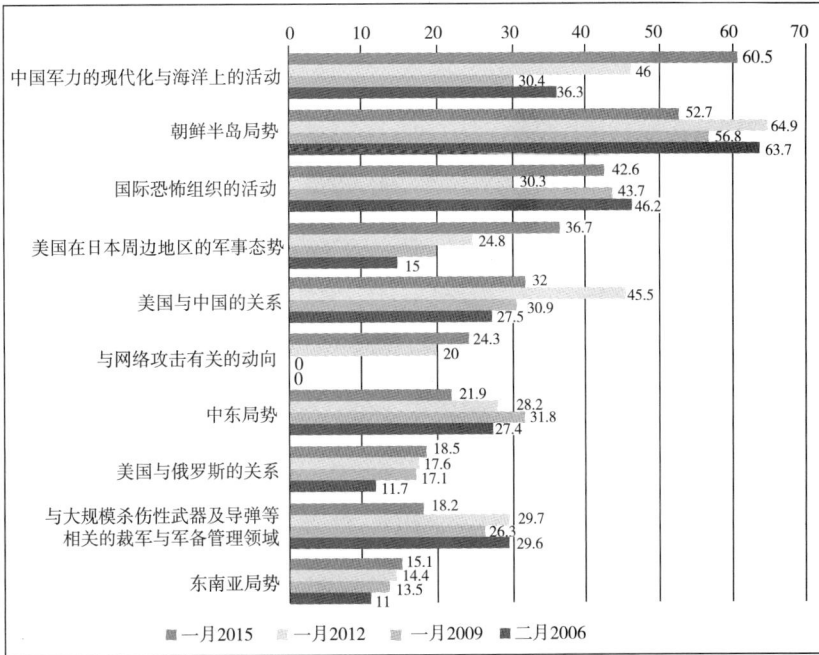

图5　在日本的和平与安全方面所关心的内容

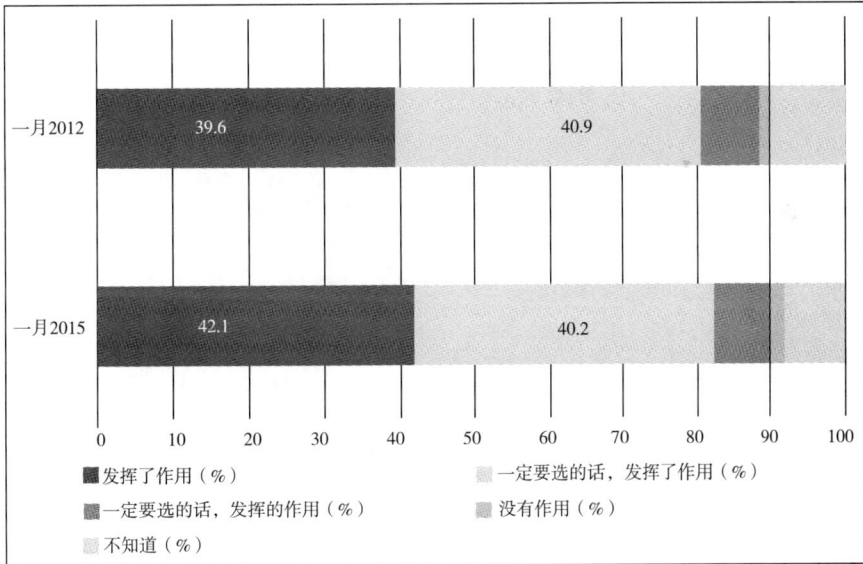

图6　以日本的和平与安全为目标同美国以外国家的防务合作与交流能否发挥作用

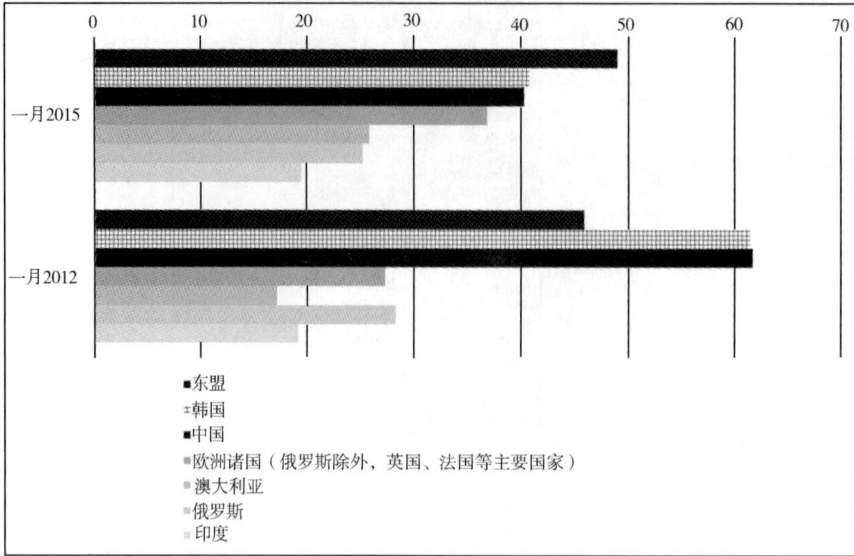

图7　与哪些国家进行防务合作与交流能够为日本的和平与安全发挥作用

（刘丽娇　译）

非对称2×2朝美博弈中的朝核协商局面

［韩］李弘揆*

本文旨在对六方会谈中出现的如下问题进行具体分析和说明。一是六方会谈结果的意外性；二是朝鲜的"悬崖战术"；三是中国在会谈中扮演的角色。

一般情况下，在双边协商中，社会地位高、实力强的一方会获得更多收益。然而，六方会谈却有悖于常理。2002年12月，朝鲜宣布"核计划的冻结"进而引发了第二次朝鲜核危机。此后，2003年8月到2007年9月期间，美、日、韩、中、朝、俄总共进行了六次六方会谈。在会谈中，作为参与方中最弱国的朝鲜，按照自身的意图对其他强国进行诱导，从而实现了利益最大化。本文的第一个目的就是解读这种现象，揭示该现象背后的原因。另外，朝鲜本可以通过六方会谈的协商得到比其他情况都多的收益，但是为什么朝鲜甘于接受协商失败，为什么即使面临美国军事威胁也要不断进行核导试验，坚持"悬崖战术"？本文也将尝试对上述问题进行回答。本文旨在运用阿纳托尔·拉珀波特和梅尔文·盖耶提出的非对称 2×2博弈模型（asymmetric 2×2 game）以及阿维纳什·迪西特和 苏珊·斯基思的"可变威胁的讨价还价"（variable-threat bargaining）理论对朝美博弈中的朝核协商局面进行说明。

本文的目的之一是解释如何用2×2博弈模型讨论存在六个参与者的六方会谈。21世纪的国际秩序中，美国和崛起的中国之间既有合作又有竞争。六方会谈就体现出了如上的两面性。在朝鲜弃核问题上，中美立场一致；但在制裁和军事威慑朝鲜这一问题上，中美存在分歧。

在用博弈论分析美国与朝鲜的核协商情况的先行研究中，有的分析认为两国政府的倾向或战略决定博弈结果，有的则集中于为解决朝鲜核问题提出战略性的方案。前者是将博弈参与者局限在朝美之间，只考虑朝美立场对博弈结果的影响，而将与朝核问题有直接关联的周边国家全部排除在外，这是此类研究的局限性。后者则局限于就解决朝核问题提出政策方案，因此，将重点放在两个博弈参与者中的一方——美国的政策分析上，而忽视了朝鲜的立场。本文将把博弈的参与者——朝鲜和美国放在同等位置上进行分析，同时也会对中国的定位进行分析。中国的角色是

---

* ［韩］李弘揆：韩国东西大学国际学院教授。

阻止六方会谈发展成为多方博弈（n-player game），保证其维持2×2博弈的模式，以减少会谈的复杂性，增加协商成功的几率。

一、先行研究

沙恩·R.塞耶、大卫·维勒、巴里·马科夫斯基的研究表明，国家之间在协商时，强国按有利于己的方式进行诱导，可以攫取更多利益。

卡森·K. W.德·德里乌为说明强制力和协商态度间的关系，提出了矛盾的恶循环（Conflict Spiral Perspective）和威慑力（Deterrence Perspective）两种观点。矛盾的恶循环观点认为：（1）协商者的强制力水平增加时，对威胁的依赖也会增加；（2）协商者为了避免在对方面前示弱，会选择扬长避短，在对方的强制力很强时，反而表现为不让步；（3）协商双方的强制力不相上下时，竞争和要求的水准会有所提高。相反，威慑力的观点认为：（1）对方强制力强时，协商者的要求水准会降低；（2）协商双方的强制力不相上下时，与双方力量悬殊的情况相比，要求水准也会降低。

然而，朝美在六方会谈中表现的协商态度使得以上四位学者设定的自变量"地位/强制力"，与因变量"协商结果/协商态度"间的关系变得毫无意义。因为自变量处于劣势的朝鲜比美国获得了更多的收益，而且美国虽然强制力强，但朝鲜的要求水准反而提高了（不同于威慑力观点的第一种情况），朝鲜对于威胁的依赖水准也明显高于美国（不同于矛盾恶循环观点的第一种情况）。本文将在本论部分运用非对称2×2博弈模型及威胁—变化协商理论，对与先行理论相悖的此类现象进行重点阐述。

第一次朝鲜核危机爆发后，金宇祥运用博弈论对朝核协商局面进行了说明。他在文章中指出，朝美政府的倾向是影响游戏结果的主要参数。车维德曾将朝鲜拥核解释为一种生存战略，但是他也主张，朝鲜只有把以核武器为中心的生存战略转变为以合作与和平为前提的战略，朝鲜才能迎来自己所希望的结果。另外，为了强制朝鲜弃核，美国对朝鲜采取了一系列的封锁政策，这些政策涵盖领域越广收效越大。所以，笔者主张美国应该通过恩威并济的有条件接触（conditional engagement）来诱导朝鲜维持现状。

二、朝鲜核问题的历史背景

朝鲜之所以渴望拥核，是因为朝鲜战争期间美国曾考虑要对中朝使用核武器。

所以，出于维持体制稳定的目的，从那时起朝鲜就一直希望拥核。这一事实告诉我们朝鲜拥核的想法并不是最近才产生的，而是在它建国之初就存在了，朝鲜从内战以后就一直致力于核武器的自主研发。

朝鲜坚持拥核的意志来源于何处？首先，为了保障政权的稳定、确保体制的正当性；其次，想要避开中日韩直接同美国建立政治和经济上的关系。朝鲜把美国拉到了谈判桌上并取得了巨大的成功，这样的核外交政策被称为"悬崖外交"。第一次核试验就是实例。结果就是，1994年10月21日双方在日内瓦签署了《朝美核问题框架协议》（US-North Korea Agreed Framework），美国同意了朝鲜要求重油和轻水反应堆的条件。有了这个先例，朝鲜在日后处理同美国的外交关系上就会再次考虑使用核武器这张"王牌"。果不其然，2002年12月12日，朝鲜通过外务省对外宣布解除对"核计划的冻结"，直接导致了第二次朝鲜核危机。经过两次核危机之后，朝鲜对美国提出了如下三个条件。第一，美国必须停止对朝鲜的所有挑衅行为并承认朝鲜政权的合法性；第二，不得干涉所有朝鲜在国际上正当的经济活动；第三，朝美必须签署互不侵犯条约。因此，我们可以得出如下结论，朝鲜是把核问题当成一个筹码用来保障本国在同美国协商时占据有利位置。

三、为什么是2×2博弈

六方会谈是六个国家之间的博弈。但是如果真的把六方会谈设定为六个国家之间的博弈，那就变成了典型的多方博弈（n-player game）。考虑到所有的与会对象，研究人员就必须得考虑至少6！=720种可能的关系。考虑到实际情况，这根本无法实现。前面也说过，六方会谈存在的目的就是代替朝美双方会谈解决朝核问题。这符合"代表性代理人模型"（representative agent）。美国一方可以代表所有希望朝鲜弃核的与会国家，朝鲜也能向美国表达自己的反对立场。而且实际上确实也是在朝美达成协议的情况下，六方会谈才通过了共同宣言。而在朝美之间没有达成协议的情况下，六方会谈就被迫中断或延期了。

我们可以从两个角度来分析朝鲜渴望拥核的原因。第一，从进攻性现实主义的立场来看，朝鲜希望在国际社会上获得拥核大国的地位。第二，从防御的立场来看，朝鲜希望对内可以维持体制稳定，对外可以拿核武器作为同西方阵营谈判的筹码。

对于中国来说，要想继续保持经济的可持续发展，需要一个稳定的周边环境，特别是在半岛地区。所以，朝鲜弃核就显得尤为重要。考虑在朝核问题上根本无法排除韩日俄三国，所以中国同意把三方会谈变为六方会谈。虽然是用六方会谈代替了朝

美之间的协商，但是对于中国来说这也优于朝美2×2博弈。因为在六方会谈的框架里，中国还可以为朝美谈判提供场地，自己也能扮演裁判的角色。

四、朝美之间的核协商模型

下文的表1按照2×2博弈理论，对朝美的政策立场和行为结果作了汇总。

典型的2×2博弈（如囚徒困境、胆小鬼博弈或者猎鹿博弈）中，两个参与人可能只有一方选择合作而另外一方选择背叛，两种情况（b&g，c&f）交替进行，双方就会获得对称的收益（payoff），当然双方也可能都采用占优策略（dominant strategy）。但在朝鲜核问题上，朝美双方的合作或是背叛互相交错，双方博弈的结果也不同，双方无法获得类似的收益，因而双方的博弈就有了非对称性。而占优策略也只会出现在美国的选择中。因为朝鲜在这个博弈模型中一定会从占优策略上去预测美国的行为。然后针对这个预测的行为，选择自己受益最大的对应策略。朝美任何一方在决策时，都会考虑到另一方的反应行为，并在这种考虑基础上进行自己当前的决策。就如同金宇祥研究中提到的，序贯博弈适应于朝美之间的协商。但是不到最后的谈判桌上，任何人都无法正确预测对方的策略。因为用乔治·W.唐斯、大卫·M.洛奇和兰道夫·M.西佛森的军备竞赛博弈也能解释，所以2×2博弈完全适用于朝美协商。

表1 2×2博弈下的朝美核武协商模型

美国US

		合作C	背叛D
朝鲜NK	合作C	a　　　　e	b　　　　g
	背叛D	c　　　　f	d　　　　h

为了预测朝美双方对各种行为下收益的偏好度，将双方的利害得失做成表2的形式。由此可以得出，朝鲜采用了猎鹿博弈（stag hunt game），收益偏好度为CC > DC > DD > CD，美国则成了交作业期限博弈（class deadline game）中的老师，收益偏好度为CC > DC > CD > DD。

表2　核武协商模型下朝美的利害得失

	朝鲜NK	美国US
a & e 朝鲜：合作 美国：合作	（1）维持现有体制（+） （2）解除经济制裁（+） （3）获得经济/能源援助（+） （4）保有核技术（+） （5）解除核武装（-）	（1）维持在东北亚的影响力（+） （2）强化美国主导的NPT（+） （3）负责进行经济和能源支援（-）
	4（偏好度最高）	4（偏好度最高）
d & h 朝鲜：背叛 美国：背叛	（1）核武装（+） （2）保有核技术（+） （3）国际社会默认有核大国（+） （4）继续面临经济制裁（-） （5）外交上被孤立（-） （6）体制崩溃危险增加（-） （7）面临军事威胁（-）	（1）在东北亚的影响力降低（-） （2）弱化美国主导的NPT（-） （3）增强东北亚的军事实力（-） （4）增加军事负担（-） （5）增加外交负担（-） （6）国内支持度下降（-）
	2	1（偏好度最低）
b & g 朝鲜：合作 美国：背叛	（1）保有核技术（+） （2）解除核武装（-） （3）继续面临经济制裁（-） （4）体制崩溃危险持续增加（-） （5）持续面临威胁（-）	（1）强化美国主导的NPT（+） （2）没有援助负担（+） （3）持续监视朝鲜核武装（-） （4）可能会增加同中俄之间的摩擦（-）
	1（偏好度最低）	3
c & f 朝鲜：背叛 美国：合作	（1）核武装（+） （2）保有核技术（+） （3）国际社会默认为有核大国（+） （4）继续制裁（+） （5）解除经济封锁（+） （6）获得经济/能源援助（+） （7）再次进行经济制裁（-） （8）军事威胁增加（-） （9）外交上被孤立（-）	（1）提高经济制裁的正当性（+） （2）提高使用武力的正当性（+） （3）强化同日韩的同盟关系（+） （4）没有援助负担（-） （5）增加军事负担（-） （6）外交政策失败，国内支持度下降（-）
	3	2

第一，在双方合作的"a&e"情况下，朝美关系正常化可以让金正恩体制得到承认，进而能保持政权稳定。作为弃核的收益，包括美国在内的其他五个与会国家会解除对朝鲜的经济制裁，同时给予经济和能源援助。按照协议，虽然朝鲜会销毁核武器，废弃核设施，但是朝鲜的核技术还在，这无疑对朝鲜是有利的，而且弃核只是阻碍了朝鲜成为有核大国，但是它获得的利益远大于此。对如上利（+）害

（一）得失进行计算，朝鲜通过弃核战略得到的收益偏好度最高。从美国的立场来说，CC（a & e）的收益偏好也最高。通过诱导朝鲜弃核，可以让美国继续维持甚至是增加自身在东北亚地区的政治影响力。因为默许印度、巴基斯坦和以色列拥核，美国一度遭到批判。因此，也可以借助朝鲜弃核强化美国主导的核不扩散（NPT）体制。但是有利也有弊，如果朝鲜弃核，美国就必须对朝鲜进行经济和能源上的援助。

第二，在朝美相互背叛的"d & h"情况下，六方会谈无法达成共识，协商失败。朝鲜会进行核武装化，保有核生产和运行技术。巴基斯坦等国家就会获利，也会被默认为有核国家。但是六方会谈的其他五个国家和其他西方国家会有理由继续对朝鲜进行经济制裁，中俄也会在外交上孤立朝鲜，结果就是朝鲜体制会比现在更加不稳定。并且，美国的最后手段是强制弃核。军事威胁对朝鲜来说也是负担，因此，"d & h"排在朝鲜收益偏好度的倒数第二位。但是比起朝鲜，美国在相互背叛DD（d&h）的情况下损失更多。美国在东北亚地区政治影响力会降低，同时也弱化了美国主导的核不扩散体系，今后若要抑制韩国、日本和伊朗等潜在核国家就会师出无名。而且朝鲜拥核以后，在军事上就能和日本、韩国匹敌，这样一来，东北亚地区的军事实力就愈发均衡。 如果要强制朝鲜弃核，美国就必须得考虑军事行动。除此，有核的朝鲜也会一直是美国的外交负担，美国政府在国内的支持度也会下降。所以，考虑到如上的这些情况，美国对"d & h"的收益偏好度排在最末位。

第三，在"b & g"的情况下，朝鲜选择合作废弃核武，但是提出的要求过高，美国不能履行约定，而是促使金正恩政权崩溃，找一个相对容易打交道的政权来代替。这种情况对于朝鲜来说是最差的情况，除了还继续拥有核技术以外，没有任何收益，而且这期间因为核武开发投入了大量的人力、物力，美国的经济制裁会持续下去，朝鲜国内政治经济和社会还会继续动荡不安，体制崩溃的威胁会继续增加，同时，美国有可能继续进行军事上的威胁，所以朝鲜对"b & g"的收益偏好度排在最末位。对于美国来说，DC（b&g）有很多优势。朝鲜弃核，会让美国主导的核不扩散体系趋于稳定，也可以不用对朝鲜进行经济支援。但是，此举也有很多消极影响，一是朝鲜会坚持再用核武装；二是会引发美国和中俄之间外交上的摩擦。国际社会也会谴责美国此举有失水准、有违道义。所以，"b & g"只能排在美国收益偏好度的第二位。

第四，在"c & f"的情况下，美国解除对朝鲜的经济制裁，并向其提供经济和能源上的支持，但是朝鲜仍然拒绝弃核。此时，朝鲜在拥有核武器的同时还能继续保有核技术，会被国际社会默认为有核国家。同时短期内没有经济制裁也会得到几次经济和能源上的援助，这多少会对自身体制的稳定有所助益。但是从长期来看，

美国会重新对朝鲜进行经济制裁，朝鲜也会面对更大的军事威胁，在外交上还会被中俄孤立。因此，"c & f"只排在朝鲜收益偏好度的第二位。在CD（c&f）情况下，美国就更有理由对朝鲜再次进行经济制裁，甚至到现在为止一直持有反对立场的中国和俄罗斯也都有可能会容忍美国对朝鲜采取军事行动。并且，美日韩也会借此机会加强在军事上的合作，进一步强化同盟体系。但是，在朝鲜最终选择背叛策略之前，美国还要承担对朝鲜的经济和能源上援助。朝鲜选择背叛策略之后，美国则还要考虑进行军事行动。而且由于朝鲜核问题没有妥善解决，美国政府在国内的支持度也会下降。因此，CD（c&f）会排在美国收益偏好度的倒数第二位。

表3是2×2博弈中，如上各情况下朝美能得到的收益。此2×2博弈中最异于常理的一点是，无论朝鲜是合作还是背叛，美国的最优战略都是合作。

表3　核武协商模型下朝美得到的收益

美国US

	合作C	背叛D
合作C	e a	g b
背叛D	f c	h d

朝鲜NK

对于朝鲜来说，在美国选择合作的前提下，如果自己也选择合作，就会形成纳什均衡（Nash Equilibrium），虽然这样对自身很有利，但是如果美国选择背叛，朝鲜只有选择冷酷战略（grim trigger strategy）才会得到对自己有利的结果，因此就不存在占优策略。换言之，美国在协商过程中一直采取合作的可能性非常大。所以，考虑到这种情况，哪怕美国有可能会有极其强烈的威胁，朝鲜也会把努力放在与美国的最终合作上，这样一来就会实现自身利益的最大化。所以，在朝核问题上，从一开始朝鲜就在双方协商中占据有利位置。

但是，美国"e"和"g"、"f"和"h"以及朝鲜"a"和"c"的收益差都不大。如果美国方面出现 e < g或者f < h的情况，那么美国就没有占优策略。如果朝鲜出现a < c的情况，朝鲜就更不可能会选择表3中的纳什均衡。因此，应该以表2所列因素为中心，探求哪些因素会对双方有决定性影响。

在朝鲜选择弃核的前提下，美国的选择取决于美国要负担多少对朝鲜的援助以及如果美国一方背叛会引发同中俄之间的何种摩擦。作为朝鲜弃核的收益，美国要担负的援助规模越大，选择背叛的可能性就越高。同时，中俄干涉的可能性越低，背叛的可能性也就越高。如果美国选择背叛，同时又无须担心会同中俄发生摩擦，

那美国就没有必要选择合作。同样如果剩余四个国家不分担对朝鲜援助，美国也不会选择合作策略。

　　但是就算美国同意进行援助，也同意保障朝鲜政权，朝鲜也能找到造成合作（a）和背叛（c）收益差的因素。如果美国的援助达不到预期值或者朝鲜政权得不到保障，"a"的收益就会降低。如果美国的威胁减小或者中俄没有进行相应的惩罚，那么"c"的收益就会增加。所以如果朝鲜背叛，同时美中俄也没有惩罚措施，朝鲜就没有必要一定得选择弃核这个合作策略。

　　上面也提到，现在的情况十分胶着。如果想要重启六方会谈，想要让朝美两国选择合作战略并且有所收获的话，就一定要重视中俄所扮演的角色。因为中俄两国可以影响到朝美双方是否都选择合作战略。但是，当下俄罗斯自身都难保，所以，现在只能让G2之一的中国主导，然后由其他四个国家分担经济上的负担，增加"e"的收益，推动美国选择合作战略。再加上中俄两国一直都非常警惕美国在东北亚的影响，所以考虑到中俄惩罚的可能性，"g"的收益会减少，最终美国单方背叛的可能性也会减小。

　　美国在处理国际问题时选择和中国合作并一起承担责任，可以减少美国的负担和花销。冷战时期的G2苏联和美国是敌对状态，但是在全球化的今天，新的G2中国和美国变成了"伙伴"，双方有必要增进彼此之间的合作。所以，出现了"中美国"（chimerica）一词。中美两国在经济上是共生关系，双方共同应对经济危机以及能源和环境问题，现如今也有必要在国际安保问题上加强合作。所以，美国总统奥巴马说"中美两国关系将决定21世纪，这使得中美关系与世界任何一对双边关系相比都不会逊色"，这给中美合作赋予了重要意义。

　　对中国来说，六方会谈最好的结果就是朝鲜能够弃核，半岛能够保持局势稳定，并且中国也希望能够维持和朝鲜的友邦关系，这样一来就能保持自身对朝鲜半岛的影响力。中国决不希望看到朝鲜体制发生巨变，也不希望看到半岛不稳。所以即使朝鲜不弃核，仍然坚持进行核试验和导弹发射，中国也很难配合美日韩的步调对朝鲜施压。因此，中国对朝的态度就是尽力促使朝鲜选择合作。

　　表3中美国已经采取了一定程度的合作，但是朝鲜从六方会谈开始到现在还在进行核试验和导弹发射，此举就是在向美国示威，以此在双方协商中获得最大收益。拉珀波特和盖耶对2×2博弈进行了分类，根据他们的说法，朝美博弈中，朝鲜是获得更多收益的满意一方（satisfied player），美国是不满意一方（aggrieved player）。从表3的CC（a&e）可以看出，在朝美双方达到收益均衡的博弈时，双方都没有打算改用其他的策略。但是，如果朝鲜改换策略（threat of a shift）进行核导实验，美国就会必须在维持现有合作或者改用背叛二者之间选择。根据拉珀波特和盖耶的解

释，朝鲜现在选择的摆脱平衡策略虽然有违自身的即时利益（immediate interest），但是有助于诱导美国修整当前策略，这样与其他平行方案相比，朝鲜就能获得更多的收益。但是他们二人的解释无法说明在双方发生一连串威胁行为的情况下，双方有无可能再次选择合作策略重启六方会谈。

迪西特和斯基思的威胁—变化协商模型（图1）恰好弥补了拉珀波特和盖耶模型的不足。该模型中分别用A和B来表示朝鲜和美国，a和b相交于点p，表示即使两个参与者没有达成协商，也能得到最基本的后盾收益（backstop payoff，BATNA）。Q表示最终收益（ultimate payoff），是A（朝鲜）和B（美国）在协商之后得到比基本收益更多利益的收益。连接x轴和y轴的斜线V表示可能得到最终收益的组合。

A和B通常在直线V之上得到协商的收益。连接P和Q的实线，表示正常情况下A和B协商所得收益的轨迹。从连接P_1和Q_1的虚线可以看出，A收益不变，B的收益会减小（从P点移动到P_1）。如果B比A斜率大，协商得到的最终收益Q就会移动到对自己有利的Q_1上。诱导对方（从Q移动到Q_1）战术中的一个就是威胁，从图1中就能看出朝鲜的威胁会比美国的更有效。同时，也说明在同样选择背叛的情况下，朝美获得的收益为什么会有如表3一样的差异。

图1也可以解释朝鲜为什么不选择纳什均衡而要在谈判中采取背叛的策略，坚持进行"悬崖战术"。因为协商达成后改变收益的策略有限，所以只能在协商过程中，把实线PQ往右下侧移动，这样在协商之后，收益才能从a_1变成a_2。而且因为朝鲜没有非常明确的占优策略，所以美国无法正确预测。因此，朝鲜的威慑策略在同美国的协商中非常有效，但是美国却因为过早地暴露自身的占优策略，所以其威慑作用不大。

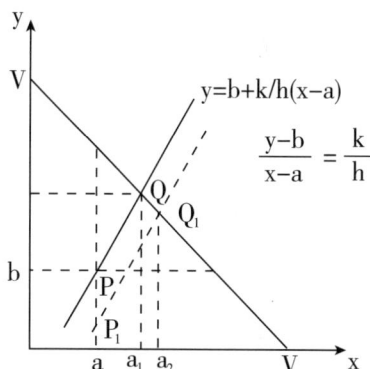

$$y=b+k/h(x-a)$$

$$\frac{y-b}{x-a}=\frac{k}{h}$$

图1　威胁—变化协商模型

综上，在朝美协商局面中有一部分不符合矛盾的恶性循环和威慑力观点的情况。"对方的强制力很强时，协商方反而更不愿意让步"的矛盾恶循环观点和"对方强制力强时，协商者的要求水准会降低"的威慑观点在预测中虽然都有发生，但是这两种预测从表3来看，朝鲜无论选择背叛还是合作，美国的最优战略都是合作，因为会产生同一水准的让步和要求。而朝鲜面对比自己实力强大的美国，依旧以核导试验为筹码丝毫不让步，反而要求先解除经济制裁和维持现体制的稳定。所以，很难说协商者让步和要求的水准与对方强制力程度有关。正确的观点应是，协商者根据对另一方强制力的实效性使用何种战略更容易达成目标等进行判断后，再根据情况决定采取何种行为。

总之，在双边博弈中，正确判断对方的战略并采取适宜对策，比传统理论所强调的社会地位高低和实力大小对博弈结果和协商态度的影响更为重要。参与者在协商过程中为获得最大收益会进行有关计算。在过去的六方会谈中，美国的占优策略是选择合作。作为参与方中最弱国朝鲜对此心知肚明。因此，朝鲜按照自身的意图对其他强国进行诱导，从而实现利益最大化。为此，朝鲜宁愿顶着美国军事性打击的威胁和协商失败的风险仍持续采取悬崖战术。即使美国对其冻结资金、进行经济制裁和军事打击，朝鲜在协商中也未妥协。本文使用不对称2×2博弈及可变威胁的讨价还价对朝鲜的战略性意图进行了说明。朝鲜在信息及其他资源的动员能力方面，明显被外界低估。其为了确保自身体制及政权的安全而打出了核武器协商这张牌，以期能满足它的所有需求。由于美国原有对朝政策的限制，朝鲜在六方会谈期间一直采取的悬崖战术，与其说肇始于朝鲜政策决策者的好战或不合理性，不如解释为其在六方会谈中为实现自身利益最大化所采取的理性的结果。与此同时，除美朝之外的六方会谈其他各方外，为了防止2×2博弈所表现出的典型的囚徒困境，应当在参与达成和平解决方案上各自发挥重要作用。中国一直希望维护半岛地区和平稳定。为了降低朝鲜半岛日益高涨的战争威胁，作为朝鲜的友邦，中方应致力于阻止2×2博弈中的极端情况——囚徒困境，防止双方不断选择博弈中的背叛策略，并对背叛协议的一方进行惩罚。

（王付东　译）

东海稳定与未来中日关系

胡继平[*]

目前在东海方面主要有三大问题影响中日关系：一是领土争端，二是海空安全，三是海上划界。

领土争端并非新问题，但给中日关系带来重大影响则是近年来的事情。其核心在于，中日过去关于搁置争议的共识已经被日本方面明确否认。关于共识，日本一些当年经历过中日关系正常化历程的政治家、外交官是承认的，只是其中有人认为不应该叫作"共识"，而应该叫作"默契"。当年双方立场的确有一些模糊和暧昧之处，但正是这种暧昧给双方各自留下了一定空间，也避免了立场的直接冲突。2010年9月中国渔船和日本海上保安厅船只相撞事件、2012年9月日本对钓鱼岛实行所谓"国有化"标志着日方正式结束了过去的模糊，打破了过去双方暧昧下达成的平衡状态。在新的状态下，日方明确否认存在领土争议，中方则不得不以海警执法行动宣示主权主张。目前，虽然双方都没有迹象要在钓鱼岛采取改变现状的重大举措，局势基本可控，但否认领土争议给中日关系带来的负面影响是明显的。一是双方围绕领土争议的外交战、舆论战依然在进行之中，导致外交关系、国民感情长期难以得到改善。二是由于日方不承认存在争议，使得中方认为理所当然进行的、目的在于宣示主权的、在钓鱼岛12海里范围内的巡航被日方视为"侵入领海"，给双方国民都带来不良刺激。三是否认争议使得双方围绕这一分歧的对话、外交谈判无法进行，也使得双边关系的恶化长期化。

海空安全问题这些年来比较突出。在领海、领空之外的公海及其上空，各国海军、空军可以享有什么样的行动自由，其实并没有各国公认的国际法标准。例如，一些国家在领空之外划了大范围的空域作为"防空识别区"，对进入区内的别国飞行器进行应急起飞、拦截甚至电子干扰，有的还由官方公布信息，本国媒体进行报道应急起飞的次数，暗指被拦截方是威胁来源。但这种应急起飞，在被拦截、干扰者看来可能就是对自由航行的妨碍。中国2013年在东海划设了防空识别区，被日本批评称违反了国际法。且不说日本早在1969年就有了防空识别区，而且事实上关于

---

  * 胡继平：中国现代国际关系研究院院长助理。

防空识别区，并没有国际法标准，各方都是自主划定、公告，并没有统一的依据。对于防空识别区的宽度、针对进入区内的别国飞行器可以采取什么样的行动也没有一致的标准。目前中日韩三国在东海的防空识别区都存在重叠的部分，三方有必要进行磋商，如果无法就划分宽度达成一致，至少可以就在重叠部分的行动制定一些规范，以避免摩擦、增进彼此间的安全互信。在海上的行为也是这样。

海上划界问题的影响也是巨大的。关于中日东海划界，中方认为至少日方主张的所谓"中间线"以西不是争议区域，因此油气开发一直在这条线以西进行，日方开始也没有表示异议，只是后来才开始反对。反对理由最初是所谓"吸管效应"，日本的某大臣曾经在公开场合用水杯做过演示。当然，这被日本油气勘探专家认为是没有道理的，他认为开发的影响不超过1000米，否则就不用打那么多的油气井了，而中国油气田离"中间线"最近的也有5000米。但最近我们发现，日本又开始反对中方在离"中间线"更远的地方进行的油气开发，理由是它在日本的200海里专属经济区之内。另外，日本方面还对中日两国关于东海资源开发的"共识"进行了曲解。最初是将中方同意日本法人按照中国法律投资参加春晓油气田的开发解释为两国"共同开发"，中方交涉。后来日方又将中方其他的开发项目说成是违反双方"共识"。事实上"共识"只规定双方将在划定区域内选择地点进行共同开发，并没有说在东海其他海域的开发也要经双方同意。日本方面这种要价越来越高、进攻性的外交手法将使东海划界问题更加无法得到解决。

东海的稳定关系到未来的中日关系能否稳定，同时也关系到地区的和平与稳定，维护东海稳定是中日双方作为地区大国的共同责任和义务。双方只有从双边关系和地区稳定大局的战略高度出发，认真对待和解决这些问题，才能逐步减少分歧、扩大共同利益，使双边关系步上健康发展的轨道，造福两国和地区各国人民。

朝鲜非核化所需的政策转换

［日］前田宏子*

一、历史回顾与现状

2003年，达成于1994年的朝美核框架协议崩溃，同年第一次六方会谈召开。然而，2006年，朝鲜第一次进行核试验，2008年12月是六方会谈最后一次举行。2009年，朝鲜宣布退出六方会谈，并推进核武器的开发，自称为"核武器国家"，试图让世界承认朝鲜的核武国家身份。

在这种情况下，即使立刻再开启六方会谈也毫无意义。从过去的教训来看，朝鲜将磋商本身当作交易筹码来赢取时间，同时不断推进核武器开发的进程。更何况朝鲜现在明确表示今后会继续进行核武器开发，因此它是不可能作出任何让步的。

不变的是，要解决朝鲜问题，周边国家必须共同协作。我们需要探讨六方会谈为何在朝鲜无核化问题上一直失败的原因，如果不进行必要的政策转换，那么事态只会和之前一样不断恶化下去。

二、为何六方会谈机制没能阻止朝鲜开发核武器的脚步

朝鲜深知自己对周边国家构成威胁，并一直在利用这一点，这就是所谓的"弱者的恐吓"。联合国的经济制裁等手段收效甚微，不能对朝鲜形成打击。

如果朝鲜半岛发生事变，虽然朝鲜获胜的可能性为零，但它利用开发出来的导弹及核武器给韩国、日本以及美军带来巨大损失的危险依然存在。韩日美等国不同于朝鲜，对于牺牲生命有着非常大的恐惧。

结果，六方会谈可能仅仅防止了朝鲜崩溃这一事态，但在无核化的目标方面是失败的，形势也在不断恶化。朝鲜的核导弹技术在不断提升，于是韩日为了应对这一问题也急需装备新型武器以及安保法制。总体来看，东北亚的安全环境是会不断向其恶化的。

---

* ［日］前田宏子：日本PHP综合研究所研究员。

在日本，由于日本国民对核武器有着强烈反感，并顺从遵守《不扩散核武器条约》，所以日本要开发和持有核武器的可能性很小，但是它不可避免地会培养舆论，使之接受先发制人式的自卫权行使，如强化导弹防御功能、具备攻击敌方基地能力、专守防卫等。对于美国要在韩国部署"萨德"，中国是反对的，而日本也要进行同样部署，这可能会在日中之间产生"对朝是借口、对中才是真实目的"的疑虑。

三、克服以上问题的必要条件

面对"弱者的恐吓"，为什么大国以及更强大的周边国家会不断向其屈服呢？那是因为这些大国之间存在政策上的考量。首先，周边国家必须团结一致对朝鲜施加压力。同时，为了让朝鲜不采取自暴自弃的政策，还需要对它展示能够生存的条件。

第一，当朝鲜半岛发生事变的时候，需要日美韩做好相关的应对准备。

第二，我们可以理解中国对朝鲜半岛的担忧，但是现在也是转换政策的机会。美国积极希望在朝鲜半岛问题上与中国达成协议，制定危机管理计划来避免事变发生时的美中冲突。而且，如果以中国积极参与制裁朝鲜行动为条件，美国保证危机过后，没有中国同意就不会往三八线以北派遣美军的话，那么在一定程度上就能打消中国的忧虑。当然，美国同时应该与韩国协商，尊重韩国的意愿。

中国希望避免最坏情况的发生，对于逐步恶化的局势应该认识到必须从何处转换方针、寻找突破口。现在，中国和韩国构建了自第二次世界大战结束以来最良好的关系，而且就朝鲜问题美中之间进行了对话，这对缓和美中紧张关系也多少起到了一些作用。

对待朝鲜，各国首先应该团结一致地表现出一种态度，如果朝鲜不提出停止开发核武器和放弃核试验的路线，那就无须进行任何交涉。同时可以约定，对朝鲜虽然不能保证其体制（对其政权运营能力的缺失无法负责），但也不会采取行动来摧毁金正恩政权以及朝鲜内部体制，即不干涉内政。韩国也没有指望马上统一，周边国家也并不期望朝鲜崩溃。最重要的是，要将由朝鲜拿牌的局面转变为由周边国家拿牌的局面。

（刘丽娇 译）

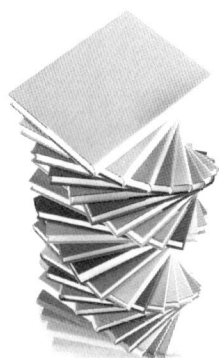

政治的相互信頼関係を促進し、地域の平和と安定を維持する

蘇　格*

尊敬する中国外交部アジア司司長肖千閣下、
尊敬する日本防衛省元防衛審議官徳地秀士閣下、
尊敬する韓国国家発展研究院金錫友院長、
尊敬する中日韓三国協力事務局局長楊厚蘭大使、
ご列席の皆様、

　おはようございます。今、皆様が北京で一堂に会して中国国際問題研究院に主催された第二回中日韓安全協力国際会議にご参加くださったことに対して、主催側の代表として謹んで歓迎の意を表したいと存じます。
　中日韓三カ国は一衣帯水の隣国であり、北東アジアないし全世界においてもかなり重要な国家であります。人口数では世界の20％を、経済総額では世界の22％とアジアの70％を、外貨準備高では世界の47％を占めており、三カ国の協力は地域の安定平和と繁栄発展、ないし全世界の構図にも長らく深い影響を与えてきます。
　三カ国の共通の努力の下で、去年11月に三年振りに首脳会談が再開でき、中日韓三カ国が「北東アジアの平和と協力のための共同宣言」を発表して三カ国の協力の推進においてリーダーシップを発揮しました。2016年4月に、習近平主席がワシントンで核セキュリティー・サミットに出席した時朴槿恵大統領と会談を行い、両国関係及び共に関心の持った重大な国際や地域問題について深く意見を交わして多くの共通認識を得ました。それに、中日関係にも改善の兆しが現われてきたことを我々が喜んで見ています。4月に日本の外務大臣岸田文雄氏が中国に来訪したことも中日関係の推進にポジティブなメッセージを伝えました。一時期、三カ国の関係機関が積極に働き合い、教育部長会議、環境部長会議、三カ国連合記者会見、三カ国青年官僚会議などの重要な活動を行うことによって、各領域での協力には素晴らしい発展の勢いが見られます。
　皆様、中日韓の経済貿易協力は三カ国関係の基礎であります。近年、三カ国は地

---

　*　中国国際問題研究院院長。元駐アイスランド、スリナム中国大使。

交流と相互理解を強化し 共同安全を求める

域の貿易自由化の進展に重大な貢献をしてきました。二日後の6月1日は「中韓自由貿易協定」が結ばれた一周年目であり、この協定の実行が非常に順調であります。半年にもならない間に中韓両国は関税を二回も下げたりして、経済、文化や旅行など多くの分野で全面的に交流をレベルアップさせました。また、中日韓三カ国の自由貿易協定の交渉も積極的に推進されており、いくつかの領域で協力の共通認識に達しました。中国経済ニューノーマルの安定した発展と、日韓の経済政策と産業構造の調整の深化に従って、三カ国は互いにそれぞれの発展により一層のチャンスを齎すことになるでしょう。

それから、近年では三カ国の人文交流がかなり活発しています。2015年に三カ国の人員往来が延べ2400万人となりました。2013年に中韓人文交流共同委員会が成立以来学術教育や青少年など多くの領域にわたって全体会議が3回、人文交流活動が70回、今年さらに69回増えるそうです。そして、中日関係の緩和によって中日間の人文交流も回復されつつあります。2015年の訪日中国旅行者の数が約500万人に達して前年度と比べて倍となり、日本を訪れる各国の旅行者の中で一番数が多かったのです。その数の増加に従って、中国人の日本に対するイメージも変わっています。

しかしながら、三カ国の協力、特に政治安全協力は諸々の複雑な要素でチャレンジも受けています。長い間、中日韓三カ国の間に一部の敏感な問題が存在しており、特に歴史問題が三カ国関係を制約する重要な要因となっています。また、北朝鮮核問題や海洋権益などの問題で利害の不一致が更に三か国の戦略不信を増大しています。その上に、域外の国が地域の競争に入ることによってこの地域の地政学的な要素が際立っていると同時に、安保関係の制度化が依然と欠けており、未だに安定的な安保協力メカニズムが作り上げられておりません。北東アジアと言えば北アメリカ州やヨーロッパのように制度上の概念ではなくてあくまでも地理的な概念に過ぎません。如何に制度化のレベルで地域の安全と安定を維持するか、それは地域の国々特にこの地域の中心にある中日韓三カ国の共通な努力が緊迫に要求されることでしょう。

皆様、三カ国が如何に安保領域での対話や協力を強化させるか、政治的な相互信頼を増加させるか、地域の平和と安定のために建設的な提言をいただくことは今回の会議の趣旨であります。会議はテーマごとに四つのパネルに分けさせていただきました。一つ目は「北東アジア安保情勢評価」で、核実験後朝鮮半島の情勢、東シナ海の安保情勢や地域内諸国の政策転換の新たな趨勢等いろいろな問題を含めます。二つ目は「地域国家安保政策の新たな調整趨勢」で、米日・米韓同盟、日本新安保法案による変化、中国人民解放軍改革や韓国防衛政策の調整などの問題に触れたいんです。三つ目は「地域安保挑戦の主要要素」で、即ち地域協力に影響を与える主な要素のことですが、地域のホットスポット問題、安保に対する異なる認識、安保のジレンマや信頼の赤字等の問題を含めます。四つ目は「政策提案」で、朝鮮半島の非核化と停戦協定を平和条約への転換という並行推進構想、地域安保協力体制の建設（例えば信頼醸成措置、危機管理、

海上と空中衝突回避規範）、非伝統的な安保協力（例えば災害救助、海上共同捜索、テロ対策、多国間組織的な犯罪活動に関する法的協力）、多国間安保枠組み（国連やASEAN+3等）での協調と協力などの問題を含めます。

　　北東アジアの将来の平和と発展のために今回の会議にご出席下さった三カ国安保領域の専門家の方々に知恵を出していただきたいと思います。我々に十分に豊富な思想の宴をご提供していただくことになるでしょう。これはお互いの安全要望への理解の深化、三カ国の相互信頼の増大、安保協力の向上に役立てることを深く信じております。

　　ご清聴どうもありがとうございました。

（劉麗嬌　訳）

第二回中日韓安全協力国際会議の
開会式における挨拶

肖 千*

尊敬する日本防衛省元防衛審議官徳地秀士様、
尊敬する韓国国家発展研究院院長金錫友様、
尊敬する中日韓三国協力事務局局長楊厚蘭大使、
尊敬する中国国際問題研究院院長蘇格大使、
ご列席の皆様、

　おはようございます。第二回中日韓安全協力国際会議にご出席できて大変嬉しく存じます。今度の会議の開催に際して、謹んで熱烈なお祝いの意を表したいと存じ、また会議のために行き届いたご準備をしてくださった中国国際問題研究院の皆様に感謝の意を表したいと存じます。

　中国、日本と韓国は東アジアないし世界において最も重要な経済的な存在であり、三国の経済総額は東アジア全体の90％、アジア全体の70％、世界全体の20％を占めています。三国間の関係と協力は地域及び世界の平和、安定と発展に極めて大きな役割を果たすに違いない。三国の協力関係は1999年から始まり、17年来各分野において交流や協力が進んでおり、外交、文化や経済貿易の面で20余りの閣僚級の会合メカニズムや60個以上のワーキンググループ会議が作られました。そして、中日韓の自由貿易区の建設も順調に進んでおり、現在第十回の交渉に入りました。また、「アジアキャンパス」や「東アジア文化の都」等という重要なプロジェクトもポジティブな効果を発揮し、三国間の人文的な繋がりを一層強くしています。このように、三国協力において注目される評価すべき実績が取得されています。

　2012年から、周知の原因で三国協力のペースが邪魔されて協力の勢いが緩んできましたが、中日や韓日関係の改善によって、2015年11月に第六回中日韓首脳会議がついにソウルで行われることになりました。三国の指導者たちが共に中日韓協力に対して高度に重視する姿勢を改めて表明し、「歴史に直面しながら未来に向かう」という精神

---

　* 中国外交部アジア司司長。

に基づいて歴史問題など敏感な問題を適切に取扱い、政治、経済貿易と金融、持続可能な発展、人文などという分野における協力関係を深化させていこうと一致しています。2016年に入ってから、三国の関係部門は会議の成果を積極的に実践し、教育部長会議、環境部長会議、自由貿易協定交渉、三国連合記者会、第一回中日韓公共外交フォーラム等重要な活動を開催し、各分野の協力関係の持続的な深化発展を推進しています。

第六回の首脳会議において、李克強総理が、中国側はこれから中日韓安全協力国際会議を引き続きやって行くことによって、安全理念の繋がりと融合の問題を検討し、地域の安全と発展のために良い雰囲気を作り出したいということに言及されました。故に、今回のシンポジウムは首脳会議の成果を貫徹する重要な一環として、中国側が三国の政治安全領域での協力と協力の基盤固めへの重視を表しています。

皆様、全世界から見ますと、中日韓三国が位置する東アジア地域は全体的に平穏な情勢が保っており、経済面で比較的に快速な成長率が続いており、地域協力も豊かな成果がもたらされています。東アジアは既にアメリカとＥＵの他に世界経済の第三極となっており、世界で活力や発展可能性の一番持っている地域だと言えるでしょう。しかしながら、アジア地域では、歴史問題、冷戦の影響、領土や海洋権益をめぐる紛争などが混雑し、テロリズム、難民流出、自然災害、多国犯罪など非伝統的な安全脅威からのチャレンジも日々に増しています。特に2016年に入ってから、朝鮮半島の情勢が再び深刻な危機に遭遇し、北東アジア情勢がさらに複雑になっております。

中日韓は同じくアジアの重要な国として、北東アジアないしアジア地域の安定と繁栄に対して共同な責任を担っています。安全への複雑な挑戦に対して、本地域の特徴を把握しながら対策を積極的に模索し、地域の長期的な平和と「平和のアジア」のボーナスの持続を実現させるために共同で取り組んでいかなければなりません。

第一に、二国間関係の基礎を固くすること。中日韓三国はお互いの発展を理性的に受け取り、お互いの利益を尊重しまた配慮することによって、世代にわたる友好関係を確保すべきです。2012年からの中日韓協力関係の紆余曲折が、我々に重要なヒントを与えてくれました。それは「歴史に直面し未来に向かう」という精神に基づいて二国間関係における歴史等の敏感な問題を適切に取り扱うのが三国協力を健康かつ平穏な軌道に乗せ、また北東アジア地域の平和と発展に積極的に貢献することを初めて保証できるということです。

第二に、ホットスポットの問題を適切に処理すること。「たった一日の寒さでは三尺の氷ができるはずがない」という諺の表しているように、複雑な歴史上の葛藤と現実の利益紛争が絡み合う中で一部の北東アジアのホットスポット問題がもっと敏感かつ厄介になっています。各国の根本利益と民族感情を十分に配慮し、ホットスポット問題の解決を平穏に図ってはじめて、紛争の激化や情勢の緊張化を避けてありがたい安定の環境を保護できるわけです。朝鮮半島の問題について、非核化の目標を堅持する一方、非核化

と停和規制転換を併行すべきです。また、領土や海洋権益を巡る紛争について、三国協力機制に新たな障害を齎さない為に当事者の各国は対話を通じて解決を求めるべきです。

　　第三に、非伝統的な安全脅威に共同で対応すること。自然災害、環境汚染やサイバー犯罪等非伝統的な安全問題は三国が直面する最も現実的で顕著な脅威です。長年、災害管理、環境保護、地震科学技術、民間用核安全、犯罪対処や食糧安全等非伝統的な安全分野で三国は広く協力を行い、良い協力の基盤を築いてきました。次は、三国は更に一歩進んで協力関係を深め、より多くの安全面での国際公共財を提供し、三国民衆の福祉のために安定な環境を構築し、実務的な協力過程に相互信頼を蓄積し、将来の地域安全枠組みの建設に構想することです。

　　第四に、地域の実際状況に適合する安全の枠組みの構築を検討すること。現在、北東アジア地域の多国安全対話メカニズムの建設が立ち後れ、本地域の経済協力の発展ぶりに合わないと言えます。二国間の軍事同盟を強化して他国の安全を犠牲に自分だけの絶対的安全を図ることは、対立と疎隔を作り出し、地域の共同安全にマイナスな要因となるでしょう。中国側は共同、総合、協力と持続可能なアジア安全理念を提唱し、韓国側は北東アジア平和協力構想を提出し、それに日本側も地域の平和と安定のために役立ちたいと何回も主張しています。三国は東方の知恵を発揮し、冷戦の考え方とゼロサム観念を放棄し、安全理念の交流と新しい安全理論の創設を強化し、対話と協力を通じて持続的な安全と発展を推進し、包容的で時代の流れに順応するまた本地域の発展要求に応える安全の枠組みを共同で構築していかなければなりません。

　　ご在席の皆様は安全協力分野で中日韓三国の重要な学者代表です。2015年8月に、中日韓三国協力研究所連合が正式に成立し、中国外交学院、韓国国立外交院と日本国際フォーラムが各国それぞれの窓口機関として指定されています。皆様に中日韓三国協力研究所連合に積極的にご参加頂くこと、また三国協力、特に政治安全協力のために知的支援を賜ることをお願いしたいと思います。

　　中日韓三国協力事務局は各分野での三国協力交流のために益々重要な役割を果たして行くと考えています。関係の学術機関との連絡と協力を強化し、安全協力を研究する三国の学者により多くの場と機会を提供していただきたいと望んでおります。

　　最後に、今回のシンポジウムが円満に成功するよう心からお祈りいたします。

　　どうもありがとうございました。

（劉麗嬌　訳）

三カ国の安全協力を強化し、
地域安全メカニズムを構築する

楊厚蘭*

尊敬する中国外交部アジア司司長肖千閣下、
尊敬する日本防衛省元防衛審議官徳地秀士閣下、
尊敬する韓国国家発展研究院金錫友院長、
尊敬する中国国際問題研究院蘇格院長、
ご列席の皆様、

おはようございます。第二回中日韓安全協力国際会議にお招きいただきまして大変嬉しく存じます。まず、今度の会議の開催に際して、わたくしが中日韓三国協力事務局を代表して熱烈なお祝いの意を表したいと存じます。それから、会議のために大量のお仕事をなさった中国国際問題研究院の皆様に感謝したいと存じます。

自分の外交経歴を振り返れば、韓国や日本とお付き合いする期間は長かったのです。最も印象深いのは、経済貿易の協力といい、人員往来といい、三国間の交流は今までどの時期よりも頻繁で緊密であるということです。三国間の双方関係に起伏があるとはいえ、協力関係を強化させようという三国の呼び掛けが弱まったことはありません。2015年9月に中日韓三国協力事務局の局長に就任して以来、三国の多くの場所を訪ね各分野の友人たちと交流してきて、社会各領域における三国協力の強化と三国友好関係の推進を願う強い願望を確実に受け取っています。

しかし一方で、三国の経済貿易や文化の領域で盛んに交流が進んでいる状況と比べて、政治安全の領域で協力の歩みがかなり遅れていることも知っておかなければなりません。歴史や領土等周知の問題で三国間の政治的な相互信頼が欠け、三国協力は両国関係に邪魔されやすいものがあります。そういう経済と安全の釣り合わない現実は三国協力にマイナスな影響を与え、北東アジア地域の平和と安定に不利な要因となります。中日韓三国はお互いにとって引っ越しのできない隣人なので、違う意見を持つのが当たり前のことで

  ＊ 日中韓三国協力事務局局長。元駐アフガン、ネバール、ミャンマー中国大使。元中国外交部朝鮮半島事務大使。

すが、協力の大局に影響を及ぼさないようにそういう不一致をいかに理解し管理すべきかは最も肝心なところなのです。

嬉しいことに、2015年再開された中日韓首脳会議はまさに協力に焦点を当てて不一致を管理しようという三国の政治的な願望を表しています。地域の国々が経済的に相互依存しながら政治安全面で緊張している情勢を積極的に変えようとしなければ、地域の長期的な平和と繁栄を実現させる事業の推進は不可能だと三国の指導者たちが一致して認めています。三国間において両国間関係が三国協力の重要な基礎で、三国は「歴史に直面しながら未来に向かう」という精神に基づいて関係問題を適切に処理し、両国間関係の改善と三国協力の強化のために共同で努力していかなければならないと会議では改めて強調されました。

政治的な相互信頼は三国協力の基礎であります。三国協力の平穏かつ持続的な発展と地域の長期的平和を実現するために、伝統的な安全領域における協力は空気や水のように欠かせないもので、三国が平和的に依存できる保障でもあります。ローマは一日でできたものではないと同じく、伝統的な安全協力もすぐに出来上がるはずがなく、それなりの忍耐力と時間が必要となります。絶えない交流と対話を通じてお互いへの信頼を醸成させなければなりません。そのためのいくつかの私見を発表させていただきたいと存じます。

第一に、理念の交流を強化し、地域の新安全協力観を樹立すること。時代が前へ進んでいるので、世界はwin-loseの冷戦時代に戻ることはなく、win-winはますます国家間の付き合いの目標となっています。アジア国家が過去数十年で平穏に発展できたのは、地域の全体的な平和の環境にあったからです。本格的な戦争と冷戦を経験してきた中日韓は、衝突や戦争を二度と起こさせないように、歴史を鏡にして教訓から学び、ありがたい平和を共同で堅守しなければなりません。そして、新時代において斬新な安全理念も必要となります。中国は共同、総合、協力、持続可能なアジア新安全観を提出したり、韓国は「北東アジア平和協力構想（NAPCI）」を提唱したりして、いずれも地域国家の共同繁栄に有利な構想です。三国はそういう面で交流を重ね、安全協力の共同な利益を探すべきだと存じます。

第二に、地域の敏感な問題を適切に処理すること。現在、朝鮮半島核問題が地域の平和と安定に影響する中心的な要素なので、中日韓三国は半島の非核化を推進し平和と安定を維持する責任と義務を持っています。北東アジアの平和と安定は我々が共同で追求する目標であるので、朝鮮半島核問題については、関係国家はお互いに非難するのでなく共同で責任を負うべきであり、そして国連安保理事会の制裁決議を厳しく実行すると同時に、制裁が目的でなく関係国家が積極的な接触と対話によって速急に六者協議を再開し、平和の手段で半島の非核化を推進すべきだと認識しなければなりません。

第三に、非伝統的な安全領域で協力すること。非伝統的な安全問題は北東アジア

地域の経済と社会の安定に深刻な脅威を与えています。自然災害、テロリズム、サイバー安全、多国犯罪対処、伝染病予防治療等の面で中日韓三国はすでに両国と多国間の対話を展開し、関係の協力メカニズムを作りたてて、多くの成果を獲得しています。非伝統的な安全領域での協力は敏感度が低くて推進されやすいので、三国はその領域での協力を続けて拡大させ、さらに伝統的な安全協力に対してポジティブな役割を働かせていくべきです。

　　第四に、北東アジア地域の安全メカニズムの建設を完備すること。北東アジアは現在国際社会において安全情勢が最も深刻な地域の一つであり、複雑な利益関係のために地域既存の安全メカニズムが今の複雑な安全問題に対処できなくなりました。地域安全協力の推進と地域安全メカニズムの整備は、北東アジア各国にとって避けられない現実の要求となっています。複雑で変化の多い地域情勢を前に、中日韓三国は消極的に待つのでなく、危機管理や信頼醸成を突破口として積極的に安全対話を推進するべきです。そのため、三国は「外交＋防衛（2＋2）対話」から始まり、地域安全問題に関する対話や交渉を行うことによって国家間の相互信頼を増加し、地域の緊張する情勢を有効的に緩和させる措置を漸次模索し、条件が整えたら三国防衛面の協力を適時にスタートさせるのはいかがかと、協力事務局からのアドバイスなのです。

　　皆様、中日韓安全協力は各方面の知恵と努力が必要です。これから一日半にわたる会議の中で、学者の皆様が自由にご意見を発表して建設的な論議を行うことによって、三国安全協力や地域安全メカニズム構築のために貴重なご意見を貢献してくだされ
ばとお願いしたいです。絶えずに対話を行うことで、三国安全協力は必ず新たな発展を迎えることができると信じております。最後に、今回の国際会議が円満に成功するよう心からお祈りいたします。

　　どうもありがとうございました。

（劉麗嬌　訳）

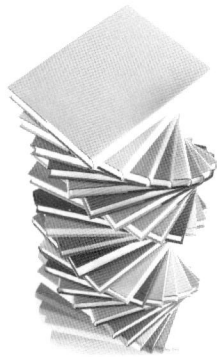

第一章

東アジア安全保障環境の評価

二組の構造的な矛盾と北東アジア安全情勢

虞少華[*]

一、過去一年間における北東アジア情勢の主な動向及び特徴

　　過去一年間において北東アジア情勢にはまた新たな悪化の発展が見られる。

　　まず、北朝鮮による四回目の核実験と五回目の衛星発射をシンボルとして朝鮮半島核問題がまたエスカレーターし、北朝鮮は核やミサイルの発展計画を持続的で快速的に推進させ、核兵器を擁する意志が一層固くなっている。国際社会に一致して非難され、歴史上最も厳しい制裁を受けながらも、北朝鮮は依然と労働党の七大政策案を採択させ、核を擁する立場を外に表明して核国家の地位を国際社会の承認を求めようとしている。それに、国連の第2270号決議でその行動を非難して制裁を行ったとしても、北朝鮮は無視して一連のミサイル発射を実施している。

　　次に、北朝鮮の核計画に対して関係国家が反応しすぎる。その最も典型的なのは、米韓連合軍事演習の規模が拡大しつつ、その強度も史上最大となり、また平壌進撃作戦とか斬首作戦とかいう演習に鮮明な攻撃意志が見られるということである。そして、北朝鮮を制裁する国連2270号決議が採択された後、米韓は更に片側から北朝鮮に対する極めて厳重な制裁を発表した。それらの行動はいずれも当面の難局の打開に役立たなく、却って情勢の深刻化に向かわせる一方である。

　　第三に、北朝鮮核脅威を理由に、米国と日韓等の同盟国の両国や多国協力関係が一層有力となり、「サード」の配置や米日韓ミサイル防衛の連合演習等を積極的に推進している。そうすると、北朝鮮以外の国家の安全方面での軍事配置に直接的に影響を及ぼし、地域の安全情勢の更なる不均衡に繋がるのである。

　　第四に、中韓両国は対日関係を積極的に改善して中日韓協力を有力に推進している一方で、日本は「軍事正常化」を推し進める歩みを急がせている。安倍政府が2015年9月に「新安保法」を強引に通過させ、2016年3月に実施し始めた。これは「集団的自衛権」を認めてその適用範囲を拡大させ、武器が使用可能な制限を緩めたことを意味する。目下安倍政権はまだ平和憲法の修正を大変努力して図っているが、それが地域安全に与えたマイナスな影響が心配される。

---

　　[*]　中国国際問題研究院アジア太平洋研究所研究員。

　上述した顕著な動向の影響のもとで、朝鮮半島核問題に招かれる危機事態の周期が短くなり、緊張する難局の持続時間が歴史上最長となり、各方面の斡旋可能な余地が縮んでおり、協力者側の立場にこれまでもない大きな相違が表れてきた、というのは地域安全情勢の最新の特徴である。

二、二組の構造的な矛盾の地域安全情勢への影響が前より顕著

　本地域の安全情勢に上述した特徴が表れたのは、近年地域にある二組の構造的な矛盾が生じた摩擦が激化してより大きいマイナスな影響を与えていることと関係がある。

　その一は北朝鮮と韓国との対抗が激化して安全情勢のバランスが崩れてしまうリスクが高くなることである。朝韓分裂は特定の歴史時期において大国間の対抗に生じられたものである。20世紀50年代に半島の南北双方はいずれも大国の力を借りて武力で半島を統一しようとしたが、結果として大国を戦争に巻き込んでもその目標が現実にならず、逆に分裂と対立がより固くなって北東アジア地域の冷戦枠組みも強化したのである。それによって、周辺の大国が半島の分裂を利用して戦略均衡を確保しようとする以上、実力同等の半島双方はどちらも自分の力で自分を主とする統一を強引で迅速に実現させることは不可能であり、違う立場にある大国の支持を同時に得ることも相当難しいと、朝韓双方は認識した。だからこそ、冷戦の終結前から終結後までの長期間、朝韓関係が比較的に安定であり、両国関係の改善や和解のために何度か共同で歩み出してみたこともあった。例えば1972年に『7.4南北共同声明』、1992年に『南北間の和解と不可侵および交流協力に関する合意書』や『朝鮮半島非核化共同宣言』等を朝韓が共同で発表した。

　しかし、近年来そういう状況に変化が起こった。冷戦後朝鮮半島の安全情勢の均衡が壊され、また半島双方と周辺大国との関係が不均衡に走ったので、朝韓間の実力対比に差が迅速に拡大し、実力均衡に基づいた半島の「消極的平和」の基礎も動揺した。それで、北朝鮮は核問題を利用して朝米対話を推し進める道に走り、韓国に対して劣勢にある自分の地位を変えて核やミサイルの発展計画という非対称の手段で安全を確保しようと望んでいる。一方では、それが丁度朝韓間の不信を深めることになり、核問題の激化につれて北朝鮮は今までもない国際的な孤立状態に陥った。他のいろいろな原因も含めて、北朝鮮国内の政治と経済にも違う程度で不確定の要素が存在している。そういう背景のもとで、一方で、韓国側は実力で半島を迅速に統一させようと保守派の興奮する主張が復活し、北朝鮮の慌ただしい政権交替が自分にとってありがたいチャンスだという見方も現れたが、もう一方で、北朝鮮側は自身の安全と体制の保障をめぐる心配が更に深まり、米国からだけでなく韓国の「統一攻勢」からも脅威が増大してきていると考

えている。ゆえに、現在朝韓関係について核問題が話題の焦点となっているけれども、実は自分を主として相手を統一しようと相手に統一されないようと、二者間の対抗こそは双方の中心的な利害の衝突なのである。李明博政府と朴槿惠政府の直接的或いは間接的な核廃棄を前提とする対朝政策はいずれも北朝鮮に残られた少ない優勢を打ち取ることに重点を置いている。しかし北朝鮮は核を廃棄する意図が些かもなく、逆に法的な核国家としての地位を追い求めており、双方の分裂競争のために肝心の武器を確保してもいる。それで現在の北東アジアの情勢を見れば、最近朝韓間の激しい相互批判や「目には目を」の軍事演習、いろいろな制裁や反制裁の措置なども理解できるだろう。

　　その二は、大国間の競争が矛盾を激化させ協力への阻害要素を増やすことである。北東アジアは大国の利益の集中する地域であり、上述したように半島の分裂も最初に大国が利益を追求するために境界を決めた結果である。世界的な冷戦が終わった後、もし関係の大国が冷戦式のゼロサムの考え方を捨てて半島の南北と国家関係の正常化を全面的に実現したとすれば、現在朝鮮半島は統一へアプローチするプロセスに入っただろう。しかし、米国が一国で世界を制覇する枠組みを急いで確立させようとしたのは、地域の大国関係が冷戦の影響から徹底的に抜き出せなかった主要な原因である。特に近年に中国の総合的な国力が増強するにつれて、本地域において自分の主導地位が失われるだろうかと米国は益々心配してきているので、安全分野での絶対な優位や地域事務に対する発言権を確保するためにその同盟体系を大幅に強化している。そういう背景のもとで、中米間は競争面が拡大して、半島の核問題も最初の協力点から新たな摩擦点となった。オバマ政府の二つの任期において、米国は北朝鮮に対して「戦略的忍耐」の政策を取っており、もちろんそれは関係する対話がなかなか捗らない直接的な原因の一つである。同時に、アメリカが「北朝鮮に有力なプレッシャーをかけず、核情勢を悪化させた」と中国を再三非難することも間接的に六者協議参加国の順調的な協力を妨げた。さらにマイナスなのは、米国は中国の発展を抑制するために、核問題を口実に「サード」を韓国に輸入と配置させようとしたことである。それは中米間の対立面を拡大するだけでなく、中韓の矛盾を激化して北東アジア全体に複雑な影響を与えてしまうことになる。

　　中日間にも似ている状況がある。中国が快速に発展して影響力を絶えずに高めていると同時に、日本には政治的右翼化と「正常国家意識」が膨れる趨勢が見られる。なぜかと言うと、やはり両国の実力対比の変化という現実を日本はなお受け取りたがらないことに関わっているだろう。そういう成り行きを止めるために、近年日本は北朝鮮の核問題を理由として、一方で米国の「アジア太平洋回帰」の政策に歩調を合わせて日韓の軍事協力を積極的に推進しているが、もう一方で米国の戦略要求を利用して日米防衛協力指針の修正を完成させ、日本の安保環境の再定義や自衛隊の武力使用制限の緩めを実現させ、極超短波レーダーなど先進な武器システムの輸入を含めて軍事的な配備をアップさせた。北朝鮮が四回目の核実験を行った後、米国は核問題を含めるいわゆる地域

交流と相互理解を強化し 共同安全を求める

の安全問題について再び中国にプレッシャーをかけたが、日本も突き込んで何の関係も ない南海問題において自分の「存在」を何度も示して中国に喧嘩を売ろうという姿勢を 取っている。

　上述した二組の構造的な矛盾が消極的に働きあう傾向が現れていることは注目さ れるべきであろう。簡単に言うと、韓国と北朝鮮はいずれも大国を自分の目標に傾けよ うと望んでいる。例えば、韓国は大国競争の結果として中米が協力を強化して共同で北 朝鮮にプレッシャーをかけることを期待しているが、北朝鮮は中米が冷戦時の対抗に 戻って自分に安全のスペースを齎せることを夢見ている。そして、大国も半島の対立か らチャンスを見つける思惑をもっており、例えば米国も日本も半島の対立を利用して米 日韓軍事協力の「鉄の三角形」の急速な確立を積極的に求めている。言うまでもなく、 そういう消極的な働き合いは地域の安全環境に極めて有害であり、世界中に冷戦遺産の 最も多い地域としての北東アジアを冷戦式の対抗状態に再び戻させてしまうかもしれな い。そうなると、地域のどの国も本当の利益を得ることはないだろう。

（劉麗嬌　訳）

東アジアの安全保障：
北朝鮮をめぐる安全保障問題と東シナ海情勢を中心に[①]

片原栄一[*]

　　21世紀の国際社会において、国際関係の不確実性および地政学的リスクは急速に高まってきている。とりわけ東アジア地域（あるいはアジア太平洋地域）の安全保障環境は一層厳しさを増してきている。

　　見通し得る将来において、東アジア地域の平和と安定を確保するうえで最も重要な鍵を握るのは米中関係の行方であろう。第2次世界大戦後60年以上にわたって、米国の軍事的プレゼンスおよび同盟戦略が地域の安全を確保するうえで決定的に重要な役割を果たしてきた。言い換えれば、米国の戦略的優越性（strategic primacy）が地域の平和と安定の基盤を支えてきたと見ることができよう。しかしながら、近年著しい経済成長を続け今や世界第二位の経済大国となった中国は、国際社会において、経済のみならず、政治的、軍事的、文化的にも影響力を拡大している。また、インドは経済発展に加え、外交や安全保障面において存在感を高めつつある。ロシアも近年、ユーラシアの資源大国として、エネルギー外交を推し進めるとともに、軍事力の近代化を図っている。さらに、域内諸国においては、軍事力の近代化、特に海軍力において顕著な増強傾向が見られる。こうした動きを受けて、地域におけるパワーバランスは急速に変化しつつあり、域内諸国は戦略的な対応を迫られている。例えば米国のオバマ政権は、軍事態勢およびプレゼンスの軸足をアジア太平洋へと移行させるべく戦略的調整を進めてきたが、シリア、イラクなど中東情勢の安定化の見通しは立っていない。2014年のロシアのウクライナへの軍事介入以降、欧米諸国とロシアの対立は先鋭化・顕在化しつつある。さらに2016年11月の米大統領選で共和党のドナルド・トランプ氏が次期大統領に選出された場合、従来の米国の世界戦略が根本的に見直される可能性も指摘されている。

　　本稿の目的は、近年における東アジアの安全保障上の課題を検討するとともに、地域安全保障秩序の将来を展望することである。本稿では、地域が直面する諸問題のう

---

① 　本稿はシンポジウムにおける発言の要旨である。

* 　日本防衛省防衛研究所研究員。本文は、ただ個人的な観点です。

ち、北朝鮮をめぐる問題と東シナ海における海洋安保問題に焦点を当てながら、見通し得る将来において、地域安全保障秩序の安定化を促進させるための方策について多面的・長期的な観点から検討する。

一、東アジアの安全保障環境：概観

１）競合する米国と中国：中国の台頭と米国の「リバランス戦略」

２）朝鮮半島情勢（北朝鮮の核・ミサイル問題）

３）台湾をめぐる問題

４）東シナ海・南シナ海における海洋安保問題

５）域内諸国の軍の近代化と海軍力増強（特に潜水艦）：

中国、豪州、韓国、ベトナム、インドネシア、シンガポール、インド、パキスタン等

６）非伝統的安全保障課題（テロ、サイバー、大規模災害等）

二、北朝鮮をめぐる安全保障問題

１）北朝鮮の核・ミサイル能力強化→弾道ミサイルに搭載可能な核弾頭の小型化?

→近隣諸国（中国を含む）への直接的軍事的脅威の増大

→米国の「拡大抑止」の信頼性?

２）北朝鮮の挑発等による紛争のリスク：

○全面戦争へのエスカレーション?

○核兵器・ミサイル技術の拡散?

○難民流出?

○特殊部隊によるテロ攻撃?

３）北朝鮮における原子力災害のリスク

三、東シナ海における海洋安保問題

１）海洋における中国の活動の活発化と相互抑制の「常態化」

２）米中による排他的経済水域（EEZ）内における偵察行動をめぐる問題

３）尖閣をめぐる問題と紛争のリスク

４項目の日中合意文書（2014年11月7日）：安定化に向けた取り組み

①４つの基本文書の遵守と戦略的互恵関係の発展

②歴史を直視し、未来に向かうという精神に従い、政治的困難を克服

　③「双方は、尖閣諸島等東シナ海の海域において近年緊張状態が続いていることについて異なる見解を有していると認識し、対話と協議を通じて、情勢の悪化を防ぐとともに、危機管理メカニズムを構築し、不測の事態の発生を回避することで意見の一致をみた。」

　④「双方は、様々な多国間・二国間のチャンネルを活用して、政治・外交・安保対話を徐々に再開し、政治的相互信頼関係の構築に努めることにつき意見の一致をみた。」

　４）台湾海峡危機・紛争のリスク

四、地域安全保障秩序の将来展望

　１）大国間協調体制（a concert of great powers）に向けた取組：
　〇安定した米中関係：米中戦略・経済対話、米中軍事交流（MMCA等）
　〇米国の軍事的プレゼンス及び同盟体制による抑止力の維持
　〇日中「戦略的互恵関係」の強化　ハイレベル協議
　２）規範、ルール、制度（信頼醸成、危機管理、事態対処、軍備管理？）の構築：
　〇海上衝突回避規範（CUES）
　〇「日中海上連絡メカニズム（Japan-China Maritime and Aerial Communication Mechanism）」、ホットライン、日中海上捜索・救助（SAR）協定、日中高級事務レベル海洋協議、東シナ海資源開発（交渉は「延期」）、日中「海上事故防止協定」への取組？（軍及び海上法執行機関？）
　〇米中軍事交流（MMCA等）の推進：
MOU Regarding the Rules of Behavior for the Safety of Air and Maritime Encounters（2014）→an annex on air-to-air encounters（2015）
　〇「航行の自由」の確保と域外諸国の関与：米国、インド、豪州等
　３）安全保障ジレンマとアクション・リアクション・ダイナミクスの克服
　〇信頼醸成措置の拡充・強化
　〇能力構築／ネットワーク化／情報共有による透明性の確保
　〇ADMMプラスの専門家会合（EWG）「海上安全保障」、共同訓練・演習の強化
　〇米太平洋軍の役割：「環太平洋合同演習（リムパック）」の活用
　〇主要国による域内諸国に対する能力構築（日本による巡視船の供与等）
　４）米国のアジア戦略と日中韓安保協力
　〇ミサイル防衛［韓国→地上配備型ミサイル迎撃システム（THAAD）の在韓米軍配備に向けて米国と協議→中国は反発］
　〇中国の対北朝鮮認識

5）日米中韓４か国安保対話・協力の可能性

○北朝鮮の核・ミサイル問題への対応は喫緊の共通戦略的課題

○情報共有、戦略対話、対処計画立案、共同訓練・演習？

米中関係はこれまで、さまざまな対外的要因と双方の国内政治に揺さぶられ、振幅を繰り返してきたが、戦略的なレベルにおいては安定した関係を維持してきた。世界経済・通貨問題、気候変動、大量破壊兵器の拡散、テロ問題、北朝鮮問題、イラン問題、海洋の安全保障、人道的支援、災害救援などの広範な安全保障上の課題に取り組むうえで、安定した米中関係と中国の協力は不可欠であると言える。しかしながら、両国の軍事関係においては、相互不信を背景として顕著な進展が見られず、また、米国の台湾への武器売却や偶発的な事件などによって、中断と再開を繰り返してきた。

重要なことは、アジア太平洋地域に安定性をもたらすような包括的戦略の策定と多国間の安全保障協調体制の構築である。包括的戦略を策定するにあたって、米中両国あるいは中国と地域の主要国がセキュリティ・ディレンマに陥ることを回避するべく、その意図やプロセスの透明性が確保することが重要である。そのためには、中国を戦略的に包囲するという形ではなく、非伝統的安全保障分野を中心として、中国をよりオープンな多国間の協調体制に取り込んでいくことが大きな課題となろう。こうした観点から、東アジア首脳会議（EAS）、ASEAN地域フォーラム、ADMMプラス、上海協力機構（SCO）といった多国間機構を戦略的に活用するが期待される。加えて、多国間・二国間における信頼醸成措置を一層拡充・強化していくことが重要であろう。

ヘンリー・キッシンジャーは『中国』（On China）の終章で近年の米中関係と第1次世界大戦前の英国とドイツとの関係には類似性があると指摘している。当時、ドイツの海軍力の増強に対して英国は、対立の危険を冒してまでも戦略的優位を目指した結果、最後には戦争に突入した。当時の状況においては英国とドイツが「対立すればどこに行き着くのか」について自問せず、先を見通すことができなかった結果、世界戦争をもたらすことになった。こうした大国間の対立関係を回避するためには、米中関係を包括的かつ戦略的に安定させ、台頭する中国を多国間安全保障アーキテクチャーに組み込んでいくような、新たな包括的戦略の策定と多国間の安全保障協調体制の構築が望まれる。

近来朝鮮半島の安全情勢への評価と分析

鄭載興*

　　2016年1月6日に北朝鮮がいきなり四回目の核実験（水素爆弾）を行い、そして2月7日にまたすぐ長距離弾道ミサイル（光明星4号）を発射し、やがて自国が完備した核武器システムを擁していると宣言した。北朝鮮側は今回の核実験を四回目の核実験と呼ばず、「初めての水爆実験」という述べ方をしたので、つまり既に新たな形式の核実験に入っているかもしれないということになる。北朝鮮の持つ核武器や長距離弾道ミサイルの技術が進歩しているにつれて、韓国の安保情勢は今まで最も致命的な脅威に直面している。周知のとおり、北朝鮮は核の多様化や軽量化を推進させているので、必ずいつか核武器の実戦化を実現できるだろう。朴槿恵政権が立ち上がって以来、北朝鮮はまず3回目の核実験を行い、それから停戦協議を廃止して戦争状態に入ったと片側から宣言し、開城工業地区を閉鎖し、東海岸で短距離ミサイルを何度も発射し、やがて四回目の核実験と長距離弾道ミサイルの発射を行った。それらの行動は朝鮮半島の安全情勢を一層緊張させたに決まっている。

　　北朝鮮の核実験と長距離弾道ミサイルの発射の後、東アジア地域の安保環境はいろいろな要素でさらに複雑になる。特に現在では、北朝鮮側は米韓同盟と正面から拮抗できようと核兵器の小規模化、軽量化や多様化を最終的な目的とし、またそれによって朝米国交正常化や米国との平和協議の締結も目指している。北朝鮮は国際法に承認される核国家ではないけれども、核兵器の製造能力を持つ核保有国である。従って韓国は極めて大きな脅威と挑戦に直面している。もし北朝鮮の核問題について中米両国が依然とそれぞれ異なる立場を守ろうとしたら、韓国は安保問題でジレンマに陥ってしまう。

　　今回北朝鮮が核実験を行ったのは明らかに内部から求められたからであろう。第一に、過去数年間で核問題をめぐる対話や交渉が殆ど停滞状態となった。北朝鮮はそのチャンスを利用して核保有国やミサイル強国となった既成事実に基づいて比較的に平穏な対外環境を構築した。第二に、2013年に北朝鮮が中距離弾道ミサイル「ムスダン」の発射実験を行ったので、米韓両国は北朝鮮が「ムスダン」を利用して核攻撃を行うかと心配した結果、いわゆる「誂え型抑止戦略（Tailored Deterrence Strategy）」を実施した。その戦略に対抗するために、北朝鮮側は核兵器を諦めないだけでなく、逆に一歩進んで

＊　韓国世宗研究所研究員。

交流と相互理解を強化し　共同安全を求める

核兵器を強化した。第三に、今回の核実験の目的は明らかであろう。そうすることによって、金正恩の指導的な地位が確保できるだけでなく、核保有国の名誉を以って北朝鮮の民衆も誇りに思うだろう。また、韓国に比べて、北朝鮮が核兵器を擁することは、軍事的に絶対の優位に立ち、そして今後政治、外交や安保問題で韓国にプレッシャーをかけることができると意味している。

　　ますます深刻になっている北朝鮮の核脅威に対応するために、現在主な対応策がいくつかある。例えば米国が戦術核兵器の再配置、「サード」（THAAD：終末高度防衛ミサイル）、キルチェーン（KILL CHAIN）や韓国型ミサイル防衛体系（KAMD）等の構築、或いは韓国も核保有国となる。今後北朝鮮が万が一核兵器で脅威や攻撃してきたら、その核兵器に抵抗できるかどうかは韓国の存続にかかわる重要な課題となる。北朝鮮が核兵器を廃棄させないで強化を続ければ、2020年前後に20から100までの核兵器を擁することとなるだろうと安保分野の専門家が予測している。最近北朝鮮の潜水艦発射弾道ミサイルの技術がそろそろ完成の段階に入るが、二三年内で実戦に利用できる可能性が大きい。やがて北朝鮮はどの地域でも核兵器の使用が可能となれば、韓国軍隊は現在の作戦理念を根本的に変換し、核兵器の使用を前提として戦争理念も修正しなければなりません。

　　そして、水爆実験と長距離弾道ミサイル発射の成功で、北朝鮮は2016年か2017年に5回目の核実験か新たな長距離弾道ミサイルの発射を行うだろう。それで依然と核凍結を前提として米朝関係の正常化、平和協議や米韓連合軍事訓練の中止を引き換えに入手したいなら、韓国は北朝鮮から史上最大の安保脅威を受けることとなる。故に、現在韓国は核保有国の北朝鮮に対して安保政策や対朝政策を作成し直す必要がある。これから北朝鮮は自分の核戦略の価値を更に積極的に示していき、再び韓国に武力挑発をかけるかもしれない。4回目の核実験で爆発力において北朝鮮の不足が現れたので、自分の能力を掲げ示すために、北朝鮮はプルトニウムと高濃縮ウラン（HEU）で核実験を行い、また長距離弾道ミサイルと潜水艦発射弾道ミサイル（SLBM）を発射する可能性がある。プルトニウムを生産するために2013年8月から北朝鮮の寧辺にある5兆ワットの原子炉が持続的に稼働してきた。北朝鮮は燃料棒を取り出してプルトニウムの量を増やす可能性が十分にある。

　　今回の核実験で北朝鮮がすでに核保有国の列に入ったので、現在韓国にとってそれに匹敵する核抑止力を持つのが北朝鮮の核兵器に抵抗できる唯一の方法である。故に、これから韓国は米国と連携して韓米抑制戦略委員会（ＤＳＣ）を組織し、北朝鮮の核兵器とミサイルからの脅威に対処するため正式に努力を始めたのである。現在、北朝鮮の核兵器や大量破壊兵器を発見、妨害、破壊と防衛するために韓国は色々な計画や方針を積極的に推し進め始めた。北朝鮮の核兵器やミサイル発射の動きを実時的に識別と追跡するために、韓国軍隊は本世紀20年代半ばまでにキルチェーンや韓国型ミサイル防

衛体系を構築しておくという計画を立てた。しかし、目下では韓国の軍事力だけでは北朝鮮を抑制することはできないので、しばらく米国の戦略資産（「サード」、ステルス機や潜水艦など）を借用するしかないのである。

　こんなに複雑な安保情勢のもとで、今後の朝鮮半島の平和と安定を実現させるためには、以下の要点はとても重要である。第一に、ハイレベルの外交努力と解決案が必要である。例えば中米ー中日関係、中韓ー中米関係を協調して朝米関係や朝韓関係を改善させること。第二に、戦略的な実用主義を立場にし、韓米同盟の維持と同時に中国との戦略協力パートナーシップも更に拡大していくべきである。第三に、朝鮮半島に関わる安保面でのいくつかの難局を正確に認識し、対話と協力の方法で朝韓関係の改善を積極的に模索していくべきである。その他、中国が既にＧ２国家の一員となったことをはっきりと認識し、現在の政治や経済領域で中国の影響力が益々大きくなっているに違いない。故に、朝鮮半島の安保難局を考えるとき、我々が望む視角からではなく、現実という立場に立って新たな対朝政策と21世紀の対外戦略を積極的に求めなければならない。

　中国側は朴槿恵政府が提出した朝鮮半島の信頼構築過程と北東アジア平和協力構想に賛成の意を表した。朝鮮半島が平和的に統一する必要性と北朝鮮核問題について中韓両国はある程度で共通認識に達した。ゆえに、半島の周辺国家のコミュニケーションが順調にいくように韓国はこれから多国間の対話方式を立て直し、それに基づいて半島の安定を積極的に推し進めていく。特に北朝鮮の核兵器や長距離弾道ミサイルのような非対称的な脅威は短時間で解決できない難問であるが、韓国は周辺国家と連携して協力を強化し、方策を提出し、問題の解決に向かってもっと積極的に取り組んでいくつもりなのである。

（劉麗嬌　訳）

核実験後の朝鮮半島の情勢

杨晓青[*]

　　北朝鮮の第4回核実験以来、半島情勢は緊張し、東北アジア地域の安全安定は深刻な脅威に脅かされている。一つは衝突の危険が増したこと。もう一つは潜在的な核拡散と核安全の弊害がましたこと。半島の平和を守り、地域の安全を安定させることは、東北アジア諸国と国際社会の共通利益に適合している。半島に戦乱がおこることは誰にとっても利益にならない。そのため、現在当面の急務は半島の緊張を緩和し、戦乱を避けると同時に、各関係国は共同で早急に「六者協議」の再開に努力をし、朝鮮半島の核問題をもう一度対話交渉の軌道に引き戻し、平和の実現と全面的に朝鮮半島の核問題を解決するために条件を作らなければならない。

一、朝鮮半島の緊張が続き、地域の平和と安定がひどく脅かされる

　　2016年1月6日、朝鮮は第4回の核実験を行った。北朝鮮政府は同日、初の水爆実験が成功したと発表した。その後、北朝鮮は2月7日の午前に「光明星4号」衛星の打ち上げに成功した。それに対し、国際社会の反応は激しく、国際平和と安全が著しく脅かされたと北朝鮮を強く非難し、北朝鮮に対し非核化の約束を守り、事態を悪化させる行動をやめるよう促した。国連安保理は3月2日に全会一致で第2270号決議を通過した。決議では安保理決議を無視し、核実験を行い、弾道ミサイルを作り発射した北朝鮮を非難し、北朝鮮の核開発計画を押さえるために、更なる一連の厳しい制裁措置をとると決定；朝鮮半島と東北アジアの平和を安定を維持すると重ねて強調；「六者協議」を再開し、平和、外交かつ政治的方法をもって目前の問題を解決すると呼びかけ；対話をとうして平和を実現させ、全面的に朝鮮半島核問題を解決する条件作りに、安全保障理事会のメンバー及び他の国々が緊張を増やすようないかなる行動をしないよう求めた。対朝制裁と抑止を強化するため、2月10日、韓国と日本はそれぞれ片方の対朝制裁措置を行うことを決定した。3月15日、アメリカは新たな対朝制裁追加措置を実施した。米軍は在韓米軍の軍力を強めると同時に、立て続けにB-52型戦略爆撃機、F-22型ステルス戦闘機、原子力潜水艦と空母機動艦隊などの戦略兵力を半島及び周辺に派遣し、抑止行動

---

　　*　海軍軍事学術研究所研究員。

を実施した。頻繁に韓国と大規模な合同軍事演習をし、韓国で「サード」の設置を推進し、制裁と軍事抑止をもって北朝鮮の核廃棄に圧力をかける。北朝鮮は核実験は主権国家としての安全防衛の自衛権利で、アメリカの敵視と対朝政策に対する国家の安全と主権を防衛する自衛的措置だと主張した。安保理の決議に対し強く反発し、断固として拒否し、ミサイルやロケット砲を試射し、軍事演習を行うなど対抗措置を取り、強固な態度で制裁と軍事抑止に対応した。これによって、朝鮮半島情勢は徐々にヒートアップし、急激に悪化した。互いに先発打撃をもって威嚇し、軍事対峙も日に日に厳しくなり、衝突発生の危険が増加するばかりで、半島の緊張した情勢が悪化し、地域安全安定はますます脅かされている。主に二つの面に現れている。

　一つは北朝鮮の再度の核実験により朝鮮半島が危機に陥り、朝鮮半島核問題が更に逆方向に向かうことを示し、核問題の解決は苦境に合わせ、半島の非核化プロセスは深刻な挫折を被った。これは朝鮮半島の緊張を激化させるだけでなく、地域の核拡散、核軍備競争という隠れた危険を孕ませる。例えば、今回の北朝鮮の核実験後に、日、韓国内で再び「核武装論」が出ている。朝鮮半島核問題や東北アジア地域の安全状況の発展が不安をよんでいる。

　もう一つは半島の軍事対峙が険しくなり、白熱化し、情勢は緊張し続け、高度敏感で、衝突するリスクが増えるばかりである。激しい威嚇、対抗行動は、半島の緊張局面をヒートアップさせることになりがちである。一旦半島で戦乱が起こった場合、その被害範囲は朝鮮半島自身にとどまらず、必ずその周辺地域までに被害を及ぼし、国際社会平和と安全に深刻な打撃を与えるだろう。

二、目前の緊張した情勢を緩和し、地域の平和安定を守るには各国の共同努力が必要

　半島の平和を守り、地域の安全安定を保ち、半島の非核化を実現することは、東北アジア各国のニーズに合うだけではなく、国際社会の共通利益でもある。関係国と国際社会が提携を強化し、半島と東北アジア地域の安全情勢を平和で安定したものに展開するよう推進する必要がある。

　今回の朝鮮半島核危機は再度国際社会の北朝鮮の核問題解決即ち非核化への努力を苦しい立場に陥れさせた。北朝鮮核問題は「核実験―制裁―再核実験―再制裁」の悪循環に入り、絶えずに半島の緊張度を押し上げ、衝突誘発のリスクを増やし、半島乃至東北アジア地域に緊張した情勢を招いた。同時に、半島の加速する緊張な情勢も、北朝鮮核問題解決の緊迫性を際立たせた。

　なぜ北朝鮮核問題は進行せずに後退するのか。朝鮮半島の繰り返す不安定な情勢をどう対処するか。いかに北朝鮮核問題と朝鮮半島の問題を解決するか、真剣に反省し

なければならない。

　　冷戦後の国際問題の実践は、どのホットな問題も加圧や制裁に頼るだけで、根本的に解決できないということを証明している。軍事的な手段は更に効果がなく、問題自身にもっと深刻な結果をもたらすことになる。北朝鮮核問題の発展から見ると、2006年以来、国連は前後第1718、1874、2087、2094、2270号などの北朝鮮に関する決議を採択して、制裁は少しずつ強化された。しかし、問題はずっと解決されることはなく、後退さえもした。それも、この結果を裏付けることになった。

　　現在、朝鮮半島の情勢は依然として険しい対峙状態にあり、当面の急務は如何にして緊張した情勢を緩和することである。同時に、積極的に「六者協議」を再開させ、泥沼にある朝鮮半島核問題をもう一度対話交渉の軌道に引き戻すことによって、はじめて問題の解決を促進することができる。これに対し、中国政府は半島の非核化や半島の平和と安定を堅持し、対話協議を通して問題を解決する原則的な立場の上で、朝鮮半島の核問題を根本から解決し、半島や北東アジア情勢を安定させるところから、半島の非核化と停和体制の転換を共に推進する発想を出し、関係諸国に北東アジア地域の末永い安定のために努力するよう期待を寄せた。

　　確かに、現在半島の緊張情勢を緩和し、「六者協議」を再開することは依然と大きな困難に直面している。一つ目は、北朝鮮が頑固として核を有すること。北朝鮮は第4回目の核実験後に次の声明を発表した。その核実験はアメリカを初めとする敵対勢力の日に増える核脅威に対するもので、自国主権の防衛と民族の生存権および半島の平和と地域の安全を守るための自衛的措置である。外部の敵対勢力が北朝鮮の主権を侵害しない限り、北朝鮮はまず核兵器を使用することも、関連技術を拡散することもない。アメリカが引き続き対朝敵視政策を取るとすれば、北朝鮮は引き続き核抑止力を強化するに違いない。また、再度アメリカに「演習を停止する代わりに核を停止する」と提議したが、再び断られた。2016年5月6日に開かれた第七回朝鮮労働党大会で、北朝鮮は再び核保有国の地位を明確にし、核攻撃は核侵略を受けた時に限定すると決めた。そして、低調に核を保有しない国には核兵器を使用しないと示した。

　　二つ目は、アメリカが北朝鮮との対話を拒否している。「六者協議」を再開する条件とほぼ同じく、アメリカ政府は北朝鮮はまず第一に、核を放棄することを承諾し、次に実質的に核廃止措置を取ることを堅持している。でなければ、北朝鮮との対話を拒否する。2015年以来、アメリカは3度と北朝鮮との対話を拒否し、朝鮮半島での軍事演習を強化し続けている。米、朝が互いに前提条件を設けることは間違いなく対話を通じ朝鮮半島核問題を平和的に解決する障害となる。

　　三つ目は、アメリカが今回の朝鮮半島核危機を機に、朝鮮半島に「サード」の配置を推進した。これは北朝鮮の核、ミサイル技術の開発を刺激するだけでなく、半島の緊張した情勢の緩和にも不利である。そして、周辺国の戦略的安全利益を損害し、地域

の平和安定に消極的な影響を与える。

　　半島の平和、地域の安全と世界の安定を維持するため、関係国はお互いの主要な懸念と利益を総合的に考慮すべきである。平和、発展、協力の時代の流れに乗り、共同で努力し、対話と協力を強化し、相互信頼を築き、共に世界の核不拡散体制を守り、いち早く「六者協議」の再開を努めるべきである。

（劉麗嬌　訳）

朝鮮半島核問題の進展及び中国による北東アジア安全環境の構築

任晶晶[*]

　　周辺セキュリティ環境は中国外部セキュリティへの影響が最も大きく、最も直接である。中国が日々台頭し、総合的な実力が継続的に伸びる背景において、中国の周辺セキュリティ戦略及び政策が消極的な対応から積極的な構築へと歴史的な方向転換を試みようとしている。この転換は国際及び地域情勢に莫大で深遠な影響を与えている。現在、中国周辺のセキュリティ情勢の変化には新たな動きが出てきて、各地域ブロックにおける複雑な安全問題が織り交ぜる現状は周辺セキュリティ環境の構築に新たな不安定要素をもたらした。2016年、朝鮮半島の情勢に新たな変化が起こり、衝突のリスクが高まっている。これは中国のセキュリティ利益及び周辺セキュリティ環境へ直接な脅威を与える可能性がある。そのため、衝突リスクの低減、総体的な情勢の安定化は2016年の中国の北東アジア戦略と北東アジア安全の維持にとっては至急の課題である。

　　2015年以来、朝鮮半島では波風が立ち続けて、次から次へと危機の局面に導いている。北朝鮮は過去数年間、強引な示威と「崖戦術」の組み合わせ政策を取り続け、核脅威を堅持してきた。また、更なる強引な核恫喝を試みようと見られる。アメリカ・韓国の連合軍事演習に向け、北朝鮮は2015年の間に複数のリモートミサイル発射テストを行い、これを持って世界へその戦闘能力を誇示した。5月、北朝鮮は東中国海地域で潜水艦発射弾道ミサイルの発射テストを行った；10月、北朝鮮は労働党結成70周年閲兵の際に、「アメリカ本土まで届く」リモートミサイルを示した。2016年以来、北朝鮮は1月、2月に新しい核ミサイル実験を行い、半島情勢の新たな衝突と緊張の上昇を招き、国連の厳しい制裁を受けた。

　　一方韓国では、朴槿恵が大統領になってから、「北東アジア平和構想」を提案した。また、南北統一の実現を重要な政治課題と位置づけ、「信頼プロセス」及び「ドレスデン構想」を提出した。但し、北朝鮮の核廃棄、改革開放及び自主統一を主旨とした半島平和プロセスは北朝鮮の積極的な返事を得ることは不可能である。北朝鮮の核武器脅威に向け、韓国は軍事対抗を大幅にレベメリカとの軍事セキュリティ提携を更に強化

＊　中国社会科学学院地域セキュリティ研究センター副秘書長、研究員。

した。米軍から作戦指導権を回収する計画を廃棄し、「サード」の配置を決定した。その他、米日韓の三国は三カ国軍事提携に向け、更なる突破を実現し、三カ国軍事協調体制の雛形を整えた。日韓の軍事提携の後ろにはアメリカの圧力が存在しているが、根本的な原因はやはり共同して北朝鮮の脅威を対応する現実的な要求にある。

　　朝鮮半島の複雑で緊張した局面に対し、中国は自身のセキュリティ利益及び半島平和安定に基づき、一方は朝鮮半島非核化の原則を揺ぎなく堅持し、北朝鮮の核兵器保有と発展を反対すると同時に、積極的に外交の主動性を発揮し、中朝関係の安定化を前提に徐々に関係を緩和させている；他方では韓国との提携を向上し、自由貿易区協定の調印、セキュリティ提携体制の構築等を含め、中韓関係の強化を朝鮮半島局面を安定する重要な手段とする。中国の当該政策と方法は朝鮮半島局面の安定維持に有利だと言える。

　　但し、朝鮮半島の根本的な矛盾はずっと存在し、且つ、随時的に爆発する危険がある。朝鮮半島問題の根本的な原因はアメリカが北朝鮮に対する政策及び北朝鮮とアメリカの関係である。だが、北朝鮮は核の保有及び核武器レベルの強化という手段でアメリカに圧力を与え、交渉まで持ち運ぶのは危険な一歩である。上手く取り扱わなければ、大きな災難を引き起こすことになる。北朝鮮は核武器で立ち上がり、リモート戦略ミサイルを発展することは、アメリカからだけではなく、多数の北東アジア国家からも反対を受け、北東アジア地域のセキュリティ秩序を乱し、他国のセキュリティ利益にも危険をもたらす。中国を含めた関係諸国は核を保有する北朝鮮を認めない。また、北朝鮮は中国を投げ捨て、単独的に困難な状況から脱出しようとするやり方は、一方的な無駄な努力であり、自分自身をもっと孤立な状況にさせ、国際社会からもっと離れさせることになる。

　　朝鮮半島情勢は中国の重大なセキュリティ利益と繋がっていて、中国は既に何度も本土近くに騒動、戦争を許さないという立場を声明した。北朝鮮が核武器を発展させるにせよ、米国がチャンスに乗じて核武器を韓国へ配置するにせよ、どっちも中国のセキュリティに危機を引き起こす；米国が北朝鮮に対して武力を振ると、その結果は予測できない。朝鮮半島で大規模の戦争を起こす可能性があり、中国を巻き込むことにもなるだろう。そのため、中国は常に外交面で朝鮮半島の無核化を提唱し、半島の平和安定の保持、平和交渉で紛争を解決できる様努力している。中国は国連が北朝鮮に対する新たな制裁に積極的に参加し、2270号決議を徹底的に遵守し、北朝鮮へ更なる圧力を与え、継続的に核武器の開発にコストを背負わせる。しかしながら、大きな衝突や不穏な情勢は必ず中国のセキュリティ利益を侵害するので中国は半島情勢が極端な方向に発展することを出来るだけ回避し、あくまでも交渉で問題を解決する基本的な立場をとっている。

　　六者協議の経験によると、アメリカ、北朝鮮両方が大きく政策調整しなければ、中国が発揮する斡旋効果は限られている。それこそが半島局面の本当の危険である。現

交流と相互理解を強化し 共同安全を求める

実状況から見ると、アメリカは既に選挙周期に入り、アメリカ大統領の選挙期間で政策は更に強引な傾向に傾いていく。北朝鮮側では、核保有は既に憲法及び党の規約などの基本国策に記載されており、金正恩政権の強力な支えであるため、北朝鮮は自ら核を廃棄するはずが無い。強大な外部の軍事圧力と厳しい判決に対して、北朝鮮は強引な手段で対抗せざるをえない状況に迫られている。韓国側では、朴槿恵政府は既に他の手段を採用できない状態までに迫られ、北朝鮮に政策転換をさせるには全面的に強引な措置を取るしかない。当該する「強引な措置」はアメリカが軍事配置を全面的に強化し、米韓連合作戦能力の向上等を含む。そのため、北朝鮮・韓国両方の緊張な対峙は今後一時期の朝鮮半島の情勢である。

　　この状況の下で、中国は可能な不測事態に対する準備を整えるべきである。中国の選択から見ると、半島範囲で騒動、戦争が起きなければ、中国の最大利益が守れる。中国政府は既に立場を明らかにした：朝鮮半島は核を保有してはいけない（北朝鮮の開発及びアメリカの配置を含む）、半島問題は武力で解決してはいけない、中国の国家セキュリティ利益は必ず保護・保障されるべきである。

　　朝鮮半島問題の根本的な原因はアメリカと北朝鮮の関係である。現時点及び今後の一時期では、どっちもが実際に政策調整をするとしたら、情勢の成り行きに大きな変化をもたらす可能性が有る。でも、目前の状況だと、とても難しいである。現在、新たな対抗を引き起こす直接な原因は、北朝鮮が国連の決議を違反し、勧告を聞き入れず、新たな核ミサイル実験を行っていることである。北朝鮮当局がこのまま進むと、矛盾が激化し、戦争を発動する場合、中国は北朝鮮に対し一切のセキュリティ責任を取らない。当然、自身セキュリティ及び地域平和を考慮し、もし戦争が起きれば、中国は必ず自己の判断により、即時に積極的な有効な行動を取り、戦争を止め、朝鮮半島の末永い平和に有利なるセキュリティ体制構築を推進することになる。

　　この数年間、中国のセキュリティ戦略及びセキュリティ政策は大きく変わった。国内セキュリティの面では、国家安全委員会を成立し、国家全体セキュリティの観点を中心とした新たなセキュリティ理念を提出した。対外セキュリティの面では、共同セキュリティ、協力セキュリティ、発展セキュリティの新たな構想を提出した。セキュリティ環境及びセキュリティ体制構築の面では、中国は新型大国に成る決意と責任を示した。中国の周辺セキュリティ環境に様々な挑戦があるが、全体的に見ると、挑戦とチャンスは共に存在している。セキュリティ環境の構築は必ず中国全体の発展戦略に従い、新型の大国に成る戦略的な目標に合わせたものである。中国は国家セキュリティに関わる重大問題に関して一切譲らない。国家重大利益への挑戦・挑発に対して反抗すると同時に、平和発展の周辺環境を維持するという大局的な見地から、冷静・慎重に争いを処理し、衝突が発生するリスクを低減する様努力し、対話、交渉及び協力の機会を探り、大局的な情勢を把握する能力を強化している。

　　全体的に見ると、2015年において挑戦となっている問題が目立ったとはいえ、中国全体のセキュリティ環境に与えた影響は限られ、ホットスポット問題は大きな衝突を起こさず、中国周辺地域の平和発展の大環境は基本的に維持されてきた。2016年、世界と地域経済の低迷はまだ続いて、一部の摩擦点も加熱して、大国間の勝負が繋ぐ連発効果は継続的に拡散している。中国周辺セキュリティ環境構築に関して、一番大事なのは分岐点を制御し、周辺局面の基本的な安定を維持し、局部が全体に衝撃を与えることを防ぎ、平和発展の大環境を保持することである。

　　「目を遮る浮き雲を恐れず、挑発に心が乱されず」中国は大国であり、中国の総合実力の継続上昇は必ずや国際社会及び周辺国家の複雑で多様な反応を引き起こさせる。その中に、中国自身が外部セキュリティへの要求と期待も合わせて変わる。中国が周辺セキュリティ状況に対する判断は、脅威・リスクを軽く見てはいけない。また、一部の状況を勝手に全体的な状況だと思い込み、オーバーリアクションを取ってもいけない。複雑で多変な周辺セキュリティ状況に対応するに、一番大事なのは戦略の確固さと強靭性である。

（劉麗嬌　訳）

北東アジア安全協力の歴史と現状

金錫友[*]

　1945年に、第二次世界大戦が終わり、北東アジア地域は新たな構造を迎えた。歴史上、中国は経済力が強く、経済総量が世界経済の30%を占めた。このような強大な経済基礎で、中華文明は中国で数千年にわたり存続している。しかし、1840年の阿片戦争から、中国の生産力と文化、政治影響力はがた落ちになってしまった。その非常な状況で、中国共産党は旗を立てて、中国人民を指導している。中国人民は解放され立ち上がって国の主人公になり、1949年に中華人民共和国が成立した。それからの数十年間、中国は世界中から注目される業績を上げた。2010年に経済総量は世界第2位に上がった。中国は何時頂上に達するか、何時トップの政治・軍事的強国になるか。その時、世界の安全秩序は如何になるか、諸国は平和共存して共同の繁栄を享受できるか。

　第二次世界大戦終了後、全世界は超大国のアメリカとソ連のために冷戦に引き込まれた。1950年4月に、北朝鮮の最高指導者金日成がモスクワを訪ねて、スターリンと武力で朝鮮半島を統一させることを商談した。それは直接に冷戦を激化させた。ソ連崩壊後に公表された資料により、スターリンが武力で朝鮮半島を統一させる提案に同意する前提が毛沢東の支持を得ることである。スターリンの意図は朝鮮戦場で中米両国の力を消耗してヨーロッパ前線を安定させるということである。そのように、1949年10月に成立した新中国は一年経たずに・6・25戦争・（朝鮮戦争）に参加した。そのため、朝鮮半島を中心にした北東アジア地域が冷戦でヨーロッパ大陸より厳しかった苦痛を受けた。1978年に韓国保健社会部部長がモスクワで行われた世界保健機関会議に出席したが、1983年に中国国内で行われた国連浅海底鉱物資源シンポジュウムに参加するための韓国専門家の中国入国が中国政府に拒否された。長い間、中韓両国の外交部長は国際会議で会っても挨拶せず互いに知らないふりをした。1985年の「3213魚雷艇事件」の時でも、中韓がまだ外交関係を結んでいなかったため、韓国側が米日の外交ルートを通して中国政府に通報しなければならなかった。

　1989年の東欧激変と1991年12月のソ連崩壊後、数十年にわたった冷戦が終結した。この前の1978年12月に、中国共産党は第11回三中全会を行い、改革解放の政策を決定した。中韓両国は嘗て違う陣営に属したが、1983年の「卓長仁ハイジャック事件」、

＊　韓国国家発展研究院院長。

1985年の「3213魚雷艇事件」、1986年のソウル・アジア競技大会、1988年のソウル・オリンピックと1990年の北京・アジア競技大会等の大事件を経て、両国間の交流が益々深くなり、1992年8月24日に正式に国交樹立した。中韓国交正常化が東アジアにおける冷戦構造の終結を意味した。1992年に両国の貿易額が64億米ドルしかなかったが、2015年に両国の貿易額が2300億米ドルに達し、1992年の35倍にもなった。2015年に440万人の韓国人が中国訪問し、660万人の中国人が韓国訪問した。中韓の間に週に129の航空路があり、総1100以上のフライトがあったが、韓日の間に週に43の航空路で、806のフライトだけであった。ソウルの中心繁華街で韓国語と中国語は当時に使われている。

　20世紀60年代、内戦後の韓国が経済不況で、見通しが暗かった。そのため、韓国は日本と国交を結んで、交流協力をして先進的な技術を学んで産業現代化を実現した。これは韓国の改革開放といってもよい。韓国国内の教育ブームはこの大きな成果を促した。韓国民衆が勉強を重視し、論語冒頭の・学びて時に之を習う、亦説（よろこ）ばしからずや・を座右の銘にしている。

　改革解放以来、中国は経済と社会領域で世界に注目される成績を取った。中国は18世紀以前に戻っていたように、経済が年10%のスピードで高速成長していた。この過程に、韓国の労働集約型産業も多くの経験と技術を提供した。中国の産業現代化が実現後、韓国はそのような企業をベトナムに移して、労働集約型産業がベトナムで同じ働きをしている。現在、韓国の輸出対象国のうち、ベトナムは中国と米国に次いで第三位にある。もちろん、経済協力はお互いの利益になる。韓国は中国の経済発展に大きな働きをしている同時、中国も韓国を助けて1997年の経済危機を克服させた。中日韓三国の人口総数は世界人口の21%を占め、GDP総額は世界GDP総量の23%を占めている。これによって、経済実力の増長はアジアの新しいページを開けるに違いない。

　東アジアの諸国はヨーロッパ連合のような地域協力機構、特に安全協力機構を結成し難いとは国際政治学界の一般的な認識である。なぜなら、欧州と比べると、東アジアの国々は歴史、地理、文化、政治上の相違点が共通点より大きいからである。もちろん、欧州の区域一体化も簡単に成し遂げられたものではない。1950年に、フランス外相ロベール・シューマンが地域共同体の構想を提出してから、ドイツ、フランス、イタリア、ベネルギ、オランダとルクセンブルクは共同認識に達しやすい領域をはじめ協力して共同体の創設に着手した。これはのちの・欧州石炭鉄鋼共同体・であった。その後、他の領域に広がって、欧州原子力共同体（Euratom）と欧州経済共同体（EEC）が設立された。過去の数百年間にドイツとフランスが嘗て不倶戴天の敵であったが、両国は歴史を清算して共同体の建設を一緒に主導した。1949年に、アメリカを中心とした西側陣営が最も早かった安全協力機構の北大西洋条約機構（NATO）を結成した。のちのワルシャワ条約機構が政治、軍事上に北大西洋条約機構と力が匹敵していた。

　経済、社会、文化領域の協力と比べれば、安全協力は非常に敏感であり、その進

交流と相互理解を強化し　共同安全を求める

展も緩い。冷戦終結後、北東アジアの諸国間の政治、文化と人事交流が爆発的に増加してきた。このような背景で、安全協力も相談できる話題になる。こんな時、三国の指導者たちの意志と勇気もとりわけ重要である。

　2012年に、韓国の朴槿恵大統領は中日韓三国協力事務局が主催した国際フォーラムに出席して講演を行った。現在の北東アジアに「アジア パラドックス（Asian Paradox）」現象が存在していると言及した。即ち、諸国の間で経済分野の相互依存度が高まる一方、領土主権と歴史問題のため国家関係が益々緊張になっているという現象である。それに対して、朴槿恵は「北東アジア平和協力構想」を提出し、核エネルギーの安全、自然災害、気候変動、社会福祉、多国犯罪などの非伝統的な安全保障問題から対話を行い、地域内の国家間の信頼を醸成してから伝統的な安全領域に広がると主張した。

　2003年の中日韓サミット後、三国は安全対話の強化、国防領域の交流と協力の推進について一連の協議を達したが、現在に積極的に伝統的な安全領域の協力を推進する必要がある。現在の中米関係が過去の米ソ両極の対峙と異なり、競争と協力が並存しているので、北東アジア平和協力構想の発展を制限しないはずである。

　東南アジア諸国連合地域フォーラム（ARF）が北東アジア地域の安保問題を解決する手本であるので、このチャンスで、中日韓三国が難題について検討すべきであると思っている人がいる。しかし、北東アジア三国の問題を東南アジア諸国連合の枠組みに置くのは妥当ではない。東南アジア諸国連合（ASEAN）全体の経済力が韓国の二倍未満である。これは典型的な「冠履を貴びて頭足を忘れる」見方で、本末転倒である。北東アジアの安全問題はやはり中日韓三国の枠組みで解決すべきである。この意味から見れば、今回の中国国際問題研究院主催の中日韓安全協力国際シンポジウムはよいスタートである。

　東南アジア諸国連合の「10+3」構造のおかげで、中日韓三国は1999年から自ら三国間のミーティングを行っている。2008年から、三国は順番で中日韓サミットを主催している。サミット以外、60以上の協議機構が働いている。2011年9月に中日韓協力事務局がソウルで成立し、現事務局長は楊厚蘭大使である。2012年に歴史問題で日本と中韓の関係が悪化したため、三国サミットが一時中断された。三年半ぶりにリスタートされましたが、この期間に環境、貿易、文化および犯罪予防などの領域での三国協力は依然と活躍で、人事交流も大幅に増加した。

　政治関係が緊張しているが、中韓から日本への観光客は馴染んだ日本文化に感動するし、日韓から中国に来る観光客は悠久の文化と新興都市の文明に感慨深いし、韓国に行く中日の観光客も韓国の若者の情熱と活力を感じられる。これは中日韓の体制の相違による影響を緩和し、人事交流の壁を打ち破った。

　現在、政府に対する各国人民の発言権が多かれ少なかれ持つようになる。これは

グローバル化、情報化と民主化の結果であり、国家レベルにおいても国際レベルにおいても押しとどめのできない流れであり、通信の発達、人間の意識と知恵発展の必然的な結果である。過去において強者が武力で世界秩序を支配するようなことはもう時代遅れである。国際社会は国内社会と異なって一定の等級と秩序があるけど、大国が情理に悖るとその主導権が揺れるに違いない。これも前述にて国際秩序におけるソフト・パワー（Soft Power）とハード・パワー（hard power）の重要性を強調した原因である。

　3月初に李世乭対AlphaGoの対局は全世界を驚かし、十年後の世界がどうなるかとは想像しがたいものである。ただし質的にも量的にも前の十年間よりもっと人々を驚かせるようになるだろう。韓国のドラマ『冬のソナタ』の主役男優ペ・ヨンジュンが日本を席巻したし、『星から来たあなた』の中のキム・スヒョンと『太陽の後裔』の中のソン・ジュンギも中国で超人気なのである。「中国ブーム」、「韓国ブーム」と「日本ブーム」は絶えず各国社会に文化的衝撃を与え、一連の総合反応をもたらした。この文化現象は現在の中日韓が「過去」を重視する考え方を変える可能性がある。

　2050に至って太陽エネルギー革命、自動運転電車、人工生命が実現できるし、人類の寿命が130歳に達せ、失業率が50%に達すると国連の将来展望報告は予測した。科学技術の発展は人間の価値観と発想法の変化をもたらし、弱肉強食が歴史の舞台を退くに違いない。1648年に締結されたヴェストファーレン条約が三十年戦争の終結を代表し、体制の変革を促した。1992年にヨーロッパ連合が「マーストリヒト条約」に調印して、連合内での人員と資本の自由な流通を実現させた。このような改革はこれから中日韓三国間にも発生できるだけではなく、前者を超える可能性もある。

　従い、今からその歴史の流れに背く行為を避けるべきである。この立場から言えば、三国国内の民族主義ブームに注目する必要である。日本の民族主義はその近代化が実現できた心の支えであり、韓国と中国の民族主義は両国を植民地状態からの解放と民族独立の実現に貢献した。

　近代化を実現し、世界で経済、社会の主導権を獲得するため、中日韓三国はもし排他的な民族主義的な行為を取れば、未来社会の発展に背馳するに違いない。益々頻繁になる民間的交流と比較すれば、このような行為も時代遅れである。人類発展の歴史を振り返ってみれば、排他的な民族主義を復活する意図があっても成功できない。現在に国力が異なっているが、三国とも自信を持っている。一番小さな韓国もそうである。もし本当に民族主義を復活しようとしたら、世界に自国の自信不足を表明しているのである。これから三国が全世界を主導したいとすれば、このような行為を避けるべきである。

　最後に、現在に冷戦の名残に覆われているのは朝鮮半島だけである。中日韓三国の政治、経済分野で達した発展はすべて政府と人民の関係にかかわっているし、人民利益のために政府がした努力に正比率している。中国を例に見れば、1949年に中華人民共

交流と相互理解を強化し　共同安全を求める

　和国の成立は中国共産党が人民を軍閥の混戦より解放し、人民政府を樹立した努力と密着な関係がある。その後の改革解放は衣食の問題を解決しただけではなく、経済の高度成長も実現した。現在、中国政府は不正・腐敗反対の推進に力を入れて民心・民意に関心を払っている。

　　それと反対に、北朝鮮はずっと核兵器の開発に力を入れ、人民の利益ではなくある一族の利益しか考えない。北朝鮮当局は公然と「核兵器不拡散条約」に違反して、小型軽量化の長距離ミサイルの開発に夢中して、人権を無視し民衆の生死を顧みない。一旦北朝鮮の目標が達成できれば韓国が絶望の泥沼に陥って、韓国政府も北朝鮮に強硬な対策を取るという国民の要求を無視しがたくなる。北東アジア全地域にも核拡散の暗い影を投げかけるにきまっている。

　　この角度から見れば、我々は国連安全保障理事会が北朝鮮の四回目の核ミサイル実験に対して2016年3月2日に採択した2270号決議に大賛成している。この状況で、中米の強力な制裁がより重要になる。ただし、中国と北朝鮮と境を接し、中朝貿易が北朝鮮の対外貿易額の90％以上も占めているため、中国の措置が一番効果的である。

　　北朝鮮が国際信義と国際約束に違反して核開発を行うことで情勢が益々緊張になってくる。中国政府はずっと国際信義を守って地域の平和と北朝鮮の内部安定に努力しているが、時には北朝鮮の小細工には無力も感じる。そのため、今まで中国が絶対に北朝鮮を捨てられないと北朝鮮はかたく信じているので、おおっぴらに核実験を行っている。従い、現在の金正恩政権が変えられないものではないと、中国は制裁を通して北朝鮮当局に表明すべきである。北朝鮮が依然として核を放棄しなければ、中国政府は毎年50万トンの石油提供を停止し、また中国に逃げた脱北者を送還しないと北朝鮮に警告すべきである。これは北朝鮮政権の継承者が核放棄の合理的決定を出せるよう促すためでもある。

　　もし北朝鮮が核兵器を放棄して改革開放の流れに乗れば、北東アジア地域は必ずますます向上発展できる。中国の東北三省が牽制されず正常に発展できるし、朝鮮半島の南北も汽車開通でき、石油パイプラインとガスパイプラインが全境に分布できる。北東アジア地域間の協力、乃至安全協力も大いに発展できる。従い、中日韓三国は知恵を出し合って北朝鮮の核問題を優先的に解決し、区域内のすべての人民が改革開放と平和発展の恵みを享受できるようにすべきである。

（劉麗嬌　訳）

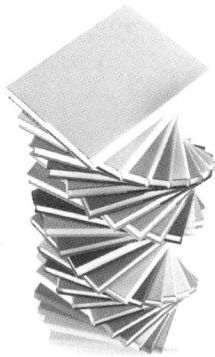

第二章

地域国家の安全政策調整における新趨勢

日本の防衛政策について－最近の進展と地域協力

德地秀士[*]

　　中国は二年に一度、いわゆる国防白書を幾つかの言語で刊行している。一般論として言えば、白書などで具体的な情報を開示することにより国防政策や軍の動向に関する透明性を向上させることは地域の信頼醸成に資するものである。したがって、中国がそうした努力を更に続け、誰もが納得しうる透明性を確保することが強く期待されている。

　　昨年5月に発表された白書「中国の軍事戦略」（China's Military Strategy）を見ると、透明性が向上したか否かはさておくとしても、日中の相互理解が未だ足りないことには気付かされる。それは、冒頭の「国家安全情勢」（National Security Situation）の中に次のような一節があるからである。

　　曰く、Japan is sparing no effort to dodge the post-war mechanism, overhauling its military and security policies. Such development has caused grave concerns among other countries in the region.

　　そこでまず、これについて三つのコメントをしておきたい。第一に、日本の安全保障・防衛政策の何を指していかなる論理でこのような主張を展開しているのか不明である。第二に、日本の防衛政策は、戦後の国際秩序を支えるものでこそあれ、これを害するものではあり得ないということである。第三に、日本の動きについて深刻な懸念を表明している国が北朝鮮以外にあるのかこれも不明である。

　　こうしたことを念頭に置いた上で、以下においては、日本の防衛政策について、第一にアジア太平洋地域の安全保障環境、第二に憲法解釈の見直しと安保法制、そして第三に日米同盟の強化という三つの側面から論ずることとする。

一、アジア太平洋地域の安全保障環境

　　名実ともに冷戦が終結したと言われてから既に四半世紀が経過しているが、今も我々はその後の時代を「冷戦後」と呼び、一時代前の呼び名を使って表現している。このことは今日の国際社会の安全保障環境が複雑であるということの証左でもある。

---

　　*　日本防衛省元審議官。

交流と相互理解を強化し 共同安全を求める

　この地域には、南シナ海における領土問題など、近代主権国家の基本的属性に関わる伝統的な安全保障課題が残されている。朝鮮半島において同一民族が分断され南北の兵力が対峙する状態が半世紀以上にわたって継続している状況も、こうした未解決の重要課題の一つである。冷戦の終結はこうした課題をむしろ顕在化させたと言える。

　他方、この地域も当然のことながら、グローバリゼーションに起因する非伝統的な安全保障課題から免れることはできない。第一に、大量破壊兵器とその運搬手段の拡散は、北朝鮮問題を考える上でもきわめて重要な課題である。中国を含め国際社会が一致して強い圧力をかけこうした動きを阻止していかなければならないことは言うまでもない。第二に、この地域は、2016年1月のインドネシアのジャカルタのテロを引用するまでもなく、国際テロの脅威とも決して無縁ではない。2015年初めにシリアにおける日本人人質殺害テロ事件において、日本も国際テロの脅威に対して決して無縁ではあり得ない。また第三に、国際公共財である海、空、宇宙及びサイバー空間の安定的利用を阻害する動きも見過ごすことはできない。

　このように複雑な環境の中にあるこの地域の平和と安定を図るためには、こうした多くの課題に効果的に対応できるシステムが必要である。かかる観点から、この地域においては二つのことが特に重要であると考えられる。一つは米国の安定的・継続的なプレゼンスであり、もう一つは様々な組み合わせによる地域協力のネットワークである。

　第一の米国のプレゼンスを支えるものは、米国と域内諸国との間の二国間同盟関係の束からなる安全保障システム、いわゆる「ハブとスポークのシステム」（hub-&-spokes system）である。その中でも特に、日米同盟関係はシステムの第一のスポークである。理由は次の三点である。第一に、日米両国は多くの共通の安全保障課題を抱える。第二に、米軍のうちこれだけの兵力を安定的に展開できる国は、太平洋地域全体において日本しかない。第三に日米共通の価値観である。日本が過去70年間安定した民主国家としての歩みを続けていることは、米国との同盟関係を支える大きな精神的支柱である。

　他方、地域協力のネットワークの進展もこの地域の平和と安定を考える上で重要な要素である。今述べた「ハブとスポークのシステム」においても、日米や韓米のようなハブとスポークの先との間の二国間協力だけでなく、米国とスポークの先同士の三か国協力が強化されている。日米韓、日米豪の協力はその典型例である。さらに日韓、日豪のようなスポークの先同士の二国間協力も進展している。大規模自然災害など非伝統的分野を中心とした日ASEANの協力もこうした努力の一環と考えることができる。

　以上のような安全保障環境の中で、日本は、安保法制により自らの役割を充実し、新「日米防衛協力のための指針」により「ハブとスポークのシステム」を支え、さらに関係各国との協力関係の輪を広げることにより、国際社会の平和と安全に積極的に

貢献しようとしているのである。

二、憲法解釈の見直しと安保法制

　　グローバリゼーションが大きく進んだ今日においては、いかなる国も一国のみで安全を確保することはできない。このことは、通商国家、海洋国家たる日本にとって特に重要である。憲法解釈の変更により限定的ながら集団的自衛権の行使を認め、立憲主義の原則に従って安保法制を確立したのは、このような認識に基づくものである。

　　集団的自衛権はいずれの国にも認められる権利であり、国際法上認められない権利を行使できるようになるというものではないのは明らかであるが、日本国憲法との関係で重要なことは、従来の憲法解釈の基本的な論理が維持され、解釈の一貫性が保たれていることである。従来の解釈の基本的な論理とは、ごく簡単にその概要を言ってしまえば、日本国憲法が認める自衛の措置は、「外国の武力攻撃によって国民の生命、自由及び幸福追求の権利が根底から覆されるという急迫、不正の事態に対処し、国民のこれらの権利を守るためのやむを得ない措置として初めて容認されるものであり、そのための必要最小限度の武力の行使は許容される。」というものである。この論理が維持されているからこそ、新解釈で許容される集団的自衛権はあくまで「自衛」のための権利であり、限定的な容認ということになる。

　　また、2015年に採択した新安保法制には、集団的自衛権行使の法的枠組みの他にも重要な事項が盛り込まれている。例えば、国際社会の平和と安全を脅かす事態に対して、日本が国際社会の一員として主体的かつ積極的に寄与する必要があるなど、こうした制度は、中国を含むいずれの国とも新たな安全保障協力の可能性を広げるものである。

三、日米同盟の強化

　　日米同盟関係は米国の対日防衛義務と日本の対米基地提供義務とからなる非対称な同盟関係であり、マネージメントの難しい同盟関係である。この同盟関係をより効果的なものとするためには、相互性を高め、お互いに協力し合う関係をつくらなければならない。日米安保条約の非対称な基本的枠組みの範囲内で同盟関係の相互性を追求する試みが「日米防衛協力のための指針」である。ここでは2015年の新しい「日米防衛協力のための指針」が具体的にいかなる意義・役割を有するものかについて、以下の五点があげられる。

　　第一に、日米共同の緊急事態対処計画についての作業の政策的枠組みを提示するという役割である。

　　第二に、日本の緊急事態対処体制の構築の触媒としての役割があると考えられる。

交流と相互理解を強化し　共同要全を求める

　今回の「指針」策定は、日本の集団的自衛権行使の規定を含む安保法制の作業と並行して進められたものであり、両者はきわめて密接な関係にある。

　第三に、「指針」には、日米安保体制の方向性について日本の周辺諸国に対して透明性をもって説明するコミュニケーションの手段という意義・役割がある。

　以上三つの役割はこれまでの「指針」の中にもあった意義・役割であるが、2015年の新「指針」には更に二つの新たな意義・役割が付加されている。

　第四に、1978年及び1997年の「指針」が自衛隊と米軍の作戦面での協力に焦点を当てたものとなっていたのに比べ、2015年の「指針」は、作戦面だけでなく、防衛装備・技術協力、情報協力・情報保全、教育・研究交流など日米防衛協力全般についての指針となっている。これは、日米防衛協力の幅がそれだけ広がってきたことの表れでもある。

　第五に、これは、日・中・韓の安全保障協力との関連でも重要である。二国間、三国間、多国間の安全保障協力のネットワークづくりが重要性を増していて、同じく米国の同盟国たる韓国は当然のことながら、中国を含むいかなる国も、共通の安全保障課題に対処するためであれば協力の輪の中に共に入ることができるのである。

　伝統的課題と非伝統的課題の双方に適切に対処していくため、日本は自らの選択肢を増やすとともに日米同盟の相互性を強化することが必要であるとの問題意識の下、憲法解釈を見直し安保法制を確立するとともに新しい「日米防衛協力のための指針」を制定し、これらを世界に対して透明性をもって示した。

　これら二つの施策は、これからの複雑な国際社会の平和と安定に貢献するために必要なものであり、車の両輪である。これらの施策は、紛争の抑止力を高めるものであり、国家間の緊張関係をより低いレベルで管理するために必要なものである。またこれらは、日米二国間だけでなく、より幅広い多国間の協力、さらには非国家主体をも含めた大きな協力関係を進めるための一つの基盤ともなるものである。

　このようにして日本の安全を強化し、日米同盟の抑止力を高め、地域に平和と安定をもたらすことは、世界経済の大動脈である東アジアの海上交通の安全確保や、さらには朝鮮半島の平和的統一にも資することとなると考えるものである。

北東アジアが求めるべき持続
可能な安全の新たな方向

劉江永[*]

　　2016年4月28日、習近平国家主席はアジア相互協力信頼醸成措置会議第五届外相会合の開幕式で「今年の年初以降、朝鮮半島は緊張した情勢が続いている。中国は情勢をコントロールし、各国の対話交渉を進めるのに大いなる努力をしてきた。我々は朝鮮半島の非核化を主張し、朝鮮半島の平和安定を維持し、対話協議を通して問題解決することを堅持する。国連安全理事会の常任理事国として、中国は国連安全理事会の決議を全面的に履行するつもりである。朝鮮半島の近隣として、我々は朝鮮半島で戦争が起こることを許さない。こういう状況が一旦起きると誰にもいいことにならない。関係諸国は自制し、刺激しあって矛盾を激化することなく、共に努力し、朝鮮半島の核問題を一日も早く対話交渉の軌道に戻させ、北東アジアの長期安全の実現を推し進めていくべき」と指摘した。[①]

　　北朝鮮の進行する核実験と米韓の共同軍事演習で強まる悪循環に対し、北東アジアの安全は困惑、茫漠や挑戦に満ちている。筆者が考える目前の主要目標は朝鮮半島の「痙攣性緊張」で引き起こされる衝突を防ぐことである。次は、米韓が北朝鮮に対して行った恒例の合同軍事演習と国連決議外の対朝制裁をやめること。最後に、継続可能な安全観により「六者協議」を再開させ、そして、その開会期間中、関係国では、国連の2270号決議案が定めた制裁の一部を一時的に中止し、国連決議以外のいかなる単独制裁を中止することを検討してもいい。

一、北東アジアの安全には切実に持続可能な安全観を樹立すべき

　　習近平国家主席が2016年4月28日には、段階を踏んで一歩一歩進め、地域特徴にあ

　　＊　清華大学国際関係研究院教授。

　　①　習近平『共同認識を凝集し、対話を促進し、アジアの平和と繁栄という素晴らしい未来を共に創る——アジア相互協力信頼醸成措置会議第五届外相会合開幕式での発言』，2016年4月28日，人民網，http://politics.people.cn/n1/2016/0428/c1024-28311946.html。

った安全枠組みの確立を検討することを提示した。アジアにはいくつかの安全協調体制があり、地域安全を守るのに一定の効果を発揮している。我々はアジア国家が長期にわたり築いてきた相互尊重、協議一致、各国が気持ちよく受け入れられるようなアジア方式を堅持し、地域各項の安全メカニズムの協調を強め、互いの一致又は目標の近いことをめぐり、徐々に協力を展開し、力をあわせて実効を得る。この上で、漸進的にアジアに合う地域安全協調の新たな枠組みを検討していくと提示した。[①]

　持続可能な安全観は朝鮮半島の非核化と平和安全についてのトップ戦略の設計にかかわる。中東、ヨーロッパのような戦乱が東アジアで起こるのを防止するため、持続可能な安全観をガイドとし、「六者協議」を再開し北東アジアの安全協調体制を構築することが更に重要になったのである。そうでなければ、例え将来北東アジアがヨーロッパのような多国間安全体制を立てても、北東アジア安全の持続性を確保することは難しいでしょう。

　今まで、北朝鮮はアメリカや韓国と鋭く対立している。しかし、対立する双方の背後にある「現実主義」的な策略思考ロジックは完全に同じなのである。即ち、双方の策略家は相手を壊滅するだけの軍事力と手段を有うことで、自身の安全が確保されると確信している。米朝にとって、こういう伝統的な軍事戦略理論と現実主義的な政治思考は、必然と朝鮮半島の核危機と米韓軍事演習の規模拡大につながる。だが、例え北朝鮮がアメリカ本土を打撃できる核兵器を持っていても、アメリカが壊滅する前に北朝鮮が地球から消えないという保証はできない。北朝鮮のリーダーが求める結果は決してそういうものではない。ソ連はかつてアメリカと匹敵する膨大な核兵器庫を有していたが、最後は経済危機と軍備競争の中「平和に解体」したのである。これは前の経験なのである。朝米韓三国の策略家の中には、ある程度の「英雄」コンプレックスがある。しかし、もし結果が朝鮮半島の戦火が再び灯され、更には「准核戦争」がもたらす核災難であるなら、彼らは朝鮮半島歴史上の罪人となる。

　よって、朝鮮半島の核問題は「袋小路」から出なければならない。まずは、関係諸国が伝統的な軍事理論と現実主義的な政治思考にとらわれた「袋小路」から抜け出し、共に持続可能な安全観を樹立し、この上で問題を解決する新たな考え方と新たな措置を提示する。そうしないと、朝鮮半島非核化と北東アジアの平和安定は実現し難いでしょう。戦いを惜しまずに朝鮮半島核問題を優先解決という軽率な考え方は、現実的ではないし、いかなる責任感がある政府にも受け入れてもらえないでしょう。

　喜ぶべきことは、2014年5月に習近平国家主席が上海で開かれたアジア相互協力信頼醸成措置サミットで初めて「共同・総合・提携・持続可能なアジア安全観」を提示

　①　習近平『共同認識を凝集し、対話を促進し、アジアの平和と繁栄という素晴らしい未来を共に創る——アジア相互協力信頼醸成措置会議第五届外相会合開幕式での発言』，2016年4月28日，人民網，http://politics.people.com.cn/n1/2016/0428/c1024-28311946.html。

したことにある。2015年9月に習近平国家主席は国連大会での重要な演説で「我々は一切の形式上の冷戦思考を捨て去らなければならない。共同・総合・提携・持続可能な新安全観を樹立すべきである……我々は経済と社会領域での国際協力を共に押し進めていくべきである。伝統と非伝統の安全脅威を統括的に対応し、戦争を未然に防ぐのである。」[1]これは中国のリーダーが初めて国連で正式に持続可能な安全観を提示し、それによって、この新しい安全理念はグローバルな意義を持ち始めた。中国は平和外交政策を遂行し、更に率先して共同・総合・提携・持続可能なアジア安全観を提示し、実践している。一貫して国際と地域の安全の保護者・建設者・貢献者である。[2]如何に持続可能な安全理念を北東アジア安全の現実問題を緩和、解決に運用するかが、真面目に考え、共に検討するのに値する。

　持続可能な安全の基本的な定義は、国家、地域乃至全世界が低コストで長期的に平和と安全を確保する状態である。持続可能な安全の範疇は伝統的な安全と非伝統的な安全の二領域、国内と国際の二方面を含む。伝統的安全領域では長期的に本国と世界の平和を維持し保護する；非伝統的な安全領域では長期的に二国及び多国の国際提携である。持続可能な安全は平和と安全の状態の可持続性を保つことである。持続可能な安全が求めるのは国際社会の平和提携を通して、各国に低く安全なコストを獲得させ、高い水準の安全状態を保障し、人類の安全を維持保護すること。[3]

　持続可能な安全が求める価値目標は低コスト、高安全の可持続性で、本国安全と国際安全の均衡がとれた利益の最大化を実現することにある。持続可能な安全の特徴はグローバルな視野である。ある国家の安全戦略問題であり、人類の将来運命に係わる国際社会共同の安全戦略問題でもある。持続可能な安全の原則は総合安全の重視、安全提携の提唱、恒久安全を勝ち取ることである。[4]

　持続可能な安全は人を基本とすることを重視し、国家生存の安全環境と生態環境の統一性を強調する。戦争で主権国家間の紛糾を解決してはいけない。特に、核兵器或はほかの大規模の殺傷性がある兵器の使用の反対、核拡散の反対、軍備競争の反対、社会・文化・経済・生態環境を犠牲にしてある国家や国家集団の一時的な安全利益を求めることを反対する。

---

①　『習近平が第七十届国連大会での一般弁論時の演説』，2015年9月28日，中国外交部ホームページ，http://www.fmprc.gov.cn/web/ziliao_674904/zyjh_674906/t1301660.shtml

②　習近平『共同認識を凝集し、対話を促進し、アジアの平和と繁栄という素晴らしい未来を共に創る――アジア相互協力信頼醸成措置会議第五届外相会合開幕式での発言』，2016年4月28日，人民網，http://politics.people.com.cn/n1/2016/0428/c1024-28311946.html

③　劉江永『持続可能な安全論』，清華大学出版社2016年版，第257ページ。

④　劉江永「持続可能な安全戦略構築――关于21世紀安全戦略的哲学思考に関して》，『世界経済と政治』2004年第7期，第49ページ。

交流と相互理解を強化し　共同安全を求める

　　　持続可能な安全がとる措置は予防性・総合性・協力性がある。今の世界、国家が
直面する安全脅威は日に多元化している。伝統的な安全要素と非伝統的な安全要素が互
いに入り混じって、どの国家も単独では上述した脅威の挑戦に対応し難い。各国が社
会・文化・宗教・経済・政治なの多方面で提携を強化し、総合的に治めることで、安全
脅威の根源を消し去ることができる。[①]

二、「平和的多国主義」こそが持続可能な安全の保障となる

　　　世界安全情勢から見ると、20世紀90年代から、即ち冷戦後以来、アフガニスタン、
イラク、コソボ、リビア、シリアからウクライナ、南アジア、中東、ヨーロッパまでの
地域で大規模な局地戦争が多発している。2008年のアメリカのリーマン・ショックと「色
革命」の持続的な影響により、近年、西アジアや北アフリカ国家内部の社会、政治、民
族、宗教矛盾が激化し、動乱と内戦が続く。これらの暴力衝突と戦争により、数百万人の
民衆が家亡き難民になり、海を越えヨーロッパに入り、第二次世界大戦後の最大の難民
勃発になった。中東、ヨーロッパの情勢に比べ、東アジア地域では鋭敏な領土紛争、歴
史問題、朝鮮半島核問題などがあるにもかかわらず、基本的には平和を維持している。
　　　上述した現象は21世紀以降現れた二つの流れと関係している。一つ目は、今東ア
ジア地域で優勢となる「平和の多国主義」。例えば、アジア相互協力信頼醸成措置会
議、ASEAN地域フォーラム、朝鮮半島核問題「六者協議」、「香山フォーラム」などの
安全協調体制は、平和な方法で、対話交渉により国際問題の引き金を緩和或は解決する
ことを主張している。2015年、アメリカ及び同盟国はイランに対する合同軍事演習を行
わなかったがゆえに、最終的に協議を通してイランの核問題で合意に達した。もし、イ
ランが持続可能な安全を獲得し且つ制裁から免れるのなら、朝鮮半島核問題の解決の模
範になる。二つ目は、冷戦後から中東、ヨーロッパには「暴力的多国主義」が蔓延し始
めた。即ち、アメリカをリーダーとする軍事集団が主権国家に対し軍事攻撃を起こすこ
とである。「暴力的多国主義」は曽て歴史上に現れたことがある。即ち、帝国主義列強
が一緒にある主権国家を侵略或はその政権を扼殺すること。近年、中東戦乱、「イスラ
ム国（ISIS）」の出現とヨーロッパの難民を引き起す根源は、所謂「色革命」と「暴力
の多国主義」から重ねてきた衝撃と後遺症である。核計画を放棄したシリアで2011年に
内戦が勃発し、最終的にはアメリカを初めとする多国連合軍から空襲を受けた。これは
朝鮮半島非核化に相当な消極的な影響を与えた。
　　　指摘しなければいけないのは、近年の北東アジア安全においても安全コストが上
昇し続け、安全レベルが下降し続ける悪循環になり、持続可能な安全面ももっと険しい
挑戦に直面している。朝鮮半島の「痙攣性緊張」は繰り返し現れ、「六者協議」の中断

---

　　①　劉江永『持続可能な安全論』，清華大学出版社2016年版，第257ページ。

で繰り返す北朝鮮核実験と米韓共同軍事演習と直接な関係がある。即ち、北東アジアの「平和の多国主義」は頓挫し、「暴力的多国主義」が首をもたげる傾向にある。外交手段としての「六者協議」は赤ん坊が飽きた玩具をほっぽり出したようである。米日韓の軍部が提携を強め、日本が新安保法案の実施後に「集団的自衛権」という名の行動を執行する可能性があり、戦後初めて「暴力的多国主義」に切口を切り開く行為に介入することになる。もし、「平和的多国主義」が中期的に粗末にし、「暴力的多国主義」が勢いに乗ってくれば、最後には朝鮮半島で空前の大災害を引き起す可能性がある。よって、朝鮮半島非核化と北東アジアの持続可能な安全を実現するため、必ず「平和的多国主義」を執行し、「暴力的多国主義」を断ち切なければならない。でなければ、世界は混乱してしまう。

三、北東アジアに有利な持続可能な安全要素を把握し動かす

　　中東、ヨーロッパ地域に比べて、北東アジアの安全構造と環境には以下の特徴がある。第一に、その地域国家はアメリカをはじめとするNATO軍事集団のように、冷戦後何回も対外的に局地戦争を発動させ、軍事介入することはない。第二に、少数の極端宗教勢力、民族分裂勢力や国際テロ勢力以外を除き、その地域の多くのイスラム教徒と他の宗教信者は、長期にわたり打ち解け、大規模な宗教衝突による積もり積もった恨み衝突がない。第三に、この地域は経済発展、就業と民生を重視し、各国政府は有効に本国の社会を管理し、秩序を維持している。第四に、その地域の中国の海峡両岸、朝鮮半島いずれも未だに統一が実現されていないにもかかわらず、お互いは実際には平和な方法で各自の統一問題を処理する認知がある。第五に、その地域の安全と繁栄は改革開放と平和的発展、隣人には善く、隣人を伴とする中国から恩恵を受けている。中国経済の発展、市場の拡大、人民の生活水準の向上、人民元の量が増えたことで、中国企業と観光客が大量に外にでて、直接的或は間接的に世界各国特に北東アジアの経済を推進することに貢献した。

　　2016年アメリカが主催する第四回核セキュリティ・サミットの後、北東アジア地域も世界レベルの国際サミットを主催した。例えば、同年7月、モンゴルはアジア欧州会合とアジア欧州会合成立20周年のセレモニーを主催し、当日は53の国と組織の代表が参加した。同年9月、中国は杭州で第11回G20首脳会議を挙行する。これは中国が初めてG20首脳会議を主催することで、会議のテーマは革新・活力・連動・寛容の世界経済を構築するである。中国政府はこの「地元外交」を通して、国際的な「モーメンツ」を広め、パートナー国との連携を深め、世界経済に活力と自信を注いでいく。これらは北東アジア国家が世界平和と発展に積極的に貢献していくのに役立つ。

　　2017年のアメリカの新大統領が政権を取った後、大国との関係や朝鮮半島問題を

どう処理するか注目すべきである。そして、2018年の韓国ピョンチャン冬季オリンピック、2020年の日本東京オリンピック、2022年の北京–張家口の冬季オリンピックが相次いで開かれ、本地域の安全、発展と協力を促進させ、中国の「第十三次五ヵ年計画」の実現に新しいチャンスを与えることになる。その一方、北東アジア各国が自国及び地域安全協力を守ることに、協力を強化し、対抗を減らすことも必要である。

四、北東アジア持続可能な安全の努力すべき方向を共同建設

　　第一、トップ設計として、各国に関しては長期的な戦略疎通と協調が必要で、目の前のメリットとデメリットに拘ってはいけない。将来30年、北東アジアは持続可能な発展する経済運命共同体、持続可能な安全な平和的運命共同体、調和と友愛の社会文化共同体を確立させる努力がいる。そのためには、「平和的多国主義」を提唱し、「暴力的多国主義」を阻止し、共同安全を促進すべきである。海洋国家と陸地国家の平和協力「海陸合同論」を提唱し、各種戦争と覇権に奉仕する伝統の地政学的な思想を阻止する。中国は海陸兼備の大国として、「一帯一路」の共建を提議し、海洋国家と陸地国家、陸地国家間、海洋国家間の平和協力を図る。その中に自然と朝鮮半島は含まれ、海洋国家であるアメリカと日本の参加も歓迎する。

　　第二、朝鮮半島核問題「六者協議」が重大な困難に遭遇しているが、平和的多国主義の試みとして、その積極的な作用の否定は許さない。「六者協議」が再開するかどうか、関係国内部決断の影響力の変化が最高指導者に及ぼす影響、及び各国間の相互対話に係わる。朝鮮半島核問題について、「六者協議」期間中、関係各国の国内の決断により外交の影響力が上昇し、「六者協議」を閉ざされた後、関係国内部の軍部の発言権は上昇する。これも米韓が合同軍事演習を頑固堅持する原因の一つで、結果として「暴力的多国主義」を助長することになる。北朝鮮の決断者は、2017年米韓の指導者が交代することを知る必要がある。もし「六者協議」の再開が米韓などの国内の北朝鮮への決断影響力が軍から外交当局へ移り、北朝鮮外部の安全環境の改善に有益であるかもしれない。

　　第三、朝鮮半島非核化と平和安定には、共同安全を実現しなければならない。即ち、北東アジアの国家安全を保障し、尊重すること。習近平国家主席は「安全は普遍的であり、一つの国が安全で、他の国が不安全ではいけない。または一部の国家が安全で、別の国家が不安全ではいけない。他国の安全を犠牲に自身のいわゆる「絶対安全」を求めてはいけない。そうでなければ、カザフスタンのことわざの言うように、「人の明かりを吹き消すと、自分のひげを燃やしてしまう。」安全は平等であるべきだ。各国は平等に地域安全のことに参与する権利があって、地域の安全を守る責任もある。いかなる国家も地域安全のことを独占し、他の国家の正当な権利を侵害してはいけない。安全は寛容であるべきだ。アジアの多様性と各国の相違性を地域の安全提携の活力と動力

に転化し、主権独立、領土の完全性、互いに内政を干渉しないなどの国際関係と基本的な規則を尊重し守る。各国が自主的に選択する社会制度や発展する道を尊重する。各国を考慮し、安全懸念を合理化し尊重する。第三方に対する軍事同盟強化は、地域共同安全を守るのに不利である。」[①]と指摘している。米朝、韓朝は安全コストの上昇と安全感の低下という傾向を抜け出すべきである。各自の持続可能な安全性を得るためには、少なくとも対手に基本的な安全感を感じさせ、反対なことをするべきではない。

　　第四、朝鮮半島非核化と平和安定はのためには総合的な安全を実現しなければならない。即ち、総合的な手段をもって、北東アジアの伝統的な安全と非伝統的な安全をまもること。習近平国家主席は「アジアの安全問題の歴史経緯と実際状況は全面的に考えなければならない。多方面から同時に行い、総合的に政策を実施し、協調して地域安全対策を促進していく。目前の際立った安全保障問題を解決に尽くし、潜在の安全脅威に対応する計画もしなければならない。一時しのぎの措置で対応するだけで根本的に解決しょうとしないをさけなければならない。」と指摘している。[②]

　　北東アジアの安全問題は極めて複雑で、現実問題と歴史問題が絡み合って、敏感な問題があれば、国際犯罪・環境安全・サイバーセキュリティ・エネルギー資源安全・重大な自然災害・国境を越えた伝染病などがもたらす挑戦もある。軍事的な優位だけで安全を確保できるという考え方はもう時代遅れである。だから、将来の「六者協議」は朝鮮半島の非核化問題にこだわって、論議すべきでないかもしれない。積極的に北東アジアの総合安全を建設する役割を果たしていき、努力して、互いに勝、多く勝、ウィンウィンを実現する。これを問題解決の「入り口」にし、最終的には朝鮮半島非核化を実現する「出口」を見つける。関係国家は「六者協議」の再開に条件をつけ、無理やりほかの国に受け入れさせてはいけない。

　　第五、朝鮮半島非核化と平和安定のためは、提携安全を探索しなければならない。習近平国家主席は「提携は、対話を通して提携し、各国と地域の安全を促進する。「力は腕の上になく、団結することにある」ということわざがある。誠実に深く対話することで、戦略的な相互信頼は増進し、互いに疑うことが減り、異を残し同につき、仲良くつき合っていく。各国の共同利益に着眼し、低い敏感分野から着手し、積極的に安全挑戦に対する意識の提携対応を育てていく。提携分野を拡大し、提携方式を革新し、提携することで平和をもたらし、提携することで安全を促進する。平和方法で紛争を解決することを堅持し、武力や武力による威嚇に反対し、私利私欲で事件を引き起こすことに反対する。矛盾を激化させ、災いや困難を人に押し付け、他人に損をさせて自らの

---

　　①　習近平主席が2014年5月21日に上海で行った第四届アジア相互協力信頼醸成措置会議での発言。人民網。http://world.people.com.cn/n/2014/0521/c1002-25046183.html。

　　②　習近平主席が2014年5月21日に上海で行った第四届アジア相互協力信頼醸成措置会議での発言。人民網。http://world.people.com.cn/n/2014/0521/c1002-25046183.html。

利益をはかることを反対する。」[①]と指摘した。

　　疾病の予防、密輸麻薬売買を打ち、重大な自然災害を防ぎ、生態環境を改善するなどの非伝統的な安全分野は、北朝鮮を含め、国家間の安全提携を展開していける。今後数年の間、韓国、日本、中国はそれぞれ冬季オリンピック、夏季オリンピックなどの重要な国際的競技大会を開催する。中日韓は各国と提携して競技の安全を確保しなければならない。米朝双方は自制することが各国の共同安全利益に合致する。朝鮮半島北南双方も国際体育競技を利用して、お互いの関係を改善することができる。これを機に、北東アジアの持続可能な安全の船が危険水域から離れ、帆を揚げ航海できるでしょう。

　　第六、北東アジアの持続可能な安全は、経済発展、民生改善に依存している。習近平国家主席は「持続可能とは、安全と発展両方が重要で、長期的な安全をもって実現する。「樹を伸ばしたい者は、必ずその根を固める必要がある。遠くへ流れたい者は、必ずその源泉をさらう必要がある。」発展は安全の基本で、安全は発展の条件である。やせた土地では平和の大樹が育たない。絶え間ない烽火では、発展の成果が実らない。アジアの多くの国家にとって、発展は最大の安全で、地域の安全問題を解決するマスターキーでもある。」と指摘した。彼は「風雨に耐えられるアジア安全ビルを建てるには、発展というテーマに焦点を絞り、積極的に民生を改善し、貧富の格差を縮め、安全の土台を固める続かなければならない。共同発展と地域一体化のプロセスを推進し、地域経済提携と安全提携の良性なインターアクションの形成に努力し、同時に良い局面に進み、持続的な発展で、持続可能な安全を促進させる。」[②]と主張している。筆者は、発展途上の中国と北朝鮮としては、もっとこの発展と安全の弁証関係を重視しなければならない。バランスを失ってはいけない。根本を捨ててはならないと考えている。

　　上述したように、2015年11月の第6回日中韓首脳会議で発表された『北東アジアの平和と協力のための共同宣言』や、韓国が提起した「北東アジアの平和と協力の構想」は、持続可能な安全観とは同じ流れを受け継いでいる。上で述べた主張はしばらくアメリカと北朝鮮の決断者に認めてもらえないかもしれないが、アメリカ大統領選後の新政府はこれらの善意の提案と主張を知る必要がある。北朝鮮の指導者はいずれか持続可能な安全の重要性を認識するでしょう。筆者は、米朝と両国が持続可能な安全を議論し、良性なインターアクションを実現すれば、北東アジアの持続可能な安全のための可能性が見えると信じている。中国はこの過程で積極的な建設的役割を発揮するでしょう。

（劉麗嬌　訳）

---

　　①　習近平主席が2014年5月21日に上海で行った第四届アジア相互協力信頼醸成措置会議での発言。人民網。http://world.people.com.cn/n/2014/0521/c1002-25046183.html。

　　②　習近平主席が2014年5月21日に上海で行った第四届アジア相互協力信頼醸成措置会議での発言。人民網。http://world.people.com.cn/n/2014/0521/c1002-25046183.html。

東アジアの国際情勢－中韓日＋米の複合外交

金聖哲[*]

一、米日同盟の強化

1. 米日首脳会談（2015）

　　2009年に鳩山由紀夫をリーダーとした民主党が歴史的な勝利を収めたが、ただの三年後、2012年に自民党が再び政権を奪還した。安倍晋三内閣が発足してから日米同盟の強化に成功した。2015年4月に、安倍がアメリカを訪問してオバマと首脳会談を行った。そして、安倍は日本の総理大臣として初めて米国連邦議会上下両院合同会議で演説をした。この訪問は安倍政府に自分の東アジア歴史の遺留問題に関する立場調整のきっかけを提供した。訪問中、両国は新たな「日米防衛協力のための指針」（いわゆる「ガイドライン」）に署名し、「環太平洋パートナーシップ協定」（TPP）についても多大の進展を取った。そのため、米日同盟が更に強化され、両国の経済分野と安保分野での協力も推進された。

　　2015年4月に、米日首脳会談が行われ、「米日共同ビジョン声明」と「核兵器不拡散条約に関する日米共同声明」を発表した。前者でできるだけ早くTPPを調印すると表示した。新日米ガイドラインで、米日同盟を強化するだけではなく、地域と世界の安保問題'における日本の役目も広がってる。両国は気候変動、持続可能な経済発展、エネルギー安全、テロ主義対策などのグローバル的問題について積極的にパートナーシップを結びたい。「米日共同ビジョン声明」の中には、アジア太平洋地域の安定について、武力で現状を変更させ、主権と領土保全を損害する行為が国際秩序への挑発であるとも言明したが、矛先が中国に向いたようである。

　　米日同盟の強化が経済と安保領域において中国、北朝鮮、ロシアからの「日増しに高まる脅威」を応対するためである。米日は防衛協力のための指針の改正、自衛隊派遣範囲の拡大、集団的自衛権の解禁を利用して「グローバル的な同盟」を結びたいのである。その他、米日のTPP交渉が後期段階に入り、両国間の条件が近くなっているが、

＊　韓国世宗研究所首席研究員。

農産品と自動車分野でまだ問題あり、更なる協商が必要である。必要によって部長レベルの折衝を再起動することも可能である。中国の主導しているアジアインフラ投資銀行と対抗するためのTPP協定が大いに進展し、経済分野における米日の協力もさらに強化させる。2011年3月11日に東日本大震災が生じた。震災後の日本経済、政治と社会的発展を促すため、安倍政府が力をこめてアベノミクスを推し進めている。日本円が下落した影響で、日本経済が回復しているようである。また、米日安保同盟の強化が日本を軍事大国の方向に発展させている。アメリカの支持がなければ経済と安保分野での日本の回復と発展が達せない。これもアメリカ自国の利益と一致である。日本は為替レートの下落を黙許して、トヨタなどの日本自動車メーカーがアメリカで販売量を伸ばした他、石油などのエネルギーの価格が下落続いている。これらの要素で、日本のアベノミクスが一定の効果をあげた。2014年の下半期に日本経済のマイナス成長が終わり、2015年の上半期に貿易黒字になり、日本経済がプラス成長に転じる可能性がある。

2. 新「日米防衛協力のための指針」

2015年4月に、米日首脳会談が行われ、最も重要な話題が「日米防衛協力のための指針」（いわゆる「ガイドライン」。以下「新方針」）の修正であった。4月27日に、米日安全保障協議会議（2+2会談）で新方針が了承された。新方針では、島嶼防衛のための両国共同作戦を明記し、平時から緊急事態までのいかなる段階において「切れ目のない」形での協力を強調し、平日から利用可能な「同盟調整メカニズム」を設置して日米両国の協力を調整すると合意した。

18ぶりに改正された新方針が中国の軍備増長と海洋発展を抑制することを旨にし、グレーゾーンの事態から島嶼の防衛までの米日同盟協力を強化する。南中国海などの海上交通輸送路（sea lane）の安全確保に関する協力事項も含んでいる。前の「日米防衛協力のための指針」は日米の軍事協力を朝鮮半島の情勢に関わる「周辺事態」に拡大しただけであるが、今回の改正で安倍政府の新安保法の中核を体現している。即ち、目下に中国が釣魚島の海域に入りまたは南沙諸島で軍事活動を強化しているなどの行為を防備し、自衛隊がグレーゾーンの事態に対して警戒監視を強化するなどの内容を加える。また、新指針は過去に成立した同盟調整メカニズムを常設化し、「日本有事」に日米が共同に島嶼防衛を行うとも言明している。

南中国海地域における中国と東南アジア国家との緊張情勢を緩和するため、両国は海上交通の関連協力を強化する。日本と密接な関係にある他国に対する武力攻撃が発生し、これにより日本の存立が脅かされ、国民の生命、自由及び幸福追求の権利が根底から覆される明白な危険がある事態に対処し、日本の存立を全うし、日本国民を守るため、集団的自衛権に基づいて、日本は海洋で水雷の取り除き、疑わしい船と品物の強制

捜査、船舶の防衛、米国軍艦への防護などの活動を実施する。日本の平和及び安全に重要な影響を与える事態（即ち重要影響事態）が生じると、米軍が「支援及び補完」などの後方作業を実施する。これは中国に対する抑止を旨とする。両国の協力地域も周辺から全世界に拡大し、協力内容が国際紛争を解決する多国軍隊への後方支援、紛争解決後の人道主義支援、海上交通安全の確保などに関わる。また、両国がサイバー・宇宙といった新たな領域により一層密接な協力をすることも指針の中で言及される。

　　新指針が自衛隊の活動範囲を「周辺」から全世界に拡大し、自衛隊が必要によれば武力を行使できると明記する。これに対して、韓国政府の許しがなければ日本軍隊が朝鮮半島に入ってはいけないと韓国政府が明らかに表示した。20世紀30年代と違い、21世紀の東アジアで、日本が米、中、日、露と朝鮮半島の力関係に置かれてあまり優位を占めていない。日本は憲法改正を通して自分が普通の国になると強行したが、中米二つの大国の影響の下で自身の軍事実力を伸ばしても自由に活動できない。米日同盟の強化も日本の一般的な軍事活動を制約している。経済が泥沼にはまり込む日本が米日同盟のために後方でアメリカを支援する。経済を回復して、中韓との協力を更に推進するため、日本は歴史遺留問題に対する態度を変えなければならない。安倍政府が国粋主義の右翼史観を固守しており、周辺国家を顧みない安保政策を続ければ、国家間の関係がおろか、日本自国の経済にも損害を与える。実効的な選択のみが各国の利益と一致して、東アジアの平和発展に積極的に貢献できる。

二、中日関係の安定化

1. 中日関係の改善

　　2015年4月に、アジア・アフリカ会議（バンドン会議）60周年記念会議がインドネシアのジャカルタで開催された。5ヶ月後、中日両国の指導者がまた集まって両国関係の改善について協商した。日本の内閣総理大臣安倍晋三が1955年のバンドン会議で採択された10原則を引用して、第二次世界大戦への深い反省を表明した。両国の首脳が政府間の対話と民間的交流を推し進めて両国関係を改善することに合意した。また、両国は中国が主導しているアジアインフラ投資銀行と歴史認識などの問題についても検討した。

　　中日サミットの主要な内容は下記である。最近、中日関係が改善されてきて、両国も戦略的互恵関係を推し進めることに同意した。両国は続いて中日間の対話と交流を推進する。安倍首相がバンドン会議の演説で、1955年のバンドン会議で採択された10原則（バンドン精神）のうちの2原則、つまり「侵略または侵略の脅威、武力行使によって、他国の領土保全や政治的独立を侵さない」、「国際紛争は平和的手段によって解決する」という二

つの原則を引用した。そのうえ、安倍は、「バンドンで確認されたこの原則を、日本は、先の大戦の深い反省と共に、いかなる時でも守り抜く国であろう、と誓いました」と述べた。元首相の小泉純一郎が50周年記念会議で「村山談話」の原文を引用して「植民地支配と侵略」への「痛切な反省と心からのおわび」を表明したが、安倍はそうしなくて、かえってアジア・アフリカの繁栄と安定、平和と発展のために共同に努力しようと強調した。

　　習近平主席も、60年前のバンドン会議がアジア、アフリカ、ラテンアメリカの民族解放運動を促進し、世界の植民地支配の終焉を加速した、と述べたが、直接に日本の歴史認識問題を言及しなかった。そして、中国が関連各国と一緒にアジアインフラ投資銀行（AIIB）を建設しようと表明した。安倍が、強者が武力で弱者をいじめては行けないと表明し、日本が今後5年でアジア・アフリカに支援して35万名の人材を育成すると承諾した。

2．中日関係のうちの経済と安全

　　経済が中日関係を影響する重要な要素である。中国政府が2014年から経済成長の緩さに対する応対策を提出し、地方政府が積極的に日本との貿易交流と技術譲渡を推し進めている。国内形勢の変化も中日関係の発展を促進した。21世紀に入る前に、対中国の日本外交が殆ど日本円借款によられたが、中国経済の高度成長につれ、そのような援助国と被援助国の関係枠が既になくなった。中国は一つの世代で日本と欧米の先進国が四、五世代で完成できた現代化を実現した。経済から見れば、現在の中国と日本は運命共同体の関係である。中国軍隊が南中国海で演習したことが国力を誇示する意図があるが、日本が新安保法だけで中国に対抗できない。強硬な衝突が生じる前、両国は先ず政治関係をよく処理すべきである。

　　外交上の紛争が終了後、中日両国の関係が改善され、領土紛争に対しても関連協議が結ばれ、高レベルの会談と港湾立寄についても一致になる。両国は経済上の相互依存度が日増しに高まり、相手国家への輸出と投資も増えている。でも、安全上から言えば、両国は依然に相手の軍事行動を常に警戒している。日本は中国人民解放軍の現代化建設から深い脅威を感じるが、中国は日本の軍事上の積極的な行動についても不安である。従い、両国関係の改善には重大な意味がある。地域の繁栄と発展を推進させるだけではなく、敏感問題を妥当的に処理できるし、六者協議を含む他国協力を促して問題の解決を加速させることもできる。歴史遺留問題が中日関係の発展の妨げである。それ以外、経済と外交上の競争、領土紛争と主権問題、台湾問題、相互不信、国民お互いのマイナス感情も中日両国の政治関係の進歩を妨害している。

　　小泉純一郎以降、日本首相が何回も変更されたが、中日関係を改善する基本的観点が変更されない。中日関係の改善が周辺国家にも有益である。海上での衝突を減少するため、両国は2014年11月から海上連絡メカニズムの構築に着手した。

釣魚島の紛争から見られるように、中国がアジア太平洋地域に相当な実力を持っている。これは日本に脅威を与える。複合的相互依存理論から見れば、中日両国が安全と領土問題における矛盾が一番深刻であり、歴史と教科書問題がそれに次ぎ、経済関係には協力と競争が並存している。これからもこのような複合的外交情勢が続いていくに違いない。

三、　米日韓の安全協力

1. 米日韓三国首脳会談（2016）

核安全サミットをきっかけに、2016年3月31日に米日韓三国の首脳がワシントンで会談して、北朝鮮の核ミサイル、テロ対策、気候変動及び拉致などの問題を検討した。三国首脳が安全協力の具体的な対策を共同に検討した後、外交と国防機構へ指示を伝達した。そして、三国は国連安全保障理事会が採決した対北朝鮮制裁決議の実施について協議した。イスラム教スンニ派過激組織に対して軍事作戦と人道主義援助など多方面の準備をすべきだと三国は表示した。また、三国は南中国海と東中国海の問題についても意見を交換した。これから日韓両国は首脳会談を行い、慰安婦問題について、両国は確実に2015年に合意した韓日協議を実施すると決めた。

米日韓三国の首脳は北朝鮮の核問題を巡る協力について集中に検討した。現在に北朝鮮に強い圧力をかけるのが北朝鮮の戦略手段を変える唯一の方法であり、三国協力の強化へもチャンスを提供できる。三国会談が行われる前、米韓両国の首脳が会談した。両国は断固として北朝鮮の核実験を打撃する必要性を強調し、今後の両国戦略的同盟関係の発展と方向について意見を交換した。オバマ米大統領は確実に「対韓防衛公約」と安全保障理事会の対朝制裁決議を履行し、北朝鮮の挑発を厳しく警告すると再び強調した。日韓首脳会談で、両国の首脳は北朝鮮核問題を巡って検討して、安全保障理事会の制裁決議の履行に関する両国の協力を強化すると合意した。2015年12月に調印した慰安婦被害者協議をしっかりに履行すべきだと、両国とも主張した。その他、連鎖式首脳会談の最後の一環が朴槿恵大統領と習近平主席の首脳会談であった。両国は会談で中韓戦略的協力パートナーシップの発展と充実を強調し、北朝鮮問題について北朝鮮核問題に関する戦略的協力を強化して共同に安全保障理事会の決議の履行に努力すると合意した。

中米首脳会談で、米国は南中国海問題について平和的に［航行の自由］と領土紛争を解決すべきと強調したが、中国は［航行の自由］を口実に中国の領土主権と国家安全を侵害する行為を絶対に許さないと強調した。米日会談で、目下に中国経済の成長が緩くなるため、暫くG7（先進7か国）によって世界経済を主導すべきであり、できるだけ早く環太平洋戦略的経済連携協定を発効させようと両国が主張した。

2. 米日韓の安全協力

2012年に李明博政府が国務会議において不透明な不正方式、即ち［緊急事件］の処理方式で［韓日軍事情報包括保護協定］を採決した。その件が暴露され、韓国全国が大変な騒ぎになったため、協定が最終に無効された。故に、米日韓三国の安保協力も表面化となっている。2016年3月31日に米日韓三国サミットがワシントンで行われた。会議で、米日は［韓日軍事情報包括保護協定］の調印が重大な意義を持っていると強調したが、韓国は異なった立場を持って調整すべきだと主張した。オバマ米大統領は三国間の安保協力がやらなければならないことだと言ったが、安倍首相は三国が安保を含むいかなる分野での協力を強化すべきだと応じた。その意図が［韓日軍事情報包括保護協定］を踏み台にして、三国間の軍事協力を新たな段階に上がらせるのである。朴槿恵大統領も潜在力のある領域における三国協力を推し進めて、更に地域の他の国々に広めると主張したが、安全保障という言葉を言及しなかった。朴槿恵大統領は［韓日軍事情報包括保護協定］の重要性を認めているが、この協定の採択がもたらす国内の圧力も無視できない。三国首脳会談後の記者会見で、韓国政府は、前政府の［韓日軍事情報包括保護協定］の推し進めが中断された事実を考慮して、新政府がこの協定に署名しようと、特定の国内外の環境を作らなければならない、と表示した。目下の朝鮮半島の形勢が楽観を許さない。北朝鮮が2016年の初めに4回目の核実験と長距離弾道ミサイルの発射を行ったので、韓国は日本の軍事情報を非常に必要としている。それにしても、いろいろな政治要素を考慮すれば、この協定が達成しがたいと思われる。4年前に李明博政府がその場しのぎの不透明な不正方式で国務会議にて［韓日軍事情報包括保護協定］を採決させたため、国民に唾棄されて民心を失った。韓米安保同盟が米日韓三国同盟に発展されて、更に北東アジアが新冷戦に入ると思っている人が多い。韓国の国内において争議が絶えず、この協定が最後に流された。そのため、2014年12月に、韓国政府は国会が同意したか否かを考慮さず、米日と［北朝鮮による核とミサイルの脅威に関する情報共有協議］に署名すると決め、米国を絆として軍事情報の共有を実現したがる。でも、日本側がこれに不満の意を表し、韓国を信じているが本格的軍事情報共有を実現するには協定レベルに上がらなければならないと主張した。アメリカも韓国に圧力をかけて、日韓が年内に［軍事情報包括保護協定］に調印しなければならないと要求した。

日本にとって、韓日関係の改善が米日韓三国の協力を拡大し、更に北朝鮮に対する包囲網を強化することができる。2015年末に韓日は慰安婦問題について合意した。これは重大な意義を持って三国間にもっとも疎遠な日韓関係を改善させた。三国の主導で北朝鮮に圧力をかけ、安全保障理事会の対北朝鮮制裁決議を厳格に履行している。2014年末、北朝鮮の核ミサイル問題についてアメリカを経て韓国と日本が情報を交換したが、効率があまり高くなかった。目下の安保協力において、もっとも重要な任務が両国

の利益に合う［韓日軍事情報包括保護協定］をしっかり結ぶことである。

　　北朝鮮の核ミサイル脅威に対し、近来、米日韓三国が安保問題に関する協力を強
化した。既存の情報共有協議によれば、日韓の間はアメリカを通して間接的な情報共有
しかできないと日本側は表示した。それと比べると、日本は［韓日軍事情報包括保護協
定］を結んで直接に軍事情報を共有する希望が強い。米日韓防衛実務者協議（Defense
Trilateral Talks，DTT）が2008年から年一回に開催され、現在まで既に六回行われた。各
国の国防部長補佐官レベルの官僚が首席代表として会議に出席する。2015年に、米日韓
三国の国防長官がシャングリラで実務者協議の業務レベルの協商を行った。2014年に、
米日韓が［北朝鮮による核とミサイルの脅威に関する情報共有協議］に署名した。実は
この協議が拘束力を有さない了解覚書に過ぎない。この協議によれば、情報共有の範囲
が北朝鮮の核とミサイルに関する情報に限られており、日韓の情報共有がアメリカを経
なければならない。米日韓三国間の安保協力もただ北朝鮮に対する情報共有と政策互助
のレベルにとどまっている。軍事上の協力も米国を仲介にして在韓米軍と在日米軍を連
結することに限っている。従い、日韓間の安保協力が非常に弱い。

　　もともと米韓同盟の旨が北朝鮮を抑制することであるが、米日韓の安保協力が更に
強化されれば、米韓同盟が米日同盟の中国抑制行為に影響されるに違いない。これが中韓の
友好的協力関係を損害すると同時に、北東アジア地域で韓米日対中露朝の新冷戦構造の形
成を促す恐れもある。この構造が朝鮮半島の平和統一を妨害するに決まっている。半島の
平和統一のため、国家間の信頼を醸成して多国協力を制度化する必要がある。米日韓の安
保協力について、北朝鮮に関する情報を共有する以外、海上災難の緊急援助、テロ組織と
海賊に対する共同応対、海上連絡交通路（SLOC）の共同防衛、ネットワークセキュリテ
ィ及び国連平和維持活動などの非伝統な安全領域で多面的協力を展開すべきである。

四、中日韓関係の進展

　　現在、東アジアの情勢は複雑で変化の多いものである。その原因と言えば、一つ
は安保危機で、もう一つは経済危機なのである。2008年のアメリカ、日本及びヨーロッ
パの経済危機が人々に1929–1934年の世界恐慌を連想させるだろう。当時イギリスが第
一次世界大戦で経済的な独占的支配権を失ったので、世界の経済体系の中でそういう独
占的支配権を維持できる国家はなくなった。そういう背景のもとで、各国は自分の利益
だけを追求し、保護貿易主義を採用し始めたので、対立や紛争が続々と現れてきた。そ
して、経済の不景気やファシズムの台頭が結局第二次世界大戦を起こした。新たな世紀
に入って以来、米国の政治や経済における支配権が弱まり、自由貿易が衰え、ナショナ
リズムが芽生え、資源やエネルギーをめぐる競争や摩擦もエスカレーターしている。東
アジアの東海や南海では領土や資源にかかわる紛争が部分的な摩擦や衝突を起こしてし

まう可能性もある。

　第二次世界大戦以後、米国自身の支配権が衰えていったに従って、もともと米国が握った世界経済体系は徐々に米国、EU、中国、日本等を中心とする多国間主義の構成となっている。G20と同じように、G7も新たな経済国を入れて、目下の世界経済の問題について共に相談してからそれなりの解決案を提出して、多国間主義の発展を推し進めていくべきである。国家間のトラブルを調停できる国際機関を管理と充実させるために、現在世界のボスとして米国は自国の経済危機を克服すると同時に、世界の経済体系を維持と発展させていかなければならない。

　軍事と安保の方面では、中日韓の軍事力の差が日々に拡大している。グローバル化の今日では、集団防衛体系と中日軍事力の強化を考えると、韓国は自主的な国防を意志固く追い求め続け、韓米同盟を強化させ続け、中日と共に多国間安保体系の構築に努力することを最終的な目標とし、また東アジアの安保競争や摩擦を一定の範囲内に維持させるべきである。

　この問題について韓国は東アジアだけでなく全世界の視野からそのきずなの役割を強調すべきである。北東アジアの安定と世界の平和を維持する前提が北朝鮮の問題を平和的に成功に解決することであると韓国は思っている。その上、中米日三カ国の参加を積極的に導く必要がある。1991年に国連に参加してから、韓国はずっと多国間の外交に取り組んできた。特に近年G20サミットや核セキュリティ・サミットを行って、多国間外交の中心とする中堅国のリーダーの役割を積極的に果たしている。中日韓三カ国の間にいろいろな歴史的遺留問題があるにもかかわらず、東アジアの問題を相談で解決するために中日韓協力事務局を三カ国一同で発足させた。

　中日韓を代表とする東アジアを一つの全体として見た上で、中日韓三カ国の安全を確保させ、経済上の利益最大化を追い求め、多彩な社会や文化の活動を展開させるべきである。中日韓三国は地域の一員として，力を合わせて地域統合の中心的なメカニズムを作り上げるべきである。歴史的な紛争について、三カ国は正確な歴史観と世界観を共有して未来に向かう国民関係などの複雑な問題を解決しておく必要がある。歴史認識や領土問題における深刻な食違いについて、三国は外交政策の面で国家利益と共同体地域の利益とのバランスを取ろうとすべきである。中日韓の協力関係を拡大させて米国を含む政策ネットを形成させなければ、東アジアの多国間協力共同体を構築することはできないだろう。二国間や多国間及びミニラテラルな外交を含む［中日韓＋米国］の複合的な外交政策ネットの構築は東アジアの平和と発展にとって重大な意味を持っている。

（劉麗嬌　訳）

攻撃的な姿勢、緊張化の安保難局と政策の考慮

朱宰佑[*]

一、近来周辺国家の安保情勢と発展趨勢

2016年北東アジア地域の安保情勢は次の状況に影響されて一層速く難局に陥ってしまう可能性が高い。

第一に、2016年1月6日に北朝鮮が四回目の核実験、また2015年から2016年まで陸海空でミサイル発射実験を数回も行った。四回目の核実験を通じて北朝鮮の核能力が大幅にアップした。北朝鮮が既に核弾頭の小型化を実現させる可能性が高いと外国側が予測しているので、国連は3月3日に歴史上最も厳しい「第2270号決議」を通過させた。最も厳し制裁をされながらも、北朝鮮は却って6回の短距離ミサイルや潜水艦発射弾道ミサイル（SLBM）と3回の弾道ミサイル推進機の実験を行った。それに、5回目の核実験を行う可能性も極めて高いと予測されている。[①]

第二に、北朝鮮の核兵器やミサイルを防御するために、韓米両国は協力関係を強化しつつ、2016年2月から朝鮮半島での「サード」配備について交渉を続けてきている。3月に連合事務室を立て、「サード」配備の議事日程をスタートさせた。一方で、2月に米国国務省の政治軍事担当国務次官補フランク・ローズは米韓両国が現在韓国で「サード」を配備する可能性について討論をしていると表明した。4月8日に外交問題評議会で「中国に強烈に反対されている状況で米国が韓国で「サード」を配備することは可能か」という質問に対して、国防長官のアシュトン・カーターは「サード配備は必要なことで、また必ず成功させなければならないことだ」という答えを出した。

もう一方で、朝鮮半島での「サード」配備について中国外交部は反対の意を表し、「いかなる国家も自分自身の安全を求める時、他国の安全利益や地域の平和と安定を考慮に入れるべきだ」と声明した。3月23日に、中国外交部の定例記者会見で、華春瑩報道官は関係問題に対して「サードは絶対に単純な技術問題ではなく、それらの問題の実質と危害について我々ははっきりとした認識を持っている」と答えた。また、「ミ

＊　韓国慶熙大学教授。

①　習近平主席が2014年5月21日に上海で行った第四届アジア相互協力信頼醸成措置会議での発言。人民網。http://world.people.com.cn/n/2014/0521/c1002-25046183.html。

サイル反対の問題に関して中国側は一貫して明確な立場を持っており、いかなる国家も自分自身の安全を求める時、他国の安全利益や地域の平和と安定を考慮に入れるべきだ」との発言もした。そして、2016年3月31日に、核セキュリティ・サミットがワシントンで催され、会議中に中国国家主席習近平は米国大統領オバマと会談をして、「中国側は米国が韓国でサードを配備することに断固として反対する。そういう行動は中国国家安全の利益を損なうし、地域の戦略バランスにも損害を与えるからだ」との意を表した。今回の首脳会談に出席した中国外交部副部長鄭沢光も記者会見で、「米国が韓国でサードを配備するのは他国の利益を損害しながら自分の利益にもならないことだ」、「情勢の緊張化を激化させる言行は一切避けるべき、他国の安全利益と地域の戦略バランスに影響する行動は一切取ってはならない」と強調した。

　　「サード」配備と南中国海問題が明確になってから、中国が2015年の下半期から一連のミサイル発射実験を行い始めたと外国の報道から明らかにした。それらの行動は中国が「サード」や南中国海問題に対して威力を示しているものだと評論家の間で広く解釈されているが、中国は西沙諸島でミサイルを配備しながら、「中国が自国防衛の目的から自国の領土範囲内でいかに配備しても合法的だ」と答えた（2016年2月18日に外交部報道官洪磊により）。

　　第三に、米国の黙許の下で、2016年3月22日に日本は自衛隊法施行令など30条の関係政令の改正を表明し、また国連平和維持活動（ＰＫＯ）に司令官の派遣に関する決まりを新たに設けた。それらの決まりは29日から効力が発生する。2016年7月の参議院選挙の後、日本政府が米日物品役務相互提供協定（ＡＣＳＡ）や警護出動などを含む40条の訓令の準備に着手すると予測されている。日本の軍事主義や軍力の拡張及び軍国主義を復活させようとする野望に面するので、中国は米日同盟関係の変化に極めて敏感である。

三、北東アジア各国間の戦略対処案

　　第一に、北朝鮮の連続的な核実験やミサイル発射実験に対して、我々は改めて戦略を深く考え、立場を修正し、また周辺国家とは具体的に交渉する必要がある。また、如何に対朝制裁の効果や方法を高めるかを真剣に考えなければならない。その答えとして、次の二点が不可欠であろう。その一、対朝制裁に積極的に参加しても或いはそれを強化しても、北朝鮮の現状を崩壊させてはならない。その二、北朝鮮との付き合いを持つ国家、企業や個人に対して一貫した「間接的な制圧」をするのは容易なことではない。キューバはその典型的な例である。ソ連からの石油供給が問題になったので、キューバは史上最悪の経済危機に遭遇した。その政権を維持するために、最終的に当局が改革開放の道を選ぶしかなかった（カストロ氏がそれで政権の崩壊を避けた）。そして、

キューバとの付き合いを持つ国家、企業と個人に対して米国はいっさい二次的なボイコットをしていたが、国際法や国際主権原則への違反として大きく批判された（例えば、カナダとメキシコでは反対法案が通過され、国内法と国家法が衝突した場合に国内法優先主義や「新法優先主義」の原則で対処する定例を十分に利用すべきだとされた。またEUもWTOに米国を訴えた）。それが原因で、北朝鮮に対する厳しい制裁は目的ではなくただ手段の一つ、つまり北朝鮮に対話や改革開放をさせるための手段の一つとして見るべきだと、まさに中国が言った通りだと思う。

　　第二に、北朝鮮核問題や領土紛争の問題で北東アジアは今安保難局の泥沼に陥っている。地域内の各国は相互協力を強化して共にそういう状態から抜き出そうと頑張るべきである。韓米両国は「サード」配備について既に原則的な協定を結んで更にその内容を十年の機密と規定して、韓国国民から非常に不満を招いた。そのような行動は国民の事情を知る権利を妨害しただけでなく、地域内の国家間の不信の増加にもなってしまう。そして、日本は自衛隊や国防に関する法案を改正して国防活動の範囲を拡大させようとし、新たな道を開くために自主の国防を求めている。それから中国も「サード」や領土問題が原因で一連のミサイル発射実験を行い、これは逆に米国が朝鮮半島で「サード」を配備する正当性を増加させた。以上に述べた安保難局を克服するために、六者協議の再スタートが無理なままだが、少なくとも域内の中米韓、中朝韓、中米朝韓、韓米日、中日米韓或いは五者協議のような小規模な対話や相談を行うべきである。

　　最後に、安保難局について深い認識を持っていない状況の下で、韓国は今後北朝鮮の挑発行為に対して一層強くて有力な行動を取ることを考えるべきである。なぜかと言うと、周辺国家が北朝鮮の挑発と韓国の蒙った損害について深い認識を持っていないからだ。北朝鮮の挑発行為は持続的でなく一時的な行為で、或いは武力の復讐手段が欠乏する、或いは時間が経つとまた現状に戻ると考えているためか、日本以外の周辺国家は北朝鮮の挑発行為を非難はするが、実質的な行動を取らないという態度で取り扱っている。故に今後ではもし北朝鮮がまた挑発行為をしたら、韓国政府は言葉での応対に限らず、実際の処罰行為で、周辺国家が積極的に北朝鮮に圧力かけようと導くべきである。

（劉麗嬌　訳）

「新ガイドライン」が日米同盟にもたらす新しい変化

江新鳳[*]

　2015年4月27日，日米両国は新しい『日米防衛協力のための指針』を公布した（以下「新ガイドライン」とする）。「新ガイドライン」は日米協力体制、時機、範囲、内容、領域などで新しい変化があり、日米同盟協力は全時制、全地域、全方位に発展し、日米同盟はさらに強化され、グローバルな協力同盟になったことを示している。

　一つ目は、協調体制の常設化。「新ガイドライン」は、常設の「同盟調整メカニズム」を新たに設置し、双方は平時から戦時までの各段階において、政策と運用の二つの側面から各活動に対し協調を確保する。それにより、日米両国は2015年11月3日に「同盟協調チーム」を新設し、同機構は両国の国防と外交などの部門の政府中枢の要員から構成され、目的は日本の自衛隊と米軍と普段からの一体化運用を実現すること。情報共有の強化と軍事行動の協調を含め、共同で作戦計画を制定する。日米作戦指揮体制一体化を実現するために、2017年に日米合同作戦司令部としての「日米共同部」の設立を計画している。

　二つ目は、協力時機の全時化。1997年に採択された「日米防衛協力のための指針」の中の「平時、武力侵攻をうけた時、週辺事態」が「普段から緊急事態までのすべての過程の中」にまで拡大し、平時から戦時の各段階での継続的な「隙間なき協力」を強調し、日本の平和と安全を確保する。具体的には五つの状況に分かれる。平時、日本の平和と安全が脅威にさらされた時、日本が武力で攻撃された時、日本以外の国が武力で攻撃された時、日本で大規模な災害が発生した時。普段と戦時だけでなく、非和非戦の「灰色地帯」でも軍事協力を行うこと。特に「新ガイドライン」は新安保法がまだ法律上正式に通過していない状況で、日本集団的自衛権が解禁され、日本の自衛隊が「日本と深い関係にある国が武力攻撃にあい、日本の存亡が脅かされた」時に武力での作戦行動の実施を認め、且つ日米合同作戦行動を取り、日米が日本集団的自衛権解禁の問題で互いに需要があることを表明する。アメリカの「アジア太平洋リバランス」戦略で日本により多くの軍事作用を発揮してもらう必要があり、日本はこれを機に軍事上の束縛から抜け出し、「軍事正常化」国家へ邁進する。

　三つ目は、協力範囲のグローバル化。「新ガイドライン」は日米同盟には「グロ

ーバル的な属性」があることを強調し、日米協力の地域範囲を「日本及び週辺地域」から「日本、アジア太平洋乃至更なる広い地域」までに拡大し、明確に協力には地理範囲を限定せずに、日米同盟がグローバル的な協力同盟であることにした。これは、日本の軍事力が米軍と共に海外進出し、これを機に海外用兵の目的を実現すると同時に、日米が共同で地域の紛争に関与する可能性が大きく増えることを意味する。

　　四つ目は、協力内容の多様化。「新ガイドライン」には詳しく平時、日本の平和と安全が脅威にさらされた時、日本が武力攻撃を受けた時においての日米双方協力の内容と方法を定めている。協力内容はアメリカが日本を協防することから日米共同作戦、クロス・ドメイン作戦までに拡大した。日本がアメリカに後方支援を提供するから、互いの施設、核生化防護の使用など幅広い協力範囲までに拡大した。作戦スタイルも伝統的な防空、対潜水艦などから合同反導、クロス・ドメイン作戦などまでに拡大し、よって、日本の軍事力活動空間が大きく広がった。そして、日本の自衛隊は日米同盟協力での役割が更に際立ち、「日主美補」、相互支援の動向が明らかになった。「新ガイドライン」に規定されたように、日本が武力攻撃を受けた時、日本は日本を主体とし、本国の国民と領域を守り、またアメリカは日本と緊密に協調し、適切な支援をする。

　　五つ目は、協力分野の全面化。日米軍事協力は、伝統的な軍事領域から新しい領域へと展開し、陸、海、空の防衛作戦から陸、海、空、宇宙、電子、サイバーの全時空、全方面の連合作戦に展開する。「新ガイドライン」は、初めて宇宙とサイバー空間を日米協力の範囲に加え、両国政府と軍隊が宇宙とサイバー領域での協力を強化することを強調した。日米両国は宇宙空間やサイバー空間を軍事協力の新しい舞台とし、新興戦場で高地を取ることを図り、これからのクロス・ドメイン作戦に土台をつくることを表明した。

　　六つ目は、協力対象の多元化。1978年と1997年の二つの「日米防衛協力のための指針」は第三者協力を言及しなかったが、今度の「新ガイドライン」は三カ国及び多国間の安全と防衛協力の強化を強調した。特に地域内外のパートナー国や国際機関との連携を強調した。日米軍事協力は「日米＋1」、「日米＋Ｘ」へと開拓し、日米豪、日米印、日米韓、日米比、日米越など三カ国及び日、米、豪、印、韓、ＡＳＥＡＮなど多国間安全協力体制を立てる。南中国海の情勢が加熱する背景には、日本とベトナムやフィリピンなどの国の軍事協力を強化したことにある。越比に巡視船を提供し、比に軍用機を貸し、越比の軍事基地を使い、比の沿岸警備部隊を訓練し、米豪、米比の合同軍事演習に参加するなど。目的は二国間と多国間の軍事協力を強化することで、アジア太平洋地域の安全保障協力枠組みを構築し、日本に有利なる地域と国際の安全環境を作る。そして、もっと多くの軍事力作用を発揮することで、日本の影響力を上げ、中国をけん制し、地域と国際秩序の主導者になることを目指す。

　　七つ目は、中国を抑制ことにもっと力を入れる。「新ガイドライン」の本文では

交流と相互理解を強化し 共同安全を求める

中国には触れていないが、宇宙システム抗壊能力を確保し、防空反導能力の強化、航行の自由など国際法に則り様々な措置を取り、海洋の秩序維持などの内容は明らかに中国を狙っている。アメリカの「アジア太平洋リバランス」戦略の推し進めと中国総合国力が急速に上昇する背景下には、日米共同で、中国を押さえるのに力を入れた。特に、東中国海と南中国海の情勢が加熱する背景にこのファイルを制定したのは中国を主要な防備と抑制の対象にした意図は明らかである。日本のマスコミでは、「新ガイドライン」の目的の一つは中国を対処することにある。特に、中国が「武力で釣魚島の情勢、現状を変えるかもしれない」ことに対応するためにある。

　　上記の分析から見ると、日米軍事同盟は一層強化され、日米はグローバルな範囲内で安全事情に合同的に軍事介入するかもしれない。「新ガイドライン」の導入によって、安倍がアメリカを釣魚島の衝突に介入させる目的は達成された。一旦、日中間に釣魚島をめぐる軍事衝突が起きれば、日米は合同で中国に対応することになる。日本は集団的自衛権の行使を名目に、南中国海、台湾海峡に軍事介入する。これは、台湾、釣魚島、南中国海などの問題の処理と解決を一段と困難させ複雑にさせることを意味し、更には日米と中国との間に軍事衝突が起きる可能性があり、海洋、宇宙やサイバーなどの領域での競争も激しさを増した。

　　「平和と発展」という世界の大きな流れの中で、我々はもっと多くの共同利益と協力空間を探し求めるべきで、軍事で対立してはいけない。釣魚島の主権と南中国海などの問題について、歴史的事実と中国が求める利益を尊重すべきである。ひたすらに「いずれか一方の立場に立つ」のではなく、または共に軍事的圧力をかけるべきでもない。危機をよく管理し、「航行の自由」を理由にどんどん戦艦を中国の南海に入り、島礁付近の海域で緊張態勢を作るのではない。もし、日米同盟を強化する目的が中国を抑制するのであれば、米中と日中関係の戦略的利益を損ない、同時に地域の平和と安定にも不利である。「新ガイドライン」と新安保法が施行された後、日米同盟はどのようなグローバルな協力同盟になるかは、我々は刮目して見たいものである。

（劉麗嬌　訳）

日本の戦略動向

龔都剛[*]

　　安倍が再び政権を握た後、日本の戦略に重大な変化が起きた。初の「国家安全保障戦略」を内閣で決定し、所謂「積極的平和主義」を基本方針として、『平和憲法』第九条の束縛を突破し、「専守防衛」政策に転覆した。集団的自衛権を行使することによって、「軍事正常化」へ大きな一歩を進め、且つ、四大戦略の傾向を表した。

　　一つ目は、日米安全保障体制の戦略支援効果を強化。日米安保体制は日本戦略の柱であり、日本のどの政党であろうと、誰が政権を握ろうと、日米安保体制を継続的に実施すれば、アメリカ人に安心を与え、政権を確保できる。でなければ、受身と苦境に追われる。2010年6月2日、鳩山首相は日米安保体制に対し全面的な修正をし、米軍普天間基地を沖縄から転出する様努力した結果、失敗し、責任を取って辞任した。2010年6月8日に菅直人が首相を引継いた後、また、2012年12月27日に安倍が再び首相を任命された後、二人とも日米安保体制は日本安全保障の基礎であることを強調したため、政治動揺に陥落する局面を無事に避けた。

　　二つ目は、価値観外交の戦略支配効果の強化。価値観外交はおよそ日本のリーダー層の思想を支配している。一つは「ダイアモンド安全保障構想」が提示されたこと。これは安倍が出した考え方であり、米国・オーストラリア・インド等「価値観が同じ」である国家と連盟を希望し、ひし形の海洋線包囲網を形成し、西太平洋からインド洋までのダイヤモンド形の海域を構築する防衛戦略である。もう一つは、「自由と繁栄の弧」戦略が提示されたこと。これは麻生太郎が出した考え方であり、東北アジアから、中アジア、コーカサス、中東、東ヨーロッパ、バルカン半島までの各国を支援し、日本の政治影響力の拡大を企てたものである。安倍が引き続き政権を取ることで、価値観外交が日本戦略への決定的な効果は今後も強化する。

　　三つ目は、島に対する実際支配権の戦略誘導効果の強化。日本と周辺国家・地域間に島の争いが存在している。どの島の実際支配権を把握したら、戦略重心がそこへと移る。日本・ロシアの島に対する争いと日本・韓国の島に対する争いから見ると、ロシアと韓国はそれぞれ日本北方面の問題島の実際支配権を握っているため、日本の戦略重心は北方面ではない。日中の釣魚島に対する争いを見ると、日本は実際の支配権を持ち

---

　　*　軍事学博士、海軍軍事学術研究所副研究員。

ながら、一方的に釣魚島の「国有化方針」を実行し、釣魚島をめぐる新しい紛争を持ち込んだ。これによって、日本の戦略重心は今なお釣魚島の方向へ移っていることが判明した。現在、日本はまだ釣魚島に対する支配権を強化しつつ、釣魚島の主権に争議があることを否認し、日中関係の継続悪化を引き起こしている。明らかに、その責任は中国側にはなく、日本側にある。

　四つ目は、南中国海における「航行の自由」の戦略牽制効果の強化。そもそも南中国海の航行の自由は昔から問題とは言えない。今まで、どの国の戦艦が航行の自由が原因で南中国海に留められたことは一切なかった。但し、米国の強烈的な扇動・挑発の影響で、日本は米国の歩調に合わせ、南中国海に軍事力を拡大させ、南中国海の軍事化を昇級させた。これにより、南中国海の航行の自由が逆に問題となった。日本はまだ南中国海における航行の自由が脅かされていると言う偽命題を言い訳にし、中国の南中国海での島建設及び西沙諸島での正常部署を公的に反対し、戦略の南転移を加速させた。日本は平和的に紛争を管理、解決する重要性を強調しながら、南中国海で軍事力を拡大し、中国と南中国海の関係諸国の矛盾を拡大させ、中国に対する戦略牽制を強化すると同時に、日中の海上対抗を深めることになる。

　以上の日本戦略発展動向に対する記述はあくまでも個人的な観点です。もし違う観点があれば、磨きあいまたは意見交換をしたいです。

（劉麗嬌　訳）

朝鮮労働党第七次大会と北朝鮮核問題

白鶴淳[*]

　2016年5月6日から9日まで、朝鮮労働党が第七次大会（「七大」）を行い、北朝鮮の核問題に対する立場を表明した。この立場は全世界の望んでいる方向に逆行しているので、外界を大変失望させた。実は、本大会は主に北朝鮮の国内問題に焦点を当て、政治思想と軍事安保の面で達した北朝鮮自身の成果を誇張し、今後経済的な強国と科学技術的な強国の建設に重点を置くというのである。

　本論文は第七次大会における北朝鮮核問題の関連内容、北朝鮮の韓国政策とアメリカ政策をレビュー・分析する。それと同時に、北朝鮮が韓国に提出した軍事会談の提案を分析し、北朝鮮核問題の解決について検討してみたい。

一、朝鮮労働党第七次大会

1. 北朝鮮核問題関連

　朝鮮労働党第七次大会（以下「七大」と略す）は、今後北朝鮮が経済発展と核兵器開発を並行して進める「並進路線」を続けていくと表明した。「並進路線は一時的な対応策ではなく、北朝鮮革命の最高利益であり、北朝鮮が永遠に堅持すべき戦略的路線である」、「核兵器を基軸とする国家防御力の強化を堅持すると同時に、経済建設にさらに拍車をかけ、繁栄する社会主義強国を一日も早く建設するとは、最も正当で革命的な路線である」と強調した。一方で、「帝国主義が核脅威と独占を放棄しない限り、北朝鮮は永遠に並進路線を堅持し、質的にも量的にも核兵器を強化する」と声明した。

　また、「敵対勢力が核兵器で北朝鮮の自主権を侵害しない限り、北朝鮮は核保有国として先に核兵器を使用せず、国際社会における核拡散防止の義務を誠実に履行し、世界の非核化を実現するために努力する」と声明した。即ち、北朝鮮は再び核兵器を放棄せず、核開発の維持と強化を続けるという立場を確認した。

---

　*　韓国世宗研究所北朝鮮研究センター主任。

2. 韓国関連

第一、北朝鮮が朴槿恵政府に対する不信を明らかに示した。七大で、韓国が国際社会を「民族内部問題、半島統一問題」に巻き込み、「親米」、「旦那のアメリカに追随する「等の行為を批判した。」本民族を崇拝「信頼すべき、統一は民族内部に限定して検討すべき問題である」と強調した。

第二、統一問題について、金正恩政府が明らかな変化を見せず、依然と金日成が提出した「連邦制」を中心とする「主体祖国統一路線」（金正日の「祖国統一三大憲章」）を全面的に固守するとした。しかし、北朝鮮は公的に連邦制を主張したとしても、七大の報告に直接に「6・15共同宣言」第二章の内容を引用した。これは、一旦南北関係が改善されて首脳会談が開催される場合、統一問題に関する検討は「6・15共同宣言」を元に進めると表明している。

第三に、対韓政策において北朝鮮も朝韓関係を改善させて朝鮮半島の情勢を安定させようとする。例えば、「国家統一は平和又は非平和な方式で実現でき、対話協商を通して北南関係の対峙現状を打開できる」、「朝韓は各領域、各レベルでの対話協商を通して、積極的に相互の誤解と不信を取り除いて、祖国統一と民族共同繁栄の道を探る」など。このような背景で、金正恩は七大で韓国に軍事会談を行うと提案した。

3. アメリカ関連

米国には、北朝鮮に対する敵対政策の撤回、停和機制転換及び韓国から軍隊と戦争装備の取消しを北朝鮮は何度も要求した。しかし面白いことに、それらは前から米国に提出した要求であり、七大で北朝鮮はオバマ政府に新たな提言を何もしなかった。それはオバマ政府に期待を持っていないことを意味しているだろう。

二、北朝鮮の対韓、対米政策と核政策の背景

北朝鮮は七大で対韓、対米政策と核政策について積極的な態度を表明した理由は何であろう。第一、近来、北朝鮮と韓米との間に「核戦争脅威」と「先制攻撃戦略」の対峙が高まり、その上、国連も北朝鮮に対する制裁を強化したため、北朝鮮と韓米と、北朝鮮と国連安保理事会（国際社会）との対決や不信が一層エスカレーターした。このような状況で、北朝鮮はオバマ政府と、朴槿恵政府との協力の可能性が低いと思っている。

第二に、米国が今や大統領選挙を行っているので、オバマ政府が北朝鮮に対して新たな積極的な政策を取る可能性はゼロに近い。韓国の状況も楽観的なものではなく、与党・新国家党の分裂が深刻になり、そして総選挙で大敗したので、野党のほうが逆に

勢力が大きいという気まずい状況にある朴槿惠政府はレイムダックになってしまい、対朝政策にも大きな変化を見せないだろう。オバマも朴槿惠も今後の対北朝鮮政策を大いに変更する可能性が低いと北朝鮮は判断する。その参考として、六者協議におけるアメリカ特使サイラーは去年の9月に国家情報局（DNI）に再任職し、対北朝鮮政策の特別代表ソン・キムは駐フィリピン米大使に就任している。そのため、アメリカ側の六者協議の首席と副代表は全部欠席した。客観的にいえば、現在、オバマ政府は朝米会談に興味を持っていないということが明らかである。

三、北朝鮮は朝韓軍事会談を提案

金正恩委員長は七大で朝韓軍事会談の必要性を強調した。「現在、朝韓軍事当局の間のコミュニケーションは完全に中断され、南北両方には随時に武力衝突が発生し、それを引き金に大規模な戦争が起こる恐れもあります」、「朝鮮半島の平和と統一のため、先ず南北軍事当局の間の対話と協商をリスタートすべきであり」、「南朝鮮当局は南北関係を改善する誠意があれば、誠実な態度で南北対話と協商を行うべきである」と、金正恩は言った。近来、北朝鮮は5月と6月に何回も朝韓の事務的接触を行って、両方の軍事当局間の会談について検討しようと提案した。注意すべきなのは、2016年2月に開城工業団地の閉鎖以来、北朝鮮は黄海地域の軍事通信ルートを利用して韓国に対話提案を伝えたのはこれが初めてなのである。

1. 軍事会談を提案した背景

第一、2016年の韓米連合軍事演習は両国の歴史上で最も大量の軍隊と兵器装備を集めた。それが北朝鮮に「公開的な」先制攻撃の脅威を感じさせた。その強い勢いのもとで、北朝鮮も今までと違う戦争脅威を緊迫に低める必要がある。

その参考として、2013–2016年の韓米連合軍事演習期間に、朝米両国とも朝鮮半島で公開的に核戦争脅威を発し、「先制攻撃の脅威」戦略を取った。2013年3–4月、韓米連合軍事演習期間に、朝米両国とも公開的に核兵器を使った脅威演習をした。そのため、朝鮮半島非核化目標の実現は一層難しくなった。

当時、北朝鮮がアメリカに対して「ムスダン」中距離弾道ミサイルを発射すると脅威したため、北朝鮮のミサイル脅威は実質的な問題になった。その後、アメリカはグアムの米軍基地でサードミサイル防衛システムを配備した。2013年10月初、韓米安保会議で北朝鮮の大規模な殺傷性兵器とミサイル脅威に対応する「オーダーメード型抑止戦略」、「4D（探知、防衛、かく乱、破壊）戦略」など、北朝鮮に対する「先制」攻撃の軍事戦略を立てた。2016年春の韓米連合軍事演習期間に、韓米は公開的に北朝鮮を先制攻撃する軍事演習を行った。

2. 韓国政府の反応

　韓国政府は「非核化を実現させてから対話をしよう」という立場を固守して北朝鮮側からの提案を拒否した。北朝鮮が軍事緊張の緩和と南北信頼の醸成に誠意を有すれば、一番緊迫な非核化問題に注目すべきである、と韓国はいった。現在は対話のタイミングではなく、北朝鮮に対する制裁をさらに強化すべきだと韓国は主張した。2016年6月23日に韓国国防部が公表した北朝鮮人武部の対話提案への返事に上記の主張を反映した。

四、北朝鮮核問題の解決方向

　技術の面で水爆実験を完成させるために、これから北朝鮮は必ず核実験を続けていくに決まっている。六者協議、朝米会談などの対話が行われないと、北朝鮮は依然に国連の制裁とある国家の一方的制裁を無視して核ミサイル実験を続けるのである。そして、北朝鮮のリーダー層と有限任期の選挙制のリーダー層とは時間概念に対する理解が異なっている。金正恩には任期の制限がないが、米日韓等のリーダー達には任期制限がある。そのため、金正恩政権は短期の困難と利益を無視して、自分が望んでいる中長期利益を追求する可能性が高い。北朝鮮の核問題を解決する過程に韓国人は絶えず失敗の打撃を受けたので、韓国国内に韓国も核兵器を保有すべきだという主張がずっとある。それは北朝鮮の核兵器保有を阻止できないという考え方によって判断したものである。

　一方では、中国外交部の王毅部長は半島の非核化と停和機制転換を並行して推し進めるべきだと主張している。実はそれが六カ国協議共同声明（9.19共同声明）の精神で、多国の学者や専門家が一致した主張でもあるが、中国側は公の場面でそれを自分の国家の政策に定めること自体が大変重大な意味を持っている。それでは北朝鮮核問題を一体如何に処理すればよいのであろうか。

　第一に、北朝鮮が核兵器を廃棄させない状況の下で、韓国と日本も核兵器の保有をいずれ主張するので、戦略の角度から見ればそれは絶対に喜ばしいことではない。北朝鮮が並進路線を放棄しないという主張は事実に合っていない。なぜならといえば、北朝鮮の並進路線は特定の国際環境や朝米関係の中で形成された応対策であるからだ。短期的にではなく長期的に見るべきだが、国際環境や朝米関係の変化に従って「並進路線」も変わってゆく。「北朝鮮が絶対に核開発を放棄しない」ということを確信するより、戦略の角度からいえば逆に「北朝鮮が核を保有するか」を「不確定」の方向に置くべきである。故に、長期的な目で見れば北朝鮮核問題の解決は期待できるものである。北朝鮮の核兵器数が50発か100発かと確認することに力を尽くすより、現段階には北朝鮮の持続可能な核開発を凍結してから、協商を通じて逐次に北朝鮮の核放棄を実現する

方法を考えるほうがよい。

　第二に、この間北朝鮮は核放棄を条件として米国に三つの要求を提出した。それらの条件は、米国が北朝鮮に対する敵対な政策の取消し、平和協議の締結、朝鮮半島全体の非核化の実現である。そのうち、もっとも肝心な要求は「平和協議の締結」である。アメリカはこれに対して誠意があれば、北朝鮮を核問題の交渉会議に引き戻される。中国の王毅部長の主張は正にこの論理に基づかれるのである。

　しかし、朝鮮半島の非核化と停和機制転換を単純に並行して推進させるべきではなく、両者を合併する新たな方法が必要であると筆者は思う。すなわち、朝鮮半島の非核化と停和機制転換を「一つの問題」に合併してから新たな協議交渉を通じて「一つのプロセス」で問題を解決させることである。北朝鮮の核問題にかかわっている協議は1994年に調印した「ジュネーブ合意」と2005年の「9.19共同声明」がある。しかし、このような協議は確実に履行されていない。その原因は、北朝鮮が核実験を行って合意に違反した他、米日韓も指導者が交代後に前の協議に従わなかった。特に、「9.19共同声明」のような重要な協議には、半島の平和協定と非核化を一つの問題に合併さず、それぞれの問題として扱っていた。これは注意すべきポイントである。

　最後に、朝鮮半島の非核化と停和機制転換の中で、主要な関係国の指導者が半島問題の解決に自分なりの「政治的な指導力」を発揮することは最も中心的な問題の一つである。朝鮮半島問題は軍事安保問題であるが、政治問題でもある。故に、技術官僚レベルで解決できる問題ではなく、関係国の指導者が政治的リーダーシップをきっぱり発揮して解決すべき問題である。

（劉麗嬌　訳）

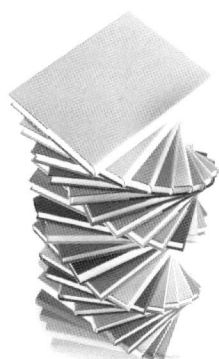

第三章

地域安全を挑戦する主な要素

北東アジア地域の安保協力を妨害する要素及び対策

申相振[*]

一、中米対立の定型化

　　中国と米国は北東アジアの安保情勢と経済秩序を決める最も重要な二つの国家である。習近平主席が中米関係を「新型大国関係」と設定しようと米国に提案したが、現在の中米関係が依然と「古い大国関係」に留まっている。近い将来に崛起した中国がアジア太平洋地域でアメリカを追い越すことを心配しているため、アジア太平洋地域で60％以上のアメリカ海軍を配備している。アジアがヨーロッパより重要であるとアメリカは思っているので、アジアで最先端兵器の配置を強化している。その上、アメリカは東アジアの日本、ベトナム、フィリピンなどの国家との協力を強化した。当該国家は全て中国と摩擦がある。5月22日–27日、オバマがベトナムと日本などの国家を訪問した主な目的は中国に対する軍事包囲を拡大することである。23日、オバマはベトナムでベトナムへの武器禁輸を解除すると発表したのも南海地域での中国抑止を拡大したがるのである。アメリカが急いでアジア太平洋の国々とTPPを締結する目的も、中国主導での東アジア経済秩序の構築を阻止したがるのだとオバマ大統領は公的に表示したことがある。米国のリバランス政策は中米両国に摩擦を起こし続け、東アジアの国々の協力と一体化の妨害にもなっている。

　　中国は平和に発展する道を歩むと再三に強調しているが、米国と東アジアの一部の国家は中国の対外政策が攻撃性を持つと思っている。2013年に中国は東海での防空識別圏を公布した。2014年にアジア相互協力信頼醸成措置会議においてアジアの新型安全観を提出した。2015年に中国は南海地域で人工島を建設して軍事基地化の措置を取った。このような事実はアメリカと周辺の国家に現状打破の行動と見なされる。2013年から、中国はアジア諸国との協力を強化するため、「一帯一路」戦略を進めている。これも中国がアジア地域の秩序をコントロールするための行為であると、アメリカも日本もそう思っている。

　　東アジア地域で中米間の競争が定型的になり、東アジア各国もジレンマに陥っている。これは地域的国家がみんな中米両国のいずれかの側に付かなければならなくなる

　＊　韓国光雲大学教授。

と意味する。韓国の朴槿恵政府はアメリカ政府の要求にこたえなかったが、日本はアメリカとの同盟関係を強化している。アジア地域の秩序に最大な影響力を有する中米両国の間の対立が協力より目立つため、アジア地域の協力は進展し難くなる。

二、中日競争の激化

近代化以前から、東アジアの二つの強国である中国と日本は東アジアでの主導権を奪い取るために競争を展開してきた。ついこの前まで日本はまだ東アジア地域の秩序を主導する国家であったが、2010年に中国のGDP総額が日本を超えてから、中日間の不一致が正式に表面化となっている。2012年に、日本が釣魚島国有化の措置を取った後、中国はこれに対して軍事デモを行い、中日間の東海地域での戦争リスクが高くなった。日本の保守・右翼の声が高まり、中国の民族主義的感情と愛国主義的感情も高くなって、中日間の摩擦が長く続いていくと予測できる。

中日両国は各自の経済力に基づいて軍事的な競争を展開しているので、東アジア地域の安全に影響を及ぼすのに十分である。中国の2016年の国防予算がただ7.6%増だが、その前に長期に年平均増長率を10%以上に維持した。アメリカに次いだ第二位の国防予算大国になっている。その上、中国は軍隊編制改革と現代戦争の要求に従う国防改革を行って戦争能力を強化している。一方、日本は「新安保法案」を実施して集団的自衛権を解禁させた。これを機に日本は二戦以来に長期に固守した「防御安全」政策を廃棄し、世界各地への軍隊派遣と戦争参加の法律基礎を持つようになった。日本はアメリカを援助する名義で又は自国の安保利益を保護する理由で周辺に自衛隊を派遣できる。そのため、日本は大幅に国防費を増やし、東海だけではなく南海でもアメリカ軍隊との連合作戦能力を強化している。日本の行為は明らかに中国に対するのである。東アジアのこの二つの大国は対立を激化させ続けると、地域の紛争を起こしてしまい、地域共同体の実現も無理なことになる。中日間の対立が深刻になるにつれ、2008年に始まった中日韓首脳会談が2013年から二年間停止し、中日韓自由貿易区の会談も中断されている。

三、北朝鮮の核保有と朝韓対立の膠着化

北朝鮮の四回の核実験と数回の弾道ミサイル発射実験が朝鮮半島と北東アジア地域の安全に多大な脅威を齎している。北朝鮮は米韓の軍事脅威を口実に絶えず核ミサイル実験を行っている。それに、もし北朝鮮が核保有国となったら、核拡散防止条約はただ一枚の紙となってしまう。北朝鮮の核兵器から来た脅威を対処するために、米日韓は軍事面での協力を強化するので、米国が朝鮮半島に原子力空母等の戦略武器を配置するのはこれから常態となり、サードも続いて配備の範囲に入っていくだろう。北朝鮮の核

実験や弾道ミサイル発射実験が既に朝鮮半島および東アジア地域の安全に脅威を与える主な原因となっている。北朝鮮の核兵器挑発に応対して韓国は開城工業団地を閉鎖し、韓国人が国外にある北朝鮮の食堂に入るのを禁止し、韓米連合軍事演習を行うなどの制裁措置を取った。それに対して、北朝鮮はソウルに対して核兵器打撃をすると脅威した。南北間の対立が一層深刻になった。

　北朝鮮核問題の悪化に朝韓間の対立が激化して、両国の交流や協力が全面的に中止となり、北東アジア地域の国々の経済協力もマイナスな影響を受けている。また、中韓、中朝、朝日、朝米間の信頼関係も弱化している。北朝鮮核問題が存在するため、中露朝の間の図們江開発計画は進展せず、韓国が提出したユーラシア・イニシアチブと中国の一帯一路計画の協力プログラムも実現されない。

四、歴史問題と領土紛争の未解決

　中日韓の間は歴史問題で相互不信になっている上に、領土をめぐる紛争が大規模の戦争を起こしてしまう可能性もある。2015年の末、韓日間は慰安婦問題の合意を結んだが、韓日両国の国民世論は当該合意に不満を持っている。特に、韓国国内で日本が誠意を持って謝っていないと思う世論が多数を占めている。また、韓中の間に2004年に五つの協議を締結したが、古代史を巡る争議は随時に爆発できる。それと同時に、中日の間に歴史問題でできた不信も膨れ上がっている。

　領土問題は中日韓三カ国関係の発展を妨害する決定的な要素である。日本政府は絶えず独島の問題を提出し、両国間の紛争話題となる。1905年に日本が日露戦争を通して独島を強奪したと韓国民衆は思っているので、日本の領有権主張に大きな反感を持っている。中韓の間に、黄海専属経済区と蘇岩礁の管轄権等の問題を巡る紛争も差し迫った急務である。中日の間に、釣魚島主権を巡る紛争も益々戦争を起こす恐れがある。

　交通や通信方式の発展に伴って、中日韓三カ国の国民的な交流が爆発的に増加しているが、三カ国の国民関係が改善されず逆に悪化してきたと多数の世論調査の結果で分かった。日本人の中国に対する評価は国交正常化以来の最低に下がっている。最近、中韓両国国民の相互好感度も低くなる傾向にある。中日韓三国は全て強い排他的な民族主義的感情を持っているため、歴史問題と領土問題は容易に解決できない。これは三国協力を妨害する決定的な要素である。

五、いくつかの対策

　第一に、冷戦式の考え方を捨てること。現在、北東アジア地域協力の障害は殆ど冷戦式の考え方に招かれたのである。中米、中日の間の敵対関係も考え方の不一致によ

ったのである。アメリカは冷戦時代に得た東アジアにおける主導権が中国に奪われることを心配して、日本と中国に対する同盟関係を強化した。中国も進攻性現実主義の立場から米日に対して軍事力の強化、地域的国家との連合などをした。また、日本が第二次世界大戦の罪を心から反省していないことも北東アジア地域における協力を阻害する重要な原因となる。故に、米中日三国は北東アジアの平和協力のために冷戦的考えを打破して捨てて、21世紀に合う地域政策を実施すべきである。

　　第二に、軍拡競争を止めて共同の発展を求めること。現在、北東アジアで二戦以来の最大な軍拡競争を展開している。アメリカと中国の軍事費はそれぞれ世界第一位、第二位であり、日本、韓国、北朝鮮の軍事力も世界トップテンにある。ロシアはアメリカに次いで第二の軍事強国である。現代の戦争は壊滅的な破壊力を持ち、軍拡競争は賢明なやり方ではない。故に、世界の経済が不況であればあるほど、諸国は軍拡競争を止めて共同の発展を求めるべきである。

　　第三に、各レベルや形での対話を大いに推し進めて相互理解を深め、誤解で紛争を起こす可能性を無くすこと。韓中日はこの大会のような形式で、民間の学者を集めて北東アジア地域の協力について腹を割ってコミュニケーションし、各自の立場で発表させて、問題の解決案を検討する必要がある。それと同時に、これまでに中日韓三国首脳会談で達成された協議を実行して、中日韓三国協力事務局を通じて様々な協力事項を主導すべきである。韓中日は環境保護、経済交流協力、災難援助などの地域的問題に関する協力案を模索することができる。

　　また、北朝鮮の核問題は現在の北東アジアの国々が共同に面している現実的脅威になっている。米韓は戦略的忍耐政策を固守して北朝鮮の核ミサイル実験を放任しているが、中国は北朝鮮の核ミサイル実験の阻止に十分な影響力を発揮していない。北朝鮮の第四回目の核実験後、国際社会は北朝鮮に対し厳しい制裁をかけたが、北朝鮮は労働党の第七次党大会で北朝鮮が核を放棄せないと表明した。より現実的な政策は、強い圧力をかける同時に会話を通して北朝鮮の核凍結を促すことである。

　　第四に、韓中日首脳会談を制度化させるすること。三国間の関係はいかに複雑であっても首脳会談を行うことによって相互の誤解や矛盾を解けることができる。実務レベルで解決しがたい難題も首脳会談で解決できる。したがって、韓中日の最高指導者が定期に面会できれば、北東アジアの平和協力を促進し、互いの紛争を少なくすることもできる。

（劉麗嬌　訳）

北東アジア地域の協力に向けた課題
―日韓関係を中心に―

西野純也[*]

一、日韓関係改善に向けた動き

　　日韓国交50年の節目も終わりが近づいた2015年12月28日の午後3時半、岸田文雄外務大臣と尹炳世外交部長官は共同記者発表を行い、慰安婦問題が「最終的かつ不可逆的に解決される」との合意を発表した。慰安婦問題は1990年代以降、日韓関係の大きな懸案であり続けてきた。昨年末の合意は、日韓外交当局の努力と安倍首相・朴大統領の政治決断をまずは評価すべきであろう。但し、韓国内の強い反対世論が物語るように、合意を履行していくには、合意に至るまでに傾けた以上の努力が日韓双方に求められることになる。また、韓国外交当局者は様々な機会に、歴史問題はあってもその他の領域、特に対北朝鮮問題では日本と協力すべきであるという「ツー・トラック」アプローチを表明するようになった。

　　ユネスコ世界遺産登録をめぐり日韓外交当局は緊張するが、春からの大きな流れが変わることはなかった。8月の安倍談話発表翌日、朴槿恵大統領は光復節演説で、「安倍首相の戦後70周年談話は我々としては残念な部分が少なくなかったのは事実」としながらも、「謝罪と反省を根幹とした歴代内閣の立場は今後も揺るぎないと国際社会にはっきりと明らかにした点に注目します」と述べた。過去2回の光復節演説がいずれも「日本の政治指導者たち」に決断を促す注文型の呼び掛けだったのとは異なる前向きな調子であった。

　　したがって8月中旬には、朴槿恵大統領が9月訪中と10月訪米、その後の日中韓および日韓首脳会談実現を念頭に置きながら、対日関係を前進させることが構想されていたのであろう。11月2日の日韓首脳会談を踏まえ、「本年が日韓国交正常化50周年という節目の年であることを念頭に、できるだけ早期に妥結するため，協議を加速化するように指示」が出され、ついに2015年の年末に合意が導き出されたのである。

＊　日本慶應義塾大学教授。

二、慰安婦合意の暫定的評価

　それでは、慰安婦合意をどのように評価できるだろうか。これまでの経緯と争点を踏まえつつ、暫定的ではあるが以下の3点を指摘したい。第1は、いわゆる「法的責任」問題についての評価である。この問題に対する日韓両政府の立場には埋めがたい溝があった。1965年の請求権並びに経済協力協定によって「完全かつ最終的に解決された」との立場を堅持する日本政府に対して、韓国政府は、「反人道的不法行為」である慰安婦問題は同協定によって解決されたとみなすことはできず日本政府の法的責任は残っている、との立場をとってきた。両国政府の立場変更は望めないことから、この問題で妥結点を見出すのは極めて困難であるとみられてきた。今回の合意をみると、日本側は従来の立場を維持しつつも、韓国側に歩み寄った。

　第2の評価は、資金拠出と事業実施のかたちである。合意には、「韓国政府が、元慰安婦の方々の支援を目的とした財団を設立し、これに日本政府の予算で資金を一括で拠出し、日韓両政府が協力し、全ての元慰安婦の方々の名誉と尊厳の回復、心の傷の癒やしのための事業を行う」とある。アジア女性基金がうまくいかなかった経験を踏まえ、「日本政府予算の一括拠出」と「日韓両政府の協力」が強く打ち出されたのが特徴である。これにより、新しい事業は日韓両政府の事実上の共同責任で進められることになる。

　第3の評価は、「今後、国連等国際社会において、本問題について互いに非難・批判することは控える」との合意である。朴槿恵政権発足後、この日韓両国の相互非難合戦に辟易している米国関係者は少なくなかった。相互非難がもたらす様々な悪循環を日韓両指導者が深刻に受け止めて措置をとったのは適切である。

　それでは、今回の合意によって本当に慰安婦問題は「最終的かつ不可逆的に解決」され、日韓関係は新時代に入ることができるのか。元慰安婦の年齢を考えれば合意は早急に履行されなければならないが、合意履行の努力が肯定的に評価されるには長い時間が必要となるであろう。日韓両政府、国民には最終解決に向けた忍耐強さが求められる。それを前提として次の3点に留意すべきであろう。第1に、最も重要なのは、合意にある「全ての元慰安婦の方々の名誉と尊厳の回復、心の傷の癒やし」のための努力を、これからも誠意をもって行うことである。第2に、朴槿恵政権が果たして国内世論、特に元慰安婦支援団体の理解を得ることができるのか、である。国民感情にいかに慎重に対応していくかが朴槿恵大統領には問われている。第3に、慰安婦問題をはじめとする歴史認識をめぐって悪化し続けた日韓両国の国民感情をどう回復していくか、である。政府間合意に対する日韓両国民の理解と支持を得るためには、悪化した国民感情を解きほぐしていかなければならない。日韓両指導者は短期的な感情論とは決別し、長期的なビジョンを掲げて隣国との関係を新しく築く決意を示してそれを実践すべきである。

三、北東アジア情勢に対する認識の乖離

慰安婦問題とあわせて近年の日韓関係を難しいものにしてきたのが、日韓両国の国際情勢認識の乖離である。特に、日韓の隣国である中国に対する認識と、そこから導き出される対中政策の違いが、日韓相互の不信感を高め、日韓関係悪化の構造的原因となっている。

残念ながら現在、多くの日本人は中国の台頭を「軍事的脅威」として認識している。他方、韓国での回答は、1位北朝鮮、2位日本、3位中国の順となっており、中国よりも日本に対してより強い脅威認識を抱いているという結果が出ている。北東アジア国際情勢に対する日韓の認識乖離は深刻なレベルにある。

尖閣諸島をめぐる日中の対立と中国が活発な海洋進出によって、東アジア地域の不安定化をもたらしている、とも見ている。そのため、2010年以降の日本の安保政策は、日中間で危機管理メカニズムの構築を目指すと同時に、万一の事態に備えて南西方面の防衛力を強化し、警察力と防衛力行使の狭間（グレーゾーン事態）での対応に備えてきた。安倍政権でなくても、日本の安保政策は大枠では現在の方向に進んでいたであろう。一方、朴槿恵政権の外交政策も、基本的には韓国を取り巻く国際関係によって規定されている。韓国では従来、「4強」（米露中日）が朝鮮半島情勢に決定的な影響力を持つ、と考えられてきた。しかしここ数年で「4強」論ではなく、米中両国が朝鮮半島の運命を握っているとの「G2」論が韓国では一般的になった。こうした米中G2論に沿うかたちで、朴槿恵政権は米韓同盟とともに中韓関係を重視する外交を展開してきた。

しかし、韓国が対日関係の改善なしに、中国に急速に接近しているため、日本国内では朴槿恵政権が中国と「反日」共闘としているとの見方があるが、そのようなは単純化は韓国外交に対する理解を妨げるだけである。日韓の政治指導者と外交実務者は、パワー・バランス変化による関係の不安定化から一刻も早く抜け出し、より一段高い協力を目指すべきであろう。そのためにはまず、互いの外交安保政策への深い理解が不可欠となる。お互いが、現在の北東アジア情勢、とりわけ台頭する中国と不透明な北朝鮮情勢にどう向き合おうとしているのか、率直な対話が必要である。北東アジア国際秩序の当事者そして、日韓は共通の未来ビジョン作成を放棄すべきではない。

日韓両国はともに米国を同盟国とし、日米韓3カ国協力を進めてきたことは日韓双方の安全保障にとって大きな資産である。今後も実務レベルで日米韓および日韓両国の安全保障協力を進め、それが国民の支持を得ることができるよう努力を惜しんではならない。同時に、2011年に事務局を設置した日中韓3カ国の協力枠組みにもより大きな関心を払い、中国との協力の領域をさらに広げていく日韓共同の努力が切実である。朴・安倍両政権は、歴史問題（過去）だけではなく、東アジア地域の現在と将来に関し

ても、「共同で」できることをより積極的に模索し、それを通じて近年の閉塞状況を打開すべきである。

四、第4回北朝鮮核実験後の北東アジア情勢

　　北朝鮮核実験以降、朴槿恵政権は関係各国の中で最も厳しい対北朝鮮姿勢をとっていると言える。これまでの対北朝鮮制裁と同様、今回もカギとなるのは中国の動向であり、同時に朴槿恵政権の対中外交も問われる状況となって、韓国側は不満を抱いた。国連安全保障理事会決議2270号が過去20年のうちで最も厳しい制裁と言われるにもかかわらず、北朝鮮は挑発的言動を続け、核・ミサイル開発に拍車をかけていることを連日アピールしている。

　　決議2270号の内容は、北朝鮮に核放棄を迫るものではあるが、その力点は体制の変化にはなく、北朝鮮を非核化のための交渉テーブルに呼び戻すことにあり、中国やロシアの意向が反映された結果であろう。それでは、北朝鮮が挑発的言動を止め、交渉のテーブルに戻ってくればそれでよいのか。答えはノーであろう。韓日米は、先ず北朝鮮が非核化への真摯な取り組みを行うことを求め続けてきており、非核化へのコミットメントなき無条件の対話再開はないとの立場である。しかし他方で、いまの局面には「強制」だけでなく、対北朝鮮「安心供与」も必要、というのが中国の立場なのであろう。中国からすれば、決議履行により北朝鮮がまずは対話のテーブルに復帰することが重要であり、非核化は交渉を通じた長い道のりの先にあるゴールである。制裁をかけ続けて朝鮮半島の緊張が過度に高まることも避けなければならない。

　　もちろん、こうした各国の決議に対する考えや立場の違いは今に始まったことではない。しかし、だからこそ問題の根は深い。2016年の北東アジアが、より一層困難な外交課題を日韓両国はもちろん、関係各国に迫っている。

朝鮮半島の平和統一をめぐる韓中論争
−相互認識・論争・戦略の限界−①

文興鎬*

　　2015年9月2日に、中韓首脳会談が北京で行われた。この会談は朝鮮半島とその周辺国にとって非常に重要な意義を持っている。中国人民抗日戦争勝利70周年記念閲兵式が中国にとっていくつもの意義を有する。朴槿恵大統領がこのイベントに参加して国際社会の注目を引いた。また、朴槿恵大統領は習主席と非公開的な会談を行って朝鮮半島の平和統一問題について深く検討した。それも外界に注目されていた。

　　勿論、朝鮮半島の平和統一について中韓両国の首脳はどのように深く検討したか、どの程度、どの範囲の協議に達したか、知るよしもない。でも、朴槿恵大統領が帰国の飛行機で記者会見をして、・これから中韓両国は朝鮮半島の統一問題に対して対話を行う・と言及した。その後、韓国の関連部門が中国との半島統一に対する対話を主な課題として異なる角度からの方案提出に着手している。もちろん、これは韓国側の過度解釈かもしれない。半島統一に関わる中韓首脳の検討が形式上に限られ実質的な進展がない可能性もある。或いは、中国側が明らかに表示しなかったが、会談が友好的な雰囲気で行われたため、朴槿恵大統領は半島統一問題に対する中国の態度が積極的であると感じられたかもしれない。また、朴大統領が暗示したように今度の検討は確かにある程度の深い進展を得た可能性もある。上記の多くの可能性を踏みえ、本稿はこれから両国が半島統一問題に対してうわさ通りに正式な対話を行われるか、またはその対話の前提と制限について検討してみたい。

　　先ず、半島統一に対する中国最高指導者の認識、特に習近平主席の北朝鮮認識と基本的戦略について論述したい。その他、習近平主席が望んでいる朝韓関係と半島の見通しも分析する。半島問題に対する中韓両国の対話を実現するため、中国が半島統一にとって避けられず考慮しなければならない要素であると的確に認識すべきである。第二に、中韓が正式に統一問題を検討する場合に最優先的に提出すべき肝心な問題について分析する。半島統一の前提が「平和」と「自主」であると中国は主張している。本稿

---

　①　本稿はシンポジウムにおける発言の要旨である。

　*　韓国漢陽大学国際学院長。

でいくつかの立場から「平和」と「自主」の戦略的意義と構成的制限の変化について分析する。「自主」と「平和」について中国が納得できないと、中韓の半島統一対話も深く進展できない。第三に、中国政府の対朝政策の変化を分析する。国連が北朝鮮の四回目の核実験に対して制裁を行った状況にあっても、中国は相変わらず政策を調整している。これは中韓の半島統一対話に決定的な影響がある。

　前述を踏みえ、筆者は上記の問題に伴って中韓の半島統一対話の可能性を論述したい。但し、本稿は現段階の対話で解決しがたい争議と障害に重点を置く。なぜなら、現在に対話の障害を明らかに認識したうえ一連の解決案を立てることが対話そのものよりもっと重要だと思っているからである。

一、朝鮮半島の将来に対する認識の限界

　2012年に就任以来、習近平主席の朝鮮半島に対する認識が時間によって過去、現在と将来の三つの段階に分けられる。当該認識が非常に柔軟的かつ複雑的な発想法である。習主席は戦略判断と反応によってやり方を調整している。第一、「過去型認識」。これは中国と北朝鮮が抗日戦争と抗米援朝戦争にて結んだ歴史的絆に対する積極的評価である。この認識は依然に朝鮮半島と北朝鮮に対する習主席の認識に保留され、ある程度で中国の対朝政策を影響している。

　第二、「現在型認識」。これは現在の北朝鮮と韓国との比較によるものである。韓国の経済が高度に成長する同時に、政治的実力も発展している。それと反対に、北朝鮮の政治・経済が安定ではなく、最高指導者のリーダーシップにも欠陥がある。中国は韓国、北朝鮮に対してはそれぞれ異なった認知を持っており、そして、朝鮮半島の非核化を半島政策の最優先的な位置につけている。

　第三、「将来型認識」。習主席の「将来型認識」の中では、半島統一が核心的な問題ではないといっても、それを戦略的レベルに持ち上げる可能性が高い。従い、中韓の半島統一対話が確実に推進できれば、対話が習主席の将来型認識を拡大するチャンスでもある。

　要するに、朝鮮半島に対する習主席の過去、現在、将来の認識が一体となって働いている。従い、彼は出来事の特徴によって違う方案を立て、違う対朝政策を取る。半島への最大な影響力を図るため、中国はできるだけ中韓戦略協力関係と中朝伝統的友好関係の間のバランスを保っている。中国は北朝鮮と韓国のどちらも放棄しないため、こういう方法で可能な限り中朝と中韓の関係をよく調整する。これは中国特有の財産であり、現実において、その他の国家は中国のこの策略を模倣できない。そのため、北朝鮮体制存続の必要性と半島の将来に対する中韓認識の相違を考慮して、少なくとも現段階では中韓の半島統一対話は推進しがたいものといえよう。

二、平和自主統一の論争と限界

　　1992年8月24日に、中韓が国交を樹立して「中韓外交関係樹立に関する共同声明」を発表した。そのうち第5条にて半島統一問題に対する中国の公開的立場を表明した。即ち、「中華人民共和国政府はできるだけ早く朝鮮半島の平和統一を実現したいという朝鮮民族の希望を尊重し、朝鮮民族が自ら朝鮮半島の平和統一を実現することを支持している」。時間の推移につれ、両国政府は半島統一の認識についてある程度の相違が出る可能性があるが、この問題に関する中国政府の立場と原則は終始一貫である。中国側は終始に朝韓両国の自主平和統一という大前提を固守している。この大前提が満たされないと、中国側の支持を得られない。故に、中韓両国が初級的な半島統一の対話を実現しても、自主平和統一が最初段階から回避できない問題である。さらに困難なのは、現段階に韓国一国の努力で半島の自主平和統一がぜんぜん実現できない。

　　先ず、中韓の間に平和統一の問題について食い違っている可能性が一番高い。事実上、韓国は中国より平和統一を望んでいる。統一そのものよりどのように統一させることがもっと重要である。平和ではない統一が国家と民族の基礎を動揺させ、大量の労力や物資を損害する。このような統一が既に統一の意味を失っている。従い、どのような口実があっても平和ではない統一を推進してはいけない。朝鮮半島の平和統一の前提が北朝鮮の人民と国家指導者の同意を得るうえ、周辺の関連国家の支持を得るべきである。両方とも平和統一に欠けない重要な要素である。でも、現在の朝韓交流協力のレベル、朝鮮半島に対する中米日露等の周辺国家の基本政策、北朝鮮の権力システムと内部の統治状況を考慮すれば、半島の平和統一の内外環境が楽観を許さない。

　　このような状況で、韓国が統一を主導することが中国から完全に支持される可能性がゼロに近い。にもかかわらず、韓国は下記の二つの面から積極的に考慮して、できるだけ中国の支持を確保すべきである。第一、方向を調整すること。即ち、半島周辺地域の平和と安定を促し、半島の統一平和のプロセス、目標と将来の構想を設定する。第二、漸進的、段階的な統一を求めること。政策上、朝韓共通性の回復、緊張する局面の緩和及び半島平和システムの構築に重点を置くべきである。上記の二つの要素がもたらした総合的効果を利用して、更に朝韓両国の交流協力を拡大する。朴槿恵政府が苦心さんさんして提出した「朝鮮半島信頼プロセス」がこのような効果を発揮させるもっともいい方案である。現段階に「朝鮮半島信頼プロセス」ほど朝韓関係と周辺関係の改善に効果的な案がない。北朝鮮がいつも予測できない行為をして善意的政策を妨害しているが、現在の状況で実際な行動でこのような悪循環を変更すべきである。これも半島問題分野の中国専門家の見方でもある。中韓の半島統一対話がこの見方から出発して相互に理解・協力すべきである。

交流と相互理解を強化し　共同安全を求める

　　第二、「自主統一」が「平和統一」より困難である。中国が半島統一を支持する前提は「平和統一」と「自主統一」である。つまり、朝鮮半島周辺の先進国、特にアメリカと日本が介入できず、朝韓両国が自分の努力で統一を実現すべきであると意味する。中国は自主統一を強調する本質が既に韓国の安保が完全に韓米同盟に依頼していると認識しているからである。大規模の米軍が韓国に駐在し、在韓米軍の活動範囲が既に朝鮮半島から他の紛争地域に拡張している。従い、アメリカの所謂「ソフト・ストラテジー」の下で中韓両国が外力に介入されず自主的に統一を推進することが不可能であると中国は意識している。また、最近、米軍が在韓基地に「終末高度防衛ミサイル（THAAD）」を配置していることについて、中国側は疑わしいと思い始める。米軍が朝鮮半島を中国牽制の前哨基地として働かせたいと中国は理解している。その上、韓国政府が現在でも「戦時作戦統制権」を有さず、決められた指揮権の譲渡時間も無期限延長されることになった。

　　では、自主統一を実現できる方案がないか。現在の構成的ジレンマで、中韓戦略協力の強化がよい方案であるが、韓米同盟と中朝関係を考えると、中韓戦略協力の障害がたくさんある。近来、朝鮮半島で多くの出来事があった。9月2日に、中韓首脳会談が行われた。9月3日、朴槿恵大統領が天安門の閲兵式に出席した。10月10日、習近平主席が北朝鮮に祝電を送り、劉雲山が北朝鮮を訪問し閲兵式に出席した。10月16日、韓米首脳会談が行われ、韓米同盟の強化と対朝政策について合意した。近来事態の発展を考慮すれば、韓国は中米の間に挟まれて、バランスが取れがたい。さらに深刻なのは、中国が強調している自主統一に背馳しているのである。

　　故に、自主統一を推進するには緊張した朝韓局面の緩和、半島平和体制の構築、韓米同盟の適度な調整しかできない。1961年に調印された「中朝友好協力相互援助条約」が既に有名無実であると清華大学の閻学通教授が主張し、特に「いずれか一方の締約国が一国又は多国からの武力攻撃を受けて、それによって戦争状態に陥ったときは他方の締約国は、直ちに全力をあげて軍事上その他の援助を与える」という条項に関しては、すでに完全に役に立たなくなったと氏は指摘している。勿論、中国政府がこの立場を公表していないし、殆どの学者もこの見方に賛成しない。この見方には韓国軍事の独立性の不十分と韓米軍事同盟の強化を婉曲に批判する意味も含んでいる。中国と半島統一の対話を行って成果をあげたいなら、韓国はすべての動向を詳しく分析して応対の準備をすべきである。従い、自主平和統一問題に関わる中韓の見方が大いに食い違っている。中国政府が統一を支持する前提である「平和」と「自主」が、現段階に満たしがたい条件である。

　　朝鮮半島の平和統一に関する韓国と中国との対話を見れば、両国には相互認識の差異や主要な観点に根本的な対立が存在し、それが原因で両国の平和統一に関する対話自身が不可能となり、初歩的な議論があったとしても、実質的な進展が相当に困難である。

　　にもかかわらず、朝鮮半島の形勢や朝韓関係に関する中国国内の世論が速く変わっていることに注目すべきである。特に青年世代において変化の範囲がより広い。長い

目で見れば、韓国は力をこめて青年世代の交流協力を推進して、中国の青年世代により客観的に朝韓関係と半島統一を理解させるべきである。特に、韓国での六万名以上の中国留学生を重視すべきである。彼らは将来の中韓関係の主役である。半島統一が東アジアの平和共栄の最も重要な任務であり、地域内の全ての国々に有利である「共同財産」でもあると、彼らにわかってもらうべきである。

　　中国が半島統一を支持する大前提が自主平和の原則である。前述のように、朝韓関係が複雑であり、関わっている国際要素も多くて複雑である。これは中韓両国の努力だけで解決できる問題ではない。中国と半島統一の対話をするため、韓国は平和自主問題に対して努力して成績をあげらなければならない。先ずは平和の問題であり、朝韓間の交流協力を拡大して情勢の緊張さを緩和すべきでる。もし交流協力が達成できず依然に軍事的対峙の態勢が続いていくと、中国に半島統一を検討しようという提案が出しても説得力がない。次は自主の問題である。自主とは実際に韓米同盟に照準を合わせているので、平和問題にも関わっている。即ち、一旦朝鮮半島が平和ではない場合、韓米両国が同盟関係を強化し、韓国国防の自主性が大いに弱化させられるに決まっている。従い、「朝韓間の信頼を醸成→緊張した情勢を緩和→半島の平和体制を推進→⇒韓米同盟の強度を調整→⇒韓国国防の自主性を向上→中米の間にバランスを維持」という良い循環を確立すべきである。

　　要するに、現段階に中韓両国の半島統一対話を妨害する要素が多くて、対話で相当的な成果を得る可能性が低い。特に、近来、中朝関係が著しく改善されている。韓国の立場から見ると、そういう状況の下であえて中国と対話しようとするより、まず長期的に如何に対話を可能にさせるか検討し始めるほうがよかろう。韓国の政策は国内と国外の環境の建設に着目すべきである。そのうち、韓国と北朝鮮との協力や交流を増やしてまた軍事的な緊張する情勢を緩めることによって朝鮮半島の平和体制の「ビジュアル化」を実現させることこそは現在韓国にとって最も優先すべき考え事である。そうしないと、朝鮮半島の統一のために中国が提出した平和と自主の前提条件を満たすことはできない。無論半島の統一は中国の支持か反対だけで決められることではないが、中国という要素が肝心なものであると認めなければならない。だから、韓国は半島の統一問題を長い目で客観的に見る必要がある。心より願う統一と「独り善がり」的な統一とは全く違う概念である。半島統一の問題について、韓国が長期的な計画や将来に向かいながらステップバイステップでの解決法を持つことこそは、北朝鮮や周辺隣国からの支持を確保させる近道である。不信や対立を取り消すために、「朝鮮半島信頼プロセス」を国内と国外へ広めていくべきである。それは政治的なスローガンではなく、冷静的かつ落ち着いた準備が必要となる。現在、「朝鮮半島信頼プロセス」における「一帯一路」の計画と半島の統一準備における「能力を蓄積しながら外に表さない」政策が切実で緊迫に必要とされている。

（劉麗嬌　訳）

「北東アジア経済回廊」の建設を推進すべき

石源华[*]

　2016年4月29日、筆者は幸運にも中国公共外交協会と中日韓三国協力事務局が釣魚台国賓館で主催した「初回の中日韓公共外交フォーラム及び2016年中日韓協力国際フォーラム」に参加した。中国外交部副部長張業遂が祝辞をした。三国の元政界要人、外交官、有名な学者、社会名流が一堂に集まり、日中韓三カ国協力の重要性と今後の発展方向について深く検討した。会議の内容から日中韓三カ国の更なる協力の可能性が感じられた。筆者は「北東アジア経済回廊」の建設はやらざるを得ないことを深く感嘆した。

　「一帯一路」の発議と推進の過程で、北東アジア地域協力はあるべき重視がされることなく、有効な連結も実行されなかった。2015年3月28日、国家発展改革委員会、外交部、商務部が共同で『シルクロード経済ベルトの共同建設の推進と21世紀のシルクロードのビジョンと行動』を発表し、「一帯一路」の建設に関し、文中では北東アジアを言及することはなかった。国家現行の計画と推進する中国周辺の「六大経済回廊」にも、「北東アジア経済回廊」は含まれなかった。北東アジアは「一帯一路」における中国周辺協力圏の割れ目と亀裂となった。これは重視・解決すべき重大な問題である。

　北東アジア地域は「一帯一路経済ベルト」と「21世紀の海のシルクロード」を繋ぐ場所であり、交わる場所でもある。アジア地政学的な安全にとっても、中国の週辺経済協力にとっても、重要な地域であり、更には「一帯一路」建設で避けてはならない重要な地域でもある。筆者は曽て、文章で「中朝韓経済回廊」の建設を主張し、朝鮮半島を起点に、さまざまなルートを経由し、ユーラシア大陸橋に入り、「シルクロード経済ベルト」の建設に参与し、同時に中国の海上シルクロードとつながる。(『世界知識』2015年第5期) 後にはロシアを含めた「中朝韓ロシア経済回廊」の建設を主張した。しかし、朝鮮半島核問題の存在と朝鮮半島情勢の不安定及びその他の様々な原因で、その実現は困難である。そのため、筆者は近年の日中韓協力発展の勢いを借りて、日中韓を中心とする、ロシア、モンゴル、北朝鮮を含んだ「東北アジア経済回廊」の建設を考え

---

[*]　復旦大学国際関係と公共事務学院教授。

ている。

　北東アジア地域協力は中国周辺の地域協力の中では、一番早いのである。20数年前、国連は図們江開発計画を取り仕切り、中、日、韓、朝、蒙、露はすべて参加した。成功していないが、多くの経験を積んだ。1999年から中日韓は提携のプロセスをスタートさせ、その間政治的要因で停滞することもあった。1997年のアジア金融危機だろうが、2008年のグローバル的な金融危機だろうが、三カ国は他の東アジアの国家が困難な情況下で助け合い、危機をチャンスに変え、困難を共に乗り越え、多くの成功の経験を得た。三カ国は互いに近く、優勢を補い合い、人文交流が密接で、経済連携深化している。2015年、三カ国間貿易総額は6257億ドルに達し、人員往来は述べ2400万人近くになった。今三カ国間の協力が達したレベルは、中国の週辺の様々な地域提携体制の中で最高である。既に首脳会議を中心に20個の部長級会議と60以上のワーキンググループ会議が支えとなる協力メカニズムが作られ、中国週辺のほかの6つの経済回廊の発展プロセスと比べしっかりしていて、スーパーリード地位にある。今日の「北東アジア経済回廊」のためにしっかりと基礎を固めた。

　「東北アジア経済回廊」は、中日韓を中心とすることは歴史的選択である。中国、日本、韓国は全部アジアの重要な国と世界の主要な経済体である。三カ国の人口の合計はアジアの3分の1を超え、世界の5分の1つを超える。経済の総量はアジアの70％、世界の22％を占める。アジア経済増量に70％を貢献し、世界経済増量に36％貢献して、世界経済と国際貿易協力における安定な成長の一極である。2015年11月、三年間中断された中日韓三カ国首脳会議がソウルで再開され、東北アジア地域協力に新しい活力を注ぎ、続いて、教育部長、環境部長、自由貿易区の交渉、三カ国共同記者会見、三カ国青年交流などが相次いで行われ、三カ国間の協力が回復する状況になった。東北アジア地域で「一帯一路」提議の第7条「経済回廊」の建設を推進するのは当然なことで、しかも重要な影響を与えることができる。

　「北東アジア経済回廊」建設が直面する苦境は、朝鮮半島核問題による朝鮮半島の不安定が北東アジア地域協力の「落し穴」である。その二は日本の「右翼化で」、安倍政権は自ら進んでアメリカの「アジア太平洋リバランス」戦略の手伝いをし、歴史問題の上で逆戻りし、領土紛争問題で挑発し、日中、日韓関係の緊張を招いた。北東アジア経済回廊の建設には、この二つの大きな問題に対し、戦略的な突破を実現しなければならない。中日韓協力の基礎の上で、経済回廊をロシア東部地域、北朝鮮とモンゴルを含め、北東アジア全体までに広げ、徐々に6カ国間の「五通」実現させ、北東アジア経済共同体の建設を更なる目標として努力するべきである。

　「北東アジア経済回廊」の建設は、中国と近隣国の国際経済協力圏を順調に一つに合わせ、中国の近隣諸国国際経済協力と「一帯一路」の発展戦略で一つの完全な戦略圏ができる。「北東アジア経済回廊」は中国戦略機会の延長と「第十三次五カ年計画」

の実施に有利で、中韓と中露の全方位協力を強化するのにも有利である。日本が「一帯一路」建設に参加し、北朝鮮が国際社会に溶け込み、モンゴルが北東アジア協力に参加することを推し進める。「北東アジア経済回廊」は中国、北東アジア乃至世界にも幸福をもたらすことでしょう。

（劉麗嬌　訳）

目下の北東アジア安全が直面する挑戦及び活路

劉卿*

一、目下北東アジア安全に存在する主な挑戦

　　第一に、北東アジア各国の相互信頼の赤字は更に増加した。相互信頼の建設は、常に北東アジア安全構築の短所で、最近、北東アジア諸国の相互信頼関係が再び厳しい挑戦を受けている。北朝鮮の核実験や国連制裁により、南北の敵意は深まり、中朝、中韓の相互信頼も損害を受けた。アメリカは北東アジアと東南アジアで中国に対する排除力を増やし、中米互いの戦略の疑いが増した。日本は平和憲法の改正を加速させ、積極的に南中国海問題に介入するなど行動を取った。それで、中、韓ではその戦略的動機への懸念や警戒を強めている。最近、日本国内に対中関係の緩和を要求する兆候があり、岸田文雄外相も中国を訪問したが、日中関係が回復できるかどうかまだ観察する必要がある。

　　第二は、北東アジア安全構築プロセスが後退に陥った。八年間、「六者協議」は停滞状態で、今各国はこの体制を回復させる緊迫性に対する認識は統一されていない。2016年の初め、国連安保理で2270号決議を通過し、対北朝鮮制裁と平和交渉推進の二つの内容が含まれている。しかし、関係国は、対北朝鮮制裁を強調するだけで、平和交渉に対する意欲が少ない。もし、北朝鮮政治に活路を示さなければ、最後には北朝鮮が更なる一か八かの無謀な行動に出る可能性がある。「六者協議」が行き詰ったと同時に、北東アジア地域に代わりのような他の多国協調体制はなく、朝鮮半島核問題と地政学の競争が地域国家安全協力を隔たる壁となった。

　　第三は、アメリカの「オフショア・バランサー」が地域振動に与える影響は増している。アメリカ政府の債務は19兆ドルに達し、国防予算は削減のプレッシャーに直面している。このような背景の下で、国内の「孤立主義」が台頭し、対外戦略でコスト削減を要求された。アジアでは、アジア人により多くの戦略的コストを引き受けてもらう傾向にあり、特に同盟国により多くの防御支出を分担させる傾向がある。同時に、地域国家間の矛盾を借りて、「オフショア・バランサー」戦略を練り、勢力の均衡を制御する。北東アジアでは、日韓にもっと北朝鮮核問題の挑戦に対応してほしいと望むと同時

＊　中国国際問題研究院 アジア太平洋研究所所長。

に、中国を牽制してほしいとも望む。アメリカ戦略意図の変更は、北東アジアに対する介入方法に変化を生じさせた。アメリカはもっと組織者と管理者として、日米・米韓同盟関係を強化すると同時に、中国に影響を与え、三か国で互いに戦略消耗させる。この戦略調整は強化し続け、更に東北アジアの安全構造を変え、この地域を「冷戦」時期の安全枠組みから抜け出すことを困難にさせる。

二、北東アジア安全環境改善に転機要素があることが見えてくる

　　一つ目は、三カ国が共に利益が得られる経済議題で協力する意思を強化し、安全領域での協力に対しそれ以上の効果が生じる。例えば、中韓自由貿易区が正式にスタートし、日中韓自由貿易区の交渉プロセスを早める。これらの提携は地域国家に日増しに増える利益をもたらし、安全協力の合法性と動力にもメリットがある。相互信頼の蓄積に対し、協力習慣を育て、及びコミュニケーションにも大いなる助けとなる。明らかに、手強い問題を解決するのにも有利である。

　　二つ目は、民間要素が日増しに活発し、三カ国関係を促進する基礎力が固まること。2015年、三カ国の行き来する人員は延べ2400万人近くある。過去三年間、中韓人文交流共同委員会は3回全体会議を開催し、70個の人文交流活動を展開した。2016年もまた69個の新しい交流協力プロジェクトが増えた。いくつかの中韓友好交流ネットプラットホームは建設され、開通予定である。これは両国のネットユーザが情報交流を促進するのに重大な働きを発揮する。日中人文交流は上昇する傾向にある。2015年に訪日した中国人観光客は約500万人に達し、各国の訪日観光客数で首位に躍り出ている。中国民衆の日本人に対する印象も変わりつつある。

　　三つ目は、現在関係国は政策調整の根回し期に置かれ、安全協力に転機要素がある。北朝鮮労働党第7回全国大会後、半島情勢は一時緩和する可能性がある。七大で、現在の韓朝関係の緊張した状態は「対話と協議を通して完全に解決することができる」と示している。近日、北朝鮮は朝・韓間の軍事的対話と協議を提案し、韓国の反応を探った。米朝関係もいっそうよくなる可能性がある。最近、北朝鮮外務相李洙墉が国連を訪問する期間に、もしアメリカが軍事演習を停止するなら、北朝鮮は核実験を中止してもいいと示した。オバマ氏は、北朝鮮が半島非核化に誠意がある態度を示したら、アメリカも誠意をもって対話する準備をしていきたいと答えた。また、北朝鮮はアメリカの“政権交代”を希望し、選挙結果がいかんにせよ、北朝鮮の対米政策には再出発する可能性がある。2015年末、米朝は秘密交渉をした。新しい政府の調整後に、双方は再度接触する可能性がある。2016年下半期、日本で開催される日中韓首脳会議と中国で開催されるG20会議等で、日中韓も更なる関係改善の機会があるかもしれない。

三、北東アジア安全協力を促進するいくつかの考え

　　一つ目は、信頼関係建設を引き続き推進する。中米は大局から着眼し、地域平和安定上の共通利益は分岐より大きいと理解し、客観的で理性的に互いの発展を扱い、競争面ではなく協力面を強調する。双方は朝鮮半島核問題の解決を推進することが将来一時的の主な外交課題の一つとし、朝鮮半島核問題を地政学政治の優位のツールとして推進することを免れなければならない。日中韓三カ国は北東アジア「カギとなる三角」であり、三角が支離滅裂なら、三角を安定させる枠組みは成形しにくい。北東アジアの共同安全を実現するため、「アジアのパラドックス」から離れ、「ゼロサム」ゲームの思考を捨て、冷戦思考に陥ることを警戒し、安全選択の多様性を広げていく。三カ国は誠実に交流することで、相互信頼を増やし、疑いを減らし、対話協力をもって安全を促進すること。敏感な問題、特に歴史問題を適切に処理すると同時に、民意基礎を深め、責任ある態度で世論を正しく導き、同方向に行き、妨害を排除して、三カ国協力のための条件を作らなければならない。

　　二つ目は、多国協調体制の建設を推進し、「防振装置」を早く補う。まずは迅速に体制アレンジメントを通して朝鮮半島核問題を緩和させること。北朝鮮に対し制裁をすると同時に対話する隙間を残し、積極的に半島の非核化の実現と半島停和体制の転換を並行推進することを検討する。対話、交流ルートを通して、北朝鮮の安全ニーズを理解し、北朝鮮に安全感を与える。同時に、その他の安全協調体制の可能性を検討する。体制アレンジメントを通して、各国の関心と実際の難題を知り、共に解決する道を探していく。

　　三つ目は、多くのルートで北東アジア協力習慣を育て、協力文化を形成すること。各国の目に見える共通利益促進という具体的な議題、特に経済関係と係わる非伝統的な安全領域に焦点を合わせる。インターネット犯罪、金融詐欺、エネルギー安全、核安全などの領域での提携を推進させ、北東アジア共同利益の基礎を拡大させ、伝統的な安全領域でそれ以上の効果生じさせる。協力の推進に従って、北朝鮮に向け扉を開き、徐々に北朝鮮を地域の非敏感な領域での協力に吸収する。

（劉麗嬌　訳）

慰安婦協議と日韓安保協力

張薇薇*

2015年12月28日に日本と韓国は慰安婦問題で協定を結んだ。韓国大統領朴槿惠氏が後に日本首相安倍晋三氏と電話をした時、安倍総理が慰安婦問題での被害者に御詫びと反省の意を表した。2016年7月に韓国政府に設立された「和解・癒し財団」が正式に成立した。日本側は韓国による駐韓日本大使館前の慰安婦少女像の撤去を前提とせず、早速財団に10億円拠出することを確認した。もし協定内容が順調に実現されていたら、韓国政府は関係措置の実行後に慰安婦問題が最終的かつ不可逆的に解決されたと確認することになっている。

朴槿惠大統領が就任の初期に慰安婦問題を日韓の間で最も緊要な問題として取り扱っていた。それで日韓関係も数年間氷点下に落ちていた。去年の年末に、関係問題の解決条件に明らかな変化がなかった状況の下で、両国政府がいわゆる「共通認識」に達したと突然発表したが、その協定に極めて濃厚な政治的意味が入っていると明らかだろうが、そして、後ほどの実行中にも背後の政治的考慮が十分に窺える。

一、議論の溢れる慰安婦協議

慰安婦協議は達成から実行中に入って半年余りになって快速に推進されているが、韓国と日本国内からの疑いや批判が絶えない。その協議は政府主導のもので、被害者からの意見を全然聞き入れていないと韓国慰安婦支援団体が猛烈に糾弾している。「和解・癒し財団」の成立直後の2016年7月28日に財団理事長金兌玄氏が韓国のある男性に催涙スプレイをかけられた事件があった。同時に、日本国内の世論ではこれで本当に「最終的」な解決になるか、韓国に10億円の資金を拠出するのに間違いなく「賠償金」の意味があるので日本の名誉を損害するのではないかと疑問を持つほうが多数である。

実は、いわゆる慰安婦協議の実質は「協議は一つ、解釈は違う」とのことである。日本側は慰安婦問題の「最終的かつ不可逆的な解決」を強調し、韓国に慰安婦問題を政治的なカードとして利用することを止めてほしいと要求している。しかし、韓国側

---

* 中国国際問題研究院アジア太平洋研究所助理研究員。

は総理電話、外務大臣の姿勢及び慰安婦基金への資金拠出などの行動で日本政府が事実上の「責任」を負い始めたという点を強調し、それも慰安婦問題に関して韓国政府と民間が長期的に求めてきた中心的な要求である。

　但し、両方の不一致が言うまでもなく明らかである。協議の発表後、日本の安倍晋三首相も岸田文雄外務大臣も、日本政府は慰安婦問題が既に1965年の「日韓請求権協定」によって最終的かつ完全に解決終了されたと思っている立場は変わらないと言明した。2016年1月18日に、安倍晋三氏が参議院予算委員会で、日本政府と軍隊が戦争期に慰安婦を強力で募集する直接的な証拠がなく、ただ慰安所の設立や慰安婦の管理や運送などの仕事に直接的或いは間接的に介入しただけだという発言をした。それによって日本政府が依然と慰安婦の強力募集に法律的責任があると認めないことは表明された。もちろん、そういう姿勢では韓国国民に認められ更に許されるわけがない。そして、駐韓大使館前の慰安婦像が取下げられる可能性もほとんどないであろう。それについて日本政府もはっきり承知しているので、韓国との協力を一刻も早く推進させるため、慰安婦像の撤回を財団に10億円拠出の前提としないことをすぐに決めたわけである。

二、現実になりそうな安保協力

　日韓両国政府が慰安婦協定の推進を急いだのは、安保領域での協力のために政治的な雰囲気を作り出したいのが最も主要な目的なのである。2016年1月18日の参議院予算委員会で安倍総理が「慰安婦協議」が「日本の安保にとって重大な意味を持つ」と強調した。それと合わせるか、米国務院ケリー国務長官も「協議」は「米国の最も重要な二つの同盟国の関係を改善する」と「米日韓三カ国協力」には有利であると指摘した。明らかなことに、それこそは慰安婦協議の背後の最大の動力なのである。

　2009年から今まで、米国はリバランス戦略を絶えずに推し進めてきた。より多くの軍事力をアジア太平洋地域へ配備しただけでなく、同盟国に協力関係を強化させようと促してネット式の安保同盟を形成してより多くの安保任務を背負わせようとしている。北東アジア地域で日本と韓国は米国の重要な同盟国であり、米国が相互協力してほしい対象国でもある。北朝鮮の核とミサイル開発や中国の強化される海洋活動を国家安全の主要な脅威とする日本では、日米同盟を固守しながら韓国との安保協力を強化させるのが安倍政権の政策方向である。それが原因で、慰安婦協議において日本はある程度の妥協を認める。しかし、韓国の国家安全政策は主に北朝鮮を対象とするが、台頭した中国に対して防備や抑制をするつもりはなく、逆に北朝鮮の問題解決に関して中国の力を借りる必要があると考えている。それに、過去において日本に侵略された悲惨な経験と激化になっている日本政治勢力の右翼化があるので、韓国民間では日本との安保協力に反感を持つ人が大勢いる。

　但し、近年来北朝鮮の核やミサイルの技術が迅速に発展を遂げたので、韓国の安保面でのバランスに揺れがあった。2016年1月に北朝鮮が四回目の核実験に成功し、4月に潜水艦発射弾道ミサイル実験に成功し、6月にムスダンミサイル発射実験に成功して中距離ミサイル技術での重大な突破を実現した。それに対し、韓国は北朝鮮の核能力が自分にとって実質的な脅威となったので、緊迫に対処措置を取る必要があると実感した。7月8日に米韓両国は韓国で「サード」を配置することを正式に発表した。韓国のその決定は米国の世界的ミサイル防衛システムの範囲が更に拡大して、必ず北東アジアと中国の戦略環境に重大な影響を与えることを意味している。それで、中国から強烈な不満を招いた。

　韓国が「サード」を配置する決定は同時に次のことも意味している。すなわち、韓国が米国に安全保護を求める方向へ快速に滑った状況の下で、日韓の間で「軍事情報包括保護協定」（GSOMIA）と「物品役務相互提供協定」（ACSA）の達成を迅速に推進させる可能性がある。その二つの協定は準軍事同盟の性質を持つものである。関係の交渉は早くも2012年の春で既に完成期に入ったが、当時韓国の野党と市民団体から激しく反対されたので、韓国は臨時に契約を取り消してそのまま放っておいた。そして米国は深く心配して契約を達成させるためにいろいろと工夫した結果、2014年12月29日に米日韓三カ国による「米日韓の北朝鮮の核・ミサイル情報の交換協議」の備忘録に署名させ、韓国国防部と日本防衛省が米国国防総省を通して北朝鮮に関する軍事情報を交換すると規定した。日韓関係がなかなか修復できない状態で米国を通して軍事情報の交換を実現させるのはその備忘録の実質なのである。2016年8月4日の韓国国防部報道官の発言によると、もし米韓が韓国南部の星州でサード配置を決定して、その米軍最新鋭地上配備型迎撃システムで北朝鮮のミサイルに迎撃することができたら、韓国は日本と情報を共有してもいいという。国内の民意への心配から韓国政府は日本との軍事情報共有のことを否認や避けてきたが、関係課題が既に議事日程に取り上げられてそしてすぐに現実になりそうなことこそは事実なのである。日韓の間では慰安婦問題を始めとする政治的障害を乗り越えて米国主導の安保協力を強化させていく可能性が十分ある。

三、日韓安保協力強化の影響

　米国を中心とする日韓安保協力の強化は地域の情勢を更に緊張化させるのに決まっている。米国主導の軍事同盟体系が北東アジアで拡大するのは、表では北朝鮮核問題を手掛かりとしているが、実は中国を抑制する同盟体系の深化こそはもっと重要な目標である。一時期以来、中国が南中国海で島礁を建設したり飛行機の発着試験を行ったりする自国の主権範囲内での活動に対して米国と日本は非難やいろいろとプレッシャーをかけたりしてきた。米国はミサイル駆逐艦を数回も派遣して南中国海で「航行の自由」

という行動を実施した。そして日本は全力で支持すると表明し、また参加しようと動いている。でも韓国は中国の南中国海での活動に対してずっとマイナスな評価を出していない。それで、米日韓安保協力が強化になる背景のもとで、米日は韓国に何か姿勢や動向を見せてもらうためにより大きなプレッシャーをかけるはずだ。そうなったら、中国が平和と調和の周辺環境を建設し、地域協力を推し進めるにはもっと大きな障害にぶつかり、中日韓協力もマイナスな影響を受けるに違いない。そこで、中国は情勢を冷静に分析し、対立を積極的に解消し、更なる有力な政策で中日韓協力や「一帯一路」等大規模の周辺協力計画を推し進めていくべきである。

（劉麗嬌　訳）

中日韓安保協力のチャンスとチャレンジ

笪志剛[*]

　　近来の北東アジア地域の地政学的な安保情勢を概観すれば、朝鮮半島の問題が再びエスカレーターして安保面でのリスクが急速に増大し、米日韓が朝鮮半島の問題に対して強硬な態度をとっており、韓国がサードを決然と配備しようとし、中米の東中国海や南中国海をめぐる競争が日々に顕在化しているなど、という事情で北東アジアないしアジア太平洋地域の地政学的な安保協力と競争は諸々の不確定性に満ちている。それと同時に、横の方向から見れば、中日韓自由貿易協定交渉のスピードが速くなり、六者協議の再スタートの可能性がまだ消えておらず、東アジア地域包括的経済連携（RCEP）や「一帯一路」等汎地域や地域的な協力機制の深化も安保協力を再び議事日程に入れることになった。地域の安定、協力、繁栄そして発展にとって安全面での協力は絶対に欠かせないものである。それで中日韓の安保協力は厳しい挑戦を受けながらありがたい機会も迎えることになった。

　　複雑な歴史問題や現実の不一致があるため、中日韓三カ国間ないし中日間や日韓間の安保協力も低いレベルにあり、共同の安保協力機制がほぼゼロに近い。それは近年経済貿易や人文的な交流が増加しつつあるのと調子が全然違う。現在、北東アジアの情勢が悪化し続き、地域内の伝統的な安保リスクと非伝統的な安保リスクが絡まり、地域の平和と発展が依然と冷戦の後遺症から制約を受けている。そういう敏感な時期において、自然災害、原子力の危険、核危機やテロリズムなどを共同で対処する必要があるので、それを契機として中日韓の安保協力は氷を砕くようにチャンスを迎える可能性がある。この文章は中日韓安保協力の新たな情勢を糸口とし、危険の解消や挑戦を主な手がかりとし、チャンスを作って相互理解を深めて安保協力の推進を宗旨とし、地域の帰属感や一体化の認識に基づいた中日韓の安保協力を推し進めるための有効的な道を模索しようとするのである。

＊　中国黒竜江省社会科学院北東アジア研究所所長。

一、中日韓安保協力の新情勢

1. 中日韓の経済貿易協力と安保協力の明かな乖離

　　近年の中日と中韓関係を概観すれば、次のことが分かるだろう。中日韓の経済貿易協力が全体的に穏やかで、上がったり下がったりするが規模などから見るとやはり高い水準が持続している。それに比べて、三カ国の安保協力のほうは地政学的な環境に制限されて中日両国や中日韓三カ国乃至全地域の関係が不確定要素に影響を受けるので、安保交渉と協力をめぐる信頼度が下がり、戦略的な相互不信が拡大し、国民感情も悪化することが多い。経済貿易の協力と安保の協力が明らかな乖離状態にあるのは両国関や三カ国間の気まずい新状態であり、そういう状況の下で中日、中韓または中日韓の安保協力がなかなか捗らない。

2. 北東アジア情勢の悪化から生まれた安保協力の必要性

　　中日韓安保協力において有効的な制度機制が建設されていないのは、北東アジア地域の地政学的かつ安保環境の悪化とも密接な関係を持っている。北朝鮮が2016年初より一連のミサイル、衛星の発射実験や核実験を行ったことから、中日の東中国海や南中国海における競争が激化して日本が宮古島で射程３００キロの陸対空ミサイルシステムを配備するのを決意し、また韓国の「サード」配備の決断から齎された中韓関係の新変化まで、北東アジア地域の安保情勢に大きな変化が生じて中日韓の安保協力の空間が一気に縮んできた。そして、朝鮮半島の情勢が北東アジアの地政学的な変化を起こしたことに限って言えば、中日韓安保協力に対する有効的な要求を促す一面もあるが、国家安全と地政学的な安全をめぐり中日と中韓自身の不一致や分裂が拡大したので、中日韓安保協力が両国や三カ国関係の調整からきたチャレンジに直面し、短期間の安保協力需要が外交や両国関係の影響で下がる成り行きを見せるだろう。

3. 中日韓安保協力の有効的な機制の建設が緊迫

　　中日間、中韓間、また中日韓三カ国間、乃至北東アジア地域全体の間に国家利益、地政学的な戦略や安保競争の消長が存在し、一部の競争が冷戦後遺症や新たな安保同盟の方向へ変化する可能性がある。それにもかかわらず、地域や全世界の一体化また地域の安保観念の新変化などという中長期的な角度から考え、地域の安保戦略の基本的な均衡態勢の維持からすれば、中日韓三カ国は一つの国家という狭い安保利益観を突き破ってアジア全体の安保観に基づいた安保協力の有効的な機制の構築に向かって努力しようという重大な選択に直面している。換言すれば、中日韓は経済貿易協力面において

自由貿易協定の交渉のスピードを上げているときに、安保協力の面でも有効的な機制やモデルを模索し、困難を克服して域内で経済と安保を並行して発展させようと努力する必要がる。

二、中日韓安保協力の新たなチャンス

1. 朝鮮半島情勢によって協力して対処する共通認識の上昇

中日韓及び国際社会が空前に国連第2270号決議に一致賛成して北朝鮮に対して歴史上最も厳しい制裁を実施したことから見れば、朝鮮半島の情勢変化が中日韓三カ国安保協力の発展にありがたい契機を提供し、また安保協力のレベルアップや最終的に朝鮮半島の非核化を含めた諸問題の解決に諸々の可能性も提供したと言えよう。現在問題になったのは、中日韓三カ国が安保協力をめぐってそれぞれ違う戦略方向を形成したことである。中国はアジア安保観と新型協力観を唱え、アジアの事務はアジア自分で解決すると大いに主張しているが、それと違って日韓は安保面で域外の国家に依存し、経済協力の面で域内の国家に依存するという戦略を取って、半島問題で達した三カ国共通認識を低め、域外の要素で影響や制限を受けることが時々ある。

2. 中日韓安保協力の優位と潜在力

米国など域外の国家が中日韓の経済貿易協力の面で間接的に影響を与え、安保協力の面で分けてコントロールし、地政学的戦略の面でそれぞれ制御することに成功したにもかかわらず、中日韓が経済貿易の領域で相互信頼を高めつつ、ＥＵへの依存度60%と北アメリカ州への依存度50%を最終的に超えるのがただ時間の問題である。それに、経済的な依存度が高まるに伴い、三カ国間の安保面での相互信頼や民意の基盤も次第に変化し、安保領域で地域一体化の帰属感や同一感が水面に浮かび、主権譲渡の意識も現れるだろう。その時、中日韓安保協力の潜在力も更に顕在化して遂に北東アジアないしアジア太平洋を安定させる中堅の勢力と地域安全を確保させる堅固な基礎となる。

3. 中日韓が新安保観を構築する可能性がアップ

中日韓が新たな安保観や三カ国集団的な安保観を構築する可能性はあるかと言えば、答えは「はい」であるが、しかしその際の不確定性やリスクも明らかに存在する。中日韓が地域安保観を形成するのは、域内の自由貿易水準の向上、地政学上の隣関係や似通った文化背景という優勢の深化、及び経済的な相互補完の優勢の構築と密接に関わっている。つまり、地域一体化への認識のレベルアップは三カ国新安保観を形成する前

提であり、また民間交流の頻繁化や便利化は三カ国安保モデルを構築する有利な基礎である。現在、中国は新型のアジア安保観を提出したが、日韓も自国の事情に基づいた地域安保構想を提出した。そこで、如何に中日韓の地域安保理念における不一致を減少させ、お互いの安保協力の道を認めさせ、域内で利益共同体と責任共同体を基本志向とする地域安保運命共同体を実現させるかは、今後中日韓が共同で応対しなけれなならない課題なのである。

三、中日韓安保協力の厳しい挑戦

1. 北東アジア地域協力の挫折感の増加

中日韓安保協力が厳しい挑戦を受けているのも動かしがたい事実である。米日による東中国海からの封鎖の可能性に対して、中国は北東アジア地域の協力に関して違う道を開こうとして、「一帯一路」の構築等の対策を提出した。また、「サード」配備をめぐって米日韓ＶＳ．中露朝という冷戦体系に戻ったようなものが形成されてしまう危険があること、米日韓軍事同盟体系の堅固化と日米が南中国海の事務に干渉する力が大きくなること、米国が規則作成上で中国を制限するためＴＰＰ（環太平洋戦略的経済連携協定）やＴＴＩＰ（大西洋横断貿易投資パートナーシップ協定）などを推進していることなどで本々機制が欠落している北東アジア地域の安保協力においていっそう挫折感が増加し、中日韓が初期から中長期の安保モデルを構築することに極めて大きな妨害やチャレンジをもたらしている。

2. 米日韓安保体制の排斥性

中日韓が長期的で有効的な安保協力機制を作り上げるには、間違いなく米日韓軍事同盟がその最も大きな妨害要素なのである。その原因と言えば、第一に、米日韓安保体制が他国を排斥する性質を持っている。第二に、米国が日韓を利用して中国の発展を抑制させようという意図がある。第三に、それは米国が再び北東アジアに戻り、そして「アジア太平洋リバランス」政策を推進するための地政的利益の現れである。前者は日韓を米国の軍事同盟の戦車に縛り付けて独立性を持つ安保戦略も展開させないが、まして安保協力のほうがもっと話にならず、中日韓の経済的協力の高水準の向上にも影響を与えてしまうかもしれない。それから、後者は米国の世界戦略と地域戦略における中長期の考慮を表したものであり、中米競争の最終的な結果として日韓は二者に一つを選ばなければならないことになる。そうして安保協力の選択肢は発生するであろう、東西対抗の中に巻き込まれる可能性が十分あるので、これは中日韓が長期的に現状を維持させ

る、或いは慎重に判断を下す重大な国家戦略となるに違いがない。

3. 中米競争の不確定性によるリスクの増大

中米間の地域戦略や国家利益の競争範囲の拡大と対立の顕在化が原因となって、中日韓の安保協力はどこまでも米国の暗い影から抜き出せない。もし中米が相互尊敬して「ｗｉｎ－ｗｉｎ」の道を選ぶ、或いは競争しても破局をさせないとしたら、日韓に中国との安保協力を深化させていく段階的な道を提供できるかもしれないが、しかし中米競争の不確定性が持続的に存在しかつ拡大したら、中日韓の安保協力のリスクも大きくなり、20世紀の冷戦のような完全に隔絶された状態に戻る可能性もある。将来中米間が平和であれば相互有利になり、戦えば相互不利になるという予想図は、中日韓の安保協力にも選択の示唆を与えるものだろう。

（劉麗嬌　訳）

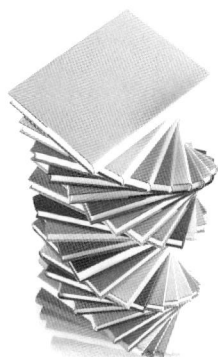

地域安全協力についての政策提案

日中韓 3 カ国の国内世論と
地域安全保障メカニズムの構築

加茂具樹*

　　日中韓三カ国間の安全保障協力を如何にすすめてゆくのか。セキュリティ・ディレンマ（Security Dilemma）の克服が重要な鍵の一つ。「国家は自国の安全を最優先するが、自国の安全強化は、他国の不安を招くことがあり、その場合は他国も安全を強化するから、結果として双方の安全強化のための努力が両国関係を不安定にすることがある」というセキュリティー・ディレンマの問題を生じさせず、またたとえ生じてもこれを緩和するためにどうする必要があるのか。地域安全保障メカにムズの構築のためには、関係する国家の世論の動向に対する理解が不可欠だ。

　　世論は、主要な政治過程におけるアクターたちが決して無視することが出来ないような環境を形成する重要な要因としての役割を担っている。とくに民主主義国家である場合、国民の声を反映した政策決定が望ましい。民主的な外交を主権者である国民を代表している外交と定義するのであれば、外交は国民の意思に従わなければならない。民主的な外交を支えるものは世論ということになる。加えて、政権党が世論の強い反対を押し切って政策を実行することは、政権党の議員の多くが再選を脅かされるだけでなく、与党内での反対勢力が台頭することに影響するため、政権党の指導部は、世論の動向に細心の注意を払う。権威主義的国家であっても、今日のようにソーシャル・ネットワーク・メディアが発達している現在、世論の動向を完全に無視する政策決定はあり得ないだろう。

　　もちろん国民が主張する外交政策が、常に適切であるわけではない。国民の外交に対する理解の程度は低く、また理解が出来たとしても外交や安全保障問題について正確な判断が下せるようになるまで時間がかかることが多い。国民の世論が短期的に対外政策に影響力をおよぼすことは比較的少ないという議論があるが、同時に、一般論として、長期的に見れば外交政策は世論を反映しているというのが通説となっている。日本、中国、韓国であろうとも政策決定者は国民の世論の動向に無関心ではないだろう。

　　日中韓 3 カ国の国民の間では、これまで地域の平和と繁栄を実現してきた国際公共財や価値（日韓の場合は日米同盟）とは何か、地域の平和と繁栄を実現するために必

---

　　*　日本慶應義塾大学教授。

交流と相互理解を強化し 共同安全を求める

要な国際公共財や価値とは何か、についての認識を共有できていない。日中韓 3 カ国の間では、冷戦期および冷戦後の平和と繁栄に対する経験と実績についての理解を共有できていないことが原因であろうと思える。

しかし、日中韓 3 カ国の国民の間では、3 カ国による協力をつうじて地域の平和と繁栄を実現することの重要性についての認識を共有している。また地域の平和と繁栄を実現するために克服しなければならない課題の所在についての認識を共有している。

日中韓3カ国は、既存の地域の平和と繁栄を実現してきた価値を包摂し、地域の平和と繁栄を実現するために 3 カ国が共有するあらたな価値を創り上げて、それを共有し続けるためのメカニズムをつくりあげることが必要。危機管理のためのメカニズムをつくりあげ、その成功体験にもとづいて信頼醸成をすすめ、そして相互協力の深化をはかってゆく。

例えば、東アジアや東南アジア地域では毎年のように大規模な自然災害が発生している。域内の軍や警察、消防、海上警備を担う組織には災害発生後の緊急展開体制、事後の災害救援など幅広い役割が求められている。日中韓3カ国が協力して（相互の経験と実績を活用するかたちで）、アジア災害救援に関する協力メカニズムを構築することができるのではないか。あるいは、東シナ海や南シナ海における海上の安全（海上事故、捜索救難）、漁業資源保護に関する協力を積み重ね、信頼醸成を深めてゆく。日中韓の水産資源保護当局や海上警備当局者（あるいは軍）が緊密に連携し、ホットラインの設置や行動規範を確実に運用することが重要。

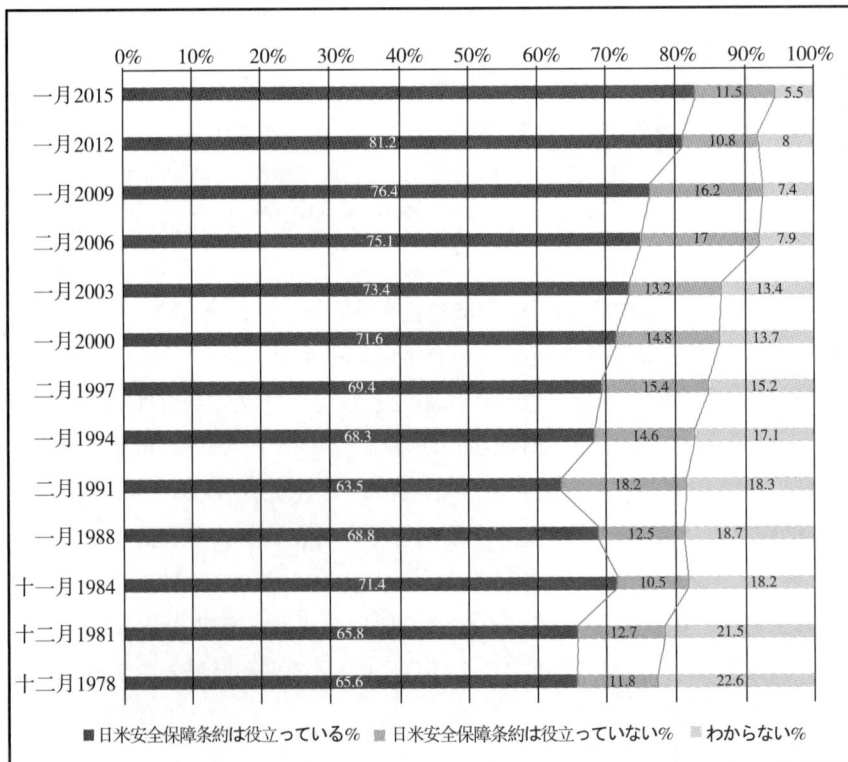

図1　日米安全保障条約についての考え方

224

	0%	10%	20%	30%	40%	50%	60%	70%	80%	90%

一月2015　84.6　6.6
一月2012　82.3　7.8
一月2009　77.3　9.9

二月2006　76.2　8.6
一月2003　72.1　8.3
一月2000　71.2　8
二月1997　68.1　7.1
一月1994　68.8　4.3
二月1991　62.4　7.3
一月1988　67.4　5.9
十一月1984　69.2　5
十一月1981　64.6　6.1
十一月1978　61.1　8.2
十月1975　54.3　8.6
十月1972　40.7　10.8
九月1969　40.9　12.9

■ 現状どおり日米の安全保障体制と自衛隊で日本の安全を守る：現状どおり日米の
安全保障体制と自衛隊だけで日本の安全を守る

■ 日米安全保障条約をやめて自衛力を強化し、我が国の力だけで日本の安全を守る：
日米安全保障条約をやめて、自衛隊だけで日本の安全を守る

■ 日米安全保障条約をやめ、自衛隊も縮小または廃止する。：日米安全保障条約をやめ、
自衛隊も縮小または廃止する

■ その他

■ わからない

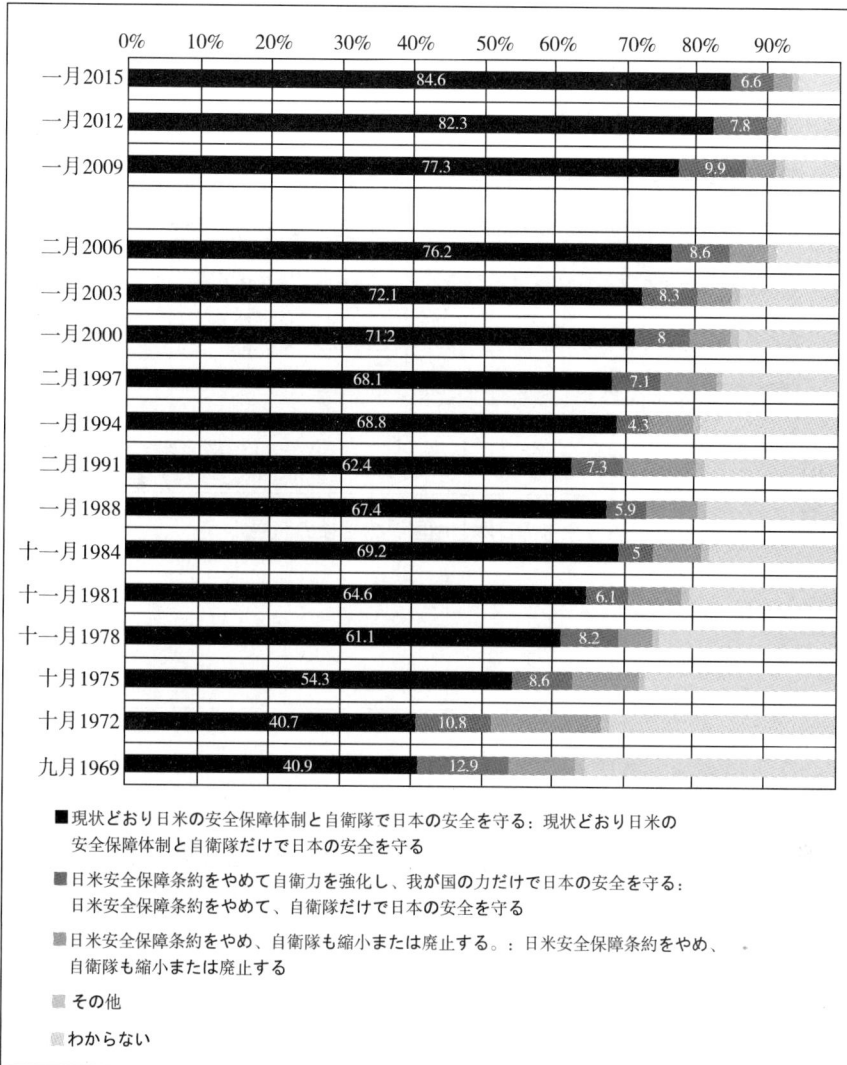

図2　日本の安全を守るための方法

交流と相互理解を強化し 共同安全を求める

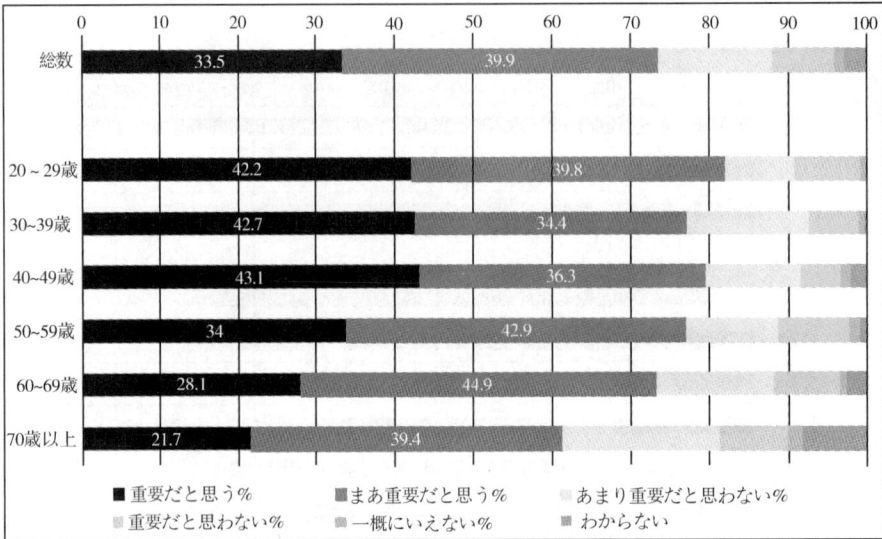

図3　今後の日本と中国との関係の発展

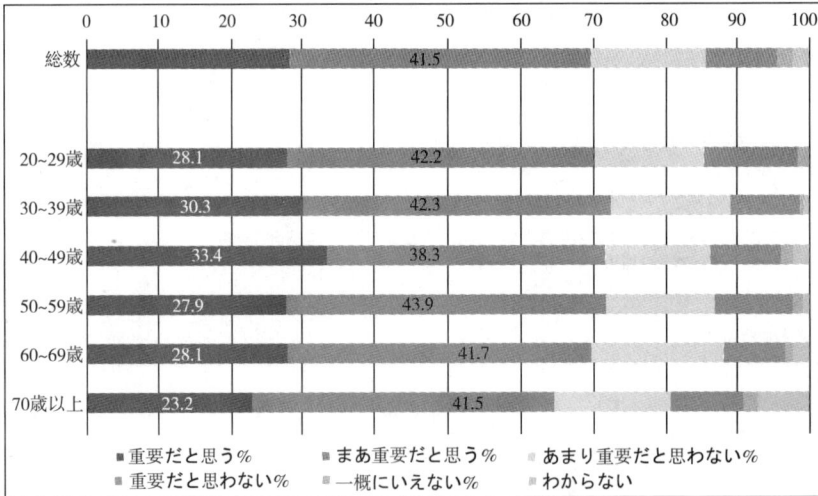

図4　今後の日本と韓国との関係の発展

226

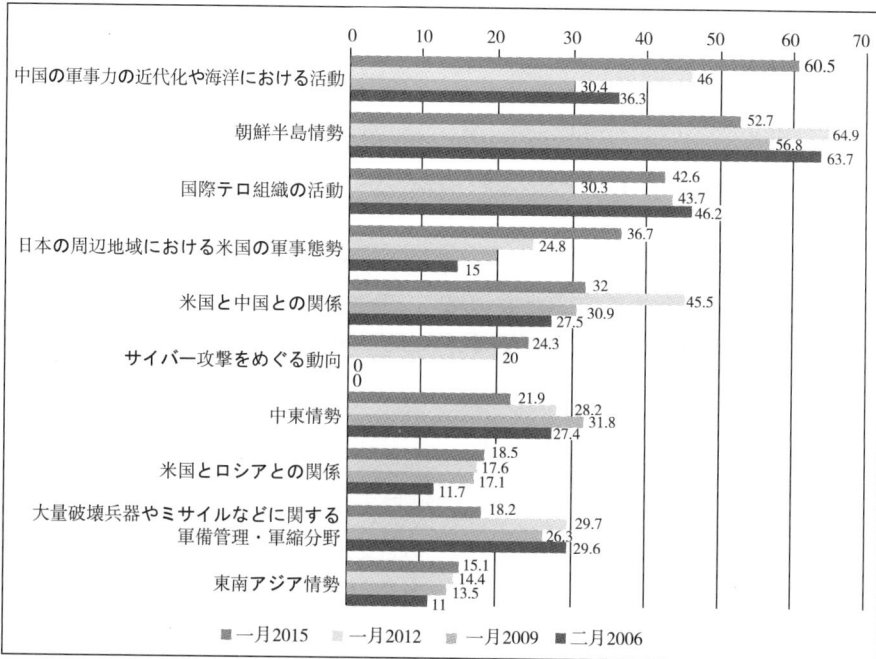

図5　日本の平和と安全の面から関心をもっていること

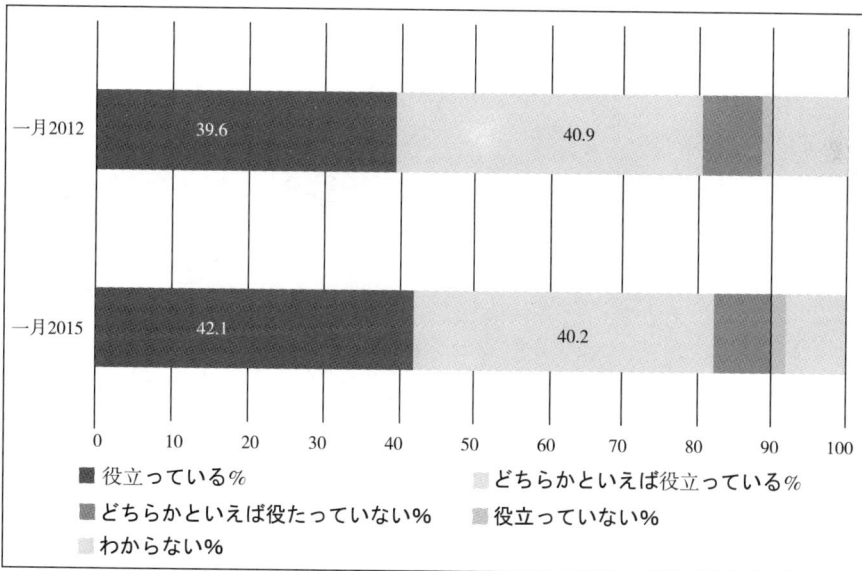

図6　日本の平和と安全のために米国以外との防衛協力・交流役立っているか?

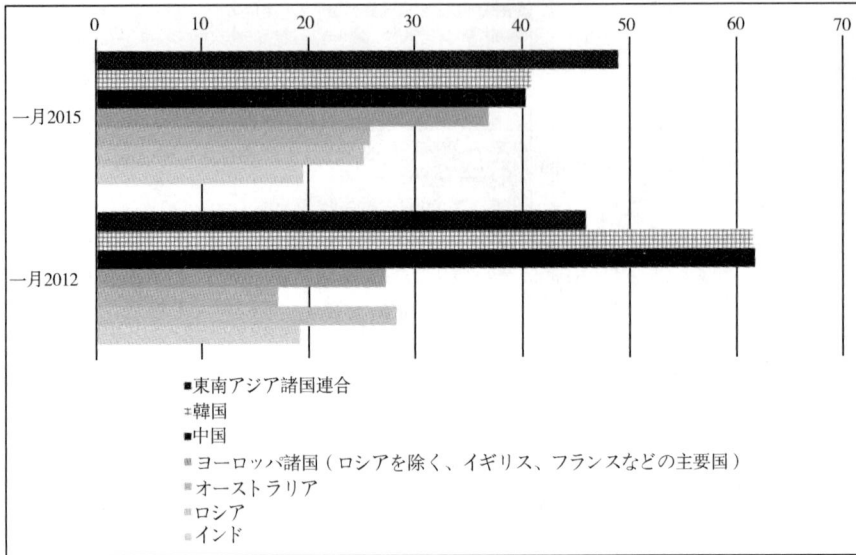

図7　日本の平和と安全のために役立っている防衛協力・交流の相手国

非対称2×2米朝「ゲームの理論」から見た北朝鮮の核実験に関する協議の情勢

李弘揆[*]

　　本論文は六者協議で現れた次の三つの問題について分析して説明する。一つ目は「六者協議」の結果にある意外性，二つ目は北朝鮮の「瀬戸際戦術」，三つ目は中国が協議で演じた役割―という問題である。

　　一般論で言うと，二者が協議する際，社会的な地位が高く，実力がある方がよりたくさんの利益をもらえる。しかし，「六者協議」は常識とは異なっている。2002年12月，北朝鮮は「核開発の再開」を発表し，第二次朝鮮半島核危機を導いた。その後の2003年8月から2007年9月にかけ，米国、日本、韓国、中国、北朝鮮とロシアは合計6回の六者協議を行った。会談で，参加国の中でも最も実力がない朝鮮は，自国の意向に合うように他の強国を誘導し，自国の利益の最大化しようとした。そのような現象を読み解き、その背景にある要因を明確にすることが本論文の一つ目の目的である。また，北朝鮮は本来は、「六者協議」の協議を通じることによって，ほかの状況よりも多くの利益を得ることができるはずだったが，なぜ甘んじて協議の失敗という結果を受け入れたのか，なぜ米国の軍事脅威にさらされながら核実験を行い続け，瀬戸際戦術を堅持するのか、本論文はこれについても回答してみたい。本論文は，Anatol Rapoport及びMelvin Guyerが提起した「非対称の2×2ゲーム」（asymmetric 2×2 game）とAvinash Dixit及びSusan Skeathの「脅しと変化の協議」（variable-threat bargaining）理論を活用し，米朝ゲームにおける北朝鮮核問題協議の状況について説明する。

　　本論文の一つの目的は、いかに2×2ゲームのモデルを利用し、6者が参加する「六者協議」の議論ついて説明することだ。21世紀の国際秩序においては，米国と国勢を増してきた中国の間に協力もあれば競争もある。六者協議はそのような両面性を持っている。北朝鮮の非核化問題では，米中の立場は一致している。しかし，北朝鮮への制裁や軍事的な抑止という問題においては，中米両国には意見の相違が見られる。

---

　　*　韓国東西大学国際学院教授。

　　ゲームの理論を利用して米国と北朝鮮の核協議の状況を分析する先行研究では，両国政府の傾向や戦略がゲームの結果を決定するという分析もあれば，北朝鮮の核問題を解決するための戦略的な提案に注目する分析もある。前者はゲームの参加者を米朝に限定し，米朝の立場がゲームの結果に与える影響しか考慮せず，朝鮮の核問題に直接関係する周辺国家をすべて枠外に置いており，これはこの種の研究の限界である。それに対して，後者は北朝鮮の核問題解決のために提案する政策に限定し，つまりゲームの参加者2者のうち1者である米国の政策を分析するのに重点を置き，北朝鮮の立場を無視している。本論文は，ゲームの参加者である北朝鮮とアメリカを同等の位置において分析し，同時に中国の位置づけについても分析する。中国の役割は，六者会合の参加者が増えて多国間ゲーム（n-player game）になることを阻止し，2×2ゲームというモデルを保証することを通し，協議の複雑性を減らし，協議の成功率を高めることである。

一、先行研究

　　Shane R. Thye，David Willer，Barry Markovskyの研究によると，国家間の協議では，強国は自国に有利になるような方式に協議を誘導しており，そうすることでより多くの利益を獲得している。

　　Carsten K. W. de Dreuは強制力と協議の態度との関係を説明するため，対立の悪循環の観点（Conflict Spiral Perspective）と抑止の観点（Deterrence Perspective）という二つの観点を提起した。対立の悪循環という観点は①協議参加者の強制力の水準が高まる時、脅しに訴えることも増える②協議参加者は相手に弱点を見せないようにする場合、得意なやり方を選択して弱点の影響を抑えようとし、相手の強制力が強い場合には逆に譲歩しないという態度を取る③協議参加者双方の強制力が拮抗する場合，競争と要求の水準も高くなる―とみている。それに対して，抑止力の観点は①相手の強制力が強い場合，協議参加者の要求の水準は低くなる②協議参加者の強制力が拮抗する場合，双方における力の差と比べ，要求の水準も低下する―と考えている。

　　しかしながら、米朝の「六者協議」でとった協議の態度によって、以上四名の学者が設定した独立変数―地位／強制力と従属変数―協議結果／協議態度の関係が無意味になる。なぜかというと、独立変数が劣位にある北朝鮮は米国より多くの利益を得て、さらに、米国には依然として強制力が強いにもかからわず、北朝鮮の要求水準はかえって高くなり（抑止力の観点の1つ目とは違う状況）、北朝鮮が脅しに訴える水準も明らかにアメリカより高い（対立の悪循環の1つ目とは違う状況）。本論文は本文で非対称2×2ゲームのモデルと脅しと変化の協議理論を活用し、先行研究にある理論とは相反するこの種の減少について重点的に解釈する。

　　第 1 次北朝鮮核危機が発生後，金宇祥はゲーム理論を活用し、北朝鮮の核問題に対する協議の状況について説明した。その論文によると，米朝政府の傾向はゲームの結果に影響を与える主要なパラメーターであるという。Victor Cha はかつて，北朝鮮の核保有を一種の生存戦略と解釈した。しかし同時に，北朝鮮は，核兵器を中心とする生存戦略を，協力と平和を前提とする戦略に変えてはじめて自分が希望している結果を迎えることができると述べた。さらに，北朝鮮の非核化を強制するため，米国は北朝鮮に対して一連の封鎖政策を実施し，それらの政策が包含する領域が広ければ効果も大きくなる。よって，米国は、恩恵と脅威を同時に与えるという条件付きの接触（conditional engagement）を通して北朝鮮が現状を維持するよう誘導すべきであると筆者は指摘してみたい。

二、北朝鮮の核問題の歴史背景

　　北朝鮮が核保有を渇望するのは，米国が朝鮮戦争中に中国と北朝鮮に対して核兵器の使用を検討したことがあるためだ。体制の安定確保のため，朝鮮戦争の時期から北朝鮮はずっと核保有を希望してきた。この事実は，北朝鮮の核保有の考えは最近になって現れたものではなく，その建国初期から存在したものであるということを私たちに示している。北朝鮮は内戦後ずっと核兵器の自主開発に力を注いでいた。

　　北朝鮮が核保有の意志を維持するのは、何が発端なのか？ まずは，政権の安定を保障し，体制の正当性を確保するため，そして，中日韓が米国と直接、政治上及び経済上の関係を築くことを回避するためであると考えられる。北朝鮮は米国を交渉の場に引きずり込み，大きな成功を得た。そのような外交政策は「瀬戸際外交」と呼ばれている。1 回目の核実験はまさにその実例である。その結果，1994年10月21日両国はジュネーヴで「米朝枠組み合意」（US–North Korea Agreed Framework）に署名し，米国は重油と軽水炉に置き換えるという北朝鮮が要求した条件に同意した。そのような先例を参考にし，北朝鮮はその後の米国との外交関係を処理する際，再び核兵器という「エース」を使うおうと考えるだろう。やはり予測した通り，2002年12月12日，北朝鮮は外務省を通して，対外的に「核計画凍結」を解除すると発表し，それが第 2 次北朝鮮核危機を引き起こした。2 度の核危機を経て，北朝鮮は米国に対して，次の 3 つの条件を出した。第 1 に，米国は北朝鮮に対するいかなる挑発行為も停止し，北朝鮮政権の合法性を認めなければならない，第 2 に，あらゆる北朝鮮の国際的に正当な経済活動に干渉してはいけない，第 3 に，米朝は相互不可侵条約に署名しなければいけない。よって，北朝鮮は核問題を一つの切り札として用い、米国との協議で自国が有利な位置を占めるのを保障したということがわかる。

三、なぜ2×2ゲームなのか?

　「六者協議」は参加者が六カ国のゲームである。しかし、もし本当にそれを六カ国間のゲームとして設定すれば，典型的な多国間ゲーム（n-player game）になる。すべての参加者を考慮すれば，研究者たちは少なくとも6！=720通りの関係を考慮しなければならない。実際の状況で考えると，それが実現するのは不可能である。前述したが，「六者協議」の存在意義は、米朝の二国間協議に替わって北朝鮮の核問題を解決することである。それは「代表制モデル（representative agent）」と一致する。米国は北朝鮮の非核化を希望する全参加国を代表することができる一方，北朝鮮も米国に対して自国の反対的な立場を表明することができる。しかも事実上，米朝が協議で合意した上で「六者協議」の共同宣言を達成することも事実であった。一方、米朝の協議が整わない状況だと，「六者協議」も中断され、延期されたのである。

　北朝鮮が核保有を渇望する要因は2つの角度から分析できる。第1に，攻撃的な現実主義の立場から考えると，北朝鮮は国際社会におけて核大国の地位を獲得することを希望している。第2に，防御的な立場から考えると，北朝鮮は内部における体制の安定を保つことができると同時に，対外的には核兵器を持つことは西側諸国との交渉の切り札にすることができる。

　中国にとっては，経済の継続的な発展を維持するには，周辺に，特に朝鮮半島に安定的な環境が必要となる。よって，北朝鮮の非核化がいかにも重要となる。北朝鮮の核問題を考える上では韓日ロ3カ国を排除することはできず，中国は「三者協議」を「六者協議」に変えることに同意した。米朝協議に替わって「六者協議」を活用することになったが，中国にとっては，米朝2×2ゲームよりもましであった。なぜかというと，「六者協議」の枠組みの場合，中国は米朝協議に会場を提供し，仲介者の役割を演じることもできるからである。

四、米朝間の核協議のモデル

　下にある表1は2×2ゲーム理論に基づき，米朝の政策的な立場と行為の結果をまとめたものである。

　典型的な2×2ゲームは，二人の参加者のうち，どちらかが協力すること，残った方が裏切ることを選択し，二つのケース（b&g，c&f）が交互に進むと，双方は同等の利益を（payoff）を獲得できる。当然，双方とも優越戦略（dominant strategy）を選択する可能性もある。しかし，北朝鮮の核兵器の問題においては，米朝双方の協力と裏切りは交錯しており，ゲームの結果も異なり，双方は類似する利益を獲得することはできないので，それに

よって双方のゲームは非対称性が現れてくる。しかも優越戦略は米国の選択にしか現れない。なぜかというと，北朝鮮はこのゲームのモデルで必ず優越戦略によって米国の行動を予測するからである。そして，その予測できた行動に対して，自分の利益が最大になる対応策を選択する。米朝はそれぞれの戦略を決める際，相手の反応を考慮し，この考慮に基づき，自分の当面の戦略を決める。まさに金宇祥が研究で言及したように，連続して起こるゲーム（sequential game）は米朝協議に適応できる。にもかかわらず，最後の交渉状況に到達しない限り，誰も相手の策略を正確に予測することはできない。それはGeorge W. Downs，David M. RockeとRandolph M. Siversonの軍備競争ゲームでも説明できるので，2×2ゲームは米朝協議に完全に適応できると言える。

表1　2×2ゲーム理論に基づき米朝の核武装協議モデル

米国

		協力C	裏切りD
北朝鮮	協力C	a　　　　　　e	b　　　　　　g
	裏切りD	c　　　　　　f	d　　　　　　h

　　米朝双方の各種の行動における受益に対する選好の度合いを予測するため，双方の利害得失を次の「表2」の形式で示す。それによると，北朝鮮は鹿追いゲーム（stag hunt game）を利用し，受益における選好の度合いはCC > DC > DD > CDであり，米国は宿題提出期限付きゲーム（class deadline game）における先生であり，受益における選好の度合いがCC > DC > CD > DDであることがわかる。

表2　核武装協議モデルにおける米朝の利害得失

	NK（北朝鮮）	US（米国）
a & e 朝：協力 米：協力	①現行体制の維持（+） ②経済制裁の解除（+） ③経済/エネルギー資源の援助獲得（+） ④核技術の保有　（+） ⑤核武装の解除（−）	①北東アジアでの影響力維持（+） ②米国主導のNPT体制の強化（+） ③経済とエネルギー資源の援助の担当　（−）
	4（選好の度合いが最大）	4（選好の度合いが最大）
d & h 朝：裏切り 米：裏切り	①核武装　（+） ②核技術の保有　（+） ③国際社会で核保有大国と黙認される（+） ④経済制裁の継続　（−） ⑤外交上の孤立　（−） ⑥体制崩壊リスクの増加　（−） ⑦軍事的な脅威に直面（−）	①北東アジアでの影響力低下（−） ②米国主導のNPT体制の弱体化（−） ③北東アジアの軍事力の増強（−） ④軍事的負担の増加　（−） ⑤外交的負担の増加（−） ⑥国内の支持率低下　（−）
	2	1（選好の度合いが低い）
b & g 朝：協力 米：裏切り	①核技術の保有（+） ②核武装の解除（−） ③経済制裁の継続（−） ④体制崩壊リスクの持続的な増加（−） ⑤脅威に直面し続ける　（−）	①米国主導のNPT体制の強化（+） ②援助の負担はない　（+） ③北朝鮮の核武装の継続監視（−） ④中ロとの摩擦増加の可能性　（−）
	1（選好の度合いが最小）	3
c & f 朝：裏切り 米：協力	①核武装（+） ②核技術の保有（+） ③国際社会で核保有強国と黙認される（+） ④制裁継続　（+） ⑤経済封鎖の解除（+） ⑥経済/エネルギー資源の援助獲得（+） ⑦経済的な制裁を行い続ける（−） ⑧軍事的な脅威の増加（−） ⑨外交上の孤立（−）	①経済制裁の正当性の増加　（+） ②武器使用の正当性の増加　（+） ③日韓との同盟関係の強化（+） ④援助の負担はない　（−） ⑤軍事的な負担の増加（−） ⑥外交政策の失敗，国内の支持率低下　（−）

　　第1に，双方が協力する「a&e」の場合，米朝関係の正常化によって，金正恩の体制は認められ，さらに政権の安定を確保することができる。非核化による利益としては，米国をはじめとするその他の参加5カ国は北朝鮮への経済制裁を解除し，同時に経

済とエネルギー資源の支援を提供する。合意書によると，北朝鮮は核兵器を破壊し，核施設を廃棄するが，核技術がまだ存在するので，それは北朝鮮にとって有利的であることが疑う余地もなく，しかも非核化は北朝鮮が核大国になるのを阻害しただけで，獲得した利益の方がはるかに大きい。以上のような利（＋）害（－）の計算では，北朝鮮が非核化戦略で得た収益の選好の度合いは最大である。米国の立場でいうと，CC（a＆e）の収益収益の度合いも最大であるとわかる。北朝鮮の非核化を誘導することによって，米国は北東アジアでの政治的な影響力を維持するだけでなく、さらに増加することもできる。インドとパキスタン，イスラエルの核保有を黙認したことで，米国は一度批判を浴びた。これにより，北朝鮮の非核化を活用し，米国が主導した核拡散防止条約（NPT）の体制を強化することができる。しかし，利点もあれば弊害もある。もし北朝鮮が非核化すれば，米国は北朝鮮に経済とエネルギー資源の援助を提供しなければならない。

　　第2に，米朝がお互いに裏切る「d＆h」の場合，「六者協議」は共通の認識に達することはできず，協議は失敗する。北朝鮮は核武装を進め、核を生産し，運行する技術を保有する。パキスタンなどの国を利して，核保有国と黙認される。しかし，「六者協議」の他の5カ国とその他の西側諸国は，北朝鮮に対する経済制裁を続ける理由を持つようになる。中ロも外交上、北朝鮮を孤立させ，その結果，北朝鮮の体制は今よりさらに不安定になる。しかも，米国の最終手段は強制的に非核化させるということである。軍事的な脅しは北朝鮮にとっても重荷になる。従って，「d＆h」は北朝鮮の利益の選好度合いの後ろから二番目となる。しかし，北朝鮮と比べ，米国はお互いに裏切るDD（d&h）の場合により多く損失がさらに多くなる。米国は北東アジア地域における政治的な影響力が低下し，同時に米国が主導するNPT体制が弱体化し，韓国や日本，イランなどの潜在的な核保有国を抑制する正当な理由がなくなる。しかも、北朝鮮が核を保有すれば，軍事上、日本や韓国に匹敵するようになり，そうすると，北東アジアにおける軍事力はますます拮抗する。もし強制的な手段で北朝鮮を非核化するなら，米国は軍事行動を考えなければいけない。このほか核を有した北朝鮮はずっと米国の外交上の重荷となり，米国政府の国内の支持率は下落する。従って，以上の状況に基づくと，米国の「d＆h」における収益選好の度合いは最小である。

　　第三種の「b＆g」の場合，北朝鮮は協力のもとで核武装を放棄するが，持ち出す要求は高すぎて，米国は約束を履行できず，金正恩政権の崩壊を促し，相対的に交渉しやすい代替政権を政権を求める。このような状況は北朝鮮にとって最悪の状況である。さらに核技術を保有する以外にいかなる利益もない。しかも，近年，核兵器の開発に大量の人と物を投入した米国による経済制裁が継続する中，国内の政治経済や社会の不穏な状況は続き，体制崩壊の脅威も日々増加する。同時に，米国は軍事的な脅しを継続的に行う可能性もあるので，「b＆g」における北朝鮮の収益選好の度合いは最小である。

米国にとっは，DC（b&g）は多くの優位性がある。北朝鮮の非核化は，米国が主導するＮＰＴ体制を安定させ，北朝鮮に対する経済的な援助をせずに済む。しかし，そのような行動は消極的な影響もたくさんある。第1に，北朝鮮は核武装を再び堅持し。第2に，米国と中ロとの間の外交的な摩擦を引き起こす。国際社会も米国に行動の無謀さや道義のなさを非難する。よって，「b＆g」は米国の収益選好の度合いの第二位にしかなれない。

第四種の「c＆f」の場合，米国は北朝鮮に対する経済制裁を解除し，経済とエネルギー資源に関して支持するが，北朝鮮は依然として非核化を拒否する。その場合，北朝鮮は核兵器を保有する同時に核技術も保有し，国際社会に核保有国として黙認される。同時に短期的には，経済制裁を受けずに経済とエネルギー資源における援助を何回か獲得できる。それは自国の体制の安定に多少役だつ。しかし，長期的に見ると，米国は改めて北朝鮮に対する経済制裁を行い，北朝鮮もさらなる軍事的な脅威に直面することになり，外交上では中ロから孤立させられる。よって，「c＆f」における北朝鮮の収益選好の度合いは第二位にしかなれない。CD（c&f）の場合，米国は再び北朝鮮に対して経済制裁を行う理由を持つようになり，今でも反対の立場にある中国とロシアでも米国が北朝鮮に軍事的な行動を起こすのを容認する可能性も出てくる。しかも，米日韓もその機会に乗じて軍事的な協力を強め，同盟体制をさらに強化する。しかし，北朝鮮が最終的に裏切り戦略を選択する前に，米国は北朝鮮に対する経済とエネルギー資源の援助を引き受けなければならない。北朝鮮が裏切り戦略を選択した後，米国は軍事的な行動を検討する。しかも，北朝鮮の核問題が妥当に解決できないことによって，米国政府も国内の支持率が低下する。よって，CD（c&f）における米国の収益選好度合いは後ろから二番目になる。

「表3」は2×2ゲームで，以上で述べた各種の状況における米朝の収益を示している。この2×2ゲームで，最も一般論はずれであるのは，北朝鮮が協力しても裏切りをしても，アメリカの最良の戦略は協力であるということである。

表3　核武装協議モデルにおける米朝の収益

米国

		協力C	裏切りD
北朝鮮	協力C	4（e） 4（a）	4（g） 1（b）
	裏切りD	2（f） 3（c）	1（h） 2（d）

　北朝鮮にとって，もし米国が協力を選択する前提で，自分も協力を選択するなら，ナッシュ均衡（NashEquilibrium）を形成することになる。それは自国にとって有利であるにもかかわらず，もし米国が裏切りを選択するなら，北朝鮮は自国に有利な結果を得るには冷酷戦略（grim trigger strategy）という選択肢しかないので，優越戦略はないと言える。言い換えれば，米国は協議の過程で始終、協力という戦略をとる可能性が非常に大きい。そのような状況を考えると，たとえ米国が激しく威嚇してくる可能性があるとしても，北朝鮮は米国との最終的な協力に取り組むことによって，自国の利益の最大化することができる。従って，北朝鮮の核問題において，北朝鮮は最初から双方の協議で有利な立場にいると言える。

　しかしながら，米国の「e」と「g」，「f」と「h」及び北朝鮮の「a」と「c」における利益の差はさほど大きくない。もし米国にe＜gかf＜hという状況が現れるなら，米国には優越策略がなくなる。もし北朝鮮にa＜cという状況が現れるなら，北朝鮮は「表3」にあるナッシュ均衡を選択する可能性がさらになくなる。よって，「表2」にある要素を中心として，どれらの項目が双方に決定的な影響を与えるかを模索すべきである。

　北朝鮮が非核化を選択するという前提の下，米国の選択は、米国が北朝鮮への援助をどれぐらい負担するか、米国が裏切った場合，中ロとの間にどういう摩擦を引き起こすか―という２点によって決まる。北朝鮮が核を放棄した場合の収益として、米国は自身が負担する援助の規模が大きくなるほど，裏切る可能性も高くなる。同時に，中ロが干渉する可能性が低いほど，米国が裏切る可能性も高くなる。もし米国が裏切りを選択し，中ロ両国との間で摩擦が起きることを心配する必要がないなら，米国は協力を選択する必要はない。同様に，もし，残りの４カ国が北朝鮮に対する援助を負担しないなら，米国は協力戦略を選択しないだろう。

　しかし，たとえ米国が援助することに同意し，北朝鮮の体制保障にも同意したとしても，北朝鮮も協力（a）と裏切り（c）による利益の差を引き起こす要素を見つけ出すことができる。もし，米国の援助が予期していた値に達していないか，あるいは体制を保障されないなら，「a」の利益は低下する。もし米国による脅威が減少し，あるいは中ロから相応の懲罰がないならば，「c」の利益は増加することになる。よって，もし北朝鮮が裏切り，米中ロからの懲罰措置がなければ，北朝鮮は非核化という協力策略を必ずしも選択する必要性はない。

　上述したように，現在はかなり膠着状況にある。「六者協議」を改めて開催し，米朝両国が同時に協力戦略を選択し，しかもそれぞれ利益を獲得するとしたら，中ロの役割を重視しなければならない。なぜかというと，中ロ両国は米朝双方がともに協力戦略を選択するかどうかに影響を与えるからである。ただし，ロシア自身がどうするかはただちに保証することはできず，よって，現在はG2の一方の中国に主導させ，他の４カ国は経済上の負担を分担することによって，「e」の利益を増やし，米国が協力戦略を

選択するのを推進するしかない。さらに言えば，中ロ両国はずっと米国の北東アジアにおける影響力を非常に警戒しており，よって，中ロが懲罰する可能性があり，「g」の利益は減り，最後は米国だけが裏切る可能性もまた減少する。

　　米国は国際問題を処理する際，中国と協力してともに責任を負うことを選択すれば，米国の負担と支出を減らすことができる。冷戦時代のG2であるソ連と米国は敵対状態にあったが，グローバリゼーション時代の今日は，新しいＧ２である中国と米国が仲間となり，双方は相互協力を推進する必要がある。よって，「チャイメリカ（chimerica）」という言葉も出てきた。米中両国は経済上の強制関係にあり，双方は共同で経済危機とエネルギー・環境問題に対応しており，最近は国際安全保障問題でも協力を強めることが必要である。従ってオバマ米大統領は「米中両国の関係は２１世紀を決定づけ，米中関係は世界中のいかなる二国間関係よりも重要になっている」と話しており，これは米中協力に非常に大きな意義を与えている。

　　中国からすれば，「六者協議」の最良の結果は北朝鮮が非核化し，朝鮮半島が安定的な情勢を保つことである。中国はまた，朝鮮との友好関係を維持し，自国の朝鮮半島に対する影響力を維持することも望んでいる。中国は絶対，北朝鮮の体制が大きく変わるのを望んでおらず，また朝鮮半島が不穏な状態になるのも望んでいない。従って，仮に北朝鮮が非核化せず，依然として核実験や弾道ミサイルの発射を行っても，中国は北朝鮮に圧力をかける方向で米日韓と歩調を合わせるのは困難でもある。よって，中国の北朝鮮に対する態度は北朝鮮が協力戦略を選択する方向に全力で誘導することである。

　　「表3」にあるように，米中が既に一定程度の協力をしても，北朝鮮は「六者協議」の当初から現在まで核実験や弾道ミサイル発射を敢行している。このような行動は米国に対する示威行動を行うことによって，北朝鮮は米国との協議で最大の利益を得る。RapoportとGuyerが行った2×2ゲームについての分類によると，米朝はゲームにおいては，北朝鮮がさらに大きな利益を得て満足すれば，米国は不満になる。「表3」のCC（a&e）から見てとれるのは，米朝双方が釣り合いの取れた利益を得るゲームでは，双方は違う戦略を採ろうとはしない。しかし，もし北朝鮮が戦略を変更して核実験を行えば，米国は現在の協力戦略を守るか，裏切り戦略に変更するか，どちらかを選択しなければいけない。RapoportとGuyerの解釈では，北朝鮮が現在選択している均衡状態から抜けだそうという戦略は，自国の当面の利益に悖ることになるが，米国が現在の戦略を修正することを誘導することができ，これはほかの平行方式と比べ，北朝鮮はさらに多くの利益を得ることになる。しかし，RapoportとGuyerの解釈では，双方一連の威嚇行為を行っている状況では，双方が再び協力戦略を選択して「六者協議」は再び動かすことになるか，説明できない。

　　DixitとSkeathの脅しと変化の協議モデル（図1）はちょうどRapoportとGuyerのモデルの不十分さを補っている。この協議モデルでは，aとbは北朝鮮と米国を表し，a

とbの交差点はpであり，両方の参加者は協議が成立しないとしても，基本的な後ろ盾（backstop payoff，BATNA: Best Alternative to a Negotiated Agreement）という利益を得られる。Qは最終利益を表しており，a（北朝鮮）とb（米国）は協議後，基本的な利益よりさらに大きい利益を得る。x軸とy軸をつなぐ斜線Vは得る可能性のある最終利益の組み合わせを表している。

　　aとbは通常，直線Vの上で協議の利益を得る。PとQをつなぐ実線は，正常な状況下でaとbが協議で得る利益の軌跡を表す。P1とQ1を結ぶ点線からは，aの収益は変わらず，bの収益が減少することが見てとれる（PからP1に点が移動）。もしbがaに比べて角度が大きいなら，協議で得られる最終利益Qは事故利益のQ1に移動する。相手を誘導（QからQ1に）する戦術の一つは威嚇することで，「図1」からは北朝鮮の威嚇が米国の威嚇よりもさらに有効であることが見てとれる。同時に，同様に裏切りを選択する状況では，米朝が得る利益になぜ「表3」のような差異が出るのかも説明できる。

　　「図1」はまた，北朝鮮はなぜナッシュ均衡を選択せず，交渉において裏切り戦略を採用し，「瀬戸際戦術」を堅持するのかということも説明できる。なぜならば，協議で成果が出た後に利益を変える戦略には限界があるので，協議の最中だけ，実戦PQの右下に移動し，協議後の利益をa1からa2に変えることができる。しかも北朝鮮は明確な優越戦略がないので，米国は正確に予測することができない。北朝鮮の威嚇戦略は米国との協議中に非常に有効であるが，米国は自国の優越戦略を早々に明らかにするため，威嚇の効果は大きくない。

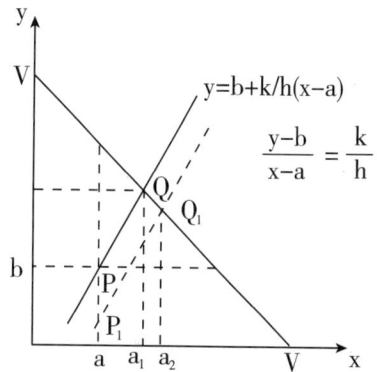

図1　脅威─変化の協調モデル

　　総合してみれば，米朝協議の局面には，一部分が一致しない対立の悪循環と威嚇力の観点という状況がある。「相手に対する強制力が強い時，協議はかえって思い通りに進まない」というような対立の悪循環の観点と「相手に対する強制力が強い時，協議参加者の要求水準は低下する」という威嚇の観点は、ともに予測の上では現れるが，「表3」からこの二つの予測を見れば，北朝鮮が裏切りを選択するにしても協力を選択するにしても，米国が最優先する戦略は協力で，これによって譲歩と要求の水準を同一にする。また北朝鮮は自国より実力が強い米国に対し，依然として核実験という切り札については少しも譲歩せず，かえってまずは経済制裁の解除と現体制の安定の維持を要求する。従って，協議参加者の譲歩と要求の水準と相手への強制力の程度が関係あるとは言いがたい。正確に言えば，協議の参加者は一方の強制力の実効性を踏まえ，いかなる戦略を使えば容易に目標を達成できるかなど判断した後，再び状況を踏まえてどんな行動を取るか決定する。

交流と相互理解を強化し　共同安全を求める

　　要するに，2者のゲームでは，相手の戦略を正確に判断して適切な対策をとるということは，伝統的な理論が強調するところの社会的な地位の高低や実力の大小がゲームの結果や協議態度に与える影響よりも，さらに重要だ。参加者は協議の過程で最大の利益を得るために関係する計算を行う。過去の「六者協議」の中で、米国がとった優越戦略は協力を選択することだ。参加者の中で最も弱い国の北朝鮮はこれを熟知していた。従って，北朝鮮は自国の意図に合うように他の強国を誘導し，これによって利益を最大化した。そのため，北朝鮮はむしろ米国の軍事的な攻撃の脅威と協議失敗のリスクを負っても，依然として「瀬戸際戦術」を続ける。たとえ米国が資金凍結と経済制裁，軍実攻撃を行っても，北朝鮮は協議で妥協はしなかった。本文では非対称2×2ゲーム及び脅しと変化の協議理論を使って北朝鮮の戦略的な意図を説明してみた。北朝鮮が情報とその他の資源を動員する能力は明らかに他国に過小評価された。北朝鮮は自国の体制を維持し，政権の安定を確保するため，核武器の協議というカードを持ち出し，それによってあらゆる要求を満たすよう求めた。米国の現在の北朝鮮政策には限界があるため，北朝鮮は「六者協議」の期間中，一貫して瀬戸際政策をとった。これは北朝鮮の政策決定者が戦争を好む不合理性から始まったというよりむしろ，「六者協議」で自国の利益を最大化するために出した理性的な結果と解釈した方がいい。それと同時に，米朝を除く「六者協議」の参加者はそれぞれ，2×2ゲームで囚人窮地に陥るという典型的な状況が出現するのを回避するため，「六者協議」の成果と平和的な解決案を出すよう各自が重要な役目を発揮すべきである。中国は一貫して朝鮮半島地域の平和と安定の確保を望んでいる。日々高まっている朝鮮半島における戦争の脅威を軽減させるため，北朝鮮の友好国として，中国は2×2ゲームの極端な状況—囚人窮地—を阻止するよう努めるべきで，双方はゲームにおいて裏切り戦略を選択することを防止し，協議に違反した一方的な行為を懲罰すべきである。

（劉麗嬌　訳）

東中国海の安定と将来の日中関係

胡継平[*]

　　現在、東中国海方面で日中関係に影響を与えるものは三つある。一つ目は領土紛争。二つ目は海と空の安全。三つ目は海上の境界線。

　　領土紛争は新しい問題ではない。しかし、日中関係に大きな影響を与えたのは近年のことである。その核心は、日中が過去に論争を棚上げした共通認識に対し日本側が明確に否認するからである。共通認識に関して、日本側では日中関係正常化を経験した一部の政治家や外交官は認めている。ただ、その中にこれを「共通認識」ではなく、「密約」であると考えている人がいる。当時双方の立場は確かにぼんやりとしていて曖昧なところがあるが、このような曖昧さは双方に一定の空間を残し、立場の直接的な衝突を避けた。2010年9月中国漁船と海上保安庁船舶が衝突した事件と2012年9月日本が釣魚島を「国有化」したことは、日本側が正式に過去の曖昧さを終わらせ、双方がこの曖昧さの元で達成した均衡状態を打ち破ったことを示唆した。新たな状態で、日本側は明確に領土紛争の存在を否定し、中国側は海上警察が法を執行する行動をとらざるをえなくなり、主権を主張した。現在は双方は釣魚島の現状を変える重大な措置をとる気配はなく、情勢は基本的に制御されている。しかし、領土争議を否定することよって、日中関係が与えられたマイナス影響は明らかである。一つ目は、双方が領土紛争をめぐる外交戦、世論戦がいまだ進行中であり、外交関係や国民感情が長期的にわたり改善されにくなった。二つ目は、日本側は紛争が存在することを認めないことで、中国側が当然だと認識している主権の公表を目的とする釣魚島の12海里での巡航は、日本側に「領海侵入」とみなされ、双方の国民によくない刺激を与えた。三つ目は、争議否定が双方にこの分岐をめぐる対話や外交交渉が進められずに、二国間の関係の悪化が長期化している。

　　海と空の安全問題は近年比較的に際立っている。領海、領空以外の公海及びその上空で、各国の海軍、空軍がどのような行動の自由を享受できるかについては特に各国公認の国際法標準はない。例えば、一部の国では領空外に大範囲の空域を「防空識別圏」とし、区内に入った他国の航空機に対し緊急離陸、阻止更には電子妨害をする。ある国では、政府から公式情報を公表し、自国メディアが緊急離陸の回数を報じ、それとなく阻止された側が脅威源だと指摘する。しかし、こういう緊急離陸は阻止された側や

---

　　*　中国現代国際関係研究院院長助理。

邪魔される側から見れば自由航行への妨害かもしれない。中国は2013年に東中国海に防空識別区を設置、日本からそれを国際法違反と批判された。日本がすでに1969年から防空識別区があることをひとまず言わないにしても、事実上防空識別区について国際的基準はなく、すべては自主的に決め、告知するのであって、統一する根拠はない。防空識別区の幅、区域の他国の航空機にどのような行動を取るかに対し、一致する標準もない。現在の中、日、韓の東中国海での防空識別区は重なる部分もあり、三方協議をし、もし幅の分け方が一致しなければ、少なくとも重なる部分での行為にいくつかの基準を決め、摩擦を回避することで、お互いの安全的相互信頼を増進すべきである。海上での行為も同じである。

　海上の境界線の問題の影響も大きい。日中の東中国海の境界線について、中国側は少なくとも日本側が主張する「中間線」より西側の地域は紛争地域ではないと主張する。よって、石油ガスの開発がずっとこの線より西側の地域で進行している。最初のうち日本側は何の異議もなっかたが、後から反対し始めた。反対する理由は、最初の所謂「ストロー効果」で、日本のある大臣は曽て公の場でコップで実演したことがある。もちろん、日本のガス油田専門家はそれに対し理屈がないと認め、彼は開発の影響は一キロを超えることはなく、さもなければそんなに多くの石油天然ガス井を掘らなくてもよいと考える。そして、中国のガス田は「中間線」から近くても五キロ離れている。しかし最近我々の発見で、日本はまた中国が「中間線」からもっと遠い場所での石油天然ガス開発に反対している。理由は日本から200海里EEZにあるからである。また、日本側は日中両国の東中国海資源開発の「共通認識」を曲解した。最初、日本法人が中国の法律に基づき春暁石油天然ガス田の開発に投資し参加するのを中国側が承認したことを両国の「共同開発」として解釈し、中国側が交渉した後に訂正された。その後、日本側は中国側の他の開発プロジェクトを双方の「共通認識」に違反すると言った。事実上、「共通認識」は双方が決められた地域で場所選び共同開発することで、東中国海の他の海域での開発も双方の同意が必要とは言及していない。日本側のこういう条件を引き上げるやり方や攻撃的な外交手段では東中国海の境界線問題がますます解決できない。

　東中国海の安定は将来の日中関係が安定するかどうかに関係する。同時に、地域の平和と安定にも関係し、東中国海の安定を守ることは日中双方が地域大国としての共同責任と義務である。双方は二国間関係と地域安定大局の戦略的高さから、問題を真剣に対応し解決することで、分岐が少しずつ減らせ、共同利益を拡大させ、両国関係を健全な発展軌道に乗らせ、両国と地域諸国の人民に幸福をもたらす。

（劉麗嬌　訳）

北朝鮮非核化のために必要な政策転換

前田宏子[*]

一、これまでの経緯と現状

　　1994年の米朝枠組み合意が2003年に崩壊し、同年、第1回六者協議が開催された。しかし、北朝鮮は2006年に最初の核実験を行い、六者協議は2008年12月を最後に開かれていない。2009年に北朝鮮は六者協議からの脱退を宣言し、核開発を推進し、「核保有国」と自称し、世界に北朝鮮の核保有を認めるよう求めている。

　　このような状況下で、いますぐ六者協議を再開しても意味がない。過去の教訓をみても、北朝鮮は交渉の場に着くこと自体を取引材料とし、時間稼ぎをして、核開発を進めてきた。ましてや、いまは核開発を今後も継続していく意思を表明しており、北朝鮮にいかなる譲歩もすることは不可能である。

　　北朝鮮問題の解決のためには、周辺諸国の協力が不可欠である点は変わらない。しかし、六者協議がなぜこれまで北朝鮮の非核化に失敗したのかを検討し、必要な政策の転換がなされなければ、事態はこれまで同様、段々と悪化するだけである。

二、なぜ、これまで六者協議の枠組みは北朝鮮の核開発を防げなかつたか

　　北朝鮮は、周辺国が自国に対して有する脅威を熟知し、それを利用してきた。いわゆる「弱者の恐喝」と呼ばれるものである。国連の経済制裁などの効果が薄まり、北朝鮮の打撃を与えることができず。

　　もしも朝鮮半島で有事が発生した場合には、北朝鮮が勝利する可能性はないが、開発したミサイルや核兵器を用いて、韓国や日本、米軍に甚大な被害を与える危険がある。独裁体制の北朝鮮と違い、民主主義国は人命の犠牲に対する恐怖が非常に大きい。

　　結局、六者協議は、北朝鮮の崩壊という事態だけは防いだかもしれないが、非核化という目的については失敗し、事態は、悪化する一方である。北朝鮮の核やミサイル技術は着実に向上してきており、韓国や日本も北朝鮮の核に備えるため、あらたな武器

＊　日本PHP総合研究所研究員。

や安全保障法制を整備する必要に迫られている。北東アジアの安全保障環境が全体として悪化していく。

　　たとえば日本ではどのようなことが起こるか。NPT体制の順守や日本国民の核に対する強い反感から、日本が核兵器を開発・保有する可能性は小さいが、ミサイル防衛の強化、敵地攻撃能力の整備、専守防衛でも認められる先制的自衛権行使を受け入れるための世論醸成などは避けがたい。韓国へのTHAAD配備に中国は反対しているが、日本の北朝鮮に対する備えも、日中間で「北朝鮮対策は口実で、本当の目的は中国」という疑念を生じさせるかもしれない。

三、これまでの問題を克服するために必要なこと

　　なぜ"弱者の恐喝"に、大国やより力のある周辺国が屈してきたのか。それは大国の間に政策の不一致があったため。まず、周辺国が一致団結し、北朝鮮にプレッシャーをかけなければならない。同時に、北朝鮮が自暴自棄の政策を取らないようにするため、生存できる条件も示すことが必要である。

　　まず、必要なのは、朝鮮半島有事の場合の、日米韓の対応を準備しておくことである。

　　二つ目に、中国が北朝鮮の制裁に厳しい姿勢で臨まない限り、事態が漸進的に悪化する現状は変わらない。中国が朝鮮半島に関して有する利益と懸念は理解するが、しかし、今は政策を転換するためのチャンスでもある。アメリカは、朝鮮半島有事において、米中が衝突することを避けるための危機管理計画について、中国と協議を持つことに前向きである。さらに、もし中国が北朝鮮への制裁にきちんと取り組むことを条件に、危機が過ぎた後、中国の同意なしに38度線以北に米軍を派遣しないと約束することにより、中国の懸念をある程度取り除くことができる。もちろん、米国は同時に韓国と協議しながら、韓国の意向を尊重すべきでる。

　　中国は、最悪の事態を避けたいと願うばかりに、漸進的に事態が悪化しているという事態について、どこかで方針転換しなければならないこと、突破口を見つけるべきだと理解すべき。いま、中国と韓国は、戦後もっとも良好な関係を築いている。さらに、北朝鮮問題について米中間で対話をもつことは、米中関係の緊張緩和に多少役立つであろう。

　　北朝鮮には、まず、核開発を停止し、核廃棄への道筋を示さなければ、いかなる交渉も行うことはできないという姿勢を一致団結して示すべき。同時に、北朝鮮に対し、その体制への保証はできないが（政権の運営能力の欠如にまで責任はもてない）、金政権や北朝鮮内部の体制を崩壊させるための働きかけもしない、つまり内政不干渉は約束することは可能である。韓国も今すぐの統一など望んでいないし、北朝鮮の崩壊を望んでいる周辺国は存在しない。重要なのは、北朝鮮がカードを握っている状況を、周辺国がカードを握っている状況へ転換することである。

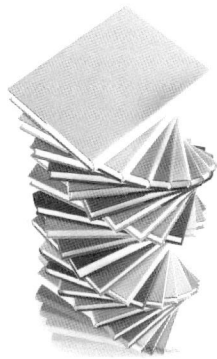

◀ 개막식 연설

정치적 상호신임관계를 증진
지역의 평화와 안정을 수호

苏格[*]

존경하는 외교부 아시아사 쇼우첸 사장님, 존경하는 일본 방위성 도쿠치 히데시 전임 방위심의관님, 존경하는 한국 국가발전연구원 김석우 원장님, 존경하는 중일한 협력사무국 양후란 대사님, 존경하는 내빈 여러분, 신사숙녀 여러분, 안녕하십니까! 저는 주최측을 대표하여 중국국제문제연구원에서 주최하고 베이징에서 열리게 된 제2회 중일한 안보협력 국제세미나에 오신 여러분들을 열렬히 환영합니다.

중일한 3국은 인접 국가로서 동북아 나아가 세계에서도 중요한 자리를 차지하고 있습니다. 중일한 3국은 인구 총수가 세계 인구의 20%, 경제총량이 세계와 아시아에서 각각22%, 70%를 차지하고 있으며 외화보유액은 세계의 47%를 차지하고 있습니다. 3국의 협력은 지역의 평화와 안정 및 발전과 번영, 나아가 세계 구도의 발전에 심원한 영향을 미치고 있습니다.

지난해 11월, 3국의 공동 노력하에 3년이나 중단되었던 정상회담이 재개되였고 중일한 3국은《동북아 평화와 협력에 관한 공동선언》을 발표하게 되면서 3국의 협력에 중요한 선도적 역할을 발휘하였습니다. 올해 4월, 시진핑주석은 워싱턴에서 열린 핵안보정상회담에 출석하여 박근혜대통령과 회담을 가지고 양국관계와 양국에서 공동으로 관심을 가지는 중대한 국제와 지역 문제에 대하여 의견을 나누었으며 다방면의 공동 인식을 달성하였습니다. 그리고 지난달, 일본 외상 기시다 후미오가 중국을 방문하여 중일관계를 적극 추진할데 관한 신호를 보내면서 중일관계도 점차 개선되어 가는 조짐을 보이고 있습니다. 3국 관련 부문은 적극 교류를 강화하여 교육부장회의, 환경부장회의, 3국 기자 공동 인터뷰, 3국 청년관리자 등 중요한 활동을 개최하면서 각 분야의 협력이 양호한 발전추세를 보이고 있습니다.

신사숙녀 여러분, 3국의 경제무역협력은 3자관계의 기반입니다. 최근 년간, 3국

---

[*] 苏格 : 중국국제문제연구원 원장, 전 주아이슬란드, 수리남대사.

소통과 이해 증진 공동안보 모색

은 지역무역의 자유화 건설에서 중대한 진전을 가져왔습니다. 이제 이틀 (6월 1일)이 지나면《중한 자유무역협정》을 체결한지 1주년이 되는 날입니다. 반갑게도 자유무역협정의 효력발생과 집행이 아주 순조로왔습니다. 반년이 되지 않는 사이에 중한양국은 2번씩이나 관세를 낮추었고 경제, 문화, 관광 등 다분야의 교류와 협력도 전면적으로 업그레이드 되었습니다. 중일한간의 자유무역협정 담판도 적극적인 진전을 가져왔으며 다분야의 담판도 거의 공동 인식을 달성한 상황입니다. 중국경제 신상태의 안정적인 발전과 일한 경제정책과 산업구조 조정이 심화됨에 따라 3국은 상호 발전에 더욱 많은 기회를 제공하게 될 것입니다.

최근 년간, 3국의 인문교류도 빈번해지고 있습니다. 2015년, 3국의 인원 교류는 약 2,400만 명이었습니다. 중한인문교류공동위원회는 2013년 설립된 이래 3차례의 전원회의를 소집하고 약 70회의 인문교류활동을 전개하였습니다. 올해에는 또 69개의 협력항목을 늘일 계획으로서 이 항목에는 학술, 교육, 청소년 등 여러 분야가 포함됩니다. 중일관계가 완화됨에 따라 중일 인문교류도 더욱 많아지고 있습니다. 2015년 일본을 방문한 중국 관광객수는 약 500만명으로서 동기대비 2배로 늘어났으며 일본을 방문한 여러 국가의 관광객중에서도 중국 관광객수가 첫자리를 차지했습니다. 일본을 방문한 인원수가 늘어남에 따라 일본에 대한 중국사람들의 인상도 변화되고 있습니다.

이와 동시에3국의 협력이 여러 가지 복잡한 요소의 도전에 직면하여 있다는 것도 알아야 합니다. 특히 정치적 안보분야에서 더욱 두드러지게 나타나고 있습니다. 오랜 기간, 중일한 3국에는 일부 민감한 문제, 특히 역사문제가 3국관계를 저해하는 중요한 원인으로 되여왔습니다. 북핵문제, 해양권익 등 문제에서 발생한 견해차이는 3국의 전략적 불신을 가중시켰습니다. 게다가 기타 력량이 지역의 힘겨루기에 가입하면서 지정학적 요소가 두드러지게 나타나는가 하면 본 지역 안보관계는 제도화가 결핍하여 지금까지 안정된 안전 메커니즘을 형성하지 못하고 있습니다. 동북아는 여전히 하나의 지리적 개념일뿐 북미나 유럽과 같은 제도적인 개념이 아닙니다. 어떻게 메커니즘적으로 지역의 안전과 안정을 수호할 것인가는 이 지역의 국가, 특히 이 지역의 중심에 있는 중일한 3국이 공동으로 노력하여 해결하여야 할 문제입니다.

내빈 여러분, 친구 여러분, 본 세미나의 취지는 바로 3국이 어떻게 안전분야에서의 대화와 협력을 강화하여 정치적 신뢰관계를 증진하고 지역의 평화와 안정의 수호를 위해 조언을 하는가 하는 것입니다. 이 번 세미나는 총 4개 의제로 나누었습니다. 첫째는 동북아 안전정세를 어떻게 평가하는가 하는것입니다. 이 부분은 핵실험후의 조선반도정세, 동해의 안전정세, 지역내 각 국의 전환기 새로운 추세를 포함합니다. 두번째는 지역 국가 안전정책 조정에 있어서의 새로운 추세입니다. 이 부분은 미일, 미한 동맹의 발전, 일본 신안보법이 가져온 변화, 해방군 개혁, 한국방위정책의 조정 등을 포함합니다. 세번째는 지역 안전에 대한 도전을 어떻게 인식하는가 하는 것입니다. 즉 지역 협력의 주요 요소를 말합니다. 이 부분은 지역의 이슈문제, 부동한 안전 인식, 안전 곤경, 신뢰 적자 등을 포함합니다. 네번째는 정책적 건의입니다. 이 부분은 병행추진사고방식, 지역 안전 협력 메커니즘 건설 (예를 들면 신뢰조치, 위기관리, 해상과 항공 조우시 준칙 구축) , 비전통 안보협력 (예를 들면 재해구조, 해상공동구조, 테러리즘 타격, 다국적 범죄조직 타격과 관련한 법적협력) , 다자 안보 구조 (예를 들면 유엔과 아시안+3) 하의 조정과 협력 등을 포함합니다.

이 번 세미나에 참가한 3국 안보분야의 전문가들은 여러분들에게 더없이 참신한 사상의 세례를 안겨주리라고 굳게 믿습니다. 이와 동시에 이 번 세미나는 3국의 안보에 대한 이해를 깊이 하고 3국간의 신뢰관계를 한층 더 증진하고 안전분야의 협력을 공동으로 제고하여 동북아 향후의 평화와 발전에 지혜를 축적하게 되리라고 믿어마지 않습니다.

감사합니다!

(金善女 번역)

제2회 중일한 안보협력 국제세미나에서의 연설

肖千*

일본방위성도쿠치 히데시 전임 방위심의관님,

한국국가발전연구원 김석우선생님,

중일한 협력처 비서장 양후란대사님,

중국국제문제연구원 원장 쑤거대사님,

신사숙녀 여러분:

안녕하세요! 제2회 중일한 안전렵혁 국제세미나에 참가하게 되어서 영광으로 생각합니다. 먼저 세미나의 개최에 뜨거운 축하를 드리며 이번 세미나를 주최하신 중국국제문제연구원에 감사를 드립니다.

중국, 일본과 한국은 동아세아 나아가 세계에서도 중요한 경제체입니다. 3개국의 경제총량은 동아세아의 90%, 아세아의 70%, 세계의 20%를 차지합니다. 3국간의 상호 관계 및 3국간의 협력은 지역뿐만아니라 세계의 평화, 안정과 발전에 중요한 역할을 하고 있습니다. 3국은 1999년부터 17년동안 외교, 문화, 경제무역 등 분야의 20개 부장급회의메커니즘과 60여개 실무층의 협상메커니즘을 구축하는 등 제반 분야에서 교류와 협력을 펼쳐왔습니다. 중일한자유무역구 건설은 안정적으로 추진되어 이미 제10회 담판에 들어갔습니다. "아세아 캠퍼스" "동아세아 문화도시"등과 같은 중점프로젝트는 이미 긍정적인 효과를 거두어 3국간 인문교류를 활성화시키고 있습니다. 3국간 협력에서 이룩한 성과는 세인들이 주목할만한 긍정적인것입니다.

2012년 이래, 다 아는바와같이 3개국의 협력은 여러가지 요소의 영향을 받았습니다. 중일, 한일관계가 점차 개선되면서 2015년 11월, 제6회 중일한 정상회의가 서울에서 개최되었습니다. 3개국 지도자들은 모두 중일한 협력에 대해 각별한 중시를 보이면서 "역사를 직시하고 미래를 지향하자"는 정신으로 역사 등 민감한 문제를 적절히 처리하고 정치, 경제무역과 재정, 금융, 지속적 발전, 인문 등 분야의 협력을 심화하기로 하였습니다. 2016년부터 3개국의 관련 부문은 회의성과를 적극 구체화하고 교육

---

* 肖千 : 중국 외교부 아시아사 사장.

부장회의, 환경부장회의, 자유무역구담판을 개최하고 3개국 기자연합취재, 제1회 중일한 공공외교세미나 등 중요한 행사를 진행하여 각 분야의 협력이 지속적이고 깊이 있게 발전하도록 추진하였습니다.

이커챵총리는 제6회정상회의에서 중국은 중일한 안전협력 국제세미나를 계속 개최하여 안전리념의 접목과 융합을 토론함으로써 지역의 안전과 발전에 훌륭한 분위기를 마련하고 싶다고 하였습니다. 이번 토론회는 정상회의의 성과를 실천에 옮기는 중요한 조치로서 3개국의 정치, 안전분야의 협력을 강화하고 3개국 협력의 기반을 굳게 다지는데 있어서의 각별한 중시를 구현하였습니다.

신사숙녀 여러분:

전세계를 볼때 중일한 3개국이 함께하는 동아시아지역은 전반적으로 평화와 안정을 유지하고 있고 경제가 비교적 빠른 성장세를 유지하고 있는가 하면 지역협력이 풍성한 성과를 거두고 있습니다. 동아시아는 이미 미국, 유럽외의 세계경제의 제3극으로 되었으며 세계에서도 활력과 발전잠재력이 가장 풍부한 지역이라 할수 있습니다. 이와 동시에 우리는 아시아지역에 역사적 갈등, 냉전 잔여, 영토와 해양 권익 분쟁 등이 교차되고 이슈 문제가 수시로 발생하고 테러리즘, 난민문제, 자연재해, 다국범죄 등 비전통적 안전위협이 날로 늘어나고 있다는것도 념두에 두어야 할 것입니다. 특히 2016년 년초부터 조선반도정세가 다시 심각한 위기에 몰리면서 동북아정세는 더욱 복잡해졌습니다.

중일한은 모두 아시아의 중요한 국가로서 동북아 나아가 아시아 지역의 평화와 안정, 발전과 번영에 공동한 책임이 있습니다. 안전에 대한 복잡다단한 도전에 직면하여 본 지역의 특점에 맞는 대응책을 적극 모색하고 지역의 장기적 평화를 도모하기 위해 공동으로 노력함으로써 "평화로운 아시아"가 계속 여러 나라에 혜택을 가져다주도록 하여야 합니다.

첫째, 양국관계의 기초를 잘 다져야 합니다. 중일한 3개국은 상호간의 발전을 이성적시각에서 보고 서로의 이익과 관심을 존중하고 배려하여 향후의 우호적인 관계를 확보하여야 합니다. 2012년 이래 중일한 협력에서의 우여곡절은 우리가 반드시 "역사를 직시하고 미래를 지향하자"는 정신으로 양국관계중의 역사 등 민감한 문제를 적절히 처리하여야만 3개국의 협력이 건전하고 안정된 궤도에서 나아가도록 확보할 수 있으며 동북아지역의 평화와 발전을 위해 적극적인 기여를 할 수 있다는 것을 알려주고 있습니다.

둘째, 이슈문제를 적절히 처리하여야 합니다. "얼음이 석자 언 것이 하루 추위에 언 것이 아니다"라는 말이 있습니다. 역사적으로 내려온 복잡한 갈등과 현실적인 이

소통과 이해 증진 공동안보 모색

익 분쟁들이 바로 동북아의 이슈들을 각별히 민감하고 까다롭게 만들고 있습니다. 각국의 근본적인 이익과 민족적 감정을 충분히 고려하고 이슈문제의 해결을 안정적으로 추진해야만 모순이 격화되고 정세가 악화되는 것을 피할 수 있게 되어 어렵게 이룬 평화와 안정된 환경을 수호할 수 있습니다. 조선반도의 비핵화를 실현하고 조선반도의 비핵화와 평화체제 전환을 동시에 추진하여야 합니다. 직접적 당사자간의 대화와 협상, 해결을 통하여 영토와 해양의 권익분쟁을 해소함으로써 3개국의 협력메커니즘에 새로운 장애가 형성되는것을 막아야 할 것입니다.

셋째, 비전통적인 안전의 도전에 함께 대처하여야 합니다. 자연재해, 환경오염, 인터넷범죄 등 비전통적인 안전문제는 3개국이 직면한 가장 현실적이고 가장 두드러진 위협입니다. 다년간, 3개국은 재해관리, 환경보호, 지진과학기술, 민용핵안전, 범죄단속, 식량안전 등 비전통적인 안전분야에서 광범한 협력을 전개하여 훌륭한 기반을 마련하였습니다. 향후 3개국은 협력을 한층 더 심화하고 더욱 많은 공공안전제품을 제공하여 3개국 국민의 복지를 위해 안정된 환경을 마련하고 실무협력 과정에서 상호간의 신뢰를 구축하고 향후의 지역안전 구도건설에 새로운 구상을 내놓아야 합니다.

넷째, 지역의 실제에 알맞는 안전구도를 모색하고 구축하여야 합니다. 현재, 동북아지역은 다자간 안전대화메커니즘 구축이 뒤떨어져 본 지역의 경제협력발전현황과 균형을 이루지 못하고 있습니다. 양자간 군사동맹을 강화하고 타국의 안전을 희생하여 자국의 안전을 도모하는 행위는 대립과 갈등을 일으킬뿐 지역의 공동안전을 수호하는데는 불리합니다. 이에 중국은 "공동, 종합, 협력, 지속가능"의 아시아 안전관을 창도하고 한국은 동북아 평화협력구상을 제기하였으며 일본은 지역의 평화와 안정을 위하여 기여를 하겠다고 여러번 밝혔습니다. 3개국은 동방의 지혜를 발휘하는 동시에 냉전적사유와 제로섬관념을 버리고 안전이념의 교류와 안전이론의 혁신을 강화함으로써 대화와 협력을 통하여 영구적인 안전과 발전을 추진하고 강한 포용성으로 시대적 조류에 순응하고 본 지역의 발전에 필요한 안전구도를 공동으로 구축하여야 합니다.

신사숙녀 여러분:

이 자리에 계신 분들은 중일한 3국의 안전협력분야의 중요한 학술대표들입니다. 지난해 8월, 중일한브레인넷이 정식 설립되었습니다. 중국외교학원, 한국국립외교원과 일본국제관계세미나는 3국의 선두기구로 지정되었습니다. 여러분들이 중일한 브레인넷에 관심을 갖고 적극 참여하여 3국의 협력을 추진하고 특히 정치적인 안전분야의 협력에 지적 중추역할을 해주시기 바랍니다.

중일한협력비서처는 3국의 제반 분야의 협력과 교류에서 더욱 더 중요한 역할을 발휘하고 있습니다. 향후 비서처는 관련 학술기구와의 연계와 협력을 강화하여 3국의 안전협력을 연구하는 학자들에게 더욱 많은 교류 플랫폼과 기회를 마련해주기 바랍니다.

마지막으로 이번 회의의 원만한 성공을 기원합니다!

감사합니다!

(金善女 번역)

3국 안보협력의 강화와 지역안보기제의 구축

杨厚兰*

존경하는 중국 외교부 아시아사 쇼우첸사장님,

일본 방위성 도쿠치 히데시 전임 방위심의관님,

한국 국가발전연구원 김석우원장님,

중국국제문제연구원 쑤거원장님,

전문가, 학자, 친구 여러분:

안녕하세요!

제2회 중일한 안전협력 국제세미나에 참석하게 된 것을 영광으로 생각합니다. 먼저 중일한 3국협력사무국을 대표하여 이번 세미나의 개최에 축하를 드립니다. 이와 동시에 이번 세미나를 위해 많은 사전 준비작업을 해주신 중국국제문제연구원에 감사를 드립니다.

저의 외교경력을 되돌아보면 많은 시간은 한국과 일본과의 외교를 위해 일해왔습니다. 현시기는 3국간의 관계에 있어 경제무역협력이나 인적교류가 그 어느때보다도 더욱 밀접한 시기라는 느낌이 듭니다. 3국간의 관계는 우여곡절이 있었지만 협력을 강화하자는 목소리는 줄어든적이 없었습니다. 지난해 9월 중일한 3국협력사무국 국장에 취임하면서부터 저는 3국의 적지 않은 곳을 방문하였고 각 분야의 친구들과 교류도 했습니다. 그 과정에서 저는 3국의 협력을 강화하고 3국의 우호관계를 추진할데 대한 사회 각계의 념원을 절실히 느꼈습니다.

그러나 3국의 경제무역, 인문교류가 날따라 발전하는 성황과는 달리 3국의 정치안전협력의 발걸음이 다소 늦어지고 있습니다. 역사적인 문제, 영토문제 등 여러분이 다 알고 있는 문제들로 인해 3국간은 정치적 신뢰가 부족하여 협력이 영향을 받고 있습니다. 이러한 경제와 안전이 어울리지 않는 현실은 3국의 협력에 부정적인 영향을

---

* 杨厚兰 : 중일한 3국 협력사무국장, 전 주아프가니스탄,네팔,미안마 중국대사, 전 중국 외교부 조선반도 사무대사.

주고 동북아지역의 평화와 안정에도 불리합니다. 중일한 3국은 떨어질수 없는 이웃이며 이웃간에 서로 다른 의견이 있는 것은 정상적인 것입니다. 우리는 이 분쟁을 직시하고 통제하여 갈등이 협력의 전반 국면에 영향을 주지않게 하여야 합니다.

지난해 중일한 정상회의의 재개는 3국이 협력에 초점을 모으고 분쟁을 통제하려는 정치적 념원을 잘 구현하였습니다. 3국의 지도자는 모두 지역국가간 상호 경제의존 관계에 어울리지 않는 정치적안전의 긴장국면을 적극 개변하여야만 지역의 영구적인 평화와 안정, 공동 번영을 추진할수 있다고 인정하였습니다. 회의에서는 3국사이의 쌍변관계는 3국협력의 중요한 기반으로서 3국은 역사를 직시하고 미래를 지향하는 정신으로 관련 문제를 적절하게 해결함으로써 쌍변관계를 개선하고 3국의 협력을 강화하기 위하여 공동히 노력하여야 한다고 하였습니다.

정치적인 신뢰는 3국 협력의 기반입니다. 3국의 협력, 안정과 지속적인 발전을 실현하고 지역의 장기적인 안정을 실현하려면 전통안전협력은 공기와 물처럼 없어서는 안되는 것이며 3국이 평화적으로 의존할수 있는 중요한 보장입니다. 로마는 하루에 건설된 것이 아니며 전통적인 안전협력도 한번에 이루어지는것이 아닙니다. 인내심과 시간을 갖고 부단한 교류와 대화를 통하여 서로간의 신뢰를 키워가야 합니다. 이에 대해 아래와 같은 몇가지 건의를 제기하고 싶습니다.

첫째는 이념교류를 강화하고 지역의 새로운 안전협력관을 수립하여야 합니다. 시대가 발전하고있고 세계는 더는 제로섬의 냉전시대로 되돌아가지 않을 것입니다. 협력상생은 더욱더 국가간 교류의 목표로 되였습니다. 아시아국가가 지난 수십년간 안정적으로 발전할수 있은 것은 지역의 전반적인 평화가 있었기 때문입니다. 열전과 냉전을 겪은 중일한 3국은 역사를 거울로 삼아 경험과 교훈을 섭취하여 어렵게 이룬 평화를 함께 수호하고 충돌과 전쟁이 아시아에서 다시 일어나는것을 방지해야 합니다. 새로운 시기에는 새로운 안전리념이 필요합니다. 중국이 제기한 "공동, 종합,협력,지속가능"의 새로운 아시아 안전관, 한국이 창도하는 "동북아 평화협력구상 (NAPCI)"등은 모두 지역국가가 공동으로 번영하는데 유익한 구상입니다. 3국은 상기 방면에 교류를 더하여 안전협력의 이익의 공통점을 찾아야 합니다.

둘째는 지역의 민감한 문제를 적절히 처리해야 합니다. 현재, 북핵문제는 지역의 평화와 안정에 영향을 주는 핵심요소입니다. 동북아 이웃으로서 중일한 3국은 반도의 비핵화를 추진하고 반도의 평화와 안정을 수호할 책임과 의무가 있습니다. 동북아의 평화와 안전은 우리가 공동으로 추구해야 할 목표입니다. 그러므로 북핵문제에서 관련 국가는 공동으로 책임을 담당해야지 서로 질책해서는 안됩니다. 유엔안보이사회의 제재결의를 견결히 이행하는 동시에 제재가 최종 목적이 아니라는 것을 의식해야 합니다. 관련 국가들은 적극적으로 대화하고 공동으로 노력하여 6자회담을 서둘러 회복하고 평화적인 방식으로 반도의 비핵화가 실질적인 진전이 있도록 쟁취해야 합니다.

셋째는 비전통 안전분야의 협력을 강화해야 합니다. 비전통안전문제는 동북아지역의 경제와 사회의 안정을 심각히 위협하고 있습니다. 중일한 3국은 이미 자연재해, 테러, 인터넷안전, 다국범죄단속, 전염병예방 등 분야에서 쌍변, 다자 대화를 전개하고 관련 협력메커니즘을 구축하여 긍정적인 성과를 이룩하였습니다. 비전통안전분야의 협력은 민감도가 낮아 쉽게 추진할수 있으므로 3국은 이 분야의 협력을 계속 확대하고 전통안전협력에 대한 적극적인 스필오버를 발휘해야 합니다.

넷째는 동북아지역의 안전메커니즘 구축을 보완해야 합니다. 동북아는 현재 국제사회에서도 안전정세가 가장 심각한 지역중의 하나입니다. 복잡다단한 이익관계로 인해 이 지역의 현유의 안전구조는 지금의 복잡한 안전문제를 해결하기 어려워졌습니다. 지역안전협력을 추진하고 지역의 안전메커니즘 구축을 보완하는 것은 동북아 각국이 피할수 없는 현실적인 수요가 되었습니다. 복잡다단한 지역정세에 직면하여 중일한 3국은 소극적인 태도로 기다리기만 할것이 아니라 위기통제, 신뢰구축 등 방면을 돌파구로 하여 안전대화를 적극 추진해야 합니다. 이에 비추어 사무국은 다음과 같이 건의합니다. 3국은 "외교+국방사무 (2+2) 대화"로부터 시작하여 지역안전문제에 대한 대화와 협상을 통하여 관련 국가간의 신뢰를 증진하고 지역의 긴장한 정세를 완화하는 조치를 점진적으로 강구하고 여건이 성숙되면 3국의 국방사무협력을 가동하는 것입니다.

친구여러분, 중일한 안전협력은 각측의 지혜와 노력을 필요로 합니다. 저는 이번 하루반의 회의에서 여러 전문가들과 학자들이 더욱 열렬히 토론하고 건설적인 의견을 내놓아 3국의 안전협력과 지역안전메커니즘 구축에 더욱 큰 기여를 하기 바랍니다. 끊임없는 대화를 통해 3국의 안전협력은 새로운 발전을 할 것이라고 굳게 믿습니다. 마지막으로 이번 세미나가 원만한 성공을 이루기를 진심으로 기원합니다.

감사합니다!

(金善女 번역)

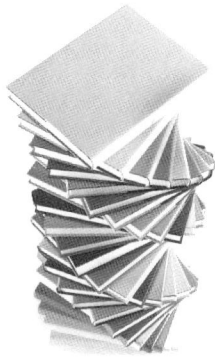

동북아 안보정세평가

두가지 구조적 모순과 동북아 안보정세

虞少华*

1. 최근 1년간 동북아 안보정세의 추세 및 특점

동북아 안보정세가 지난 1년간 또다시 악화되였다.

먼저, 북한의 제4차 핵실험과 제5차 위성발사를 발단으로 북한의 핵위기가 다시 불거지면서 북한의 핵미사일계획이 빠르게 추진되고 핵무기를 보유하려는 북한의 의지가 더욱 강화되였다. 국제사회의 한결같은 질책과 함께 북한은 사상 최고의 준엄한 제재를 받으면서도 여전히 로동당 제7차 당대회의 정책성문건을 통과하고 핵무기보유입장을 외부에 선고하면서 국제사회로부터 핵무기보유국가지위를 인정받으려고 시도했다. 유엔이 대북제재결의안 2270호를 통과하여 북한의 행위에 질책과 제재를 가하였음에도 불구하고 북한은 여전히 일련의 핵미사일을 발사했다.

다음으로, 관련 국가가 북한의 핵미사일계획에 대하여 지나친 반응을 보였다. 가장 전형적인 예로는 한미합동군사훈련규모가 부단히 확대되고 "평양공략", "참수행동"등 이름을 내걸어 훈련의 공격성이 뚜렷해진 것이다. 유엔 결의 2270호에 의하여 대북제재결의를 출시한후 미국과 한국은 북한에 대해 냉혹한 일방적 제재를 공포했다. 이는 현재의 대치국면을 타개하는데 도움이 되지 않을 뿐더러 정세가 급격히 악화되게 하였다.

그 다음으로, 북한의 핵위협을 이유로 미국과 일본, 한국 등 동맹국이 군사 쌍변과 다자 협력의 수위를 높였다. 이를테면 사드 (THAAD고고도미사일방어체계), 미일한 대탄도미사일합동훈련 등이다. 이는 북한 이외의 기타 국가의 안전과도 밀접한 관계를 가지는 군사포치로서 지역안전구도가 한층 더 균형을 잃게 되였다.

이 외에 중한이 대일관계를 적극적으로 개선하고 중일한 합작을 추진하는 배경하에서 일본은 "군사정상화"를 추진하는 발걸음을 다그치고 있다. 아베정권은 2015년 9월에 ≪신안보법≫을 강제적으로 통과하였고 2016년 3월부터 실시했다. 이는 일본이

* 虞少华 : 중국국제문제연구원 아시아태평양연구소 연구원.

"집단자위권"을 인정하고 그 범위를 확대하였을 뿐만아니라 무기사용에 대한 제한을 완화하였다는것을 말해준다. 아베정권은 평화헌법을 수정하려고 갖은 힘을 쏟고 있는데 이것이 지역 안보에 미치는 부정적 영향은 심히 우려스러운 것이다.

상술한 여러가지 원인의 영향하에 지역안보구도의 새로운 특점은 북핵문제로 야기되는 위기의 주기가 짧아지고 긴장과 대치국면의 지속시간이 사상 최고로 길어지고 있으며 문제해결을 위한 각측의 선택의 여지가 줄어들고 상호간 분기는 전례없이 커지고 있다.

2. 지역안보정세에 대한 두가지 구조적 모순의 영향이 과거에 비해 뚜렷해지고 있다.

지역안보정세에 상술한 특점이 나타난것은 본 지역의 두가지 구조적모순이 최근년간 마찰이 심해지고 지역에 대한 부정적 영향이 확대된것과 관계된다.

첫째는 북한과 한국의 대치정세가 악화되면서 정세통제를 잃을 위험이 커지고 있다. 북한과 한국의 분열은 특정한 역사시기 대국대치의 결과이다. 20세기 50년대, 반도의 남북 쌍방은 모두 무력과 대국의 힘을 빌어 반도의 통일을 실현하려고 하였다. 그러나 결과는 대국을 전쟁에 끌어들였을뿐 목적에 달성하지 못했을 뿐만아니라 분열과 대립은 더욱 심각해지고 동북아지역의 냉전구조도 더욱 강화되였다. 북한과 한국 쌍방의 주변 대국이 여전히 조선반도 분열을 리용하여 전략적균형을 확보하려는 상황하에서 실력이 비슷한 반도 쌍방은 어느 일방도 자체의 역량을 통해 자국위주의 통일을 신속히 완수할수 없으며 부동한 진영의 대국의 지지를 동시에 받기 어려웠다. 상술한 상황으로 인해 냉전이 끝나기전으로부터 냉전이 끝난후의 상당히 긴 시간동안 북한과 한국의 관계는 상대적으로 안정되고 몇번이나 관계 개선과 화해의 발걸음을 내디딘적도 있었다. 이를테면 1972년 북한과 한국이 발표한 ≪7.4남북공동성명≫, 1992년에 쌍방이 체결한 ≪남북 상호 불가침협정≫ 및 《한반도 무핵화 공동선언》 등이다.

그러나 최근 몇년간, 변화가 발생했다. 냉전이 끝난후 조선반도의 안전구도가 균형을 잃고 반도 쌍방과 주변대국과의 불균형이 심화되면서 북한과 한국의 실력대비가 신속히 균형을 잃고 실력균형속에 있었던 "소극적인 평화"의 기반을 뒤흔들어놓았다. 이런 상황하에 북한은 핵미사일을 빌미로 북미대화를 촉진하여 열세에 처한 북한의 지위를 반등하려고 하였으며 핵미사일발전 비대칭수단을 통해 안전을 확보하려 하였다. 그러나 이는 또한 북한과 한국간의 신임위기를 심화시켰으며 핵문제가 진일보 불거지면서 북한은 전에없는 고립의 경지에 처하게 되였다. 이와 동시에 기타 제반 원인으로 인해 조선 국내의 정치와 경제도 부동한 정도로 불확정적인 요소가 존재하게 되였다. 상술한 배경하에 한국 보수세력들은 강력한 행동으로 하루빨리 반도를 통일하려고 하였으며 일부는 심지어 북한정권의 급속한 교체시기가 더는 얻기 힘든 기회라고 인정하였다. 북한은 자국안정과 체제보장에 대한 우환이 점점 깊어져 미국의 위협뿐만 아니라 한국 "통일 공세" 위협도 점점 커지고 있다고 인정했다. 그러므로 북한과 한국간의 충돌은 핵문제가 쟁점이 되고있는듯 하지만 자국을 중심으로 상대방을 통일하고 상대방에게 합병되지 않으려는것이 바로 쌍방이 고려하는 핵심이다. 이명박정부와 박근혜정부는 직접적으로나 간접적으로 모두 핵포기를 전제로 하는 대북정책을 실시하고 있으며 중점은 모두 북한의 많지 않은 우위를 없애기 위한데 있다. 그러나 북한은 핵무기를 포기할 의향이 전혀 없으며 합법적인 핵국가지위를 취득하려고 시도하고 있는바 이는 쌍방의 특수한 경쟁에서 비장카드를 확보하기 위한것도 있다. 이 차원에서 현재 동북아정세를 볼 때 북한과 한국이 최근에 있었던 격렬한 비난과 첨예한 군사시위 및 자국의 이익손해를 마다하면서까지 보복행위를 실시하는 행위를 다소나마 이해할수 있다.

둘째는 대국간의 대치국면이 심화되면서 모순이 증가하고 협력이 감소되고 있다. 동북아는 대국리익이 집중된 곳이다. 상술한바와 같이 반도의 분열은 처음부터 대국간의 각축에 의해 이루어진것이다. 세계범위의 냉전이 종식된후 관련 대국들이 모두 랭전식 제로섬사유를 내려놓고 반도 남북과의 관계를 정상화하였다면 조선반도의 통일사업은 진척을 이룰수 있었을 것이다. 그러나 미국은 독자적초대국의 패권구도를 확립하는데 급급하였는데 이것이 지역 대국관계가 냉전의 영향을 근본적으로 벗어나지 못한 주요 원인으로 되고 있다. 특히 최근년간 중국의 종합국력이 급속히 부상하자 미국은 지역 주도지위에 대한 우려가 깊어지면서 동맹관계를 강화하여 안보분야에서의 절대적우세와 지역사무에 대한 발언권을 확보하려 하고 있다. 이런 배경하에 중미간에는 경쟁이 심각해지고 있으며 북핵문제도 최초에는 협력이 초점이였지만 현재는 마찰과 쟁점의 소재가 되고 있는 것이다. 오바마 연임기간에 미국이 북한에 대한 "전략 인내" 정책은 관련 대화가 진척되지 못하는 직접적인 원인중의 하나이다. 이와 동시에 미국이 중국에 대해 "대북 압력이 강하지 못하여 정세가 악화되었다"는 질책을 가한것도 6자회담 관련 국가가 북핵문제에서 협력이 원활하지 못한 간접적인 원인으로 되고 있다. 미국은 중국의 발전을 억제하기 위하여 북핵문제를 이유로 한국이 사드 (THAAD고고도미사일방어체계) 를 도입하고 포치하게 하여 중미 대치국면을 심화하였는가 하면 중한 모순을 격화시켜 동북아정세에 복잡한 영향을 가져다주었다.

비슷한 상황이 중일사이에도 나타났다. 중국이 급속히 발전하고 그 영향력이 부단히 제고되면서 일본에도 정치우경화와 "정상적인 국가의식" 팽창 추세가 나타났다. 그중의 중요한 원인은 일본이 양국 역량대비의 변화를 받아들이지 못하는 현실과 관계된다. 이런 추세를 돌려세우기 위하여 최근 일본은 조선 핵미사일문제를 이유로 미국의 "아세아태평양 복귀"정책에 협력하여 일한군사합작을 적극 추진하는가 하면 미국의 전략적 수요를 리용하여 일미방위합작지침을 수정하여 일본의 안보환경에 새로운 정의를 내리고 자위대 무력사용제한을 완화하고 군사포치를 강화했으며 높은 주파수대의 레이더 도입 등 선진무기시스템도 도입하였다. 북한이 제4차 핵실험을 진행한후 미국은 북핵문제를 포함한 지역안보문제에 대해 중국에 다시 압력을 가하였고 일본도 이 시기를 리용하여 아무 관계도 없는 남해문제를 빌미로 "존재감"을 나타내면서 중국에 압력을 가했다.

　　우리는 상술한 두가지 구조적 모순이 소극적인 발전추세를 보이고 있다는점에 유의해야 한다. 간단히 말하면 한국과 북한은 모두 대국이 자국의 목표에로 기울기를 희망하고 있다. 이를테면 한국은 대국 대치의 결과가 중미가 협력하여 북한에 압력을 가하기를 바라고 북한은 중미가 냉전대치국면으로 되돌아가 자국에 안전공간을 가져다주기를 바라고 있다. 대국은 또한 남북 대치중에서 기회를 찾으려 하고 있다. 이를테면 미국과 일본은 모두 북한과 한국의 대치국면을 리용하여 미일한 군사협력에서 튼튼한 삼각관계를 이루려 하고 있다. 이러한 연동은 지역안보환경에 극히 부정적인 영향을 미치게 될 것이며 그곳은 또 세계적 냉전잔여가 가장 많은 동북아지역이 냉전식 대치국면으로 다시 되돌아가 지역의 모든 국가들이 진정으로 이익을 얻기 어려운 국면을 조성할수 있는 것이다.

(金善女 번역)

동아시아의 안전 보장 : 북한을 둘러싼 안전 보장 문제와 동중국해 정세를 중심으로[①]

片原荣一[*]

21 세기의 국제 사회에서 국제관계의 불확실성과 지정학적 리스크가 급속히 증대하고 있다. 특히 동아시아 지역 (또는 아시아 태평양 지역) 의 안전 보장 환경은 한층 엄중해지고 있다.

전망 가능한 장래에 있어서 동아시아 지역 평화와 안정을 확보하는데 가장 중요한 관건은 미중관계의 향방일 것이다. 제2차 세계 대전 이후 60 년 동안 미국의 군사적 위상 및 동맹전략이 지역 안전을 확보하는 데 결정적으로 중요한 역할을 해왔다. 다시 말하면 미국의 전략적 우월성 (strategic primacy) 이 지역의 평화 안정의 기반을 지탱해 왔다고 볼 수 있을 것이다. 그러나 근년에 급격한 경제성장을 이어가면서 세계 제2의 경제 대국으로 부상한 중국은 국제 사회에서 경제뿐만 아니라 정치적 군사적 문화적으로도 영향력을 확대하고 있다.

인도는 경제 발전과 더불어 외교와 안보면의 존재감이 부각되고있다. 러시아도 근년 유라시아의 자원 부국으로서 에너지 외교를 추진함과 동시에 군사력의 현대화에 주력하고 있다. 더 나아가 역내 여러 국가들을 살펴 보면 군사력의 근대화 특히 해군력에 있어서 현저한 증강 경향이 보인다. 이러한 움직임으로 말미암아 지역의 파워 밸런스는 급속히 변화하고 있고 역내 여러 나라들은 전략적 대응을 하지 않으면 안되는 국면에 놓이게 되었다. 예컨대 미국 오바마 행정부는 미군의 군사 태세 및 존재의 주축을 아시아 태평양 지역으로 이행하기 위한 전략적 조정을 추진해 왔지만 시리아, 이라크 등 중동 정세가 진정될 전망이 보이지 않는다. 2014 년 러시아가 우크라이나에 대해 군사개입한 후 구미 각국과 러시아간의 대립은 지속적으로 첨예화·표면화되고 있다. 게다가 2016 년 11 월 미국 대선에서 공화당의 도널드 트럼프가 차기 대통령에 당선될 경우 미국의 기존 세계전략이 근본적으로 바뀔 가능성도 지적되고 있다.

---

① 이 글은 발표자가 회의에서 한 발언요지를 원문대로 실은 것임.

* 片原荣一 : 일본 방위연구소 연구원.본 연구는 연구자 개인의 의견입니다.

소통과 이해 증진 공동안보 모색

　　본고의 목적은 최근 동아시아의 안전보장 분야의 과제를 검토함과 동시에 지역 안보질서의 미래를 전망하는 것이다. 본고에서는 지역이 직면한 여러 과제들 중에서 북한을 둘러싼 문제와 동중국해의 해양안보문제에 초점을 맞추어 전망 가능한 장래의 동아시아 지역 안보 질서 안정화를 촉구하기 위한 방안을 다각적·장기적 관점에서 검토한다.

1. 동아시아의 안전보장 환경 : 개관

　1)　경쟁하는 미국과 중국 : 중국의 부상과 미국의 "재균형 전략"
　2)　한반도 정세　(북한의 핵·미사일 문제)
　3)　대만을 둘러싼 문제
　4)　동중국해·남중국해의 해양 안보 문제
　5)　역내 국가들의 군 현대화 및 해군력 증강　(특히 잠수함)　:
　중국, 호주, 한국, 베트남, 인도네시아, 싱가포르, 인도, 파키스탄 등
　6)　비 전통적 안보 과제　(테러, 사이버공격, 대규모 재해 등)

2. 북한을 둘러싼 안전 보장 문제

　1)　북한의 핵·미사일 능력 증강 → 탄도 미사일에 탑재 가능한 핵탄두의 소형화?
　→ 여러 이웃 나라　(중국 포함)　에 대한 직접적 군사 위협 증대
　→ 미국의 "확장 억제"의 신뢰성은?
　2)　북한의 도발 등에 기인한 분쟁의 위험 :
　○ 전면전으로 발전할 가능성은?
　○ 핵 무기·미사일 기술의 확산?
　○ 난민 유출?
　○ 특수 부대에 의한 테러 공격?
　3)　북한의 원자력 재해 위험

3. 동중국해의 해양 안보 문제

　1)　중국의 해양 활동의 활발화와 상호 억제의 "상태화 (常態化)"
　2)　미중에 의한 배타적경제수역　(EEZ)　내의 정찰 행동에 관련된 문제
　3)　센카쿠열도에 관련된 문제와 분쟁의 위험

4 항목의 중·일 합의 문서 (2014 년 11 월 7 일) : 안정화를 지향한 노력

① 중일간 4 개 기본 문서 준수 및 전략적 호혜 관계의 발전

② 역사를 직시하고 미래를 지향한다는 정신에 따라 정치적 어려움을 극복

③ "중일 양측은 센카쿠열도 등 동중국해 해역에서 최근 긴장 상태가 계속되고 있는 사안에 대해 각자 다른 견해를 가지고 있음을 인식하고 대화와 협상을 통해 정세 악화를 방지하고 위기 관리 메커니즘을 구축, 예상치 못한 우발 사태 발생을 회피하기로 의견의 일치를 보았다. "

④ "양측은 다양한 다자·양자간 채널을 활용하여 정치·외교·안보 대화를 서서히 재개하고 정치적 상호 신뢰관계 구축에 노력하는데 의견의 일치를 보았다."

4) 대만 해협 위기·분쟁 위험

4. 지역 안전보장 질서의 미래 전망

1) 대국간 협조체제 (a concert of great powers) 구축을 위한 노력 :

○ 안정된 미중 관계 : 미중 전략·경제대화, 미중 군사교류 (MMCA 등)

○ 미국의 군사적 존재 및 동맹체제를 통한 억지력 유지

○ 일중 "전략적 호혜관계" 강화, 고위급 협상

2) 규범,규칙,제도 (신뢰 구축, 위기 관리, 사태 해결, 군비 관리?) 의 구축 :

○ 해상충돌예방규칙 (CUES)

○ "일중해상연락메커니즘 (Japan-China Maritime and Aerial Communication Mechanism) ",핫라인, 일중해상수색 및 구조 (SAR) 협정",중일 고위급 사무레벨 해양협상,동중국해자원개발 (협상은"연기") 일중 "해상사고방지 협정"을 위한 노력? (군 및 해상 법집행기관?)

◗ 미중간 군사교류 (MMCA 등) 추진 :

MOU Regarding the Rules of Behavior for the Safety of Air and Maritime Encounters (2014) → an annex on air-to-air encounters (2015)

○ "항행의 자유" 확보와 역외 국가의 관여 : 미국, 인도, 호주 등

3) 안보 딜레마와 액션·리액션·다이내믹스의 극복

○ 신뢰 구축 조치의 확충·강화

○ 역량 강화 /네트워크화 /정보 공유에 의한 투명성 확보

○ ADMM 플러스 전문가 워킹그룹 (EWG) "해상 안전 보장 "공동 훈련·연습 강화

○ 미 태평양군의 역할 : "환태평양합동연습 (Rim of the Pacific Exercise;

소통과 이해 증진 공동안보 모색

RIMPAC ）"활용

　　○ 주요국에 의한 역내 국가들에 대한 역량 강화 （일본의 순시선 공여 등）

　　4） 미국의 아시아 전략과 한중일 안보 협력

　　○ 미사일 방어 （한국→지상배치형 미사일 요격시스템 （THAAD） 의 주한 미군 배치를 둘러싸고 미국과 협상 → 중국은 이에 반발）

　　○ 중국의 대북 인식

　　5） 일미중한 4개국간 안보 대화 및 협력의 가능성

　　○ 북한의 핵・미사일 문제에 대한 대응은 매우 긴박한 공통 전략적 과제

　　○ 정보공유,전략 대화, 대처 계획 수립, 공동 훈련・연습?

　　미중관계는 지금까지 다양한 대외적 요인과 쌍방의 국내 정치에 휘말리면서 커다란 진폭을 거듭해 왔지만 전략적 차원에서는 안정된 관계를 유지해왔다. 세계경제・통화문제,기후변화,대량 살상무기의 확산,테러문제, 북한문제,이란문제,해양 안보,인도적 구원,재난 구호 등 광범위한 안보 과제 해결에 있어서 안정된 미중 관계와 중국의 협력은 필수불가결하다. 그러나 양국의 군사 관계는 상호 불신을 배경으로 하여 뚜렷한 진전은 보이지 않았고 대만에 대한 미국의 무기 매각이나 기타 우발적 사안이 원인이 되어 중단과 재개를 반복해 왔다. 향후 중국의 현대화와 그 활동의 활성화가 지속되면 미중간의 오해와 오인 （誤認） 으로 하여 우발적 제한적 사안이 군사적 충돌과 전쟁으로까지 확대될 위험이 높아질 것으로 예상 된다.

　　중요한 것은 아시아 태평양 지역의 안정에 기여하는 포괄적 전략 수립 및 다자간 안보협력체제를 구축하는 일이다. 포괄적 전략을 수립함에 있어서 미중 양국 또는 중국과 지역 주요 국가들이 안보 딜레마에 빠지지 않게 하기 위해 그 의도와 과정 자체의 투명성을 확보하는 것이 중요하다. 그러기 위해서는 중국을 전략적으로 포위하는 형태가 아니라 비전통적 안보 분야를 중심으로 중국을 일층 개방적인 다자간 협력체제에 끌어들이는 일이 큰 과제가 될 것이다. 이러한 관점에서 동아시아 정상회의 （EAS） , ASEAN지역 포럼, ADMM 플러스, 상하이 협력기구 （SCO） 등 다자간 기구를 전략적으로 활용하는 노력이 기대된다. 이와 더불어 다자・양자간 신뢰구축 조치를 일층 확충・강화하는 것이 중요 할 것이다.

　　헨리 키신저는 《중국이야기》 （On China） 의 종장에서 근년의 미중 관계와 제1차 세계대전 전의 영국과 독일의 관계에는 유사성이 있다고 지적한다. 당시 독일의 해군력 증강에 대하여 영국은 대립의 위험을 무릅쓰고 전략적 우위를 확보하고자 하였는데 그 결과 최종적으로는 전쟁에 돌입했다. 당시의 상황하에서 영국과 독일이 "양국이 대립하면 어떤 지경에 이를 것인가 "라는 자기문답을 하지않고 미래를 내다보지

못헀기에 결과적으로 세계대전을 초래하기에 이르렀다. 이와같은 대국간 대립 충돌을 회피하기 위해서는 미중관계를 포괄적 전략적으로 안정시키고 부상하는 중국을 다자간 안전보장 아키텍처에 끌어들이는 새로운 포괄적 전략 수립과 다자간 안전보장 협력체제 구축이 요구된다.

(일한번역 김단실)

최근 한반도 안보정세 평가 및 분석

郑载兴*

북한은 2016년 1월6일 전격적인 제4차 핵실험 (수소폭탄) 에 이어 2월7일 장거리 탄도 미사일 (광명성 4호) 발사를 감행하여 머지않아 핵무기 체계를 완비할 수 있음을 대내외에 과시하였다. 북한은 이번 핵실험을 4차 핵실험이 아니라 제1차 수소탄 실험이라 표현하면서 새로운 형태의 추가적 핵실험 가능성도 내비쳤다. 이제 북한의 핵보유와 장거리 미사일 능력 제고는 한국 안보에 치명적인 위기를 초래시키고 있다. 주지하다시피 북한은 지속적으로 핵의 다종화, 경량화를 추진하여 조만간 실전배치를 눈앞에 두고 있는 상황으로 알려져 있다. 가장 우려스러운 상황은 북한의 수소폭탄 보유 가능성이다. 수소폭탄은 원자폭탄의 1/10 내지는 1/20의 소형규모이자 핵탄두 무게 약 500~700kg 정도로 제작 가능하다. 만약 북한이 수소폭탄을 KN-08,대포동, 스커드, 노동 미사일에 장착되는 순간 사실상 전술핵무기를 보유하게 되며, 이는 한국뿐만 아니라 전 세계 안보에도 치명적인 위협이 될 것이다. 여기에 그동안 북한은 6차례의 장거리 미사일 시험발사를 통해 미사일 성능의 개선을 보여주었으며 미사일 탄두의 대기권 재진입이나 항법 유도 등 기술적인 측면에서 상당한 진전을 이룩것으로평가받고 있다. 따라서 머지않아 북한이 신뢰할만한 핵 억제력과 미사일 보유능력을 보유하게 될 경우 한반도 유사시 미 증원군의 개입을 억제하는 반접근/지역거부 (A2/AD) 전개와 함께 한미 기동전략에 대한 전술적 공격, 전자기파 (EMP) 를 활용한 공격 등 다양한 군사적 공격 능력을 갖출 것으로 보인다.

이미 북한은 박근혜 정부 출범 이후 3차 핵실험을 시작하여 정전협정 백지화, 전시상태 선언, 개성공단 폐쇄, 동해안 단거리 미사일발사, 4차핵실험, 장거리 탄도 미사일 발사 등 한반도 안보위기를 지속적으로 고조시키고 있다. 한국 역시 북한의 군사적 도발에 대응하기 위한 방안들을 적극 추진 중에 있다. 금번 북한의 4차 핵실험과 장거리 미사일 발사 이후 박근혜 정부는 과거와 달리 훨씬 강력한 고강도 대북제재인 개성공단 폐쇄와 북한 정권 교체 가능성 등을 강조하면서 완전하고 검증가능하며 불가역

---

* 郑载兴 : 한국 세종연구소 연구원.

적인 (CVID) 핵무기 폐기를 강력히 촉구하였다. 그러나 이에 대해 북한은 "자국의 자주적 권리에 대한 악랄한 도전이"라고 폄하면서 "미국과 적대세력들이 계속 못되게 나온다면 언제든지 핵뢰성으로 대답할 만반의 준비가 되어 있으며 우리의 핵보유는 미국의 대북 적대시 정책의 산물"이라 주장하면서 군사적 위협에 나섰다.

북한의 4차 핵실험과 장거리 미사일 발사 이후 역내 안보 환경은 각종 도전적 요인들로 인해 매우 복잡하게 전개되고 있는 중이다. 사실 북핵문제 해결을 위해서는 무엇보다 중국의 절대적인 지지와 협조가 필요한 상황이나 북핵문제로 인해 한·미·일 동맹 강화로 이어지면서 중국의 격렬한 반발과 함께 대북공조의 어려움을 여실히 보여주고 있다. 이는 역내 지역에서 미중 간의 패권적 대립과 갈등이 점차 심화되고 있는 상황을 방증하는 것으로 현재 미국의 아시아 회귀 (pivot to asia) 및 재균형 (rebalancing) 전략을 가속화 시키고 있는 가장 중요한 요인을 제공하고 있다. 특히 이미 북한은 핵무기의 소형화, 경량화, 다종화를 최종목표로 한미동맹에 맞대응하면서 동시에 북미수교 정상화, 미국과의 평화협정 체결을 요구하고 있는 중이다. 여기에 작금의 북한은 국제법적으로 인정되는 핵보유국 (nuclear weapon state) 는 아니지만 핵무장 능력을 가진 핵능력 국가 (nuclear capable country) 인 것은 사실로 한국은 상당한 안보적 도전에 직면하고 있다.

한편 향후 미국은 10년간 국방예산을 약 5,000억 불로 감축하기로 결정한 이후 기존 국방안보전략을 중동지역 (이라크, 아프카니스탄 등) 에서 벗어나 미일 동맹 강화, 아태지역 미군 재배치 등 중국의 부상을 적극 견제하고 포위한다는 아시아 재균형 (Rebalancing) 전략으로 전환 중에 있다. 조만간 머지 않는 시점에 한반도를 중심으로 미국이 지배하는 기존 안보질서와 새로운 안보질서 구축을 모색하기 시작한 중국 사이에서 어느 일방도 선택하기가 힘든 안보적 딜레마에 직면할 가능성이 매우 높다. 현재 시진핑 지도부가 '중화민족의 위대한 부흥 (中華民族偉大複興) '인 중국꿈 (中國夢) 을 국정슬로건으로 내세우고 미국과의 패권경쟁이 본격화 되면서 역내 안보질서에도 상당한 변화가 나타나고 있는 중이다. 더욱이 중국이 미국과 신형대국관계 (新型大國關系, china-us new type of great power relationship) 구축 제시에도 불구하고 미중간에는센카쿠를 둘러싼 영토분쟁, 대만문제, 남중국해 갈등이 한반도 안보환경에 직접적인 영향을 미치고 있다. 특히 최근 미국의 재균형 정책에 따른 대중 포위견제를 위해 한-미-일, 미-일-호-인-필 등과의 관계강화를 적극 모색하고 있는 중에서 한국이 바라는 정도로 중국이 북한에 강력한 제재와 압력을 가할 수 있을 것이라 인식한다면 이는 희망적 사고 (wishful thinking) 일 수밖에 없을 것이다. 이를 반영하듯 줄곧 북핵문제와 같은 전략적 안보이슈가 부각될 때 마다 중국은 미국에 대한

소통과 이해 증진 공동안보 모색

견제를 위한 전략적 고려와 북한의 지정학적인 요인 등이 우선시 될 수 밖에 없고 미국 역시 대북 군사적 도발억제를 위해 한미동맹을 강력히 요구하는 상황이다. 결국 향후 북핵문제에 있어 미중이 상호간 대결적 입장을 고수해 나간다면 한국은 상당한 안보적 딜레마에 직면할 수 밖에 없을 것이다.

여기에 최근 북한의 제4차 핵실험과 장거리 미사일 발사 등으로 확인된 북한 핵위협과 김정은 체제의 군사적 모험주의 선호 가능성 증대는 역내 지역에 있어 가장 다루기 힘든 문제로 자리매김하였다. 이미 북한은 지난 2012년 4월1일 북한 최고인민회의 12기 7차 회의에서 "자위적 핵보유국 지위를 더욱 공고히 할 데 대하여"를 채택하여 헌법 전문에 규정한 핵보유국 지위를 법령으로 구체화 하였다. 특히 금번 북한의 제4차 핵실험은 내부적인 필요에 의한 것으로 볼 수 있다. 첫째, 북한은 지난 수년간 핵문제 관련 대화와 협상의 부재를 이용하여 핵무기 보유국과 미사일 강국 지위를 기정사실화 (fait accompli) 함으로써 보다 안정된 대외환경구조를 마련하였다. 둘째, 한미 양국이 2013년 북한의 무수단 미사일 이용 핵공격 위협 이후 소위 맞춤형 억제전략 (Tailored Deterrence Strategy) 을 채택한 것에 대항하여 북한은 핵을 포기하지 않고 강화하는 차원에서 실시하였다. 셋째, 4차 핵실험을 통해 김정은 리더십의 확보와 함께 핵보유국으로 북한 주민들의 자긍심을 높이고 한국에 대해 절대적인 군사력 우위를 확보할 수 있고 동시에 한국에 대한 정치,외교,안보적 압박을 가하려는 의도로 볼 수 있다.

이처럼 갈수록 고도화되는 북핵 위협에 대응하기 위해 선택할 수 있는 방안으로 미국의 전술핵 재배치, 사드 (THAAD:고고도미사일방어체계) 및 킬체인 (KILL CHAIN) , KAMD (한국형 미사일방어체제) 구축, 독자적 핵무장 등이 제기되고 있는 상황이다. 향후 북한이 핵으로 위협하거나 핵 공격을 감행할 경우 이를 억제하는 것은 한국의 운명과 직결된 사활적인 안보과제이다. 현재 북한이 보유한 사거리 1,300km의 노동 미사일을 활용하여 주한/주일미군 군사기지, 사정거리 4,000km 무수단 미사일로 괌의 미군 기지를 효과적으로 공격할 수 있다. 특히 노동과 무수단 미사일은 대륙간 탄도 미사일 (ICBM) 인 대포동 미사일과 달리 이동발사대에서 발사가 가능하므로 사전 발사 징후를 포착하기 매우 어려운 문제점이 존재한다. 여기에 북한은 2014년부터 2015년까지 단거리 미사일 발사 실험을 약 20여차례 집중 실시하였으며 핵탄두 무게를 1,000kg 이하로 줄일 수 있는 기술적 능력을 확보한 것으로 파악되고 있다. 따라서 향후 북한이 소형화-경량화 능력 향상을 적극 활용하여 현재 보유하고 있는 사거리 3,00-1,300km 스커드 및 노동/무수단 미사일에 장착할 가능성도 배제할 수 없는 상황이다.

　　아울러 그동안 한미 양국이 북한 정권 붕괴를 기다리는 전략적 인내 정책이 오히려 북한으로 하여금 핵무기와 장거리 미사일 능력의 고도화할 시간을 주었으며 한반도 비핵화와는 전혀 다른 방향으로 전개되었다. 만약 북한이 핵무기를 포기하지 않고 능력을 강화시켜 나간다면 2020년경에 최소 20여개, 최대 100여개 정도의 핵무기를 보유하게 될 것으로 안전문가들은 전망하고 있다. 여기에 최근 북한은 잠수함 발사 탄도미사일 (SLBM) 수충 사출기술이 거의 완성단계에 들어서면서 2-3년 이내로 실전배치 될 가능성도 존재한다. 향후 북한이 핵무기를 탑재한 SLBM을 완성한다면 사실상 핵보유국 지위를 얻게 되는 것이다. 결국 머지않아 북한이 어느 곳에서도 핵무기를 사용할 수 있게 된다면 기존 한국군의 작전개념도 근본적으로 바뀌어야 하고 전쟁대비 개념도 핵무기 사용을 전제로 재수정 될 수 밖에 없을 것이다.

　　더욱이 이번 4차 수소탄 실험과 장거리 미사일 발사 성공을 기반으로 2016년 혹은 2017년에 다시금 제5차 핵실험과 장거리 미사일 발사를 강행하고 이를 기반으로 비핵화가 아닌 핵동결을 전제로 북미관계정상화, 평화협정체결, 한미연합군사훈련중단 등을 강력히 요구한다면 한국은 이전보다 훨씬 심각한 북한의 군사안보적 위협에 직면하게 될 것이다. 따라서 이제 한국은 핵을 보유한 북한을 두고 새로운 안보전략과 대북정책 모색이 필요한 시점이다. 향후 북한은 핵의 전략적 가치를 적극 과시하는 공세적인 차원에서 추가도발을 적극 고려할 것으로 보인다. 이번 4차 핵실험에서 부족했던 핵폭발 능력을 과시하기 위해 플루토늄과 고농축 우라늄 (HEU) 을 활용한 추가 핵실험을 강행할 가능성이 높고 장거리 미사일 발사 및 잠수함탄도미사일 (SLBM) 추가 실험도 예상된다. 이미 북한은 2013년 8월 이후부터 영변 플루토늄 생산을 위한 5MWe 원자로를 지속 가동하여 언제라도 핵 연료봉 인출 및 재처리를 통한 플루토늄 보유량을 증가시킬 수 있는 상황이다.

　　금번 북한 4차 핵실험을 통해 알 수 있듯이 북한은 핵무기 보유국 반열에 진입하였고 이를 억제할 수 있는 군사적 카드는 결국 신뢰할 만한 대칭적 핵 억지력 보유이다. 따라서 향후 한국은 미국과 한미 억제전략위원회 (DSC) 를 건립하여 북한의 핵과 미사일 위협에 대한 통합대응능력을 갖추기 위한 노력을 본격적으로 하였으며 북한의 핵과 대량살상무기 (WMD) 을 탐지, 교란, 파괴, 방어하기 위한 각종 이행지침을 적극 추진하기 시작하였다. 이에 북한의 핵과 미사일 발사 움직임을 실시간으로 식별하고 추적하기 위해 한국군은 선제 타격체계 (Kill-Chain) 과 한국형 미사일 방어체계 (KAMD) 를 2020년 중반까지 구축한다는 계획이다. 아울러 아직까지 한국의 독자적 대북 억제력 구비가 부족한 상황에서 당분간 미국의 전략자산 ("사드"스텔스, 핵잠수함 등) 도 적극 활용한다는 방침을 세워놓고 있다.

소통과 이해 증진 공동안보 모색

　　북한의 4차 핵실험과 장거리 미사일 발사 이후 상당기간 남북관계 및 한반도 안보정세는 크게요동칠 것으로 보인다. 무엇보다 북한 핵 위협과 장거리 미사일 발사로 인해 한국뿐만 아니라 국제사회는 더욱 강력한 대북제재를 펼쳐 나갈 것으로 보인다. 그러나 최근 사드 (THAAD) 배치를 둘러쌓고 치열한 대립과 갈등을 보여주고 있는 미중간 경쟁구조 속에서 북핵문제 해결은 더욱 요원해지고 있는 상황이다. 이미 G2로 자리매김하고 있는 중국에게 있어서 북한문제는 일정부분 전략적 부담을 주고는 있으나 동시에 현재 시진핑 지도부가 강조하는 핵심이익 (중국의 정치체제 유지, 주권 및 영토보존, 안정적 경제발전) 유지에도 직간접적인 영향을 미치고 있다. 즉 북핵 문제로 인한 대규모 한미연합군사훈련 실시, 미국 주도의 미사일방어 (MD) 체제 일환인 사드 (THAAD고고도미사일방어체계) 한국배치 추진이 모두 미국의 대중포위견제전략과 맞물리면서 동시에 북한의 전략적 가치와 자산도 급격히 상승하고 있기 때문이다. 따라서 북한이 미국 본토를 타격할 수준의 핵무기와 장거리 미사일 능력을 구비할 경우 기존 미국의 대북 핵확장억지력에도 상당한 변화가 불가피 할 것으로 보인다.

　　예컨대 북한이 제5차 핵실험과 장거리 미사일 발사를 강행한다면 한반도의 안정적 관리라는 이유로 지금보다 한층 더 강화된 한·미·일 3국 군사안보협력체제가 구축될 수 밖에 없을 것이다. 여기에 더해 북한 핵보유의 안보적 위협이슈에 편승해 일본은 미국과의 군사적 동맹관계를 공고히 하고 이를 바탕으로 군사대국화의 길로 나아갈 것이며 미국 역시 대중국 압박 카드로 활용할 가능성이 높다. 특히 오바마 정부의 아태재균형 (Rebalancing) 정책이 가속화되면서 미중간의 치열한 패권경쟁은 한반도 안보에도 직접적인 영향을 미치고 있다. 현재 미국은 중국의 급부상을 견제하기 한미, 미일, 한미일 동맹 강화에 상당한 노력을 기울이고 있다. 이에 반해 중국은 미국의 대중포위견제전선 구축을 저지하고 억제하기 위해 러시아와 군사안보협력을 확대하고 완충지대로서 북한과의 관계를 지속시킬 가능성이 높다.

　　이처럼 복잡한 역내 안보구조 하에서 향후 한반도 평화와 안정을 이룩하기 위해서는 첫째 우호적인 미중-중일관계, 한중과 한미관계 조화, 북미관계와 남북관계 개선과 같은 매우 고차원적인 외교적 노력과 해법이 절실히 요구된다. 둘째, 전략적 실용주의에 입각하여 한미동맹을 유지하면서도 동시에 중국과의 전략적 동반자관계를 더욱 확대해 나가야 한다. 셋째, 현재 한반도를 둘러싼 각종 안보적 딜레마를 정확하게 인식하고 대화와 협력을 토대로 남북관계 개선을 적극 모색해야 한다. 더욱이 중국은 G2 국가로서 자리매김을 확실히 하였으며 정치-경제적 영향력도 갈수록 확대되고 있는 추세이다. 따라서 향후 한반도를 둘러싼 안보 딜레마를 우리의 희망적 시각에서 벗어나 보다 현실적으로 인식하고 이를 기반으로 새로운 대북정책 및 21세기형 대외 전략을 적극 강구할 필요성이 있다.

　　이미 중국은 박근혜 정부의 한반도 신뢰프로세스 및 동북아 평화협력구상에 대해 긍정적인 입장 밝혔으며 더불어 북핵문제 해결과 한반도 평화통일 필요성에 있어서도 일정 부분 인식을 같이 하고 있다. 따라서 향후 한국은 한반도를 비롯한 주변 국가들과 상호 선순환 될 수 있는 다자간 대화 채널을 재개하고 이를 토대로 한반도 안정 기반조성을 적극 추진해 나가야 할 것이다. 특히 북한 핵무기와 장거리 미사일 발사 등과 같은 비대칭적 위협은 단 시일 내로 해결이 매우 어렵고 복잡한 문제로 한국은 주변국들과의 인식공유 및 협력강화를 통해 새로운 정책적 대안마련을 적극 제시하고 보다 능동적으로 문제해결을 주도해 나가야 할 것이다.

북핵 실험 이후 한반도 정세

杨晓青*

북한이 제4차 핵실험을 단행한 이후 한반도의 긴장이 지속되면서 동북아 지역의 안보가 심각한 위협을 받고 있다. 첫째, 충돌 발생 위험이 확대되었다. 둘째, 잠재된 핵확산과 핵 안보 우려가 가중되었다. 한반도 평화 수호와 지역 안보 안정 유지는 동북아 각국과 국제사회의 공동 이익에 부합하는 일이다. 한반도에 전쟁이 발발하게 되면 모두에게 득이 될 게 없다. 때문에 현재 급선무는 한반도 긴장 국면을 완화해 전쟁 발발을 피하고, 관련 각 측은 6자회담의 조속한 재개를 위해 함께 노력해야 한다.

1.한반도 긴장 상황 지속으로 위협 받는 지역 평화와 안정

2016년 1월6일 북한은 제4차 핵 실험을 감행했다. 북한 정부는 이날 성명을 통해 첫 수소폭탄 발사 실험을 성공했다고 밝혔다. 그 후, 북한은 2월7일 오전에 '광명성 4호' 위성을 성공적으로 발사했다. 이에 국제 사회는 북한이 국제 평화와 안보를 심각하게 위협하고 있다고 비난하며 북한에게 비핵화 약속을 지키고, 사태를 악화시키는 행동을 그만 둘 것을 촉구하는 등 강한 반응을 보였다. 유엔 안보리는 3월2일 안보리의 관련 결의를 무시하고 탄도 미사일 기술을 발사에 이용하고 핵실험을 감행한 북한에 대한 결의안 제2270호를 만장일치로 통과하고, 북한의 핵개발 계획을 저지하기 위한 더욱 강력한 대북 제재 조치를 실시할 것을 결정했다. 또한, 한반도와 동북아 평화와 안정의 수호를 재천명하며 6자회담 재개를 통해 평화적, 외교정치적으로 현재의 국면을 해결 할 것을 촉구하고, 대화를 통한 평화 실현과 북핵문제의 완전한 해결을 위한 조건을 마련하기 위해 안보리 회원 및 기타 국가에게 긴장을 더 악화시킬 수 있는 어떠한 행동도 취하지 않을 것을 요구했다. 대북 제재와 억지력 강화를 위해 2월10일 한국과 일본은 각각 일방적인 대북 제재 결정을 내렸다. 3월15일 미국은 추가적인 새로운 대북 제재를 실시할 것이라고 밝혔다. 미군은 주한미군의 군사력 강화와 B-52 폭격기, 스텔스 전투기 F-22랩터, 핵잠수함과 항공모함 편대 등 전략타격 병력을 한

---

* 杨晓青 : 중국 해군군사학술연구소 연구원.

반도 및 주변에 파견하여 군사 위협을 강화했고, 한국과 대규모 군사훈련을 빈번하게 실시했다. 사드 (THAAD) ' 고고도미사일방어체계의 한국 배치를 추진하고 있으며, 제재와 군사 위협을 통해 강한 대북 핵 포기 압박을 시도하고 있다. 하지만 북한은 핵 실험이 주권국가로써 안보를 지키기 위한 자위권을 행사하는 것이라고 주장하며, 미국의 대북 적대 정책을 겨냥해 국가 안보와 주권을 지키기 위한 자위적인 조치이고, 안보리 결정에 대한 강한 항의와 결연한 거절을 표하고, 미사일, 로켓 발사, 군사 훈련 실시 등 팽팽한 보복조치를 취함으로써 제재와 군사적 억지행동에 대한 강한 반격을 보여주고 있다. 이로 인해, 한반도 정세는 계속 악화되고 있다. 양측은 선제 타격으로 서로를 위협하고, 군사 대치 상황이 날로 첨예해 지고 있어, 충돌 발생 위험이 끊임없이 확대되어 한반도 긴장 국면이 더욱 악화되어 지역 안보와 안정에 심각한 위협이 되고 있다. 그 상황은 다음과 같이 나타나고 있다.

첫째, 북한의 핵 실험으로 다시 야기된 한반도 핵 위기는 북핵 문제가 더 역방향으로 발전하고 있음을 보여준다. 북핵 문제 해결이 곤경에 빠지면서 한반도 비핵화 과정이 심각하게 좌절되어 한반도 긴장 상황을 더 악화시켰을 뿐 아니라 지역 핵 확산, 핵 군비 경쟁의 우려가 깔리게 되었다. 예로 이번 북핵실험 이후, 일본과 한국에서 '핵 무장'에 대한 목소리가 다시 나타나고 있다. 북핵문제 및 동북아 지역 상황의 앞날이 걱정스럽다.

둘째, 한반도 군사대치 상황이 첨예해지고 백열화되면서 지속되는 긴장 국면이 민감해지면서 충돌의 위험이 끊임없이 확대되고 있다. 격렬한 위협과 대치는 한반도 긴장 국면을 더 쉽게 고조시키고 있다. 한반도에 전쟁이 발발하면 한반도 뿐 아니라 주변 국가에까지 그 피해가 미치게 되고, 국제사회의 평화와 안보에 심각한 충격을 주게 될 것이다.

2. 현재 긴장 상황 완화와 지역 평화와 안정 수호에 각 측의 공동 노력 필요

한반도 평화 수호와 지역 안정 유지, 한반도 비핵화 실현은 동북아 각국의 요구에 부합할 뿐 아니라 국제사회의 공동 이익과도 연관되기 때문에 관련 각국과 국제사회는 한반도와 동북아지역의 안보 상황이 평화안정의 방향으로 발전할 수 있도록 함께 노력해야 한다.

이번 한반도 핵위기는 국제사회의 북핵문제 해결과 한반도 비핵화 실현 노력을 다시 한 번 곤경에 빠뜨렸다. 북핵문제가 '핵실험-제재-핵실험 재개-또 다른 제재'라는 악성 순환을 보이면서 한반도의 긴장을 고조시키고, 충돌 발생의 위험이 확대되어

소통과 이해 증진 공동안보 모색

한반도 및 동북아 지역이 긴장과 불안에 직면하게 되었다. 아울러, 한반도 긴장 악화는 북핵문제 해결의 긴박성을 충분히 보여주고 있다.

진전 없이 퇴보하고 있는 북핵문제로 인한 한반도의 불안이 반복되는 이유와 북핵문제와 한반도 문제를 어떻게 대응하고 해결해야 하는 지에 대해 신중하게 생각해 볼 필요가 있다.

냉전 후 국제문제 해결을 통해 모든 핫 이슈는 제재와 압박으로만은 근본적인 해결을 할 수 없고, 군사 수단을 취하면 문제 자체 보다 더 심각한 결과가 생긴다는 것을 알고 있다. 북핵문제의 발전 상황을 보았을 때, 2006년 이후 유엔은 이미 대북 결의한 제1718,1874,2087,2094,2270호를 차례로 통과해 끊임없이 제재를 확대했으나 문제는 여전히 해결되지 않고 있고 오히려 후퇴하고 있다는 것도 이 점을 입증한다.

현재, 한반도는 여전히 첨예한 대치 상태에 놓여있고, 긴장 상황을 어떻게 완화하는가가 최대의 급선무이다. 또한 6자회담 재개를 적극적으로 모색해 수렁에 빠진 북핵문제를 대화와 협상의 궤도로 다시 올려야만 문제 해결을 촉구할 수 있다. 이에 대해, 중국 정부는 한반도 비핵화, 한반도 평화 안정, 대화와 협상을 통한 문제 해결의 원칙적 입장을 견지하며, 한반도 핵문제의 근본적 해결과 한반도 및 동북아 안정 원칙에 입각해 한반도 비핵화 실현과 한반도 정전 메커니즘 전환의 병행 추진을 제안했고, 관련 각국이 동북아 지역의 평안을 위해 함께 노력하기를 바란다.

물론, 현재 한반도 긴장 국면 완화와 6자회담 재개는 여전히 큰 어려움이 있다는 것을 알아야 한다. 첫째, 북한이 핵을 보유하고 있다. 북한은 4차 핵 실험 이후 발표한 성명에서 이번 핵 실험은 미국을 위주로 한 적대세력 확대에 대응하는 핵 억지력이며, 자주권과 민족생존권을 보호하고 한반도 평화와 지역 안보 수호를 위해 취한 자위적인 조치라고 밝혔다. 외부 적대 세력이 북한의 자주권을 침해하지 않으면 북한도 핵무기를 먼저 사용하지 않고, 관련 기술을 이전하지는 않을 것이고, 미국이 계속 대북 적대 정책을 취한다면 북한도 핵 억지력 강화를 지속할 것이라고 덧붙였다. 아울러 '미국이 군사훈련을 중단하면 핵 실험을 중단하겠다'는 제안을 미국에 했지만 미국은 거절했다. 2016년 5월6일 열린 제7차 북한 노동당대표대회에서 북한은 핵 보유국의 지위를 재차 확인하였지만 핵타격은 핵침략을 받았을때로 한정하고 비핵보유국에 대해서는 핵무기를 사용하지 않을 것이라고 톤을 낮추어 표시하였다.

둘째, 미국이 북한과의 대화를 거절했다. 6자회담 재개조건과 거의 비슷하게 미국정부는 북한이 반드시 먼저 핵 포기 약속을 이행하고 실질적인 핵 포기 조치를 취하지 않는다면 북한과의 대화를 거절할 것이라는 입장을 고수하고 있다. 2015년 이후, 미국은 세 차례의 북한의 대화 제의를 거절하고, 한반도에서 군사 합동 훈련을 계속 강화했다. 미국과 북한이 서로 내세우고 있는 상호 전제 조건은 대화와 협상을 통한 북핵문제 해결에 큰 장애가 될 것이 틀림없다.

셋째, 미국은 이번 한반도 위기를 통해 한반도에 '사드'를 배치하려 한다. 이는 북한의 핵 미사일 개발을 더욱 자극해 한반도 긴장 완화를 어렵게 만들수 있을 뿐 아니라 주변 국가의 전략적 안보 이익에 피해를 주어 지역 평화와 안정에 부정적인 영향을 미치고 있다.

한반도 평화와 지역 안보 그리고 세계 안정을 수호하기 위해, 관련 각 측은 반드시 서로의 주요 관심사과 이익을 종합적으로 고려하고, 평화, 발전, 협력이라는 시대의 조류에 순응하여, 대화와 협력 강화를 통해 상호 신뢰를 구축하고, 세계의 핵 비확산체제를 수호해 6자회담의 조속한 재개를 위해 함께 노력해야 한다.

(金善女 번역)

북핵 문제의 새로운 진전과 중국 동북아안보 환경 구축

任晶晶*

중국의 대외 안보에 가장 직접적이고 큰 영향을 미치는 것은 주변 안보 환경이다. 중국의 국력이 지속적으로 향상되고 굴기하고 있는 상황에서 중국의 주변 안보 전략과 정책은 대응에서 구축으로 바뀌는 역사적인 변화가 일고 있다. 이 변화는 국제사회의 구도와 지역 정세에 깊고 큰 영향을 주게 될 것이다. 현재, 중국의 주변 안보의 정세변화에 새로운 동향이 있다. 복잡하게 얽히고 설킨 지정학적요소들이 중국의 주변 안보 환경 구축에 불확실한 요인을 새로이 더하고 있다. 2016년 한반도 정세에 새로운 변화가 일고 충돌리스크가 커지면서 중국의 안보와 이익 및 주변 안보에도 직접적인 위협이 될 수 있다. 때문에 충돌의 위험을 줄이고, 통제 가능한 정세를 유지하는 것은 2016년 중국 동북아전략의 방향이자 동북아안보를 수호하기 위한 급선무이다.

2015년 이후, 한반도에는 긴장이 반복되고 위험한 상황이 잇달아 일어나고 있다. 지난 수년간 북한은 지속적인 강경 시위와 '벼랑끝 전술'을 결합한 정책 방식을 고수하며 핵 억지력을 계속 유지하고, 더 강경한 핵 위협을 행동에 옮기려는 시도를 시작했다. 한미 연합 훈련에 대응해 2015년 수 차례 장거리 미사일 발사 실험을 통해 대외적으로 자신의 전투력을 과시했다. 5월 북한은 동해에서 잠수함발사 탄도 미사일 발사했고, 10월 북한 노동당 70주년 열병식에서 '미국 본토 타격 가능'한 장거리 미사일을 과시했다. 2016년 이후, 북한은 1월과 2월에 각각 새로운 핵 미사일 실험을 실시함으로써 한반도 정세의 새로운 갈등과 긴장을 고조시켜 UN의 단호한 제제를 받았다.

한국에서는 박근혜 정권이 들어선 후 '동북아 평화 구상'을 제기했다. 남북통일 실현을 중요한 의사 일정으로 삼고, '신뢰 프로세스'와 '드레스덴 구상'을 차례로 발표했다. 하지만 북한의 핵 포기, 개혁개방, 자주통일을 취지로 하는 한국의 한반도 평화 프로세스는 북한의 긍정적인 반응을 끌어내지 못했다. 북한의 핵 위협에 직면한 한국은 군사 대항 단계를 큰 폭으로 상향조정하고, 미군과의 안보 협력을 더욱 강화했으며, 미국으로부터 작전지휘권을 회수하려는 계획을 포기하고, '사드'배치를 결정했다.

---

* 任晶晶 : 중국 사회과학원 지역안보연구센터 부 비서장, 연구원.

그 밖에도 한미일 3국은 3자 군사협력의 돌파구를 마련하면서 3군 군사 협력 메커니즘의 틀을 갖추었다. 한일 군사 협력의 배후에 미국의 압력이 있기는 했지만 결국 한일 양국은 북한으로부터의 위협을 함께 대응하고자 하는 현실적인 필요에 의해 결정한 것이다.

　　한반도의 복잡하고 긴장한 국면에 직면하여 중국은 자국의 안보 이익과 한반도의 평화 안정을 수호하는 국면으로부터 출발하여 한면으로는 한반도 비핵화 원칙을 변함없이 견지하여 북한의 핵보유와 핵무기개발을 반대하는 동시에 외교적주동성을 발휘하여 중북관계의 안정적발전을 전제로 국면을 점차 완화시켜나갈 것이다. 다른 한면으로 FTA협정 체결, 안보 협력 메커니즘 구축 추진을 포함한 한국과의 협력 수준 향상에 주력하면서 한중 관계 강화를 통해 한반도 정세 안정의 중요한 키가 되도록 노력할 것이다. 중국의 이런 정책과 방식은 한반도 정세 안정 수호에 도움이 될 것이다.

　　하지만, 한반도의 근본적인 갈등은 여전히 존재하고 있고, 언제든 폭발할 위험을 가지고 있다. 한반도 문제의 근원은 미국의 대북 정책과 북미 관계에 있다. 하지만, 북한이 핵 보유와 대폭적인 핵무기의 수준 강화를 통해 미국에 압력을 가하고, 미국을 협상 테이블로 나오게 하려는 방법은 위험한 수로 자칫하면 대형 사고로 이어질 수도 있다. 북한의 핵무기개발과 장거리 전략 미사일 개발을 미국은 받아들일 수 없고, 모든 동북아 국가들이 보편적으로 반대하고 있다. 이는 동북아 지역 안보와 질서를 교란하고, 타국의 안보와 이익을 위태롭게 한다. 중국을 포함한 관련 국가들은 모두 핵을 보유한 북한을 받아들이려 하지 않을 것이다. 북한이 중국을 버리고 홀로 이 어려움을 헤쳐나가려 한다면, 그것은 일방적인 소망으로 쓸데없는 노력일 뿐이며 스스로를 더욱 고립시키고, 국제사회에서 더 멀어지게 될 뿐인 것이다.

　　한반도 정세는 중국의 중대한 안보 이익과 관계가 있다. 중국은 중국의 문앞에서 전란이 나는 것을 용허하지 않는다고 확실하게 천명하였다. 북한의 핵무기 개발이거나 이를 기회로 한국에 핵무기를 배치하려는 미국의 행동 모두 중국의 안보를 위협하게 될 것이다. 미국이 북한에 무력을 사용하면 예측할 수 없는 결과를 초래할 수 있다. 한반도에 대규모 전쟁이 발발하게 된다면 중국도 그 속에 휘말릴 수 있다. 때문에 중국은 외교적으로 한반도 비핵화와 평화 안정을 유지하고, 평화담판을 통한 분쟁 해결에 주력하고 있다. 중국이 비록 UN의 새로운 대북 제제 결의 2270호를 통해 대북 압력을 가해 북한이 핵무기 개발로 인한 대가를 치르도록 하는데 적극 참여하고는 있지만, 중국은 상황이 극단적인 방향으로 발전하는 것을 피할 것이다. 만약 큰 분쟁과 동요가 발생한다면 중국의 안보와 이익에 해가 미치게 되기 때문에 중국은 담판을 통한 문제 해결이라는 기본 입장을 포기하지는 않을 것이다.

소통과 이해 증진 공동안보 모색

　　하지만, 6자회담의 경험을 통해 볼 때, 북미 양국이 대폭적인 정책적인 조정을 하지 않는다면 중국의 중재 역할은 제한적일 수도 있다. 한반도 정세의 진정한 위험 요소는 바로 이것이다. 현실적으로 미국은 이미 대선모드에 들어섰고, 대선기간의 대북정책은 일반적으로 더 강경한 방향으로 일변도해왔다. 북한에 있어 핵 보유는 이미 헌법와 당헌의 기본 국책으로 되었고, 김정은 정권을 지탱하는 강력한 요소가 되었기 때문에 북한 스스로 태도를 바꿔, 자발적으로 핵을 포기하지는 않을 것이다. 강한 외부 군사 압박과 단호한 제제에 직면한 북한은 강경하게 대처할 수 밖에 없다. 이미 코너에 몰린 한국 박근혜 정부는 전면적인 강경조치를 통해 북한의 변화를 이끌 수 밖에 없다. 이런 '강경조치'는 미국의 전면적인 군사 배치 확대, 한미 연합 작전 능력 강화를 포함한다. 때문에 향후 한동안 한반도 정세는 남북한 긴장과 대치가 일상화가 될 것이다.

　　이런 상황에서 중국은 발생 가능성이 있는 의외의 사건에 대한 준비를 철저히 해야 한다. 중국에게 있어서도 한반도에서 혼란과 전쟁이 발생하지 않는 것은 자국의 최대 이익에 부합되는 것이다. 중국 정부는 이미 한반도는 핵을 보유할 수 없고 (북한의 핵개발 및 미국의 배치를 포함) , 무력으로 한반도 문제를 해결할 수 없으며, 중국의 국가 안보와 이익을 반드시 효과적으로 수호하고 보장해야 한다고 명확하게 밝힌 바 있다.

　　한반도 문제의 근원은 북미관계에 있다. 현재와 미래에 어느 한 쪽이 실질적인 조정과 변화를 보여준다면 상황 변화에 결정적인 영향을 줄 수 있을 것이지만, 지금 상황으로 볼 때 거의 어려울 것으로 보인다. 지금의 새로운 대치국면의 직접적원인은 북한이 UN결의를 위배하고, 권고를 듣지 않고, 새로운 핵 실험을 한데 있다. 만약 북한 당국이 계속 고집을 부리고, 갈등을 악화시켜 전쟁 도발을 한다면 중국은 이에 대한 안보 책임을 지지 않을 것이다. 전쟁이 발발하면 중국은 당연히 자국의 안보와 지역 평화 보호에 입각해 스스로의 판단으로 전쟁을 저지하기 위해 과감하게 적극적인 행동을 취할 것이고, 더 나아가 한반도의 영구적인 평화에 도움이 되는 안보 메커니즘 구축을 추진할 것이다.

　　최근, 중국의 안보 전략과 안보 정책에 큰 변화가 생겼다. 국내 안전과 관련, 중앙 국가안보위원회를 창설하고, 총체적인 국가 안보관이 주도하는 새로운 안보 이념을 제시했다. 대외 안보와 관련, 상호 안전을 보장하고 함께 발전하는 새로운 구상을 내놓았다. 안보 환경과 메커니즘 구축과 관련, 중국은 새로운 대국의 결심과 책임을 충분히 보여주었다. 비록 중국의 주변 안보 환경이 새로운 도전에 직면했지만 도전과 기회는 결국 병존하는 것이다. 안보 환경의 구축은 반드시 중국의 전체 발전 전략을 위한 신형 대국의 전략 포지셔닝을 하는 것에 부합해야 한다. 중국은 국가 안보와 관련된 중대한 문제에서는 어떤 양보도 하지 않을 것이며, 국가의 중대 이익에 위협이 되는 모든 도전과 도발은 반드시 제지를 할 것이다. 하지만, 평화발전을 위한 주변 환경을 구축하는 대세를 감안해 분쟁을 신중하고 지혜롭게 처리할 것이며, 충돌 발생 위험을 줄이고, 대화와 협상, 협력의 기회를 찾기 위해 노력함으로써 대세를 장악하는 힘을 강화할 것이다.

전체적으로 2015년 중반, 도전적인 문제들이 두드러지기는 했으나 중국의 전체적인 안보에 대한 영향은 제한적이었고, 핫 이슈들이 큰 충돌을 야기하지 않아 중국 주변 지역의 평화와 발전은 기본적으로 수호되었다. 2016년 세계와 지역 경제의 저속 성장의 그림자가 여전히 남아있는 상황에서 갈등과 충돌이 계속 나타나고 있고, 대국들의 게임으로 인한 파급 효과가 계속 퍼져나가고 있다. 중국의 주변 안보 환경 구축에서 가장 중요한 것은 이견을 적절히 관리하고 통제하고, 주 정세의 기본적인 안정을 수호하며 국부적인 일이 전체에 영향을 주지 않도록 함으로써 평화발전의 환경을 계속 유지하도록 하는 것이다.

'구름이 시야를 가리는 것을 두려워하지 않고, 도발로 인해 마음이 흔들리지 않는다'. 중국이 대국으로써 종합적인 국력이 지속적으로 강해지는 것에 국제 사회와 주변 국가들이 복잡하고 다양한 반응을 보이는 것은 필연적이다. 이런 과정에서 중국 자체도 대외 안보에 대한 요구와 기대 역시 상응하는 변화가 일고 있다. 주변 안보 상황에 대해 중국은 위협과 위험을 저평가할 수 없을 뿐 아니라 점 하나를 전체로 보고 과도한 반응을 보일 수도 없다. 복잡하고 변화무쌍한 주변 안보 상황에 대응하는데 가장 필요한 것은 전략적인 굳은 신념과 강인함이다.

(金善女 번역)

동북아 안보협력의 역사와 현실

金锡友*

1945년 제2차 세계대전의 종식은 동북아 지역의 새로운 각성을 일으켰다.

과거 중국은 전 세계 경제의 3할을 생산하였고, 그 기반에서 높은 문화적 성취를 이루어 수천 년간 인류문명을 선도하였다. 1840년 아편전쟁 이후 생산력과 문화적, 정치적 영향력은 한없이 추락하였다.

인민들의 노예상태를 극복하자는 기치를 들고 1921년 창립한 공산당은 1949년 정부를 수립하였다. 그 100년 후를 주변국과 전 세계는 주목하고 있다. 2010년 경제력이 세계 제2위국으로 커진 중국이 언제 제1위국이 될 것인가? 그럴 경우 군사적, 정치적으로는 언제 제1위국이 될 것인가? 그 때가 되면 세계 안보질서는 어떻게 될 것인가? 주변국과 전 세계는 지금보다 더 평화와 번영을 누릴 것인가?

제2차 대전은 종결되었지만, 전 세계는 미·소 수퍼파워를 양축으로 하는 냉전시대를 겪었다. 냉전이 격화되는 시기인 1950년 4월 북한의 김일성은 모스크바를 방문하여 스탈린과 한반도를 무력으로 통일하기로 합의하였다. 소연방 해체 이후 밝혀진 자료에 의하면, 스탈린은 마오쩌둥 중국의 지원을 얻는 것을 조건으로 하였다. 미국과 중국이 한반도의 전장에 엉켜서 서로 탈진하게 함으로써 소련의 유럽전선을 안정시키기 위한 계산이었다. 결국 1949년 10월 정권을 수립한 신생 중국이 1년 만에 6.25전쟁에 참전하였다.

결과적으로 한반도를 중심으로 한 동북아 지역은 유럽대륙보다도 더 심한 냉전대결 구조가 지배하였다. 1978년 모스크바에서 개최되는 WHO국제회의에 한국의 보사부 장관이 참석하였으나, 1983년 중국에서 개최되는 유엔 주관 천해저광물자원 워크숍에 한국 전문가의 입국을 중국정부는 거부할 정도였다. 국제회의장에서 한국과 중국 외교관이 조우하여도 인사하기는커녕 서로 못 본척하는 기이한 현상이 지속되었다. 심지어 1985년 3월 21일 중국어뢰정에 해상반란이 일어나 한국 영해에 표류했어도, 한국과 중국 간에 외교관계가 없기 때문에, 중국 정부에 통보하기 위해서는 미국과 일본의 외교채널에 부탁해야만 했다.

---

* 金锡友 : 한국 국가발전연구원 원장.

1989년 폴란드에서 시작된 동유럽의 민주화와 1991년 12월 소연방의 해체로 전 세계적 냉전은 종결되었다. 그에 앞서 1978년 12월 중국은 제11기 공산당 중앙위원회 제3차 전체회의에서 개혁·개방 정책을채택하였다.

1983년 5월 중국민항기의 한국춘천공항 불시착문제 해결, 1985년 3월 중국어뢰정의 중국 귀환, 86년 서울 아시안게임, 88년 서울올림픽, 90년 북경아시안게임을 거치면서 1992년 8월 24일 한중간 국교정상화가 이루어졌다. 아무리 적대적이었더라도 이웃 국가 간에 일어나는 사건들을 처리하고 협력하기 위해서는 대화와 접촉을 피할 수 없기 때문 이었다.

한·중 국교정상화는 동아시아판 냉전질서의 실질적 종식을 의미한다.

1992년 한중간 교역량 64억 달러가 2015년에는 2,300억 달러로 35배 증가하였다. 작년 440만 명의 한국인이 중국을 방문 하였고, 600만 명의 중국인이 한국을 방문하였다. 한중 양국 간 항공편이 1주일에 129개 노선에 1,100편 넘게 운항하고 있다. 한일 간에는 43개 노선에 806편이 운항하고 있다. 서울의 중심가에는 한국어와 중국어가 반반씩 사용된다고 한다.

1960년대 한국은 전쟁피해와 산업부재, 극심한 실업으로 장래가 극히 비관적이었다. 그 한국이 1965년 한일국교정상화를 통해 경제협력을 시작하고 선진기술을 받아들이면서 근대화에 성공하였다. 이 또한 개혁과 개방의 성과라고 할 수 있다. 내부적으로는 중국문화의 영향으로 높아진 교육열이 뒷받침하였다. 한국인들은 논어의 첫구절 "學以是習之不亦悅乎"를 중시한다.

중국이 개혁·개방 이후 얼마나 빨리 경제·사회 건설을 이루었는지 전 세계가 보았다. 중국의 연간 10퍼센트의 초고속 성장은 18세기 이전의 본래의 중국으로의 환원이다. 그 과정에서 20년 먼저 시작한 한국의 노동집약적 산업의 경험과 기술이 크게 기여하였다. 중국의 산업고도화 이후 중국에서 베트남으로 옮겨간 한국의 기업이 지금 같은 역할을 하고 있다. 한국의 수출에서 베트남은 중국, 미국에 이어 3번째 국가가 되었다.

하여튼 중국경제발전에 한국이 크게 기여했을 뿐 아니라, 반대로 한국도 중국과의 경제협력을 통해 1997년 경제위기를 극복할 수 있었다. 한·중·일 3국의 인구가 전 세계 인구의 21퍼센트를 점하는데 걸맞게 전 세계 GDP의 23퍼센트를 생산하게 되었다. 이러한 경제력의 상승을 기초로 새로운 아시아 시대를 이끌어갈 것이다.

국제정치학자들은 동아시아는 유럽과 같은 지역협력체, 특히 안보협력체구축이 어렵다고 한다. 동아시아에는 역사적, 지리적, 문화적, 정치적으로유럽에 비교하면 동질성보다는 이질성이 많기 때문이라고 한다. 그러한점을 부정할 수는 없다. 그러나 유럽이라고 해서 처음부터 지역협력체가가능한 것은 아니었다. 1950년 프랑스의 슈망 외상이 유럽통합을 제안한 이

소통과 이해 증진 공동안보 모색

후 독·불·이와 베네룩스 3국이 쉬운 분야부터 공동체를 시작하였다. 즉 석탄·철강공동체부터 시작하여, 원자력공동체 (EURATOM) , 경제공동체 (EEC) 로 점차 발전하여갔다. 수백 년간 철천지원수였던 독일과 프랑스가 과거를 청산하고 협력체를 주도하였다. 안보차원에서는 1949년 미국중심의 서방진영의 NATO가 발족하여 바르샤바조약기구와 정치·군사 균형을 이루었다.

안보협력은 경제나 사회·문화에 비해서 더 민감하고 따라서 과정이 느린 것은 당연하다. 동북아지역도 냉전체제의 실질적 해체가 일어나서 경제적, 문화적, 인적 교류가 폭발적으로 늘어난 마당에 안보협력문제를 금기시할 필요는 없다. 문제는 3국 지도자들의 의지와 용기가 중요하다.

한국의 박근혜 대통령은 2012년 한중일 3국협력위원회가 주최한 국제포럼 연설에서 동북아에서 경제분야의 상호의존이 심화되는 상황과 반대로 정치 안보분야의 갈등이 증가하는 현상을 '아시아 패러독스 (Asian Paradox) '라고 지적하였다. 이를 해결하기 위해 박근혜 정부는 '동북아평화협력구상'을 제안하여, 초기에는 원자력안전, 재난관리, 환경, 보건, 초국가적 범죄 등 연성안보분야를 다루면서 점차 신뢰를 조성하여 전통적인 경성안보분야로 발전시키자고 하였다.

2003년 한중일 정상회의 이래 3국간 안보대화강화, 국방인사 상호교류협력 촉진 합의에 따라 이제 좀더 적극적으로 전통안보분야에서의 협력도 추진할 필요가 있다. 미국과 중국 간의 관계도 과거 미·소간의 극한적 대결관계와 비교하면, 협력과 경쟁을 병행하는 새로운 관계이기 때문에, 동북아평화협력구상을 발전시키는데 제약이 된다고 할 수 없다.

흔히들 ASEAN-ARF를 동아시아 지역의 안보문제에 관한 좋은 기제로 평가한다. 물론 그러한 기회에 동북아 3국이 어려운 과제에 관해 논의하는 것은 바람직하다. 그러나 동북아 3국의 문제를 ASEAN의 마당에서 다루는 것은 정상이라고 할 수는 없다. ASEAN 전체의 경제력은 한국의 2배를 넘지 않는다. 배보다 배꼽이 큰 셈이다.

동북아의 안보문제는 3국 자신의 마당에서 다루는 것이 정상이다. 그런 의미에서 이번 중국국제문제연구원이 주최하는 3국간 안보협력에 관한 국제회의는 매우 적절한 시작이다.

다행히 ASEAN+3 회의 기회에 1999년부터 한중일 3국은 별도의 3국간회의를 시작하였고, 2008년부터는 ASEAN과 상관없이 3국에서 번갈아가면서 정상회담을 개최하였다. 정상차원이 아닌 각종협의체도 60여개 운영되고 있다. 2011년 9월 한중일 3국 협력 사무국을 서울에 설치하여 현재 중국의 양허우란 대사가 제3대 사무총장을 맡고 있다.

2012년 과거역사문제로 일본과 한·중과의 정치관계가 악화되어 3국 정상회담이 2015년 말까지 열리지 못하였음에도 불구하고, 환경, 통상, 문화, 범죄예방 등 거의 모든 분야에서 협력과 교류가 중단 없이 지속되었고, 3국간 인적교류도크게 증가하였다.

정치관계가 긴장되어도 일본을 방문하는 한국이나 중국의 관광객은 일본인들의 친절함과 깨끗한 문화에 감동을 받는다. 중국을 방문한 관광객은 유구한 중국문화와 함께 새로운 도시문명에 감명을 받는다. 한국을 방문한 이웃국가 사람들은 한국 젊은이의 역동성을 느낄 것이다. 그만큼 한중일 3국간의 체제상의 이질성이 완화되었고, 인적교류의 장벽이 사라진 것이다.

정도의 차이는 있지만 각국의 주민들의 정부에 대한 발언권이 커지고 있다. 지구차원의 세계화, 정보화, 민주화의 결과라고 할 수 있으며, 이는 국가차원이건 국제차원이건 간에 거스를 수 없는 시대적 흐름이다. 교통통신의 비약적 발달, 인류의 의식과 지혜의 발전에 따라 당연히 일어나는 현상이다. 과거에 무력만으로 강자가 지배하던 질서는 진화할 수밖에 없다.

국제사회가 위계질서가 없다는 점에서 국내사회와 다르기는 하지만, 합리성과 도덕성의 뒷받침이 없으면 강대국의 주도권도 점차 흔들릴 수밖에 없다. 앞으로의 국제질서에서 경성권력 (hard power) 과 아울러 연성권력 (soft power) 의 중요성이 강조되는 이유이기도 하다.

2016년 3월초 알파고 (AlphaGo) 와 이세돌 바둑기사의 세기적 대결을 지켜보면서, 앞으로 10년 후 이 세계가 어떻게 변화할지 상상하기가 어려웠다. 지난 10년간 일어난 경이적인 변화보다 질적, 양적으로 더 큰 변화가 일어날 것은 틀림없다. 한국의 '겨울연가'의 배용준이 일본사회에서 인기를 얻고, '별그대'의 김수현과 '태양의 후예'의 송중기가 중국사회에 들어가고, 한류, 중류, 일류가 3국 사회에서 서로 문화적 충격을 주고 시너지효과를 일으키는 이 현상은 앞으로 3국간의 과거지향적 사고를 바꿀 수 있는 희망을 심어주고 있다.

유엔미래보고서는2050년까지 태양에너지 혁명, 무인 전기자동차의 운행, 합성생명체의 등장, 수명 130세 현실화, 실업률 50퍼센트와 같은 꿈같은 변화가 일어난다고 예측하고 있다. 이러한 과학기술의 발전이 인류의 가치관과 사고방식을 변화시킬 것이다. 과거의 약육강식의 사고도 사라질 것이다. 1648년 30년 전쟁이후 시작된 웨스트팔리아 (Westphalia) 체제도 변혁이 일어날 것이다. 1992년 마스트리히트 조약이 인적, EU국가간 인적, 물적 이동에 국경을 없애 버렸던 변화가 한중일 3국간에도 일어날 것이고, 그보다 더한 변화도 일어날 것이다.

그러한 미래에 역행하는 움직임은 지금부터 완화시켜야 한다. 그런 의미에서 3국 안에서 민족주의가 부활하는 움직임에 주목해야 한다. 일본의 근대화 과정에서 민족주의가 정신적 동력이 되었고, 한국도 식민지 상태에서 독립을 쟁취하기 위해 민족주의가 절실했으며, 중국도 서구문명의 침탈에 대항하기 위해 민족주의가 필요하였다고 볼 수 있다.

소통과 이해 증진 공동안보 모색

한·중·일 3국이 근대화를 성취하고 세계 경제·사회를 주도 하려는 이 시기에 배타적 민족주의로 회귀하려는 움직임은 다가올 미래에 맞지 않는다. 작게는 한·중·일간의 민간차 원의 상호교류 확산의 흐름에 비추어서도 시대역행적 이다. 배타적 민족주의 부활을 시도한 다 하더라도 인류사회의 발전추세에 비추어 성공할 수 없다. 이제는 3국 모두가 국력의 차이 는 있지만, 나름대로 자신감을 가졌다. 가장 작은 한국도 그러하다. 민족주의로의 회귀를 도 모하려 한다면 이는 자신감을 상실했다는 고백이기도 하다. 앞으로 전 세계를 선도할 3국이 피해야 할 일이다.

끝으로, 냉전체제의 잔재가 남아있는 유일한 지역이 한반도인데, 이것도 해결될 수밖 에 없다. 한·중·일 3국의 정치·경제의 발전을 큰 시야에서 보면, 각각의 정부가 인민의 이익을 위해 얼마나 기여했는지에 의해 결과가 나타났다. 중국의 경우에도 1949년 정권을 수립이 가능하게 된 바탕은 군벌에 의한 착취를 제거하여 인민을 위한 정부를 만들려고 노 력했기 때문이다. 결국 개혁·개방을 통해 먹는 문제를 해결하고 고도의 경제성장을 달성 하였다. 지금 시진핑 정부는 부정부패를 척결하여 인민들의 지지를 얻으려는 초심으로 돌 아가고 있다.

그에 비하면 현재 북한의 핵무기 개발은 인민들의 이익보다는 특정 가문의 이익을 위한 것이다. NPT체제라는 국제규범을 위반하고 인민들의 생존권마저도 무시하면서 개발해온 핵 무기의 소형화·경량화와 장거리 미사일의 개발은 이제 시간을 다투고 있다. 북한 정권의 시 도가 성공한다면 한국은 심각한 절망에 빠질 것이고, 지금 현재 일어나고 있는 대응전력을 확 보하라는 시민들의 요구를 외면하기 어려워진다. 이는 동북아지역의 전면적 핵확산이라는 악 몽을 초래할 수 있다.

그런 의미에서 북한의 4차 핵실험과 장거리 미사일발사 실험이후 2016년 3월 2일 유엔 안보리가 결의 제2270호를 채택한 것을 크게 환영한다. 특히 중국과 미국이 강한 제재에 합 의한 것은 매우 중요하다. 북한과 국경의 맞대고 있고, 북한의 대외교역의 9할 이상을 차지하 는 중국의 조치가 결정적이라고 할 수 있다.

북한은 핵개발과정에서 국제적 신의와 약속을 위반하여 오늘의 긴박한 상황을 조성하 였다. 중국 정부도 선의를 가지고 북한의 안정과 지역평화를 위해 노력했겠지만, 결과적으로 보면 북한의 속임수를 중국이 비호하는 사례가 빈번하였다.

아직도 북한 정권은 핵을 개발한다하더라도 중국이 자신을 절대 버리지 않을 것이라고 확신하는 것 같다. 중국은 확실한 대북제재를 통해 북한의 현 정권보다 합리적인 대안세력이 나올 수 있다는 신호를 확실하게 주어야 한다.

만약 북한이 핵을 포기하지 않는다면, 중국 정부가 지금까지 공급해 온 원유를 차단할 수 있고, 중국에 나와 있는 탈북자들을 북한으로 송환하지 않겠다고 경고해야 한다. 후계자가 핵을 포기하는 합리적 결단을 내리기를 기대해야 하기 때문이다.

북한이 핵개발을 포기하고 개혁 개방에 동참한다면, 동북아지역은 평화와 번영의 길로 나아갈 것이다. 중국의 동북3성도 본격적인 발전이 가능하게 되고, 한반도를 관통하는 열차와 파이프라인이 대륙을 달리게 될 것이다. 동북아지역협력, 궁극적으로는 안보협력이라는 구상도 진전될 것이다. 이를 위해서도 한중일 3국이 우선적으로 북한핵 위기를 해결하여 지역의 모든 주민들이 개혁과 개방, 평화와 번영의 혜택을 누리도록 지혜를 모아야 한다.

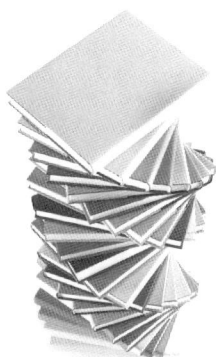

지역국가들 안보정책변화의
새로운 추세

일본의 방위정책에 대하여__최근의 진전과 지역협력

德地秀士*

중국은 2년에 한차례씩 이른바 <국방백서>를 여러나라 언어로 간행한다. 일반론적으로 접근하면 백서등 형식으로 세부적 정보를 공개함으로써 국방정책과 군사동향의 투명성을 향상시키는 것은 역내 국가간의 신뢰구축에 이바지하는 일이다. 중국이 이러한 노력을 향후도 지속함으로써 모든 나라를 납득시킬 수 있는 투명성을 확보하기를 기대하는 바이다.

작년 5월에 발표된 백서 〈중국의 군사전략〉（China 's Military Strategy）을 펼쳐보면 투명성 향상여부는 차치하고 일중 양국간의 상호이해가 아직도 부족함을 의식하게 된다. 왜냐하면 서두의 "국가안보정세"（National Security Situation）에 다음과 같이 기술되어 있기때문이다.

"Japan is sparing no effort to dodge the post-war mechanism, overhauling its military and security policies. Such development has caused grave concerns among other countries in the region."

발표에 앞서 이와 같은 서술 내용에 대해 세가지 문제점을 지적하고자 한다. 첫째, 일본의 안전보장ㆍ방위정책의 어느 부분을 지목하여 어떤 논리로 이와 같은 주장을 펼치고 있는지 분명치 않다. 둘째, 일본의 방위정책은 다름 아니라 전후 국제질서 유지를 지향한 것으로서 이 질서의 파괴를 지향한다는 것은 결코 있을 수 없는 일이다. 셋째, 일본의 행보에 대해 심각한 우려를 표명하는 나라가 북한을 제외하고 과연 또 다른 나라가 있는가 라는 점도 궁금한 대목이다.

이러한 의문을 염두에 두면서 첫째 아시아태평양지역의 안보환경, 두번째, 헌법해석에 대한 재검토와 안보법제, 세번째로 일미동맹강화라고 하는 세가지 측면에서 일본의 방위정책에 관하여 말씀드리기로 한다.

---

*   德地秀士 : 일본 방위성 전임 심의관.

소통과 이해 증진 공동안보 모색

1 아시아태평양지역의 안보환경

명실상 냉전 종식이라고 일컬어진 후 이미 반세기가 지나갔지만 지금도 우리는 그후의 시대를 "냉전이후"라고 부르면서 지나간 그 시대를 지칭하던 용어로 표현하고 있다. 이것은 오늘날 국제사회의 안보환경의 복잡성을 입증하는 증거이기도 하다.

동아시아지역에는 남중국해의 영토문제등 현대 주권국가의 기본 특성으로부터 비롯되는 전통적 안보과제가 남아있다. 한반도에서는 동일민족이 분단되어 남북 병력 대치상태가 반세기이상 지속되고 있는 상황도 중요한 미결과제중의 하나이다. 냉전이 종결됨에 따라 이러한 과제들이 오히려 표면화되었다고 할수 있다.

한편 이 지역도 당연히 세계화로 인한 비전통적 안보분야의 과제에서 자유로울 수 없다. 첫째, 대량살상무기와 그 운송수단이 확산되는 것은 북한문제를 고민함에 있어서도 지극히 중요한 과제이다. 북한의 핵미사일개발은 아태지역에서 가장 엄중한 화근요소의 하나이다. 중국을 포함한 국제사회가 향후 목소리를 하나로 모아 강력한 압력을 가하면서 이러한 움직임을 저지하지 않으면 안되는 것은 말할 나위도 없다. 둘째, 이 지역은 국제테러의 위협에서 결코 자유롭지 않다. 2016년 1월 인도네시아 자카르타테러, 2015년초 시리아에서 발생한 일본인살해테러사건에서 보다시피 일본도 국제테러의 위협과 결코 무관할 수가 없다. 셋째, 국제적 공공재인 바다, 하늘, 우주 및 사이버공간의 안정적 이용을 저해하는 움직임도 간과해서는 안된다.

이처럼 복잡다단한 환경에서 동아시아지역의 평화와 안정을 수호하려면 이와 같은 수많은 도전에 효과적으로 대응할 수 있는 시스템이 필요하다. 이러한 관점에서 필자는 동아시아지역에서 두가지가 특히 중요할 것이라고 생각한다. 하나는 미국의 안정적 지속적인 존재이고 하나는 다양한 구조로 이루어진 지역협력 네트워크이다.

첫번째로 거론한 미국의 존재를 뒷받침하고 있는 것은 미국과 역내 여러 국가간의 양자간 동맹관계 □으로 구성된 안전보장 시스템 이른바 '허브 및 스포크 시스템"(hub - & - spokes system) 이다. 그중에서도 특히 미일동맹관계는 시스템의 첫번째 스포크라고 할 수 있겠다. 이유는 다음 세가지라고 본다. 첫째, 양국은 많은 공통의 안보과제를 안고 있다. 둘째, 미군이 일본에서처럼 방대한 병력을 안정적으로 전개할 수 있는 나라는 태평양지역 전역에 일본밖에 없다. 셋째, 일미 양국은 공통의 가치관을 갖고 있다. 일본이 과거 70년간 안정된 민주국가로서 행보를 계속해온 것은 미국과의 동맹관계를 지탱하는 정신적 버팀목이라고 하겠다.

한편 지역협력 네트워크가 진전되고 있다는 점도 이 지역의 평화와 안정을 고려함에 있어서 중요한 요소이다. 금방 말씀드렸듯이 "허브와 스포크 시스템"에 있어서 미일과 한미와 같은 허브와 스포크의 가장자리 사이에 양국간 협력이 존재할 뿐만 아니라 미국이라는 허브와 스포크 가장자리에 있는 나라들 간에 3국간협력이 강화된 상태이다. 한미일 협력, 미일 및 호주지간의 협력은 그 전형적인 사례라고 할 수 있다. 또한 한일, 일호와 같은 스포크에 해당되는 나라들사이의 양국간 협력도 진전을 보여주고 있다. 대규모 자연재해등 비전통적 안보분야를 둘러싼 일본과 ASEAN간 협력도 이러한 노력의 일환으로 볼 수 있다.

이상 서술한 바와 같은 안보환경속에서 일본은 안보법제를 통해 자국이 역할을 충분히 수행할 수 있도록 뒷받침하고 새로운 "미일 방위협력지침"에 근거하여 "허브 및 스포크 시스템"을 지탱함과 동시에 관련각국과 연대협력의 폭을 확장함으로서 국제사회의 평화와 안전에 적극 기여하고자 하는 바이다.

2 헌법해석의 재검토와 안보법제

세계화가 급속히 진행된 오늘날 국제사회에 있어서 그 어떠한 국가도 자국의 노력에 의지해서만으로는 안전을 확보하기 어렵다. 이 점은 통상국가이자 해양국가이기도 한 일본에게는 특히 중요하다고 할 수 있다. 헌법해석을 변경함으로서 한정된 범위에서 집단적 자위권행사를 인정하고 입헌주의원칙에 따라 안보법제를 확립한 것은 바로 이러한 인식에서 비롯된다.

집단적 자위권은 유엔헌장 제 51 조 규정에 근거하여 모든 국가에 부여된 권리이다. 따라서 결코 국제법상에서 인정되지 않는 권리를 일본이 행사할 수 있게 된다는 얘기가 아니라는 점은 분명하다. 일본 헌법과의 관계에서 중요한 것은 기존 헌법해석 기본논리를 지켰고 해석의 일관성을 유지하였다는 점이다. 종래 해석의 기본논리를 간단하게 요약해 버리면 일본헌법이 인정하는 자위적 조치는 "외국의 무력공격에 의해 국민이 생명, 자유 및 행복을 추구할 권리가 근저로부터 뒤집힐 수 있는 급박한 부정사태에 맞서 국민의 권리를 지키기 위한 불가피한 조치여야만 비로소 용인되며 이를 위한 필요최소한도의 무력행사는 허용된다" 라는 것이다. 바로 이 논리를 관철되었기때문에 새로운 헌법 해석에서 허용하는 집단적 자위권은 어디까지나 "자위"를 위한 권리이고 제한적인 용인인것이다.

뿐만아니라 2015년에 통과된 신안보법은 집단자위권행사의 법적틀외에도 기타 중요한 사항들이 포함되어 있다. 예컨대 국제사회의 평화와 안전을 위협하는 사태가 터졌을 때 일본은 국제사회의 구성원으로서 능동적이고 적극적인 기여를 할 필요가 있다고 규정한다. 이러한 제도는 중국을 포함한 모든 나라와의 새로운 안전보장협력의 가능성을 열어 놓은 것이다.

3 일미동맹의 강화

일미동맹관계는 미국의 일본방위 의무와 일본이 미군에 기지를 제공하는 의무로 구성된 비대칭적 동맹관계이며 관리하기 힘든 동맹관계이다. 이 동맹관계의 효력을 일층 향상시키기 위해서는 상호성을 증강하고 상호협력해 나가는 관계를 구축하지 않으면 안된다. 일미안보조약의 비대칭적 기본틀 안에서 동맹관계의 상호성을 추구한 시도가 바로 "일미 방위협력지침"이다.

본고에서는 2015년에 새롭게 나온 "일미 방위협력지침"의 세부적인 의의와 역할에 대해 다음 다섯가지를 말하려 한다.

첫째, 일미공동의 긴급사태처리계획에 있어서 일미공동긴급사태처리계획의 관련 조치에 정책적 틀을 제시하는 역할을 한다.

둘째, 일본의 긴급사태 처리체제 구축에 있어서 촉매적 역할을 한다. 신「일미 방위협력지침」제정은 일본의 집단적 자위권행사 규정을 포함한 신안보법과 병행하는 것으로서 양자의 관계는 지극히 밀접하다.

셋째, 일미안보체제의 방향성을 일본주변국들을 대상으로 투명성 있게 설명하였다. 신"일미방위협력지침"은 투명성있는 방식으로 일본주변국에 일미안보체제의 방향성을 해석하여 소통하는 역할을 하고 있다.

이상 세가지 역할은 기존의 "일미 방위협력지침"에도 있었던 바이지만 이번에 개정된 신 "일미 방위협력지침"에는 추가로 두가지의 새로운 의의 · 역할이 부여되었다.

넷째, 1978 년및 1997 년에 제정된 "일미 방위협력지침"이 자위대와 미군의 작전면에서의 협력에 방점을 두었던데 비해 2015년의 "일미 방위협지침"은 작전면 뿐만아니라 방어장비· 기술협력, 정보협력· 정보수호, 교육·연구교류등 미일방위협력전반을 대상으로 한 지침으로 되었다. 이는 미일방위협력의 폭이 확대되었다는 실정을 표명한다고 할 수 있겠다.

다섯째, 이 부분은 일·중·한안보협력과 관련해서도 중요한 대목이다. 양자간 삼자간 다자간의 안보협력 네트워크구축의 중요성이 나날이 부각되고있기 때문에 공통된 안보과제에 대응하기 위해서라면 일본과 마찬가지로 미국의 동맹국인 한국은 더 말할 나위 없고 중국을 포함한 기타 국가들도 협력 대상 범위에 들어올 수 있게 된다.

전통적 안보과제와 비전통적 안보과제 양자에 모두 적절히 대응하기 위해 일본은 자국의 선택지를 넓히는 한편 미일동맹의 상호성강화가 필요하다는 문제의식을 안고 헌법해석을 재검토하여 신안보법을 확립함과 동시에 신"미일방위협력지침"을 제정함으로써 이를 세계에 투명성있게 보여주었다.

이 두가지 시책은 향후 일본이 복잡다단한 국제사회 평화와 안정에 기여하기 위해 필요한 것으로 수레 두바퀴라고 할수 있다. 이는 분쟁에 대한 억지력을 향상시키고 국가간 긴장관계를 일층 낮은 수위에서 제어하기 위해 필요한 조치이다. 나아가 미일 양국뿐만아니라 다양한 다자간협력, 심지어 비국가적 주체들도 포함시킨 거시적 협력관계를 추진하기 위한 하나의 기반으로 발전가능한 것이다.

이러한 노력을 통하여 일본의 안전을 강화하고 미일동맹의 억지력을 향상시킴으로서 이 지역에 평화와 안정을 가져다주는 것은 세계경제의 대동맥인 동아시아의 해상교통안전확보, 더 나아가 한반도의 평화적 통일에 이바지할 수 있다고 필자는 생각한다.

(일한번역 김단실)

동북아시아 지속가능한 안보를 위한 새 방향 필요

刘江永[*]

2016년 4월 28일, 시진핑주석은 "아시아 교류및 신뢰구축회의 (CICA) 제5차 외교장관회의"에서 다음과 같이 지적하였다. "올해 들어 조선반도 (한반도) 긴장 정세가 고조되고 있다. 중국은 정세통제 및 각 당사국의 대화, 협상추진을 위해 거대한 노력을 기울여왔다. 우리는 조선반도 비핵화를 견지하며 반도의 평화와 안정수호를 견지하며 대화와 협상을 통한 문제해결을 견지한다. 유엔안보리상임이사국으로서 중국은 유엔안보리관련 결의를 전면적으로 완전하게 집행하였다. 반도의 가까운 이웃인 우리는 반도에서 전쟁이나 혼란이 일어나는 것을 절대 허용하지 않으며 이러한 상황이 발생한다면 그누구에게도 이롭지 않을 것이다. 각 관계측이 자제하면서 서로 자극하거나 모순을 격화시키지 않기를 바라며 함께 노력하여 반도핵문제를 조속히 대화와 협상의 궤도로 복귀시켜 동북아의 장기적 안정을 실현해야 한다." ^①

조선 (북한) 은 계속하여 핵실험을 강행하고 한미합동군사연습도 수위를 높여가는 악순환이 계속되면서 동북아의 안보상황은 혼란스럽고 불분명해졌으며 수많은 도전에 직면해 있다. 필자는 다음같이 생각한다. 첫째, 현단계 첫번째 목표는 조선반도의 "경련성 긴장"으로 인한 전쟁충돌을 방지하는 것이다. 둘째, 한미는 조선을 상대로 하는 정례합동군사연습및 유엔결의이외의 대북제재를 중지 (停止) 하고 조선은 핵실험과 미사일실험을 중단 (中止) 하여야 한다. 셋째, 지속가능한 안보관에 근거하여 "6자회담"을 재개하고 각국은 "6자회담"기간에 2270호 유엔결의에서 정한 일부제재를 일시 정지하며 유엔결의 이외의 모든 일방적 대북제재를 중단할데 대하여 의논, 검토할 수 있다.

(1) 동북아는 지속가능한 안보관구축이 절실하다

시진핑주석은 2016년 4월 28일에 다음과 같이 지적하였다. 점진적으로 지역특징에 부합하는 안보틀을 구축할데 대해 논의하여야 한다. 아시아에는 여러 안보협력

---

* 刘江永 : 중국 청화대학교 국제관계연구원 교수.
① 习近平 : 《凝聚共识 促进对话 共创亚洲和平与繁荣的美好未来》, 《人民日报》2016年4月29日。

기제가 존재하며 역내 안보유지면에서 일정한 역할을 수행하고있다. 우리는 아시아국가들이 오랜기간을 거쳐 형성한 상호존중, 협상일치, 각국의 쾌적성배려（照顾各方舒适度）의 아시아모식을 견지하고 선양하며 역내 제반 안전기제간의 조률을 강화하고 각자의 일치한 또는 비슷한 목표를 중심으로 협력하며 합력을 형성하여 실효를 거두어야 한다. 이를 토대로 하여 아시아특징에 부합하는 역내 안보협력 새구도의 구축을 점진적으로 논의할 수 있다.

지속가능한 안보관은 조선반도비핵화 및 평화, 안전의 상부설계와 관계된다. 중동, 유럽에서 일어났던 것과 비슷한 전란이 동아시아에서 발생하지 않도록 하기 위하여 지속가능한 안전관의 지도하에 "6자회담"을 재개하고 동아시아안보협력기제를 공동으로 구축할 것이 더 한층 중요시되고 있다. 그렇지 않으면 향후 동북아에 유럽과 흡사한 다각적 안보기제가 구축된다 하더라도 동북아의 지속가능한 안보를 보장하기 어렵다.

지금까지 조선과 미국, 한국은 첨예하게 대립하고 있지만 대립양측 배후의 "현실주의"의사결정의 논리적 사유는 전적으로 동일한 것 같다. 즉 양측의 정책입안자들은 모두 상대방을 철저히 훼멸시킬 수 있는 군사력과 수단을 가지고있어야만 자신의 안전을 지킬수 있다고 확신하고 있다. 미국과 조선의 경우 이런 전통군사전략리론과 현실주의정치사유는 필연적으로 조선핵위기（북핵위기）와 한미합동군사연습의 지속적인 업그레이드를 초래하게 된다. 하지만 조선이 미국본토를 타격할만한 핵무기를 가지고있다 하더라도 미국을 완전히 파괴하기전에 조선이 먼저 지구에서 사라지지 않을 것이라는 보장은 없다. 조선의 지도자도 절대 이런 결과를 원하지 않을 것이다. 구소련도 미국과 필적할만한 방대한 핵무기고를 가지고 있었으나 결국 경제위기와 군비경쟁으로 인해 "평화해체"되었다. 이 역사는 우리에게 귀감으로 남아있다. 조선, 미국, 한국의 정책입안자들은 어쩌면 어느정도 "영웅"이 되고픈 감춰진 생각이 있을수 있는데 그런 생각으로 인해 조선반도에서 다시 전쟁이 일어나거나 지어 핵전쟁에 버금가는 핵재난이 발생한다면 그들은 모두 조선반도의 역사의 죄인이 될 것이다.

따라서 조선핵문제가 "막다른 골목"에서 벗어나려면 우선 먼저 각관계측이 전통군사리론과 현실주의정치사유의 "막다른골목"에서 벗어나 공동으로 지속가능한 안보관을 구축하고 이를 토대로 하여 문제를 해결할 수 있는 새 구상과 조치가 제기되여야 한다. 이렇게 하지 않을 경우 조선반도비핵화와 동북아평화와 안정은 모두 실현되기 어려울 것이다. 전쟁을 치르더라도 조선핵문제를 우선적으로 해결해야 겠다는 경솔한 생각은 비현실적이며 그 어떤 책임감있는 정부의 동의도 받아낼 수 없을 것이다.

소통과 이해 증진 공동안보 모색

다행히도 2014년 5월 시진핑주석은 상해 CICA정상회의에서 처음으로 "공동, 종합, 협력, 지속가능한 아시아안보관"을 제기하였다. 2015년 9월 시진핑주석은 또 유엔대회에서 한 중요한 연설에서 다음과 같이 지적하였다. "우리는 모든 형식의 냉전사유를 버리고 공동, 종합, 협력, 지속가능한 안보라는 새관념을 구축하고⋯⋯우리는 경제및 사회분야에서의 국제협력이 동시다발적으로 진행되도록 추진하고 전통 및 비전통안보위협에 통일적으로 대응하며 전쟁재해를 미연에 방지하여야 한다."[①] 이것은 중국지도자가 처음으로 유엔에서 공식적으로 지속가능한 안전관을 제기한 것이며 이 새로운 안보이념에 글로벌적인 의의를 부여한 것으로 된다. 중국은 평화적인 외교정책을 견지하면서 공동, 종합, 협력, 지속가능한 아시아안보관을 제기하고 앞장서 실천하고 있는바 어디까지나 국제 및 역내 안보의 수호자, 건설자와 기여자라고 할 수 있다. 어떻게 지속가능한 안보이념을 동북아안보의 현실적 문제를 완화하고 해결하는데 활용할지에 대해 진지하게 검토하고 공동으로 논의할 필요가 있다고 보아진다.

지속가능한 안보의 기본정의는 국가, 지역 더 나아가 전세계범위에서 비교적 낮은 원가로 장기간 평화와 안전을 유지할 수 있는 상태를 말한다. 지속가능한 안보의 범주에는 전통안보와 비전통안보 두개 분야, 국내와 국제 두개 면이 있다. 전통안보분야에서는 장기적으로 본국과 세계의 평화를 수호하여야 하고 비전통안보분야에서는 장기적으로 양자간, 다자간 국제협력을 강화하여야 한다. 지속가능한 안보라 함은 곧 평화와 안전상태의 지속가능을 유지하는 것을 말한다. 지속가능한 안보가 추구하는 것은 국제사회의 평화적인 협력을 통해 각국이 비교적 낮은 안보원가로 비교적 높은 수준의 안보상태를 보장할 수 있도록 함으로써 인류의 안전을 수호하는 것이다.[②]

지속가능한 안보가 추구하는 가치목표는 저원가, 높은 안보의 지속가능성이며 본국의 안전 및 국제안전의 이익균형의 최대화를 실현하는 것이다. 지속가능한 안보의 특징은 글로벌적 시야를 확보하는 것으로 이는 일부국가의 안보전략문제이기도 하고 인류의 장래와 운명과 관계되는 국제사회 공동의 안보전략문제이기도 하다. 지속가능한 안보전략의 원칙은 종합안보를 중요시하고 협력안보를 제창하며 공동안보를 도모하고 지속적인 안보의 실현을 위해 노력하는 것이다.[③]

지속가능한 안보는 사람을 근본으로 하며 (이인위본) 국가생존의 안보환경

---

① 《习近平在第七十届联合国大会一般性辩论时的讲话》,《人民日报》2015年9月28日。

② 刘江永:《可持续安全论》, 清华大学出版社2016年版, 第257页。

③ 刘江永:《论可持续安全战略的构建——关于21世纪安全战略的哲学思考》,《世界经济与政治》2004年第7期, 第49页。

과 생태환경의 통일성을 강조한다. 이는 또 전쟁으로 주권국가간의 분쟁을 해결하여
서는 안된다는 점을 강조하고 있으며 특히 핵무기 또는 기타 대량살상무기의 사용을
반대하고 핵확산을 반대하고 군비경쟁을 반대하며 사회, 문화, 경제및 생태환경에 대
한 파괴를 대가로 일국 또는 국가집단의 일방적 안보이익을 바꾸는것을 반대한다.

지속가능한 안보가 취해야 하는 조치는 예방적, 종합적, 협력적인 조치여야한
다. 오늘날 국가가 직면한 안보위협은 날로 다원화되고있다. 전통적인 안보요소와 비
전통적인 안보요소가 서로 뒤섞여있어 그 어떤 국가도 상기위협의 도전에 홀로 대응
할 수 없으며 각국이사회, 문화, 종교, 경제, 정치등 제반분야에서 협력을 강화하고
종합적으로 정비함으로써 안보위협의 근원을 해소할 것이 필요하다.[①]

(2) 지속가능한 안보 실현은 "평화적 다자주의"에 의거하여야 한다

세계안보형세를 돌이켜보면 지난 세기 90년대부터 즉 냉전이후로 아프가니스
탄, 이라크, 코소보, 리비아, 시리아로부터 우크라이나까지, 남아시아, 중동, 유럽등 지
역에서 여러차례 비교적 큰 규모의 국부전쟁이 일어났다. 2008년 미국발 금융위기의
충격과 "오렌지혁명"의 지속적인 영향으로 최근 몇년간 일부 서아시아, 북아프리카국
가들은 내부적으로 사회, 정치, 민족, 종교모순이 격화되어 동란과 내전이 끊이지 않
았다. 이런 폭력충돌과 전쟁으로 인해 수백만명의 서민들이 난민으로 전락하였으며
그들은 지어 바다를 넘어 유럽에까지 몰려들어 2차대전후 유럽의 가장 큰 난민사태를
야기하였다. 중동, 유럽의 정세와 비교할 때 동아시아지역은 비록 령토분쟁문제, 역사
문제, 조선핵문제등이 첨예하게 대립하여있지만 기본적으로 평화로운 국면을 유지하
고 있는 상황이다.

상기 현상은 21세기이래 세계적으로 나타난 두개 추세 (潮流) 와 관계된다. 첫
째는 현재 동아시아에서 우위를 점하고있는 "평화적 다자주의"이다. 예를 들어 CICA,
아셈ㄱ역포럼, 조선핵문제 "6자회담", "향산포럼"등 다자간 안보대화기제는 평화적
인 방식으로 대화와 협상을 통해 국제분쟁을 완화하거나 해결할 것을 주장하고있다.
2015년 미국과 그 동맹국은 이란을 상대로 한 합동군사연습을 진행하지 않은 상황에
서 최종적으로 협상을 통해 이란핵문제협의를 이끌어냈다. 이란이 지속가능한 안보를
확보하고 제재를 받지않는다면 조선핵문제해결을 위한 좋은 시범사례로 될 수 있다.
둘째는 냉전후 중동, 유럽에서 널리 번진 "폭력적 다자주의"이다. 즉 미국주도하의 군
사그룹이 주권국가에 대해 진행한 군사타격을 뜻한다. 역사적으로도 제국주의열강들
이 연합하여 어느 한 주권국가에 침입하고 정권을 말살하는 등 "폭력적 다자주의"가
나타난 적이 있다. 최근 몇년간 중동전란, "이슬람국가 (IS) "출현, 유럽난민사태발

---

① · 刘江永:《可持续安全论》, 清华大学出版社2016年版, 第257页.

생등의 근원은 대부분 소위 "오렌지혁명"과 "폭력적 다자주의"의 이중충격및 부작용에서 비롯된 것이다. 핵계획을 포기한 리비아는 2011년에 내전이 일어났고 결국 미국 주도하의 다국적 부대의공습을 받았다. 이 사건은 조선반도비핵화에 상당히 부정적인 영향을 미쳤다.

반드시 짚고 넘어가야 할 문제는 최근에 동북아안보에도 안보원가가 끊임없이 상승한데 반해 안보정도가 지속적으로 낮아지는 악순환이 나타나고 있으며 지속가능한 안보가 날로 심각한 도전에 직면해있다는 것이다. 조선반도에서 "경련성긴장"이 반복적으로 나타난 것은 "6자회담"이 중단되었지만 조선에서는 핵실험을, 한미는 합동군사연습을 번갈아 진행하는 것과 직접적으로 연관된다. 즉, 동북아에서도 "평화적 다자주익"가 좌절을 당하고 "폭력적 다자주의"경향이 대두되고 있기에 이런 현상이 나타나는 것이다. 외교수단으로서 "6자회담"은 마치 어린이가 싫증을 느껴비린 장난감 신세가 되었다. 한미일군당국은 협력을 강화하기 시작했고 일본도 신안보법을 실시한 후 "집단자위권"행사라는 명의를 빌어 세계대전후 처음으로 "폭력적 다자주의"에 가담할 준비를 하고있다. "평화적 다자주의"가 장기적으로 냉대받을 경우 "폭력적 다자주의"가 틈을 타서 우세할 수 있으니 결국에는 조선반도가 사상 유례없는 큰 재난을 겪을 수도 있는 것이다. 따라서 조선반도의 비핵화와 동북아의 지속가능한 안보를 실현하자면 반드시 "평화적 다자주의"를 실행하고 "폭력적 다자주의"를 버리고 근절하여야 한다. 그렇지 않을 경우 세계적인 대동란이 일어날 수도 있다.

(3) 동북아의 지속가능한 안보에 유리한 요소를 파악하고 활성화하여야 한다

중동, 유럽의 안보와 비교해보면 동북아의 안보는 구조와 환경면에서 다음과 같은 특징이 있다. 첫째, 해당지역의 국가들은 미국을 선두로 하는 나토군사집단처럼 냉전후 수차 국부지역에서 전쟁을 일으키거나 군사개입을 하지 않았다. 둘째, 소수 종교극단세력, 민족분열세력, 국제테러세력이외에 해당지역의 대부분 무슬림 및 기타 종교신도들은 오랫 동안 화목하게 지내왔고 대규모 종교충돌로 쌓인 원한이 없다. 셋째, 해당지역은 경제발전, 고용창출, 민생을 중요시 하고 각국정부는 본국의 사회관리와 질서를 효과적으로 유지하고 있으며 질서나 통제력을 잃은 적이 없다. 넷째, 물론 해당지역의 중국해협양안과 조선반도가 아직 통일을 실현하지 못했지만 실제로는 서로 평화적인 방식으로 각자의 통일문제를 처리하자는데 공감하고 있다. 다섯째, 해당지역은 중국의 개혁개방과 평화적 발전에 힘입어 안전과 번영을 유지하였으며 이웃나라들이 가깝게 지내고 서로 동반자가 되었다. 중국은 경제가 발전하고 시장이 확대되고 대중의 삶의 수준이 향상되고 위안화유동량이 증가됨에 따라 외국에 투자하는 중국기업수와 해외로 여행을 떠나는 관광객수가 크게 증가하여 직간접적으로 세계각국

특히 동북아시아의 경제를 추진하였다.

　2016년 미국에서 제4차 핵안보 정상회의를 주최한 이래 동북아지역에서도 세계급 국제정상회의를 개최할 예정이다. 예를 들어 올해 7월에 몽골국은 아셈정상회의와 아셈출범 20주년경축행사를 개최하게 되며 53개 회원국과 기구의 대표들이 참가할 예정이다. 9월에는 중국정부가 항주에서 제11차 G20정상회의를 개최하게 된다. 중국이 처음으로 G20정상회의를 개최하는 것이다. 정상회의주제는 혁신, 활력, 연동, 포용의 세계경제를 구축하는 것이다. 중국정부가 "홈장외교"의 기회를 빌어 국제"인맥"을 계속 확대하고 동반자국가와의 협력을 심화하여 세계경제에 활력과 자신감을 주입할 것으로 기대된다.[①] 이런 행사는 동북아시아국가들이 세계평화와 발전을 위해 적극적인 기여를 하는데 유리하다.

　2017년에 미국의 신임대통령이 당선된 후 대국관계 및 조선반도문제를 어떻게 처리해나갈지 기대해본다. 2018년 한국평창동계올림픽, 2020년일본도쿄올림픽, 2022년북경-장가구동계올림픽등 국제행사가 잇따라 개최되는데 이런 스포츠행사도 해당지역의 안보, 협력과 발전을 촉진할 것이며 중국의 "13차 5개년"계획의 실현에도 새로운 기회를 창조해줄 것이다. 이와 동시에 동북아각국은 본국및 역내안보협력을 유지하는 면에서도 협력을 강화하고 대립을 줄여야 할 것이다.

　(4) 동북아의 지속가능한 안보구축을 위한 노력방향

　첫째, 상부설계로서 관련당사국은 장기적, 전략적 안목을 갖추고 소통하고 조율해야 하며 눈앞의 이익과 득실만 따져서는 아니된다. 향후 30년간 동북아는 지속가능하게 발전하는 경제운명공동체, 지속가능한 안보를 유지하는 평화운명공동체, 화합하고 사랑이 있는 사회문화공동체를 적극 구축하여야 한다. 이 목표를 달성하기 위해 "평화적 다자주의"를 제창하고 견지하며 "폭력적 다자주의"를 배척하고 공동의 안보를 촉진하여야 한다. 또한 해양국가와 육지국가가 평화적으로 협력하는 "해륙화합론"을 제창하며 전쟁과 패권을 위해서 봉사하는 각종 전통적인 지정학정치사상을 배척하여야 한다. 중국은 해양, 육지대국으로서 "일대일로"공동구축 이니셔티브를 제기하였는데 바로 해양국가와 육지국가, 육지국가간, 해양국가간의 평화로운 협력을 도모하는데 그 목적을 두고있다. 이 가운데는 당연히 조선반도도 포함되어야 하며 해양국가인 미국과 일본의 참여도 환영하는 바이다.

　둘째, 조선핵문제 "6자회담"은 비록 심각한 어려움에 부딪쳐있지만 평화적 다자주의의 일종의 시도로서 그 적극적인 역할을 부정하여서는 아니된다. "6자회담"의 재개여부는 관련국가 내부 의사결정 영향력의 변화가 최고지도자에 대한 영향, 그리고

---

① 　상술한 회의들은 이미 순리롭게 개최되었다.

소통과 이해 증진 공동안보 모색

각국 사이의 상호교류, 소통과 관계된다. 조선핵문제와 관련하여 "6자회담"기간에는 각 관계측의 국내의사결정에서 외교분야의 영향력이 상승한 반면 "6자회담"이 중단된 후에는 관련국가내부의 군부측의 발언권이 필연적으로 상승하였다. 이것 또한 한미가 완고하게 합동군사연습을 계속하는 원인중의 하나라고 하겠다. 이런 행위는 "폭력적 다자주의"를 조장하는 결과를 초래하였다. 2017년에 한국과 미국의 지도자가 교체되는데 "6자회담"을 재개한다면 한, 미등 국가의 내부에서 조선에 대한 의사결정영향력이 군부측으로부터 외교로 넘어올 수도 있어 어쩌면 조선의 외부안보환경개선에 유리한 쪽으로 변화할 수도 있다는 점을 조선의 의사결정자는 잘 알아야 한다.

셋째, 조선반도비핵화와 평화, 안정을 실현하려면 반드시 공동안보의 실현 즉 동북아시아 매개국가의 안보에 대한 존중과 보장을 실현하여야 한다. 시진핑주석은 다음과 같이 지적하였다. "안전이란 보편적인 것이여야 한다. 한나라만 안진하고 다른 나라는 안전하지 않아서는 아니되며 부분적 나라가 안전하고 부분적 나라가 안전하지 않아서도 아니되며 다른나라의 안전을 희생하여 자신의 소위 '절대안전'을 도모해서는 더욱 아니된다. 그렇지 않으면 카자흐스탄의 속담에서처럼 '다른 사람의 등잔을 불어끄다가 자신의 수염을 태우게 된다.' 안보는 평등한 것이여야 한다. 각국은 모두 평등하게 역내안보사무에 참여할 권리가 있으며 역내안보를 수호할 책임이 있다. 그 어떤 국가도 역내안보사무를 독점하고 다른나라의 정당한 권익을 침해하려고 하여서는 아니된다. 안보는 포용적인 것이여야 한다. 아시아의 다양성과 각국의 차이성을 역내안보협력을 촉진하는 활력소와 동력으로 전환하고 주권독립 및 영토완정존중, 내정에 대한 상호불간섭등 국제관계기본준칙을 엄수하고 각국이 자주적으로 선택한 사회제도와 발전의 길을 존중하며 각국의 합리적인 안보관련 관심사를 존중하고 배려하여야 한다. 제3자를 타겟으로 하는 군사동맹을 강화하는 것은 역내공동안보를 수호하는데 불리하다."[①] 조미 (북미) , 한미간에 안보원가는 높아졌지만 안전감은 낮아지는 추세에서 벗어나 각자의 지속가능한 안보를 확보하려면 반드시 상대방이 기본적인 안전감을 느끼도록 하여야 하며 그반대로 행동하여서는 아니된다.

넷째, 조선반도비핵화와 평화, 안정을 실현하려면 반드시 종합적 안보의 실현 즉 종합수단을 활용하여 동북아의 전통안보와 비전통안보를 수호하여야한다. 시진핑주석은 다음과 같이 지적하였다. "우리는 아시아안보문제의 역사적 경위와 현실상황을 전반적으로 고려하고 다양한 조치를 취하고 종합적으로 정책을 시행하여 역내안보관리사무를 균형적으로 추진하여야 한다. 현재 부각되는 안보문제의 해결에 주력하는

---

① 习近平主席2014年5月21日在上海举行的第四届亚信峰会上所做的主旨发言。人民网，http://world.people.com.cn/n/2014/0521/c1002-25046183.html.

한편 잠재적인 안보위협에 대해서도 통일적으로 계획하여 대처하며 병의 근원은 따지지않은채 머리가 아프면 머리를 치료하고 발이 아프면 발을 치료하여서는 절대 아니된다."①

　　동북아의 안보문제는 아주 복잡한 문제로 현실문제와 역사문제가 얽혀있고 이슈, 민감문제도 있으며 다국적 범죄, 환경안전, 인터넷안전, 에너지자원안전, 중대자연재해, 국제전염병등으로 인한 도전도 있다. 군사적 우위만 가지고 안보를 확보할 수 있다는 사고방식은 이미 뒤떨어져있다. 따라서 미래의 "6자회담"은 조선반도비핵화문제에만 구애되지 말고 동북아의 종합안보를 위해 적극적이고 건설적인 역할을 하여 쌍영（双赢）, 다영（多赢）, 공영（共赢）을 실현함으로써 문제해결의 "돌파구"를 해결하고 최종적으로 조선반도비핵화를 실현하는 "출로"를 찾을수 있을 것으로 기대한다. 각 관계측은 "6자회담"의 재개에 조건을 붙여 다른 나라가 받아들이도록 강요하여서는 아니된다.

　　다섯째, 조선반도비핵화와 평화, 안정을 실현하려면 반드시 협력안보를 모색하여야 한다. 시진핑주석은 다음과 같이 지적하였다. "협력이라 함은 대화와 협력을 통해 각국과 해당지역의 안보를 촉진하는 것을 말한다. 속담에 이르기를 '힘은 팔에서 생겨나는 것이 아니라 단합에서 생겨난다.'고 하였다. 각국은 진솔하고 깊이있는 대화와 소통을 통해 전략적 상호신임을 증진하고 서로에 대한 의심을 줄이며 공통점을 찾고 차이점을 해결하면서 화목하게 지내야한다. 각국의 공동한 안보이익에 착안하여 민감한 분야부터 시작하여 협력을 통해 안보도전에 대처하는 의식을 적극 육성하고 협력분야를 끊임없이 확대하고 협력방식을 계속 혁신하며 협력을 통한 평화도모, 협력을 통한 안보촉진을 실현하여야 한다. 계속 평화적인 방식으로 분쟁을 해결하고 걸핏하면 무력을 사용하거나 무력으로 위협하는 것을 반대하며 일국의 이익때문에 사단을 일으키고 모순을 격화하는 것을 반대하며 재난과 위기를 이웃에게 전가하고 자기이익만을 차리는 것을 반대한다."②

　　전염병예방, 밀수 및 마약판매 단속, 중대자연재해방지, 생태환경개선등 비전통안보분야에서는 조선을 포함하여 관련국가들간의 안보협력을 전개할 수 있다. 뒤이어 수년간에 한국, 일본, 중국은 각각 세계동계올림픽과 하계올림픽등 중대한 국제경기를 주최하게 된다. 한중일삼국은 모두 관계국들과 협력하여 경기의 안보를 확실히 보장하여야 한다. 미국과 조선이 자제를 유지하는 것은 각국의 공동의 안보이익에 부합

---

①　习近平主席2014年5月21日在上海举行的第四届亚信峰会上所做的主旨发言。人民网，http://world.people.com.cn/n/2014/0521/c1002-25046183.html.

②　위와 같음.

된다. 조선반도 남북양측도 국제스포츠경기를 잘 활용하여 관계를 개선할 수 있다. 이를 계기로 동북아의 지속가능한 안보가 위험한 지역을 벗어나 더 오랫동안 유지되기를 기대해본다.

여섯째, 동북아의 지속가능한 안보는 경제발전, 민생개선에 의지해야 한다. 시진핑주석은 다음과 같이 지적하였다. "지속가능하다는 것은 안보와 발전의 병행을 통해 지속적인 안보를 실현하는 것을 말한다. '나무가 크게 자라기를 바라는 자는 그 뿌리부터 튼튼하게 해주고 강물이 멀리 흐르기를 바라는 자는 그 원천부터 깨끗하게 해준다.' 발전은 안보의 기초이고 안보는 발전의 조건이다. 척박한 토지위에서 평화의 큰 나무가 자라날 수 없고 끊이지 않는 전쟁속에서 발전의 열매가 열릴 수 없다. 아시아의 대부분 나라들에 있어서 발전은 곧바로 가장 큰 안보이며 역내 안보문제를 해결하는 가장 효과적인 방법이다." 그는 다음과 같이 주장하였다. "비바람의 시련을 이겨낼 수 있는 아시아안보빌딩을 구축하자면 발전이라는 주제에 주목하여 민생을 적극 개선하고 빈부격차를 줄이고 안전의 토대를 끊임없이 튼튼히 다져야 한다. 공동발전 및 지역블럭화프로세스를 추진하고 지역경제협력 및 안보협력의 상호촉진 및 병진의 좋은 국면을 적극 조성하며 지속가능한 발전을 통해 지속가능한 안보를 촉진하여야 한다." 필자는 개도국으로서 중국과 조선이 발전과 안보의 변증법적관계를 더욱 중요시해야 하며 균형을 잃지 말고 근본을 버려서는 안된다고 인정한다.

상기내용을 요약하면, 2015년 11월에 제6차 한중일지도자회의에서 발표한 《동북아평화협력에 관한 공동선언》, 그리고 한국에서 제기한 "동북아평화및 협력구상"은 지속가능한 안보관과 일맥상통한 것이다. 비록 상기 주장이 미국과 조선의사결정자들의 공감을 이끌어내지 못한다 하더라도 미국대선후 출범한 새정부는 이런 선의적인 건의와 주장을 알 필요가 있다고 본다. 조선의 지도자도 언젠가는 지속가능한 안보의 중요성에 대해 인식할 수 있을 것이다. 필자는 미국과 조선양국이 지속가능한 안보관련의제를 가지고 서로 교류하기만 한다면 동북아시아의 지속가능한 안보에 기회의 문을 열어준 것과도 같다고 믿는다. 중국은 이 과정에서 적극적이고 건설적인 역할을 할 것이다.

(金善女 번역)

동아시아 국제정세:한국•중국•일본+미국의 복합외교

金조哲*

I. 미일동맹의 강화

1. 미일정상회담 (2015)

민주당정권 3년이후 2012년 재집권한 자민당 아베수상이 미국과 동맹을 강화하는데 성공했다. 아베수상이 미국을 방문하여 2015년 4월 미일정상회담을 개최하고 일본총리 최초로 미국의회에서 상 • 하원 합동연설을 했다. 이번 방문으로 미일간 새로운 방위협력지침 (가이드라인) 이 체결되고, 환태평양경제동반자협정 (TPP) 의 협의가 일단락되고, 동아시아 과거사문제에 대한 일본 아베정부의 입장이 정리되는 계기가 되겠다. 미국과 일본이 안보동맹과 경제협력을 강화하게 되는것이다. 이로서 미일양국이 추진하는 동맹강화가 확인된 셈이다.

2015년 4월 개최된 미일정상회담에서 '미일공동비전성명'과 '핵무기 비확산과 관련한 공동성명'을 발표했다. "미일공동비전성명"에서 TPP의 신속하고 성공적인 타결을 위해서 상호 노력하고, 새미일방위협력지침이 동맹을 강화하면서 지역및 세계 안보에서 일본의 역할을 확대해주고, 기후변화•지속가능한 경제성장•에너지안보•극단주의등 글로벌문제에 대응하기 위한 파트너십의 구축을 선언했다. 또한 아시아태평양지역의 안정과 관련해서 힘과 강제에 의해 주권과 영토에 대한 존중을 파괴하고 일방적인 현상변경을 시도하는 국가행동이 국제질서를 위협한다고 중국을 겨냥하듯이 지적했다.

미일동맹의 강화는 점증하는 중국과 러시아및 북한의 위협에 안보와 경제 양측면에서 대응하는 방안이다. 방위협력지침을 개정하여 자위대의 파견영역을 확대하고 집단적 자위권의 행사를 확장해서 미일동맹을 글로벌화하는 것이다. 또한 중국주도의 아시아인프라투자은행 (AIIB) 에 대응하는 환태평양경제동반자협정 (TPP) 의 미일간 협의를 일단락지어서 경제협력을 강화하는 추세를 보인다. TPP 협의에서 미일간의

---

*   金조哲 : 한국 세종연구소 수석연구위원.

거리는 상당부분 좁혀졌다. 쌀과 자동차는 여전히 과제이고 동시에 마무리짓게 될 것이다. 남은 문제에 대해서는 실무레벨협의를 계속한다. 실무레벨협의의 진전을 보고, 재차 각료회의를 개최한다.

2011년 3월 11일 동일본대지진 이후 흔들리는 일본의 정치·경제·사회를 추슬러서 강력히 이끌어온 아베정부가 추진해온 아베노믹스의 경제정책이 엔저현상의 효과를 힘입어 다소 회복되는 기미가 보이는 가운데, 미일안보동맹의 강화로 일본의 군사대국으로의 발전이 두드러지고 있다. 일본이 경제와 안보측면에서 회복하고 발전하는 것의 배후에는 미국의 암묵적 지원이 존재하고, 이는 미국의 국가이익에 부합하는 것이다. 일본의 환율저하를 용인하면서 토요타등 일본 자동차의 미국판매가 증대하고 석유등 에너지가격의 하락이 유지되는 글로벌 경제환경이 일본아베노믹스의 효과를 견인하고 있다. 일본경제가 2014년 후반기의 마이너스성장에서 벗어나 2015년 전반기에는 무역흑자를 기록하면서 플러스성장의 전망을 보이고 있다.

2. 신 "미일방위협력지침"

2015년 4월 정상회담에서 중요한 안건은 새로 개정된 미일방위협력지침 (가이드라인) 의 합의사항이다. 양국정부는 4월 27일 외무·방위담당각료에 의한 미일안전보장협의위원회 ("2+2"회담) 를 개최하고, 신 "미일방위협력지침"에 대해 합의했다. 지침에서는 도서방위를 명기하고, 미일의 일체적 운용을 조정하는 협의기관 '조정메커니즘'을 평시부터 이용 가능하도록 하고, 중국의 해양진출을 염두에 두고 평시부터 유사시까지 끊임없는 미일협력을 확립하도록 했다.

18년만에 개정된 신 "미일방위협력지침"에는 중국의 군비증강과 해양진출을 억제하고, 무력공격에 이르기전 그레이존 (중간영역) 사태에서 크고 작은 섬들의 침공까지 보호하는 끊임없는 미일동맹을 강화했다. 남중국해를 포함한 Sea Lane (해상교통로) 의 안전확보에 관한 협력사례도 포함한다. 종전의 "미일방위협력지침"은 한반도유사등 주변사태시의 협력을 명기한 것이 특징이다. 이번 개정에서는 정부·여당이 조정하는 신안보법을 반영하고 있다. 구체적으로는 중국에 의한 센카쿠열도에의 영해침입이나 남서군도주변에서의 군사활동의 활발화를 염두에 두고, 그레이존사태에서 적절히 대처할 수 있도록 경계·감시활동등 자위대가 미군함등을 경호하는 장비품 (asset) 방호를 명기했다. 현재는 유사시에만 설치하도록 되어있는 작전조정을 위한 협의기관도 상설한다. 또한 일본유사시유형의 하나로서 크고작은 섬들의 방위를 마련했다.

남중국해에서의 중국과 동남아국가들의 군사적 긴장을 해소하기 위해 해상교통로등에서 미일협력도 강화한다. 일본국민의 생명과 권리를 근본적으로 뒤엎는 명백한 위험이 있는 경우 존립위기사태에는 집단적 자위권에 근거하여 자위대가 기뢰제거, 의심스러운 배들의 수하물을 강제적으로 조사하는 해상규제·검색, 선박호위, 미사일방어를 위한 미군함방호를 행한다. 일본의 평화와 안전에 중요한 영향을 미치는 중요영향사태에 대처하는 미군에 대한 보급·수송과 같은 후방지원을 확충한다. 이는 중국에 대한 억지력을 높이려는 목적이 있다. 국제사회에 공헌하는 글로벌노력에서는 국제적 분쟁에 대처하는 다국적군등에 대한 후방지원이나 분쟁종결후 인도부흥지원, Sea Lane을 지키는 해양안전보장을 포함한다. 새로운 위협이 되고 있는 우주·사이버 분야에서의 협력도 언급했다.

2015년 4월 미일정상회담에서 일본이 미일동맹을 강화하고 자위대의 활동범위가 전세계로 확대되고 필요에 따라 무력사용을 허용하게 되는 방위협력지침이 설립되었다. 한국정부의 요청이나 승인없이 일본군대가 한반도에 진입하는 것은 불가하다는 것을 한국정부는 명백히 했다. 2010년대는 1930년대와 상당한 차이가 있어서 동아시아국제정세 즉 미중일러와 한반도의 역학관계가 상대적으로 일본에 우호적이지 못하다. 일본이 헌법개정을 통해 보통국가가 되고 군사력을 증강해도 미국과 중국의 양대 세력하에서 자유롭게 운신하기는 쉽지 않다. 미일동맹의 강화가 일본의 일방적인 군사활동을 제어하는 기능을 할 수도 있다. 경제적으로 어려운 일본을 미일동맹을 위해 미국이 후원하는 경향도 있다. 일본이 경제재건을 위해서 한국및 중국과 협력관계로 나가기 위해 과거사문제등에서 유화적인 입장을 취해야 한다. 아베정부가 국수주의적 우익사관을 고수하고 주변국을 배려하지 않는 안보정책을 취하면, 국제관계뿐만아니라 일본경제에도 악영향을 끼치게 되겠다. 현실적이고 실용적인 선택을 통해서 동아시아의 평화·번영에 적극적으로 기여하고 상호국가이익에 도움이 되는 방향으로 나아가야 한다.

II. 중일관계의 안정화

1. 중일관계의 개선

중국과 일본은 2015년 4월 인도네시아 자카르타에서 열린 아시아·아프리카회의 (반둥회의) 의 60주년기념정상회의에 맞춰 5개월만의 정상회담에서 중일관계의 개선을 도모하는 정책에 합의했다. 아베총리는 1955년 반둥회의에서 채택된 평화10

소통과 이해 증진 공동안보 모색

원칙에 담긴 침략이라는 말을 인용해 제2차 세계대전에 깊은 반성을 표명했다. 두 정상은 중일관계의 개선을 위한 정부간 대화와 민간교류를 추진하기로 합의했다. 중국 주도로 설립준비가 진행되는 아시아인프라투자은행 (AIIB) 과 역사인식문제에 대해서도 논의했다.

중일정상회담의 개요는 다음과 같다. 양정상은 중일관계가 개선경향에 있음을 평가한다. 전략적 호혜관계의 추진에 일치한다. 중일간의 대화와 교류의 촉진에 일치한다. 아베총리는 반둥회의연설 '평화로의 노력'에서 침략 또는침략위협, 무력에 의해 타국의 영토보전이나 정치적 독립을 침해하지 않는다는 1955년 반둥회의에서 채택된 평화10원칙과 반둥에서 확인된 원칙을 일본은 지난 세계대전의 깊은 반성과 함께 어떠한 경우에도 지켜나가겠다고 선언했다. 전후 50년의 무라야마총리담화, 전후 60년 고이즈미총리담화에 포함된 식민지지배와 침략이나 사과라는 표현은 이번에는 사용되지 않았다. 아베총리는 아시아와 아프리카의 평화와 번영을 위해 함께 노력하자는 메시지를 전달했다.

시진핑주석도 60년전 반둥회의는 민족해방운동을 촉진하고 세계의 식민지체제의 와해를 가속시켰다고 말했다. 일본의 역사인식문제에 대한 직접적인 언급은 없었다. 아시아인프라투자은행 (AIIB) 에 관해서는 관계각국과 함께 만들어갈 것이라고 표명했다. 아베총리는 강한 자가 약한 자를 힘으로 휘두르는 것은 결코 있어서는 안된다고 말했다. 반둥의 선인들의 지혜는 법의지배가 대소에 관계없이 국가의 존엄을 지키는 것이다. 일본은 향후 5년에 아시아와 아프리카여성과 젊은이 35만명의 인재육성을 지원한다고 발표했다.

2. 중일관계의 경제와 안보

중일관계에서 중요한 요인은 경제이다. 중국정부는 2014년부터 경기실속대책이 요구되고 있으며 일본과의 무역촉진및 기술이전을 요구하는 지방의 요구가 중앙에 닿아있는것 같다. 국내적 배려에서 대일관계개선에 나서고 있다. 2000년대초까지 일본의 대중국외교의 큰 토대는 엔차관이었지만 중국경제의 급성장으로 원조국과 피원조국이라는 틀은 무너졌다. 서양과일본이 4-5세대 걸친 현대화를 1세대에 실현하려는 것이 중국이다. 중일관계가 경제적으로 운명공동체라는 사실을 재인식할 때이다. 중국군의 해양진출등은 과도한 자신감의 표현이겠지만 이에 힘으로 대항하려는 일본의 안보법제는 부족하다. 힘과 힘으로 충돌하기전에 정치인간연계를 맺는 것이 우선되어야 한다.

중일관계는 외교적 분쟁의 시기를 지나 긴장완화상태를 거쳤다. 영토분쟁관련합의가 있었고, 고위급회담과 상호항만대기요청등이 마련되었다. 중일간의 경제적 상호의존성이 증가했다. 양국간 수출과 투자가 증가했다. 한편 안보측면에서는 양국의 군사적 동기를 경계하고 있다. 일본은 중국인민해방군의 현대화에 위협을 느끼고, 중국은 일본이 군사력측면에서 적극적인 태도를 가지는 것을 경계한다. 중일관계의 긴장완화상태는 다음과 같은 함의를 가진다. 지역의 번영과 발전에 기여하고, 민감한 문제에서 어느한쪽을 편들게 만드는 상황을 없애주고, 6자회담등 다자적 노력이 필요한 문제를 원활하게 해결할 수 있게 한다. 중일관계의 긴장완화상태는 지속될 것으로 보이나, 역사문제는 중일관계가 발전하는데 걸림돌이 되어왔다. 중일간 잠재적 문제들에는 경제적및 외교적경쟁, 역사분쟁과 국민들의 상호악감정, 영토분쟁관련 주권의 문제, 대만관련 지정학문제, 중국선박에 의해 진행중인 군사적 침범, 중일간 상호불신등이 있다. 중일간의 역사적 불만, 불신, 경쟁구도가 중일이 정치적으로 가까워지는 것을 막고 있다.

고이즈미수상이후부터 중일양국의 지도자들이 관계개선의 필요성을 느꼈다. 일본에서 여러명의 수상이 바뀌면서도 이러한 기조가 유지되었다. 중일관계의 긴장완화는 주변국에게 이익이 된다. 2014년 11월 양국은 무력충돌을 막기 위해 해상통신구조 구축을 위한 대화를 시작했다. 센카쿠열도/댜오위다오의 분쟁은 중국이 아시아·태평양지역에서 떠오르는 힘이며 일본에게 위협이 되고있다는 사실을 확인하는 사건이 되었다. 중일관계는 복합상호의존관계로서 안보문제는 영토분쟁과 함께 심각한 갈등상황이고, 역사·교과서문제는 보통 심각한 수준이고, 경제관계는 경쟁과 협력이 공존하는 관계이다. 양국의 복합외교상황은 지속된다.

III. 한미일안보협력

1. 한미일정상회담 (2016)

워싱턴에서 핵안보정상회의를 계기로 한국·미국·일본 3국의 정상회담이 2016년 3월 31일 개최되었다. 한미일 정상회담에서 북한의핵·미사일에 대한 대응, 범세계적 테러대책, 기후변동, 납치문제등에 대해서 연대하여 대응하기로 확인했다. 3국정상은 안보협력강화의 구체적 대책의 검토를 외무·국방당국에 지시할 것을 확인했다. 또한 UN 안전보장이사회의 북한제제결의안의 착실한 실행을 위한 방침에 합의했다. 이슬람과격파조직 IS에 대한 대응책으로 군사작전과 인도적 지원을 포함한 다면적이고 장기적대처가 필요하고 관계국에의 비군사적 지원의 실시를 표명했다. 또한 중국이 해양진출을 강화하고 있는 동중국해와 남중국해등의 정세에 대해서도 의견을 교환했다. 한국과 일본은 앞으로 한일정상회담을 열고 위안부문제에 대한 2015년의 한일합의를 착실히 이행할 것을 확인했다. 한미일정상들은 북핵문제대응을 위한 3국공조방안에 대한 집중적인 논의와 함께, 지역및 범세계문제관련 글로벌파트너십 강화방안에 대해 폭넓게 의견을 교환했다. 북핵문제와 관련하여 북한의 전략적 셈법을 바꾸기 위한 강력한 대북압박등 3국공조를 강화하는 계기가 되었다.

3국정상회의에 앞서 한미정상회담을 개최하여 북한위협에 대한 단호한 대응의지를 재확인하고, 양국간 전략동맹관계의 발전성과 향후발전방향등에 대해 의견을 교환했다. 오바마대통령은 확고한 대한국방위공약과 안보리 대북한결의의 철저한 이행의지를 재확인하고, 북한의 추가도발가능성에 대해 강력히 경고했나. 한일징싱회담에서 양정상은 안보리및 독자제재의 충실한 이행을 위한 양국간 협력을 강화해나가기로 하는등 북핵문제 공조방안을 논의하고, 2015년 12월 일본군위안부피해자문제합의를 온전하게 실천해나가는 것이 중요하다는데 의견을 같이했다. 한편, 연쇄 정상회담의 마지막 일정으로 중국국가주석과 한중회담을개최하고, 양정상은 한중 전략적 협력동반자관계를 지속적으로 심화·발전시켜나가고자 하는 의지를 재확인했다. 양정상은 안보리결의이행을 위한 협력과 북핵·북한문제와 관련한 전략적 소통을 강화하기로 했다.

미중정상회담에서 남중국해 인공섬의 군사거점화와 관련해서, 미국은 항행의 자유와 영유권분쟁의 평화적 해결의 중요성을 강조했다. 중국은 항행의 자유를 구실로 하여 중국의주권과 안보상의 이익을 손상하는 어떤 행위도 용인하지 않는다고 주장했다. 미일정상회담에서 양국은 중국경제의 감소를 근거로 해서 당분간 G7 (선진7개국) 이 세계경제를 견인해가야 한다고 하고, "환태평양경제동반자협정" (TPP) 의 조기발효를 목표로 할 방침에 일치했다.

2. 한미일안보협력

2012년 밀실추진논란으로 막판 무산된 "한일정보보호협정" (GSOMIA) 체결문제가 한미일안보협력의 변수로 부상했다. 3월 31일 워싱턴에서 열린 한미일정상회담에서 미일양국은 "한일정보보호협정" 체결필요성을 강조한 반면 한국은 속도를 조절하면서 시각차를 드러냈다. 오바마미국대통령이 3국간안보협력이 필수적이라고 하자, 아베일본총리는 한미일협력을 안보분야에서 추구하고 모든분야에서 강화해나가자고 했다. 한일간 GSOMIA 체결을 디딤돌삼아 3국간 군사협력을 한단계 발전시킬수 있다는 구상이다. 박근혜대통령은 3국간협력을 가능한 분야에서 진전시켜 역내국가로 확대해가자며 안보라는 표현을 뺐다. GSOMIA의 군사적 필요성은 인정하지만 그에 따른 정치적 부담감이 크다. 청와대관계자는 3국정상회담후 브리핑에서 GSOMIA는 과거정부에서 추진하다 중단된 경위가 있어서 협정을 체결하려면 환경조성이 필요하다는 것이 기본 입장이라고 밝혔다. 야당이 국회동의를 요구하며 협정에 반대하고, 일본과의 직접적인 군사협력을 부정적으로 바라보는 국민여론이 상당하기 때문이다. 핵실험과 장거리미사일발사등 북한의 도발위협이 고조되는 상황에서 일본의 군사정보는 한국에게 필요하지만, 정치적 요인때문에 쉽게 해결되지 못하고 있다. 4년전 국무회의에서 처리된 GSOMIA는 사회적 공감대없이 성급히 추진된 문제와 한미안보동맹을 한미일 3각동맹으로 발전시켜 동북아에 신냉전을 초래한다는 논란끝에 무산됐다. 이에 정부는 2014년12월 국회동의 여부를 따질 필요가 없는 한미일 3국간 약정을 체결해 미국을 매개로 군사정보를 공유하고있다. 하지만 일본은 한국을 믿고 정보를 제공하려면 협정으로 격을 높여야 한다고 불만을 제기해왔다. 미국도 한일간 연내 GSOMIA 체결을 압박하며 한국정부를 압박하고 있다.

일본입장에서는 한일관계의 개선을 계기로 한미일 3국의 협력을 확충하고 북한의 포위망의 실효성을 높이는 것이 중요해졌다. 2015년말의 위안부문제합의에서 3국중 가장 소원했던 한일관계가 복원되고 긴밀한 연대가 가능해진 점에 의미가 크다. 안보리결의의 엄격한 이행을 통해서 북한에의 압력을 높이는 것에는 한미일이 주도적인 역할을 완수하여 중국등관계국에의 움직임을 강화하는 것이 중요하다. 안보협력에서는 한일양국에게 이득이 큰 군사정보포괄보호협정 (GSOMIA) 의 체결을 서둘러야 한다. GSOMIA는 2012년 6월의 조인직전, 한국이 국내여론의 반발을 이유로 일방적으로 체결연기를 한채로 있다. 2014년말 북한의 핵미사일정보에 국한하여 미국경유의 교환이 우선 가능한 것으로 하였으나 절대적으로 비효율적이다는 입장이다.

북한의 핵과 미사일위협증대로 최근 한미일안보협력이 강화되었다. 일본은 3국간 정보공유약정을 통한 미국경유 간접적 정보협력방식보다 한일간 GSOMIA의 조기체결을 통한 직접적인 정보공유를 선호한다. 한미일안보대화 (Defense Trilateral Talks, DTT) 는 국방부 차관보급회의로 2008년부터 실시해왔다. DDT를 위한 실무협의체를 구성하기로 2015년 샹그릴라 3국국방장관회의에서 합의했다. 이명박정부시기 한미일 3국의 6자회담 수석대표회동을 포함해 3국간 외교안보담당장관및 차관급 회의가 개최되었다. 2014년 한미일 정보공유약정은 정보교환의 대상이 북한의 핵과 미사일에 국한되고 한국과 일본이 미국을 통해 정보를 주고받는 것으로 구속력이 없는 양해각서이다. 한미일안보협력은 대북한 정부공유및 정책공조의 수준에 머무르고 있고, 군사협력은 미국을 매개로 주한미군과 주일미군이 연계되어있어서 한일양국의 안보협력은 미약하다.

한미일안보협력이 강화되면 대북한억지력이라는 한미동맹의 주된 기능이 미일 동맹이 상정하는 대중국억지력으로 확대되어 한중우호협력관계를 손상시키고 동북아 에서 한미일대 북중러의 신냉전구도를 유발할수 있다. 한미일대 북중러의 대결구도는 한반도의 평화와 통일에 부정적인 영향을 미칠 수 있다. 한반도의 평화와 통일을 위해 서는 지역적 신뢰구축과 다자안보협력의 제도화가 필요하다. 한미일안보협력분야는 대북한정보공유외에 해상재난시의 긴급구조, 대테러 • 해적행위에 대한 공동대응, 해 양수송로 (SLOC) 의공동방위, 사이버테러, 유엔평화유지활동 (PKO) 에서의 협 력등 비전통안보분야에서 다자적 협력이 가능하다.

IV. 한중일관계의 발전

동아시아국제정세에 복합성을 더하는 요인은 안보위기와 함께 경제위기가 공존 하기때문이다. 2008년이후 미국 • 일본 • 유럽의 경제위기는 1929-1934년의 경제대 공황을 연상케 한다. 경제대공황은 제1차 세계대전으로 영국의 경제패권이 무너지고 세계경제시스템을 유지할 패권국가가 없는 상태에서, 각국가가 자국의 이익만을 추구 하면서 보호무역주의를 취해 갈등과 분쟁이 고조되면서 경제공황과 파시즘의 대두와 함께 제2차 세계대전으로 진전되었다. 2000년대 미국의 정치경제패권이 약화되면서, 자유무역이 상대적으로 쇠퇴하고 국가주의와 민족주의가 대두하면서 자원 • 에너지등 을 위한 경쟁 • 갈등이 고조되고, 동아시아의 동중국해와 남중국해의 영토 • 자원분쟁 에서 소규모 갈등 • 충돌이 발생할 가능성도 있다.

제2차 세계대전이후 미국의 패권에 의해 관리되었던 세계경제시스템이 미국패권 의 상대적 약화와 함께 미국, EU, 중국, 일본등을 중심으로 한 다자주의적 시스템으로 바뀌고 있다. G20정상회담과 같이 선진국G7에 신흥경제국이 공동으로 참가하여 세 계경제문제를 논의하고 대책을 마련하는 다자주의적 시스템의 발전이 가능하게 되었 다. 현존하는 패권국으로서 미국이 자국의 경제위기를 극복하고 세계경제시스템을 원 만하게 재편하고 유지 • 발전시키면서, 국가들간의 갈등과 분쟁을 효과적으로 제어하 고 조정하는 국제기구를 관리 • 유지하는데 기여하는 역할을 원활히 수행해야 한다.

군사 • 안보적측면에서 한국 • 중국 • 일본의 군사력차이가 더욱 증대될 수 있다. 그러나 글로벌 세계속에서 집단적 방위체제를 고려하면, 중국과 일본의 군사력증강에 대해서 한반도안보에 대한 자주국방의 확고한 의지를유지하면서, 한미동맹의 효율성을 지속적으로 제고하고, 궁극적으로는 중국및 일본과의 다자안보체제를 구축해나가도록 노력하고, 동아시아에서 안보적 경쟁및 갈등이 일정한 수준에서 관리될수 있도록 하는 것이 중요하다.

한국은 동아시아의 정체성을 넘어서 글로벌연대의 강화가 요구된다. 북한문제의 성공적이고 평화로운 해결이 동북아안보및 세계평화의 중요한 전제조건이라는 점을 강조하고, 이를 토대로 북한문제의 해결에 중국과 일본및 미국의관여를 적극적으로 유도하는 전략이 필요하다. 1991년 유엔가입이후 다자외교에 노력을 기울였고, 최근에는 G20정상회의개최와 핵안보정상회담개최를 통해 다자외교중심의 중견국리더십 행사를 위해 노력하고 있다. 한편 동북아에서는 미국·중국·일본과의 양자외교가 핵심을 이루고 있다. 한중일의 오랜 역사적 관계에도 불구하고, 최근 한중일이 함께 동아시아문제를 논의해야 한다는 차원에서 한중일협력사무국이 설립되었다.

한중일로 대표되는 동아시아를 하나의 지역으로 설정해서, 한중일의 안보를 확보하고, 경제이익을 극대화하며, 보다 풍요로운 사회문화활동의 전개를 위해서 한중일의 지역단위가 이들의 정체성을 규정하는 핵심요소로 자리잡아야 한다. 한중일은 정확한 역사인식과 세계관을 공유하고, 다양하고 미래지향적인 국민개인의 이해관계를 역사논쟁과 과거사문제들속에서 풀어나가야 하는 복합적인 과제를 안고 있다. 한중일관계는 역사인식과 영토문제라는 강력한 갈등요인을 포함하고 있으므로, 네트워크적인 외교환경속에서 개별국가이익과 공동체적 지역이익사이의 균형을 유지하고 관리하는 것이 필요하다. 한중일협력을 확대해서 미국을 포함한 정책네트워크를 형성하면 동아시아다자협력체구축이 가능해진다. 양자및다자, 소다자외교를 포함하는 한중일+미국의 복합외교정책네트워크의 형성이 동아시아의 평화와 안정적발전에 중요하다.

공격적 태세, 안보딜레마의 가속화및 정책 고려

朱宰佑*

1. 최근 주변국의 안보 태세 및 추이

○ 2016년 동북아 지역 역내 국가들의 안보 태세와 관련 다음과 같은 상황이 전개되고 있고 그 파급효과는 안보딜레마의 가속화로 귀결될 가능성이 농후 해 보이고 있음

○ 첫째, 북한은 4차 핵실험 (2016년1월 6일) 을 단행했고, 2015년에 이어 2016년에도 미사일 발사 시험을 육해공 등 다각적 공간개념에서 진행했음

－ 4차 핵실험으로 북한 핵의 위력이 증폭되고 핵의 탄두화와 소형화가 성공했을 가능성이 많다는 관측이 팽배한 가운데 강도 높은 UN 대북결의안 2270호가 3월 3일 채택됨

－ 그럼에도 불구하고 북한은 이후 6차례의 중장단거리 미사일 및 잠수함발사탄도미사일 (SLBM) 등의시험발사를 단행했고 탄도미사일 관련 추진체의 실험을 세 차례 진행함

－ 그리고 최근 5차 핵실험의 가능성이 높은 것으로 관측되고 있음[①]

○ 둘째, 미국과 한국은 북핵과 미사일 방어에 대한 협력 강화를 위해 2016년 2월부터 고고도미사일방어체계 (THAAD) 의 한반도 배치에 관한 협상 시작

－ 3월부터는 이와 관련 공동실무단협의체가 구성되어 운영 중임

－ 미국의 한반도 사드배치와 관련 프랭크 로즈 미국 국무부 군축 담당 차관보는 고고도미사일방어체계 (THAAD) 의 한국 배치의 실행가능성에 대해 한국 정부와 공식 협의 중이라고 2월에 밝혔고

－ 애슈턴 카터 美 국방장관은 2016년 4월 8일 미국외교협회 (CFR) 초청 간담회에서 '중국이 강하게 반대하는 상황에서 사드 시스템이 한국에 배치될 수 있겠느

---

* 朱宰佑: 한국 경희대학교 교수.

① 편집자주: 북한은 2016년 9월9일에 제5차 핵실험을 진행하였다.

냐'는 질문에 " (사드 배치는) 이뤄질 것이며 이는 필요한 일"이라고 말함

○ 중국 외교부는 한반도에 사드 배치 반대 입장과 관련 "어떤 국가라도 자국의 안보를 보장하는 한편 다른 국가의 안보이익과 지역의 평화와 안정도 고려해야 한다"고 주장

– 이에 대해 3월 23일 중국 외교부에 따르면 화춘잉 (華春瑩) 대변인은 이날 정례브리핑에서 관련 질문을 받고 "사드 문제는 절대로 단순한 기술적인 문제가 아니다"면서 "우리는 이 문제의 실제 성격과 위해성을 분명하게 인식하고 있다"고 답함

– 또한 "미사일 방어체계와 관련된 중국의 입장은 시종일관 분명하다"며 "어떤 국가든 자국의 안보 이익을 추구할 때 타국의 안보 이익과 지역의 평화 • 안정을 고려해야 한다"고 주장함

– 시진핑 주석은 3월 31일 핵안보정상회의가 열린 워싱턴컨벤션센터에서 오바마 대통령과 양국 정상회담을 열고 "중국은 미국이 한국에 미사일 방어 시스템을 배치하는 데 단호히 반대한다. 사드 배치가 중국의 국가 안보와 동북아의 전략적 균형에 해가 될 것"이라고 말함

– 회담에 배석한 정쩌광 (鄭澤光) 중국 외교부 부부장이 기자들에게 이어 "사드 배치는 남에게도 손해고 자신에게도 불리하다 (損人不利己)"고 강조한 뒤 " (동북아 역내) 긴장을 격화시킬 수 있는 그 어떤 언행도 피해야 하며 다른 국가의 안전 이익과 지역의 전략적 균형에 영향을 주는 조치도 취해서는 안 된다"고 밝힘

– 사드와 남중국해 문제가 불거진 이후 외신보도에 따르면 중국은 2015년 하반기부터 일련의 미사일 시험발사를 진행해왔음

○ 이에 평론가들 사이에서는 중국의 의도가 사드문제와 남중국해 등의 문제에 대한 무력시위라는 평가 팽배

– 이런 평가에 대해 중국은 남중국해의 파라셀 군도에 미사일을 배치하면서 "자국 방위를 위한 목적이라면 영토 내의 어떤 배치도 합법적이다"라고 정당화 (2016년 2월 18일 훙레이 대변인)

○ 셋째, 미국의 환영 속에서 일본은 2016년 3월 22일 자위대법 시행령 개정안과 PKO 사령관 파견 등 30개 시행령 일괄 의결, 29일부터 발효

– 2016년 7월 참의원 선거 후 일본은 미군에 탄약 제공 등 미일상호군수지원협정 (ACSA) 및 출동 경호 등 40 개 훈령을 정비할 것으로 예상됨

– 그럼으로써 중국은 일본의 군사주의와 군사력 확장, 그리고 군국주의의 야욕 및 부활에 대한 미일동맹의 견제력에 대해 회의적으로 급변, 미일동맹관계의 변화에 급민감

2. 동북아 국가의 대응전략방안

○ 첫째, 북한의 연속적 핵실험과 미사일 시험발사에 대한 우리의 전략 심각하게 재고할 필요성 대두, 용단 시점 도달, 입장 정립, 주변국 간의 구체 협의 필요

　　－ 북한에 대한 제재 효과 제고 및 향상 방법 에 대해 심각하게 고민할 필요 있음

　　－ 대북제재 제고를 위해서는 다음과 같은 두 가지 우려를 탈피할 필요 있음

　　－ 하나는 대북제재의 강화 및 적극적인 참여가 반드시 북한의 붕괴 결과를 양산하지 않는다

　　－ 다른 하나는 '세컨더리 보이콧'이 북한과 거래하는 국가, 기업이나 기업인들에게 일괄적으로적용되기 쉽지 않다는 사실

　　－ 쿠바의 사례가 이를 입증했음

　　－ 쿠바는 소련의 석유 공급이 차질을 빚자 최악의 경제적 곤경을 겪는데 정권의 생존과 유지를위해 결국 개혁과 개방의 전략적 선택을 하기에 이르렀음 (카스트로는 정권의 붕괴를 피함)

　　－ 미국이 쿠바와 거래하는 국가, 기업과 기업인에게 '세컨더리 보이콧'과 유사한 간접 제재를 적용했으나 국제법과 국제주권 원칙을 위배한다는 비판을 피하지 못하고 전통적 우호 국가들의 대응법안 마련을 촉진시킴 (캐나다와 멕시코는 이를 반대하는 법안을 자체 통과, 국내법과 국제법의 충돌 경우, 국내법 우선주의와 '신법우선주의'의 원칙으로 처리되는 관례 충분 이용, EU는 미국을 WTO에 기소)

　　－ 그러므로 북한에 대한 강력한 제재는 중국이 말하는 제재가 목적이 아닌 수단으로서의 역할, 즉 북한을 대화의 협상이나 개혁개방으로 이끌어 낼 수 있는 수단의 역할을 할 것임

○ 둘째, 북한 핵과 영토문제 때문에 동북아 지역 내에서 안보딜레마 상황이 가속화되는 현실, 이를 저지하기 위한 역내 국가 간의 협력과 협의가 강화되어야 함

　　－ 이미 한미 양국이 사드배치협의내용을 10년 기밀 사안으로 규정, 국민의 불만을 야기할 것이고 이는 국민의 알권리에 방해하는 것은 물론 역내 국가 간의 불신만 증대하는 자명한 결과를 유발할 것임

　　－ 북한 핵과 영토 분쟁으로 일본도 자위대와 국방 관련 법안 개정 및 수정을 통해 국방의 활동 범위를 확대하면서 더 자주적인 국방 태세로 이 문제에 임할 수 있는 활로를 개척 중에 있음

　　－ 중국도 사드와 영토 문제를 빙자하여 일련의 미사일 시험 발사를 진행했고 이는 미국에게 한반도에 사드 배치의 당위성과 정당성만 강화시키는 결과로 귀결되고

있음

　－ 그러므로 안보딜레마의 가속화를 저지하기 위해 현재로서 6자회담의 재개가
불가능하다면 한미중, 남북중, 남북미중, 한미일, 한미일중, 또는 5자회담과 같은 소규
모나 소자간 대화체나 협의체를 역내 국가들끼리 추진하는 것이 바람직

　○마지막으로 안보딜레마의 심각성에 대한 인식이 부족할 경우 한국은 앞으로 북
한의 도발에 강력하게 대응하는 것을 심각하게 고려해야 할 것임

　－ 이는 주변국이 북한의 도발과 한국의 피해를 심각하게 인식하지 못하다고 있
다는 사실에 기인

　－ Perhaps 일본을 제외한 나머지 주변국들은 북한 도발사태가 연속성과 지속성
이 없고 일시적이고 한시적으로 끝난 사실, 무력 보복 조치가 없었던 사실, 그리고 시
간이 지나면 원상 복귀된다는 사실 때문에 북한 도발에 대해 지탄하면서도 행동을 취
하지 않는 언행불일치로 일관하는 것 같기 때문

　－ 그러므로 향후 북한의 도발 사태 재발 시 우리 군 당국은 말로만 응징, 응대
하겠다는 입장에서 실질적인 응징을 통해 주변국의 적극적 북한 압박을 견인할 필요
있음.

"신가이드라인" 이 일미동맹에 가져온 새로운 변화

江新凤[*]

2015년 4월 27일, 일미양국은 새로운《일미방위협력을 위한 지침》(이하"신가이드라인"이라 함) 을 반포했다. "신가이드라인"은 일미협력에 대해 메커니즘, 시기, 범위, 내용, 분야 등 방면에서 새로운 개정을 하였다. 이는 일미동맹협력이 시간, 지역, 분야, 방위 면에서 더욱 깊게 발전하여 일미동맹이 한층 더 강화되면서 세계적인 협력동맹으로 될것을 예시하고 있다.

첫째는 협력메커니즘 상설화이다. "신가이드라인"에서는 새로운 상설기구인 "동맹협력메커니즘"을 구축하여 쌍방의 평소와 전시 각 단계의 제반 활동에 대하여 정책과 운용 2개 분야로부터 조률할것을 제기하였다. 이에 근거하여 일미 양국은 2015년 11월 3일에 "동맹협력팀"을 신설하였다. 협력팀은 양국의 국방사무와 외교 등 부문의 정부기관의 핵심요원들로 구성되었다. 협력팀을 신설한 목적은 정보공유와 군사행동협력 등 면에서 공동으로 작전계획을 제정하는 등 일본자위대와 미군이 평소로부터 일체화된 행동을 실시하자는데 있다. 또한 양국은 2017년 일미연합작전 사령부인 "일미 공동부"를 설립하여 일미작전지휘체제의 일체화를 실현하려고 계획하고 있다.

둘째는 협력의 전시화이다. 1997년판 "일미방미협력지침"중의 "평소에 무력공격을 받거나 일본 주변지역의 사태에서 일본의 평화와 안전에 중요한 영향을 미치는 경우 (주변사태) "의 협력에서는 평소와 전시 각 단계에서 모두 협력하여 일본의 평화와 안전을 확보할것을 강조하였다. 구체적으로 다음과 같은 다섯가지 상황으로 구분한다. 평소; 일본의 평화와 안전이 위협을 받았을 때; 일본이 무력공격을 받았을 때; 일본 이외의 국가가 무력공격을 받았을 때; 일본이 대규모의 재해를 입었을 때이다. 평소와 전시는 물론 평화도 아니고 전쟁도 아닌 "회색지역"에서도 군사협력을 실시하는것이다. 특히 "신가이드라인"은 신안보법이 법적으로 정식 통과되지 않은 상황하에서 일본 집단 자위권을 해제하여 일본자위대가 "일본과 관계가 밀접한 국가가 무

---

* 江新凤 : 중국인민해방군 군사과학원 외국군사연구부 연구원.

력공격을 받아 일본의 존망과 관계"될 경우 무력 작전행동을 실시하는것을 허용하고 일미가 협력하여 작전행동을 취하려 하는것은 일미가 일본집단자위권 해제 문제에서 각자의 수요가 있다는것을 말한다. 미국의 "아태재균형"전략은 일본이 더욱 많은 군사작용을 발휘할것을 요구하고 일본은 이 기회에 군사상의 속박을 벗어나 "군사 정상화"국가로 매진하려 하고 있다.

셋째는 협력범위의 세계화이다. "신가이드라인"은 일미동맹의 "세계성"을 강조하며 일미협력의 지역적범위를 "일본 및 주변 지역"으로부터 "일본, 아태 내지 더욱 광범한 지역"으로 확대하고 협력에 지리적인 범위를 한정하지 않는다고 명확히 제기함으로써 일미동맹이 세계적인 협력동맹으로 되게 하였다. 이는 일본 군사력량이 미군을 따라 해외에로 나아갈수 있으며 이 기회에 해외 군대를 파견하는 목적을 실현할수 있다. 이와 동시에 일미는 군사를 연합하여 지역충돌을 간섭할 가능성이 크게 증가되였다.

넷째는 협력내용의 다양화이다. "신가이드라인"은 평소, 일본의 평화와 안전이 위협을 받을 때, 일본이 무력공격을 받을 때의 일미 쌍방 협력의 내용과 방식을 규정하였다. 협력의 내용은 미국이 일본을 협력하여 방어하는데로부터 일미 연합작전, 다지역작전으로 확대되였을 뿐만아니라 일본이 미국에게 후방지원을 하던데로부터 서로 시설, 화생방 방어 등 더욱 광범한 협력범위로 확대되였다. 작전방식도 전통적인 방공, 대잠수함 등으로부터 연합 대탄도미사일, 다지역작전 등으로 확대되여 일본 군사력량의 활동공간이 크게 확대되였다. 또한 일미동맹협력에서 일본자위대의 역할은 더욱 뚜렷해져 "일본을 위주로 하고 미국이 협력"하고 서로 지원하는 추세가 한층 더 선명해졌다. 이를테면 "신가이드라인"은 일본이 무력공격을 받을 때 일본을 주체로 하여 자국의 국민과 영역을 보위하고 미국은 일본과 긴밀하게 협력하여 적절한 지원을 한다고 규정하였다.

다섯째는 협력분야의 전방위성이다. 일미군사협력은 전통적인 군사분야로부터 신흥분야로 확대되고 륙, 해, 공 방어작전으로부터 륙, 해, 공, 천, 전, 망의 시간과 공간에 구애없는 연합작전으로 확대되였다. "신가이드라인"은 처음으로 우주와 인터넷공간을 일미협력범위에 넣어 양국 정부와 군대가 우주와 인터넷공간분야의 협력을 강화할것을 강조하였다. 이는 일미 양국이 우주와 인터넷공간을 군사협력의 새로운 무대로 삼고 신흥전장에서 고지를 차지하여 향후 다지역 연합작전을 위해 기초를 닦아놓으려 한다는것을 말한다.

여섯째는 협력대상의 다원화이다. 1978년과 1997년의 "일미방위협력지침"은 제3국에 관한 협력내용이 없었다. 그러나 "신가이드라인"은 안보와 방어에서 제 3자 및

소통과 이해 증진 공동안보 모색

다자간의 협력을 강조하였으며 특히 지역내외 파트너국 및 국제기구와의 협력을 강조했다. 일미군사협력은 "일미+1", "일미+x"로 확대되면서 일본-미국-오스트랄리아, 일본-미국-인도, 일본- 미국-필리핀, 일본-미국-베트남 등 3자 및 일본, 미국, 오스트랄리아, 인도, 한국, 아시안 등 다자 안보협력메커니즘을 구축했다. 남해 정세가 악화되고 있는 상황하에서 일본은 베트남, 필리핀 등 국가와의 군사협력을 강화하여 필리핀에 순시선을 제공하였는가 하면 군용 연습기를 임대해주고 베트남-필리핀 군사기지를 사용하여 필리핀을 도와 경비부대를 훈련시켜주고 미국-오스트랄리아, 미국-필리핀 연합군사훈련 등에 참가했다. 그 목적은 쌍변과 다변 군사협력을 통해 아태지역의 안보협력망을 구축하고 일본에 유리한 지역과 국제 안보환경을 마련하고 군사역량과 역할을 더욱 많이 발휘하여 일본의 영향력을 제고함으로써 중국의 부상을 억제하고 지역과 국제 질서의 주도자가 되자는데 있다.

일곱째는 중국에 대한 억제수위를 높인것이다. "신가이드라인"에서는 중국을 거론하지 않았지만 우주시스템 훼손방지능력을 확보하고 방공대탄도미사일능력을 강화하고 항행자유 등 국제법을 리용하고 각종 조치를 취하여 해양질서를 수호하는 등 내용은 분명히 중국을 대상으로 한것이다. 미국에서 "아태 재균형"전략을 실시하고 중국의 종합국력이 신속히 상승하는 배경하에서 일본과 미국은 연합하여 중국을 억제하는 수위를 높였다. 특히 동해와 남해 정세가 악화되고 있는 상황하에 이런 문서를 작성하는것은 중국을 방어와 억제의 대상으로 하려는 의도가 분명하다. 일본 매체의 평론에 따르면 "신가이드라인"의 출시는 중국에 대처하기 위한것이며 특히 "중국이 무력으로 조어도 정세를 개변할수 있다"는 상황에 대처하기 위한것이라고 하였다.

상술한 내용으로 부터 볼때 일미군사동맹은 한층 더 강화되였으며 일미는 세계적인 범위에서 연합하여 안보사무에 군사면의 간섭을 진행할 가능성이 있다. "신가이드라인"의 출시는 아베가 미국을 조어도충돌에 끌어들이는 목적을 달성한것으로서 일단 조어도에서 중국과 군사충돌이 발생할 경우 일미는 연합하여 중국을 대처하게 된다는것을 말한다. 일본은 집단자위권 행사를 빌미로 남해, 대만해협 사무에 간섭할 가능성이 있다. 이는 대만해협문제, 조어도문제, 남해문제의 처리와 해결이 더욱 간거하고 복잡해졌으며 심지어 일미와 중국이 군사충돌이 발생할 가능성이 있게 되고 해양, 우주와 인터넷공간 등 분야의 경쟁이 더욱 치렬해지게 된다는것을 의미한다.

"평화와 발전"이라는 대세하에 우리는 공통리익과 협력공간을 추구해야지 조직을 결성하여 군사대결을 하지 말아야 한다. 조어도 주권과 남해 등 문제에서는 역사사실과 중국의 이익과 요구를 존중해야지 조직을 결성하거나 연합군사행동으로 압력을 가해서는 안된다. 또한 위기를 공동으로 통제해야지 "항행자유"를 이유로 군함을 파견하여 중국의 남해 근처의 해역에 진입하여 긴장한 분위기를 조성하지 말아야 한다. 만약 일미가 동맹을 강화하여 중국의 부상을 억제하려는것을 목적으로 한다면 중미와 중일관계의 전략적 이익에 영향을 미치게 될것이며 이와 동시에 지역의 평화와 안정에도 영향을 주게 될것이다. "신가이드라인"과 신안보법이 실시된후 우리는 일미가 어떻게 세계적인 협력동맹이 되는가를 지켜볼것이다.

(金善女 번역)

일본의 미래 전략 방향

龔都剛*

　　제2차 아베 신조 내각 출범 이후 일본의 전략에는 중대한 변화가 나타났다.일본은 첫 '국가안보보장전략 (NSS) '을 채택해 이른바 '적극적 평화주의'를 기본 방침으로 삼아 '평화헌법' 제9조의 규제를 깨고, '전수방위' 성책에 위반되는 집단자위권을 행사하면서 '군사정상화'를 향해 매진하는 4대 전략 방향을 드러냈다.

　　첫째, 미일 안보체제의 전략적 버팀목 역할을 강화하는 것이다. 미일 안보체제는 일본의 전략적 지주로, 어느 당이나 개인이 집권을 하든지에 관계 없이 이 체제를 견지해 미국을 안심시키기만 하면 안정적으로 자리를 지킬 수 있다.반대의 경우라면 피동적인 입장이 되어 어려움에 빠지게 될 것이다.미일 안보체제의 전면적 수정과 후텐마 미군 기지를 오키나와로 이전하려는 하토야마 유키오 총리의 노력이 실패로 돌아가면서 그는 2010년6월2일 책임을 지고 총리직에서 사퇴했다. 2010년6월8일 간 나오토 부총리 겸 재무상이 새 총리로 취임하고, 2012년12월27일 제2차 아베 내각이 출범한 후, 이들은 미일 안보체제는 일본 안보보장의 주축이 될 것이라고 밝히면서 정치 동요가 일어나는 상황을 모면할 수 있었다. 이를 볼 때, 향후 아베가 계속 집권함에 따라 일본의 전략에서 미일 안보체제의 지주적 역할은 안정적으로 확대될 것이다.

　　둘째,가치관 외교의 전략적 지배 역할 강화될 것이다. 가치관 외교는 현임 일본 지도자의 사상을 거의 지배하다시피 하고 있다.가치관 외교는 '안전보장 다이아몬드 구상'을 탄생시켰다.이는 아베가 제기한 전략 구상으로 미국·호주·인도 등 가치관이 같은 국가들과 통일 진영을 이루어 마름모꼴의 해양선 포위망을 형성하기 위해 서태평양에서 인도양에 이르는 다이아몬드 형태의 해역을 구축하려는 수호 전략이다.가치관 외교는 또 '자유와 번영의 호 (Arc of Freedom and Prosperity) ' 전략을 탄생시켰다.이는 아소 다로 재무상이 제안한 구상으로 동북아에서 시작해 중앙아시아,카프카스,중동,동유럽을 거쳐 발칸반도의 각 나라에 지원을 함으로써 일본의 정치적 영향력을 확대하려는 것이다.아베가 계속 집권함에 따라 가치관 외교가 일본 전략에 미치는 결정적인 역할은 강화될 것으로 전망

---

　*　龔都剛 : 군사학 박사, 해군 군사학술연구소 부연구원.

된다.

셋째,도서에 대한 실질적인 통제권의 전략적 가이드 역할을 강화할 것이다. 일본은 주변국가 (지역) 와 도서 분쟁을 하고 있다.도서에 대한 실제 통제권 확보 여부가 그 나라의 전략적 중심의 향방을 결정한다.일본-러시아와 한국-일본 간 도서 분쟁에서는 한국과 러시아가 분쟁 도서의 실제 통제권을 가지고 있기 때문에 일본의 전략 중심은 동부에 있지 않다. 반면 중일 댜오위다오 (센카쿠 열도) 분쟁은 일본이 실제 통제권을 쥐고 일방적으로 댜위위다오 '국유화 방침'을 실행에 옮겨 중일 간에 새로운 댜오위다오 충돌을 야기했다.이는 일본이 전략 중심을 댜오위다오 방향으로 옮길 것이라는 것을 설명한다.현재 일본이 댜오위다오에 대한 통제권을 강화하고자 댜오위다오에 대한 주권 분쟁이 있다는 사실을 부인하면서 중일 관계의 긴장을 고조시키고 있다. 이는 책임소재가 중국이 아닌 일본에 있음을 시사한다.

넷째, 남중국해 항행 자유 전략의 견제 역할을 강화할 것이다. 남중국해의 항행 자유가 지금까지 한 번도 문제가 된 적이 없고, 어떤 국가의 항공기도 남중국해 항행으로 억류되는 일이 일어난 적이 없다. 하지만 미국이 대대적인 선동과 도발을 하자, 일본은 미국의 행보를 따라 남중국해의 주둔군을 늘리며 군사화 수위를 높이면서 남중국해에서의 항행 자유가 오히려 문제로 대두되었다. 일본은 남중국해 항행의 자유가 위협을 받고 있다는 거짓 명제를 가지고 중국의 남중국해 인공섬 건설과 서사군도 (파라셀군도) 의 정상적인 군사력 배치를 공개적으로 반대하면서 전략적인 남진 (南進) 에 박차를 가하고 있다.일본은 평화적인 분쟁 해결의 중요성을 강조하는 한편, 남중국해에 주둔군을 늘리고, 중국과 남중국해 국가들과의 갈등을 확대시키면서 중국에 대한 전략적 견제를 강화하는 동시에 중일 해상 대립을 심화시킬 것이다.

마지막으로 상술한 일본의 전략 발전 동향에 대한 설명은 개인적인 관점임을 밝히는 바이며, 혹시라도 다른 의견이 있으면 기탄없이 의견을 개진해 주시기 바랍니다.감사합니다.

(金善女 번역)

북한의 제7차 당대회와 북핵문제

白鶴淳*

북한은 2016년 5월 6~9일에 조선로동당 제7차대회를 개최했다. 이번 당대회는 특히 전세계가 주시하고 있던 핵문제에서 외부세계가 원했던 방향과는 정반대방향으로 결정을 함으로써 외부세계로서는 많이 실망을 한 대회였다. 사실상 이번 당대회는 압도적으로 국내부문에 초점을 맞춘 대회로서, 정치사상과 군사안보부문에서의 성취를 과시하고, 향후 달성해야 할 경제강국, 과학기술강국등에 초점을 맞춘 대회였다.

여기에서는 북한의 제7차 당대회에서 북핵문제에 관련한 내용을 살펴보고, 북한의 대남정책과 대미정책을 살펴보기로 한다. 그리고 최근 북한이 남한에게 군사회담을 제의한 배경과 그에 대한 한국의 반응을 분석한후, 북핵문제의 해결방안에 대해 생각해보기로 한다.

1. 북한의 제7차 당대회

1) 북핵관련 내용

북한의 제7차 당대회에서 북한은 경제건설과 핵무력건설의 병진로선을 지속할 것임을 천명했다. 병진로선은 "일시적인 대응책이 아니라 우리혁명의 최고리익으로부터 항구적으로 틀어쥐고 나가야 할 전략적 로선"이며, "핵무력을 중추로 하는 나라의 방위력을 철벽으로 다지면서 경제건설에 더욱 박차를 가하여 번영하는 사회주의강국을 하루빨리 건설하기 위한 가장 정당하고 혁명적인 로선"이라고 했다. 북한은 "제국주의의 핵위협과 전횡이 계속되는 한" 병진로선을 "항구적으로 틀어쥐고 자위적인 핵무력을 질량적으로 더욱 강화해나갈 것"이라고 했다.

또 북한은 "책임있는 핵보유국으로서 침략적인 적대세력이 핵으로 우리 자주권을 침해하지 않는한, 이미 천명한 대로 먼저 핵무기를 사용하지 않을것이며 국제사회 앞에 지닌 핵전파방지의무를 성실히 이행하고 세계의 비핵화를 실현하기 위하여 노력할 것"임을 밝히고 있다. 즉, 핵무기를 포기하지 않고 핵무기능력을 유지, 강화할 것임

---

* 白鶴淳 : 한국 세종연구소 북한연구센터장.

을 재확인한 것이다.

2) 한국에 대한 내용

첫째, 북한은 박근혜정부에게 대한 불신을 그대로 드러냈다. "민족내부문제, 통일문제"를 국제사회에서 들고나가 협력을 구하는것, 미국에 대한 "친미사대근성", "대미추종정책", "외세공조놀음"에 대해 비판했다. 북한은 "숭배를 해도 자기민족을 숭배하고 믿어도 자기민족의 힘을 믿어야 하며, 통일논의를 해도 자기민족과 하여야" 한다고 강조했다.

둘째, 통일문제에서는 김정은시대에 맞는 뚜렷한 비전을 제시하기보다는 전반적으로 '연방제'를 중심으로 한 김일성의 '주체적 조국통일로선'(김정일의 '조국통일3대헌장')을 견지했다. 그러나 북한은 공식적으로 연방제통일을 주장하고 있지만, 김정은은 이번당대회 사업총화보고에서 6.15공동선언의 제2항을 그대로 인용하여 상기시켰다. 이는 언젠가 남북관계가 개선되고 정상회담이 개최되면, 통일문제논의를 6.15공동선언 제2항으로부터 재개할 수 있음을 시사하는 것이어서 주목할만 하다.

셋째, 북한은 무엇보다도 대남정책에서 나름대로 남북관계개선을 통해 한반도를 안정화시키려는 생각을 하고있다. 예컨대, "나라의 통일을 이룩하는데는 평화적 방법과 비평화적 방법이 있을 수 있다", "북남관계의 현 파국상태는 대화와 협상을 통하여 얼마든지 극복해나갈 수 있다", "북과남은 여러분야에서 각이한 급의 대화와 협상을 적극 발전시켜 서로의 오해와 불신을 해소하고 조국통일과 민족공동의 번영을 위한 출로를 함께 열어나가야 한다"고 했다. (김정은의 제7차 당대회사업총화보고) 바로 이러한 맥락에서 북한은 이번 당대회에서 북한은 남한에게 군사회담을 제의했다.

3) 미국에 대한 내용

북한은 미국에게 대북적대시정책의 철회, 정전협정의 평화협정으로 전환, 남한으로부터 군대와 전쟁장비들의 철수요구등 기존의 대미요구를 반복하고있다. 그러나 흥미롭게도 오바마정부에 대해서 어떤 새로운 특별한 제의를 하고있지 않다. 그만큼 오바마정부에 대해 기대를 갖고 있지 않다는 것을 의미했다.

2.북한의 소극적인 핵·대남·대미정책의 배경

그렇다면, 북한은 왜 이번 당대회는 핵문제, 대남정책, 대미정책분야에서 문제해결을 위한 보다 적극적이고 새로운 비전이나 정책제시를 하지 않았을까?

첫째, 최근 북한과 한·미양국간에 '핵전쟁위협'과 '선제공격위협'의 고조, 유엔안보리 대북제재강화등으로 북한vs. 한·미양국, 북한vs. 유엔안보리(국제사회)의 불신과 대결이 심화되어왔다. 이러한 상황에서 북한이 오바마정부와 박근혜정부와의 협력가능성을 매우 낮게 보고있었던 것으로 보인다.

둘째, 미국은 대선기간에 들어가있기때문에 오바마정부가 새롭고, 적극적인 대북정책을 취할 가능성이 거의 없고, 남한에서는 집권당의 총선패배, 여당인 새누리당의 분열, 여소야대 국회구성등으로 인해 박근혜정부의 레임덕이 시작된 상황이다. 북한은 오바마정부와 박근혜정부의 북한에 대한 태도와 정책이 향후에도 크게 바뀌지 않을것으로 판단하고 있는 것으로 보인다.

참고로, 미국의경우, 시드니사일러 (Sydney Seiler) 6자회담특사가 지난해 9월 원래 소속이던 국가정보국 (DNI) 으로 복귀했고, 성김 (Sung Kim) 대북정책특별대표가 필리핀대사로 부임하게 됐다. 따라서 미국측 6자회담 차석대표와 수석대표직이 모두 공석으로 남게 됐다. 이는 객관적으로 보아도 오바마행정부가 북미대화재개에 대한 관심이 그만큼 적다는 것을 말해준다.

3. 북한의 남북군사회담제의

김정은위원장은 제7차 당대회에서 남북군사회담의 필요성을 강조했다. 그는 "지금처럼 북남군사당국간 의사통로가 완전히 차단되어있고 서로 총부리를 겨눈 첨예한 상태가 지속된다면 언제 어디서 무장충돌이 벌어질지 모르며 그것이 전쟁으로 번져지는 것을 막을 수 없다"면서 "조선반도의 평화와 통일을 위하여 우선 북남군사당국 사이의 대화와 협상이 필요하다고 인정"한다고 했다. 그러면서 "남조선당국이 진실로 북남관계를 개선하려는 의사가 있다면 더이상 불순한 목적을 추구하지 말고 진지하고 성실한 태도로 대화와 협상의 마당에 나아야" 한다고했다.

북한은 그에 대한 후속조치로서 6월20일, 국방위원회가 공개서한으로 남북군사회담을 촉구했고, 6월21일, 인민무력부는 5월말 또는6월초 편리한 날짜와 장소에서 남북군사당국회담을 위한 실무접촉을 갖자고 제안했다. 주목할 만한 것은 지난 2월 개성공단를 폐쇄한 이후 처음으로 서해지구군 (軍) 통신선을 통해 이 제안을 전달했다는 점이다. 6월21일에는 김기남당중앙위부위원장이 개인명의로 남북대화필요성을 강조하는 담화를 발표했고, 6월22일에는 원동연조국평화통일위원회서기국장, 김완수6.15북측위원회위원장이 각각 개인명의의 담화를 잇달아 발표했다.

1) 군사회담제의배경

첫째, 북한은 특히 올 한미합동군사훈련기간에 한반도에서 이뤄진 '공개적'인 선제공격위협, 한미양국의 역대 최대규모의 병력과 장비참여등으로 예전과 달리 급격히 높아진 전쟁위협을 해소해야 하는 절박한 필요성이 있었던 것으로 보인다.

참고로, 2013~2016년 한미합동군사훈련기간에 한반도에서 북미양국간에 '공개적'으로 '핵전쟁위협'이 이뤄지고, 양측모두 '선제공격위협'이 핵심전략으로 자리잡았다. 2013년3~4월 한미합동군사훈련기간에 북미양국이 '공개적'으로 핵무기사용위협 훈련과 핵공격위협을 함으로써 이후 한반도에서 비핵화가 더욱 달성하기 어려운 목표가 됐다.

당시 북한이 미국에 대해 중거리무수단미사일 (사거리3~4천km) 공격을 위협함으로써 이후 북한의 미사일위협이 실질적인 문제로 등장함. 미국은 이러한 북한의 미사일공격위협이 있은 직후 미공군및 해군기지가 있는 괌 (Guam) 에 사드 (THAAD) 를 설치했다.

2013년10월초 한미 안보협의회 (SCM) 에서 한미양국은 북한의 대량살상무기와 미사일위협에 대해 '맞춤형 억제전략', '4D 전략' (탐지, 방어, 교란, 파괴: detect, defend, disrupt, and destroy) 을 채택하는 등 한미양국의 대북군사전략이 선제공격요소를 포함한 전략으로 공식화됐다.

2016년봄 한미합동군사훈련기간에는 북미양국간의 핵공격위협이 더욱 강력히 이뤄진 데다가 공개적으로 선제공격모드의 훈련을 했다. 예컨대, 4D의 순서에서 선제공격위주로 변화가 일어나고 (detect, defend, disrupt, and destroy →detect, disrupt, destroy and defend) , 작계5015호적용, 참수작전vs. 백악관・청와대공격위협등이 공개적으로 이뤄졌다.

2) 한국정부의 반응

한국정부는 북한과의 대화는 '비핵화조치가 최우선되어야 한다'는 입장을 견지하고 있다. 북한이 진정으로 군사적 긴장완화및 신뢰구축을 원한다면, 가장 시급한 현안인 비핵화에 대한 입장부터 행동으로 밝혀야 할 것이라고 요구했다. 그리고 지금은 대화를 운운할때가 아니라 더욱더 강력한 제재를 확고히 하는게 중요하다는 입장을 견지하고 있다. 이는 2016년 6월21일 북한의 인민무력부의 대화제의에 대해 6월23일 한국의 국방부가 북한에게 보낸 답서에 잘 나타나있다.

4. 북핵문제에 대한 해결방향

향후 북한은 '수소탄' 실험을 기술적 차원에서 완성하기 위해 계속하여 핵실험을 할 것으로 보인다. 6자회담, 북미회담등 대화와 협상이 없는상황이 지속되면, 북한은 유엔 안보리제재와 개별국제재로 인한 비용을 치루면서도 여태것처럼 핵실험과 미사일실험을 계속해갈 것으로 보인다. 더구나 북한지도자가 갖고있는 '시간'(time)에 대한 개념은 선거를 통해 제한된 임기를 갖고있는 한국, 미국, 일본등의 지도자들의 시간개념과는 차이가 있다. '수령제 사회주의' 하에서 실질적으로 임기제한이 없는 김정은 위원장은 여태껏 그랬다시피 앞으로도 필요하다고 판단하면 단기적 이익과 단기적 어려움을 무시하고 자신이 생각하는 중장기 이익을 위해 정책을 밀고나갈 가능성이 여전하다.

북핵문제를 해결하는데 지속적인 실패를 경험해온 한국인들사이에서는 꽤 오래전부터 미국의 전술핵무기를 한국에 재도입, 재배치해야 한다는 주장이 제기됐고, 최근에 들어와서는 한국도 핵무기를 보유해야 한다는 주장이 제기됐다. 이러한 주장은 북한의 핵무기보유를 막는것이 불가능하다는 판단, 즉 북한이 핵무기를 포기하지 않을 것이라는 판단에 기반을 두고 있다.

다른 한편, 북한의 비핵화와 평화체제를 병진적 (병행적) 으로 해결해야 한다는 주장이 중국의 왕이외교부장으로부터 나왔다. 이 주장은 사실상 9.19공동성명의 정신이었고, 많은나라의 학자, 전문가들사이에서 오래전부터 주장되어온 것이었다. 그러나 중국이 공식적으로 이것을 국가의 정책으로 주장한 것이어서 그 의미가 매우 크다고 할 것이다.

그렇다면, 북핵문제를 해결하기 위해 어떻게 해야 할 것인가?

첫째, 북한이 핵무기를 포기하지 않을것이니 이제 남한도, 일본도 핵무장을 해야 한다는 주장은 결코 전략적으로 바람직한 주장이 아니다. 북한이 병진로선을 포기하지 않을 것이라는 주장이 받드시 사실에 부합하지 않을수도 있다. 왜냐하면 북한의 병진로선은 특정한 국제환경, 북미관계하에서 나온 북한의 대응책인 것이다. 시간을 단기적이 아닌 중장기적으로 보고, 그 사이에 환경과 관계가 달라지면, 병진로선도 달라질 수 있는 것이다.

따라서 '북한은 절대 핵을 포기하지 않을것'이라는 식의 '확실성'에 대한 확신보다는, 전략적으로 북한의 핵보유여부를 오히려 '불확실성'의 영역에 놓고, 장기적인 관점에서 문제해결을 해나가는 것이 더 바람직하다. 북한이 핵무기를 50기, 100기를 만들 것이라는 확신보다는 지금 당장 현재북한이 보유하고있는 핵무기를 현재수준에서 동결시켜놓고, 향후 협상을 통해 그것을 폐기해나감으로써 북한의 비핵화를 달성하는 접근방법이 더 필요하다.

이 방법은 지그프리드헤커 (Siegfried S. Hecker) 의 3 No's (No more

bombs, No better bombs, No export) 제안과는 차이가 있다. 왜냐하면 헤커는 북핵을 현재의 수준에서 인정해주고 더이상 증강되는 것을 방지하자는 입장, 즉 현재의 수준에서 북한의 핵보유국지위를 인정하자는 입장인 반면, 필자의 입장은 북핵을 현재의 수준에서 동결하되, 시간을 두고 문제해결을 위한 협상을 지속하여 궁극적으로는 북한의 핵무기와 핵무기프로그램을 완전히 폐기하는 방향으로 나아가자는 것이다.

둘째, 북한이 그동안 자신의 핵포기의 조건으로 미국에게 요구해온 세가지는 미국의 대북적대시정책철폐, 평화협정체결, 한반도전역의 비핵화였다. 이중에서도 가장 핵심적인 요구가 '평화협정체결'(6.25전쟁의 종식과 한반도평화체제수립) 이다. 이에 대해 미국이 진지하게 협상할 의사를 밝힌다면, 북한을 핵협상으로 끌어올수 있을 것이다. 중국의 왕이외교부장의 비핵화와 평화체제의 병진주장도 바로 이러한 맥락에서 이뤄진 것이다.

그런데 필자는 한반도비핵화와 평화체제수립의 단순한 '병진'을 넘어서 비핵화와 평화체제를 '결합'하는 새로운 접근법이 필요하다는 주장을 하고자 한다.즉, 한반도비핵화와 한반도평화체제수립문제를 '하나의 문제'로 결합하여 '하나의 과정'으로 해결될수 있도록 새로운 합의와 로드맵을 만들어내는 것이다.

그동안 북핵문제해결을 위한 대표적인 합의는 1994년 제네바 북미기본합의와 2005년 9.19공동성명이다. 문제는 북핵문제해결을 위한 이러한 합의들이 충실히 이행되지 않았다는데 있다. 몇가지 주요이유를 살펴보면, 우선 북한이 핵실험을 함으로써 약속을 깨뜨리고, 또미국, 한국, 일본에서 선거를 통해 들어선 새 지도자와 정부가 이전의 합의들을 준수하지 않았다. 또 한가지 큰 문제는 9.19공동성명과 같은 주요합의에서 한반도 비핵화문제와 평화체제수립문제가 '하나의문제'로 결합되지 못하고 따로따로 분리되어 다뤄졌다는 것이다.

예컨대, 6자회담 참여국들은 2005년 9.19공동성명에서 "직접관련국들은 적절한 별도의 포럼에서 한반도의 항구적인 평화체제에 대한 협상을 할것"이라는데 합의했다. 따라서 6자회담은 한반도비핵화문제에만 집중했던 것이고, '적절한 별도의 포럼' – 한반도의 전쟁과 평화문제에 직접 관련된 남한, 북한, 미국, 중국이 참여하는 4자포럼이 개최되지 못했다. 결국 한반도평화체제수립문제는 아예 논의자체가 이뤄지지 못했던 것이다. 이러한 경험은 한반도비핵화와 한반도평화체제수립을 따로따로 분리해서 다루지 말고, 하나의 문제로 '융합'하여 다룰 필요가 있다는 교훈이 됐다.

마지막으로, 북핵문제해결과 한반도평화체제수립에서 가장 핵심적인 과제중의

소통과 이해 증진 공동안보 모색

하나는 주요 관련국지도자들이 한반도문제를 해결하기데서 '정치적 리더십'을 확립하는 문제이다. 한반도문제는 군사안보적 문제이기도 하지만, 동시에 '정치적'인 문제이다. 따라서 테크노크라트들에게 맡겨 해결할 수 있는 성격의 문제가 아니다. 주요관련국 지도자들이 문제해결적 정치적 리더십을 확립하고 또 그것을 제대로 행사하는 것이 중요하다는 점은 아무리 강조해도 부족하다고 할 것이다.

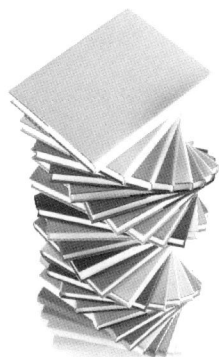

제 3 장

지역안보 도전의 주요 요소

동북아지역 안보협력 장애요인과 몇가지 제안

申相振*

1. 중-미대립의 구조화

중-미는 동북아 안보와 경제질서를 결정하는 가장 중요한 강대국이다. 시진핑 주석이 중-미관계를 '신형대국관계'로 설정해 나가자고 미국에 제안했지만, 중-미관계는 여전히 '구형대국관계'에 머물러 있다. 미국은 부상하는 중국이 머지 않은 미래에 아-태지역에서 미국을 축출할 것이라고 우려하면서 아-태지역에 미 해군전력의 60%를 이동 배치하겠다고 밝히고 있다. 유럽보다 아시아가 미국의 국익에 더 중요해지고 있다고 인식하고 아시아지역에 최첨단 무기장비를 증강 배치하고 있다. 또한 미국은 일본과 베트남, 필리핀등 중국과 갈등하고 있는 동아시아지역 국가들과 군사협력을 확대하고 있다. 5월 22일부터 27일까지 오바마가 베트남과 일본을 방문한 핵심 목적도 중국을 군사적으로 포위하려는 데에 있었다. 오바마가23일 베트남에 대한 무기금수조치 해제를 발표한 것도 남중국해에서중국을 제어하기 위한 의도였다. 오바마 미 대통령이 스스로 밝힌 것처럼, 미국이 아태지역국가들과 TPP 체결을 서둘러 온 목적도 다분히 동아시아 경제질서를 중국이 주도해 나가는 것을 저지하려는 데에 있다. 미국이 추진하고 있는 '아시아 재균형정책'은 중-미 갈등을 고조시키고 동아시아 국가간 협력과 통합을 가로막고 있다.

중국은 평화발전을 국가전략 지침으로 강조하고 있으나, 미국과 동아시아 지역 국가들은 중국의 대외정책이 공세적으로 변화되고 있는 것으로 인식하고 있다. 2013년 중국이 동중국해에 방공식별구역을 확정한 점, 2014년 아시아교류신뢰구축회의 (CICA)에서 '아시아안보관'을 주창한 점, 2015년부터 남중국해에서인공섬을 건설하고 군사기지화 조치를 취하고 있다는 사실들은 미국과 동아시아 역내 관련국에게는 일종의 현상타파적 행동으로 해석될 수 있는 것이었다. 2013년부터 중국이 아시아지역국가와의 협력발전을 도모하기 위해 추진하고 있는 '일대일로 전략'에 대해서도 미

* 申相振 : 한국 광운대학교 교수.

국과 일본은 아시아지역질서가 중국에 의해 장악될 것으로 우려하여 협력하지 않고 있다.

이처럼 동아시아에서 중국과 미국 사이의 경쟁이 구조화 하면서 동아시아 지역 국가들은 딜레마에 빠져들고 있다. 중국과 미국이 동아시아 지역국가들에게 직간접적으로 자국의 편에 서도록 압박하고 있기 때문이다. 한국 박근혜 정부는 미국의 요구에 순순히 응하지 않고 있지만, 일본은 미국과의 동맹을 더욱 강화하는 방식으로 미-중 갈등에 대응하고 있다. 동아시아 질서에 가장 큰 영향을 미치는 미-중이 협력하기보다 대립함으로써 동아시아지역 협력이 진전을 보지 못하고 있다.

2. 중-일경쟁 심화

근대화시기 이전부터 중국과 일본은 동아시아지역 강대국으로서 역내 질서 주도권을 서로 차지하기 의해 경쟁을 벌여왔다. 최근까지는 일본이 이 지역 질서를 주도하는 국가 역할을 담당해 왔지만, 2010년 중국의 GDP 규모가 일본을 추월하기 시작하면서 중-일 간 갈등이 표면화하고 있다. 2012년 일본이 댜오위댜오/센카쿠열도 국유화 조치를 취하자 중국이 이에 군사적 시위로 대응함으로써 동중국에서 중-일 갈등이 전쟁으로 폭발할지도 모르는 국면으로 심화하고 있다. 일본에서 보수우익의 목소리가 강화되고 중국에서 중화민족주의와 애국주의 정서가 고조되는 상황이기 때문에, 영토 문제를 둘러싼 중-일간 갈등은 오래 지속될 전망이다.

중-일은 경제력을 바탕으로 군사력 증강 경쟁을 벌임으로써 동아시아 안보환경을 위협하고 있다. 중국은 2016년에는 국방예산을 7.6% 증액하는데 그쳤지만 오랜기간동안 매년 10% 이상씩 국방비를 증액하여, 현재 미국 다음으로 많은 국방비를 지출하고 있다. 또한 중국은 군 편제를 개편하고 현대전 수행에 요구되는 방향으로 국방개혁 조치를 취함으로써 전쟁수행 능력을 강화하고 있다.

일본도 '신안보법'을 발효하여 집단자위권을 행사할 수 있도록 했다. 이로써 일본은 2차 대전 이후 고수해 온 '전수방위' 원칙을 완전 폐기하고 세계 도처에 병력을 파병하여 전쟁에 참여할 수 있는 법적 근거를 마련했다. 일본은 미군을 지원한다는 명분과 자국의 안보이익을 보호한다는 이유로 동아시아 주변사태에도 자위대를 파병할 수 있게 되었다. 이를 위해 일본은 방위비를 대폭 증액하여 방위력을 증강하고 있으며, 동중국해지역 뿐만 아니라 남중국해지역에서도 미군과 연합작전 수행능력을 강화하고 있다. 일본의 이러한 조치들은 다분히 중국을 겨냥하고 있다.

동아시아의 두 지역 강대국이 이처럼 대립을 심화하게 된다면 지역 분쟁이 발생할 가능성이 높고, 지역공동체가 실현될 가능성은 없다. 중-일 대립이 심화되면서 2008년부터 시작된 한-중-일 정상회담이 2013년부터 2년 동안 개최되지 못했으며, 한-중-일 FTA 체결 협상도 중단되었다.

3. 북한의 핵무기 보유와 남북한 대립 고착화

북한은 4차례의 핵무기 실험과 여러 번의 탄도미사일 발사로 한반도와 동북아 안보환경을 위협하고 있다. 북한은 한국과 미국이 북한을 군사적으로 위협하고 있기 때문에 자국의 안보를 지키기 위해 핵무기를 개발하고 탄도미사일을 시험발사하고 있다고 주장한다. 그러나 북한이 핵무기 보유국이 된다면 국제핵확산방지 (NPT) 체제가 파괴될 수 있고, 북한의 핵무기 위협에 대처하기 위해 한-미-일이군사협력을 강화하고 미국이 한반도에 핵추진 항공모함 등 전략무기를 항시 배치하고 고고도미사일방어 (THAAD) 무기를 배치하여 대처하게 될 것이다. 북한의 핵무기 실험과 탄도미사일 발사는한반도와 동북아의 안보질서를 심각하게 위협하는 요인이 되고 있다. 그리고 한국이 북한의 핵무기 도발에 대해 개성공단 폐쇄, 한국인의 북한 해외식당 이용 금지, 한-미 합동군사훈련 실시 등과 같은 강력한 제재조치로 대응하고, 북한이 서울을 침공하고 핵무기로 청와대를 타격하겠다고 협박함으로써, 남북한 대립이 심화하고 있다.

북한핵위기 악화와 남북한 간 대립 심화는 남북한간 교류협력을 전면 중단시켰으며, 동북아지역 국가간 경제협력에 장애가 되고 있고, 한-중관계와 중-북관계 뿐만 아니라 북-일 및 북-미관계에 불신을 초래하고 있다. 북한 핵문제 때문에 중-러-북한 간 두만강유역 개발이 진전을 보지 못하고 있고, 한국이 추진하는 유라시아 구상과 중국의 일대일로 전략 간 협력사업도 가동되지 못하고 있다.

4. 역사문제와 영토분쟁 미해결

한-중-일 사이에는 역사문제로 인해 상호간 불신이 완화되지 않고 있으며, 영토분쟁이 언제든지 대규모 전쟁으로 폭발할 수 있다. 2015년 말 한-일정부는 위안부문제에 대해 합의에 도달했지만, 한-일 양국 국민여론은 정부 합의에대해 불만이 많다. 특히 한국 내에서는 일본이 진정으로 사과하지 않았다는 여론이 압도적이다. 2004년 5개항 합의가 이루어졌지만, 한-중 간에도 고대사문제를 둘러싸고 언제든지 갈등이 다시 발생할 가능성이 있다. 중-일 간에도 일본의 중국침략에 대한 사과문제와 일본의 역사교과서문제로 인해 불신이 팽배해 있다.

소통과 이해 증진 공동안보 모색

영토문제도 한-중-일 3국 관계진전을 가로막는 결정적 장애물이 되고 있다. 일본 정부는 끊임 없이 독도문제를 제기하여 한-일 간 분쟁의 소재로 삼으려 하고 있다. 현재 독도를 실효 지배하고 있는 한국의 국민들은 독도가 1905년 일-러전쟁 이후 일본이 강제 점령한 것을 근거로 독도를 분쟁지역화 하고 있다고 인식한다. 그래서 일본이 독도문제를 거론할수록 일본에 대한 한국국민의 감정은 악화될 수밖에 없다. 한-중 간에도 서해 영유권문제와 이어도/蘇岩礁 관할권문제가 해결해야 할 문제로 남아 있다. 중-일은동중국해 관할권문제 특히 댜오위다오/센카쿠열도 영유권문제로 무력충돌을 향해 돌진하고 있는 양상이다.

교통통신수단의 발달로 인해 한-중-일 3국 국민 간 교류가 폭발적으로 증가하고 있지만, 대부분의 여론조사 결과는 이들 3국 국민 사이의 감정이 오히려 악화하고 있는 것으로 나타나고 있다. 중국을 우호적인 국가로 인식하는 일본인들의 여론이 국교정상화 이후 가장 낮은 수준으로 나타나고 있고, 일본에 대한 중국인의 우호도도 점차 낮아지고 있는 상황이다. 최근 한-중 양국 국민간 우호인식도 정점을 찍고 감소하는 추세에 있는 것으로 보인다. 한-중-일 3국 모두 배타적 민족주의 정서가 강하기 때문에 역사문제와 영토문제가 쉽게 해결되기 어렵고, 이는 3국 협력추진에 큰 장애가 되고 있다.

5. 몇가지 제안

첫째, 냉전사고에서 벗어나야 한다. 현재 동북아지역 협력에 장애가 되고 있는 문제들은 대부분 냉전적 사고가 지배하고 있기 때문에 발생하고 있는 것들이다. 중-미, 중-일이 적대적 대립관계로 향하고 있는 이유는 이념적으로 갈등하고 있기 때문이며 미국이 냉전시대에 장악했던 동북아 주도권을 중국에게 뺏기지 않으려는 하기 때문이다. 그래서 미국은 일본과 한국 등 동아시아 동맹국과 협력하여 중국을 포위하려 한다. 중국도 공세적 현실주의 시각으로 국제관계를 보면서 미국과 일본에 대항하기 위해 군사력을 증강하면서 지역국가들과 연대를 모색하고 있다. 일본이 2차 대전 당시 피해를 준 동아시아 국가 국민들에게 진정한 사과를 하지 않고 있는 것이 동북아지역협력을 저해하는 중요한 원인이다. 따라서 미, 중, 일 3국이 먼저 동북아 협력과 평화를 위해 냉전사고를 타파하고 21세기 글로벌시대에 부합하는 지역정책을 전개해야 한다.

둘째, 경쟁적으로 군사력 경쟁을 벌이지 말고, 공동발전을 추구해야 한다. 현재 동북아지역에서는 세계에서 가장 치열한 군비경쟁이 전개되고 있다. 미국과 중국이 세계 1, 2위 국방비를 지출하는 국가이며, 일본, 한국, 북한의 군사력도 세계 10위 내에 드는 군사대국이다. 러시아도 미국 다음의 군사강국이다. 현대군사무기는 인류를 파멸로 이끌고 재생산이 불가능하기 때문에 무력을 경쟁적으로 증강하는 것은 현명치 못하다.더욱이 세계경제 침체가 지속되고 있는 상황이기도 하므로 군사력 증강을 중단하고 공동발전을 도모해야 한다.

셋째, 다양한 수준과 형식의 대화를 활발하게 추진하여, 불신을 해소하고 오해로 인해 발생할 수 있는 분쟁을 예방해야 한다. 한-중-일은 이번 회의와 같이 민간 학자들이 모여 허심탄회하게 동북아 지역협력문제에 대한 각국의 입장을 밝히고 문제해결방안을 찾는 대화를 활발하게 개최할 필요가 있다. 또한 지금까지 한-중-일 정상회담에서 합의된 사항을 실천하기 위해 노력하고, 한-중-일 3국 협력사무국 주도하게 다양한 협력사업을 추진해야 한다. 우선 한-중-일은 환경보호, 경제교류협력, 재난구호 등 전 지구적 이슈에 대한 협력방안을 적극 논의해야 한다.

아울러 북한 핵문제는 이제 동북아지역국가들이 공동으로 당면한 심각한 현실적 문제가 되었다. 미국과 한국은 '전략적 인내' 정책을 고수하면서 북한이 핵무력을 강화하도록 방치해 왔고, 중국도 북한의 핵실험을 막기 위해 북한에 대해 충분한 영향력을 행사하지 않았다. 4차 핵실험 이후에는 국제사회가 강력한 압박을 통해 북한을 굴복시키려 하고 있다. 그러나 북한노동당7차 당대회 결정을 보면, 북한이 이미 개발한 핵무기를 폐기할 가능성은 없다고 보아야 한다. 현재 현실적인 대책은 강력한 압박과 동시에 대화를 통해 북한 핵 동결을 추진하는 것이다.

넷째, 한-중-일 정상회담을 정례화, 제도화 해야 한다. 3국 관계가 아무리 복잡해지더라도 정상회담을 개최하게 되면 서로간의 오해와 갈등을 풀 수 있는 계기를 마련할 수 있다. 실무진 사이에서 타결하기 어려운 문제들도 최고지도자들이 만나게 되면 해결방도를 찾을 수 있기 때문이다. 한-중-일 최고지도자들이 정례적으로 모여 동북아 평화와 협력의 중요성에 대한 이해와 합의를 증진함으로써 대립과 갈등을 줄여나가고 협력이 지배하는 동북아질서를 구축해야 한다.

동북아지역협력 실현을 위한 과제-한일관계를 중심으로

西野純也[*]

1. 한일관계개선을 지향한 행보

한일 국교정상화 50 년도 막바지에 접어든 2015년12월 28일 오후 3시반, 기시다후미오외무장관과 윤병세외교부장관은 공동기자회견을 열고 위안부문제가 "최종적 및 불가역적으로 해결되었다"는 합의를 발표했다. 위안부문제는 1990년대이후 한일관계의 주요현안으로 남아 있었다. 작년말 이루어진 이 합의는 한일외교당국의 노력과 아베총리 및 박근혜대통령의 정치적 결단에 힘 입었다는 점을 일단 평가해야 할 것이다. 그러나 한국내의 강한 반대여론이 말해주듯이 합의를 이행해나가기 위해서는 합의에 이르기까지 기울였던 노력 이상이 한일양국에 요구되는 것이 분명하다. 한편 한국외교 당국자들은 다양한 기회에 역사문제가 남아 있기는 하지만 기타영역 특히 북한문제에 있어서는 일본과 협력해야 한다는 "투트랙"접근법을 표명하기에 이르렀다

(일본군 위안부) 유네스코세계유산 등재를 둘러싸고 한일 외교당국은 긴장해 하나 올봄부터 시작된 큰 흐름에 변화는 없었다. 8월 아베담화가 발표된 이튼 날 박근혜대통령은 광복절연설에서 "아베총리의 전후 70 주년 담화는 우리로서는 아쉬운 부분이 적지 않았던 것은 사실"이라고 하면서도 "사죄와 반성을 근간으로 한 역대 내각의 입장이 앞으로도 흔들리지 않을 것이라고 국제사회에 분명하게 밝힌 점을 주목한다"고 언급했다. 지난 두차례 광복절연설이 모두 "일본 정치지도자들"의 결단을 촉구하는 주문형호소 문구였다는 점과는 많이 달라진 긍정적인 기조였다.

따라서 8월중순에는 9월방중과 10월의 방미, 그 후 이어질 한중일및 한일정상회담실현을 염두에 두면서 대일관계진전을 구상되고 있었을 것이다. 11 월 2 일 한일

---

* 西野純也 : 일본 게이오대학교 교수.

정상회담에 입각하여 "올해가 한일국교정상화 50주년이라는 역사적인 해임을 염두에 두고 가급적 조기타결을 목표로 협상에 박차를 가하도록 지시"하였고 최종적으로 2015년말에 합의가 도출된 것이다.

2. 위안부합의에 대한 잠정적 평가

위안부 문제에 관한 합의를 어떤 식으로 평가할 수 있을까. 현재에 이르기까지의 경위와 쟁점을 감안하여 잠정적으로 다음 세가지를 지적하고 싶다. 첫째, 이른바 "법적 책임" 문제에 대한 평가이다. 이 문제를 둘러싼 한일양국정부의 입장에는 메우기 어려운 깊은 곬이 존재해 왔다. 1965년의 청구권 및 경제협력협정을 근거로 위안부 문제가 "완전하고 최종적으로 해결됐다"는 입장을 견지하는 일본정부에 대해 한국 정부는 "반인도적 불법행위"인 위안부문제는 이 협정으로 해결된 것으로 간주할 수 없으며 일본정부의 법적 책임은 남아있다는 입장을 취해왔다. 양국정부의 입장변화를 기대할 수 없기때문에 이 문제에서 타결점을 찾기란 극히 어렵다는 것이 일반적 관측이었다. 그러나 이번 합의내용을 보면 일본측은 기존입장을 유지하면서도 한국측에 양보했다.

두 번째 평가는 자금지원 및 사업실시형태이다. 합의는 "한국정부가 전 위안부 분들에 대한 지원을 목적으로 재단을 설립하고 일본정부가 국가예산에서 자금을 일괄적으로 거출함으로서 한일양국정부가 협력하여 모든 전 위안부분들의 명예와 존엄의 회복 및 마음의 상처치유를 위한 사업을 행할 것"이라고 되어 있다. 아시아여성기금이 예상대로 진전되지 않았던 경험에 입각하여 "일본 정부예산의 일괄지출"과 "한일양국정부협력"을 강력하게 부각시킨 점이 특징이다. 따라서 새로운 사업은 한일양국정부의 사실상 공동책임으로 추진되게 된다.

세 번째평가는 "향후 유엔등 국제사회에서 동 문제에 대해 상호비난·비판하는 것은 자제한다"라는 합의이다. 박근혜정부출범이후 한·일양국이 상호 비방하는 모습에 질려버린 미국 관계자들이 적지 않았다. 상호비난이 초래할 여러가지 악순환을 한일양국지도자가 심각하게 받아들여 조치를 취한 점은 적절했다고 본다.

그렇다면 이번 합의를 통해 위안부문제가 정말로 "최종적 및 불가역적으로 해결"되고 한일관계는 새로운 시대로 접어설 수 있을까. 전 위안부분들의 나이를 감안하면 합의가 조속히 이행되어야 하는데 이 합의를 이행하기 위한 노력이 긍정적으로 평가되는데는 오랜 시간이 소요될 것이다. 그리고 한일양국정부와 국민들에게는 최종해결을 위한 인내심이 요구된다. 이를 전제로 다음의 세가지에 유의해야 할 것이다. 우선

소통과 이해 증진 공동안보 모색

가장 중요한 것은 합의에 기술된 "모든 위안부분들의 명예와 존엄의 회복과 마음의 상처치유"를 위한 노력을 향후도 성의있게 지속해 가는 행동이다. 두 번째로 박근혜정권이 과연 국내여론 특히 위안부지원단체의 이해를 얻을 수 있는지가 포인트이다. 국민감정에 어떻게 신중하게 대응할 것인지는 박대통령이 안게 된 과제이다. 세 번째로 위안부문제를 비롯한 역사인식을 둘러싸고 악화 일로에 있는 한일양국의 국민감정을 어떻게 회복하는가 하는 문제이다. 정부간 합의에 대한 한일 양국민의 이해와 지지를 도출하기 위해서는 악화된 국민감정을 조금씩 풀어 나가야 한다. 한일양국지도자는 일시적 감정론과 결별하고 장기적 비전을 제시하면서 이웃나라와의 관계를 새롭게 구축할 결의를 보여주고 이를 실천해야 할 것이다.

3. 동북아정세에 대한 인식의 괴리

위안부문제와 더불어 근년의 한일관계를 난국으로 몰아간 하나의 요인이 한일양국의 국제정세인식의 괴리이다. 특히 이웃나라인 중국에 대한 인식과 이에 수반된 대중국정책에 존재하는 차이가 한일간 상호불신을 고조시키면서 한일관계악화의 구조적 원인이 되었다.

유감스럽지만 현재 많은 일본인들은 중국의 부상을 "군사적 위협"으로 인식하고 있다. 한편 "군사적 위협"에 대한 한국인들의 응답은 1위가 북한, 2위는 일본, 3위가 중국이라는 순위로 되어 있어 중국보다도 일본을 한층 더 큰 위협으로 인식하고 있다는 결과가 나왔다. 동북아 정세에 대한 한일간의 인식 괴리는 심각한 수준이다.

일본은 센카쿠열도를 둘러싼 일중간 대립과 중국의 활발한 해양진출이 동아시아지역의 불안정을 초래하고 있다는 인식을 갖고 있다. 따라서 2010년이후 일본의 안보정책은 일중위기관리메커니즘을 구축함과 동시에 만일의 경우에 대비하여 남서방면의 방위력을 증강하고 경찰력과 방위력행사의 틈사이 (그레이존사태) 대응책을 마련해왔다. 아베정권이 아니였더라도 일본의 안보정책은 큰 틀에서는 현재의 방향으로 나갔었을 것이다. 한편 박근혜정권의 외교정책도 기본적으로는 한국을 둘러싼 국제관계에 의해 규정되었다. 한국에서는 오래전부터 "4대강국"(미국 러시아 중국 일본)이 한반도정세에 결정적 영향력을 미친다는 생각이 지배적이였다. 그러나 지난 몇년동안 한국에서는 "4강"론이 아니라 미중양국의 수중에 한반도의 운명이 걸려 있다고 보는 "G2"론이 일반화되었다. 이러한 미중G2론에 부응하는 꼴로 박근혜정권은 한미동맹과 더불어 한중관계를 중요시하는 외교정책을 전개해 왔다.

한국이 대일관계개선을 도외시하고 중국에 급속도로 접근한 까닭에 일본국내에는 박근혜 정권이 중국과 손잡고 "반일"공투를 펼치고 있다고 보는 주장이 있지만 이러한 단순화는 한국외교에 대한 이해를 저해할 따름이다. 한일 양국정치 지도자와 외교실무자들은 파워밸런스변화로 비롯된 관계의 불안정상태에서 시급히 벗어나 한층 높은 단계의 상호협력을 지향해야 할 것이다. 그러기 위해서는 무엇보다도 상대방의 외교안보정책에 대한 심도있는 상호이해가 필수적이다. 현재 동북아정세 특히 부상하는 중국과 불투명한 북한정세에 상대가 어떻게 대응하려고 하는지를 둘러싼 솔직한 대화가 필요하다. 동북아국제질서의 당사자로서 또한 구축자로서 한일양국은 공통의 미래비전수립작업을 포기해서는 안된다.

한일양국은 모두 미국의 동맹국이고 한미일 3국협력을 추진해왔다는 점은 한일양자의 안전보장에 있어서 큰 자산이다. 향후도 실무차원에서 한미일 및 한일양국간 안보협력을 추진하고 이에 대한 국민의 지지를 도출하기 위한 노력을 아끼지 말아야 할 것이다. 아울러 2011년에 사무국을 설치한 한중일 3국협력 프레임에도 더욱 큰 관심을 기울이고 중국과의 협력분야를 일층 넓혀가기 위해 한일이 공동으로 노력하는 것이 절실히 필요하다. 박근혜-아베 두정권은 역사문제 (과거) 뿐만아니라 동아시아지역의 현재와 미래에 대하여 "공동으로"실현 가능한 사안들을 적극 모색하고 이를 통해 근년래의 폐쇄적상황을 타개해야 할 것이다.

4.북한의 제4차 핵실험이후 동북아정세

북한의 핵실험이후 박근혜정권은 관계각국 중에서 가장 준엄한 대북자세를 취하고 있다고 말할 수 있다. 지금까지의 대북제재와 마찬가지로 이번도 관건은 중국의 동향이고 따라서 박근혜정부의 대중외교도 시련에 직면한 상황이 되어 한국측은 불만이다. 유엔안전보장이사회2270호 결의가 지난 20년 채택된 것 가운데서 가장 엄정한 제재임에도 불구하고 북한은 도발적인 언동을 계속하면서 핵·미사일개발에 박차를 가한다고 연일 어필했다.

2270호 결의의 내용은 북한에 핵포기를 강요하고있으나 그 역점은 체제변혁 촉구가 아니라 북한을 비핵화를 위한 협상의 테이블에 다시 끌어 오는데에 있으며 이는 중국과 러시아의 의향을 반영한 결과일 것이다. 그렇다면 북한이 도발적 행동을 중단하고 협상테이블로 돌아오면 그로 만족해야 할 것인가. 대답은 아마도 "노"일 것이다. 한미일은 비핵화를 위한 북한의 진지한 노력을 우선 지속적으로 요구해왔고 비핵화약속이 전제되지 않은 무조건적 대화재개는 없다는 입장이다. 한편 현재국면에서는 북한을 "강제"만 할 것이 아니라 북한에 "안심감을 공여"하는 것 또한 필요하다는 것이 중국의 입장일 것이다. 중국측에서 보면 결의를 이행함으로서 북한으로 하여금 일단 대화의 테이블에 복귀하게 하는 것이 중요하지 비핵화는 기나긴 협상의 먼끝 지점에 있는 골인 것이다. 끊임없는 제재로 한반도의 긴장을 지나치게 고조시키는 결과도 가급적 회피하지 않으면 안된다.

　　물론 유엔 결의에 대한 각국의 생각과 입장차이는 결코 어제오늘에 비롯된 것이 아니다. 그래서 뿌리가 지극히 깊은 문제인 것이다. 2016년 동북아시아 정세는 일층 어려운 외교 과제를 한일양국은 물론 기타 관계각국에 제기하고 있다.

（일한번역 김단실）

韓·中韓半島平和統一論議- 相互 認識·爭點·戰略의限界[①]

文興鎬[*]

2015년 9월 2일의 베이징 한·중 정상회담은 한반도를 둘러싼 주변국 관계및 한반도 현안과 관련하여 매우 중요한 의미를 갖는다. 중국이 대내외적 차원의 다목적 행사로 기획한 반파시스트및 항일전쟁승전70주년 열병식에 박근혜 대통령이 참석했다는 것도 국제사회의 큰 관심사였다. 이와 함께 더욱 우리의 관심을 끄는 것은 박대통령과 시주석의 비공개 회담에서 한반도 평화통일과 관련된 모종의 진전된 논의가 있었던 것으로 전해지기때문이다.

물론 한·중 정상이 한반도 평화통일과 관련된 문제를 얼마나 심도있게 논의를 했는지, 어느 정도의 수준과 범위까지 합의를 했는지에 대해서는 구체적으로 알려진 바가 없다. 다만 박대통령이 귀국과정의 기내 기자간담회에서 '한·중이 한반도 평화통일과 관련된 다양한 논의를 시작할 것'이라는 점을 언급한 이후 정부관련부처들이 중국과의 평화통일 논의를 주요 과제로 설정하고 다각적인 방안을 검토하고 있는 것으로 보인다. 이러한 점에 주목하여 한·중정상의 한반도통일 논의가 기존의 의례적인 수준에서 별다른 진전이 없었음에도 불구하고 다소 확대해석되었을 가능성, 명시적인 논의는 없었지만 우호적인 회담분위기에서 통일에 대한 중국의 긍정적인 태도를 감지할 수 있었을 가능성, 박대통령이 암시한 바와 같이 모종의 진전된 논의가 있었을 가능성등을 모두 고려하여 향후 한반도통일과 관련된 양국간 논의가 과연 본격화될수 있을 것인지, 그렇다면 이를 위한 조건과 한계가 무엇인 지를 검토하고자 한다.

이를 위해 첫째, 한반도통일에 대한 중국 최고지도부의 인식을 검토하고자 한다. 특히 시진핑주석의 대북인식과 기본전략, 그가 원하는 남북한 관계와 한반도의 미래상을 분석하고자 한다. 그 이유는 한·중간의 통일논의가 가능하기 위해서는 우선 중

---

① 발표자가 토론에서 한 발언개요.

* 文興鎬 : 한국 한양대학교 국제학대학원 원장.

소통과 이해 증진 공동안보 모색

국이 한반도통일을 불가피한 현실로 인식해야 하기때문이다. 둘째, 한중간의 통일논의가 본격화될 경우 가장 먼저 제기될 핵심쟁점들을 분석하고자 한다. 그중에서도 중국이 한반도통일의 철칙으로 고수하고 있는 '평화'와 '자주'의 전략적 의미와 구조적인 제약속에서 어떠한 변화가 가능한 지를 다각적으로 분석하고자 한다. 사실 평화와 자주의 문제에서 중국을 납득시키지 않고서는 중국과의 심도있는 통일논의 자체가 불가능하다. 셋째, 시진핑지도부의 최근 대북한정책 변화움직임을 검토하고자 한다. 중국의 정책조정움직임은 2016년1월 북한의 제4차 핵실험이후 유엔의 대북제재상황에서 지속될 것으로 보이며 이는 결국 한·중의 평화통일논의 가능성에 결정적인 영향을 미치게 될 요인이다.

이러한 문제의식에서 출발하여 한·중양국의 통일논의 가능성을 검토하고자 한다. 다만 현 단계에서 극복하기 어려운 한·중 통일논의의 쟁점과 한계를 지적하는데 분석의 중점이 두어질 것이다. 왜냐하면 한중간의 평화통일 논의자체보다는 그것이 갖는 한계를 분명하게 인식하고 보다 장기적 관점에서 이를 극복할 방안을 강구하는 것이 지금 단계에서 더욱 필요한 작업으로 생각되기때문이다.

1. 韓半島未來像에 대한 相互認識의限界

2012년 집권이후 시주석의 한반도인식은 시기별로 과거, 현재, 미래를 구분하고, 사안별로 전략적 판단과 대응을 달리하는 매우 탄력적이고 복합적인 사고에 기반하고 있는 것으로 보인다. 이를 보다 구체적으로 분석해보면 첫째, '과거형인식'으로서 이는 중국의 혁명전쟁과 한국전쟁과정에서 맺어진 북한과의 이념적, 역사적, 인적유대에 대한 긍정적 평가를 의미한다. 이는 지금도 한반도및 북한에 대한 시진핑의 인식속에 엄연히 잔존하며 중국의 대북정책에도 일정부분 영향을 미치고 있다

둘째, '현재형인식'이며 이는 한국의 경제성장, 정치발전과 확연하게 대비되는 북한의 불안정한 정치적, 경제적 현실과 최고지도부의 부도덕한 리더십에 대한 평가에 기반하고 있다. 중국은 한반도 비핵화를 한반도정책의 최상위에 놓고있다.

셋째, '미래형인식'으로서 이는 시진핑이 바라는 바람직한 한반도의 미래상과 연계되어있다. 즉 시진핑주석의 미래형 인식에서는 비록 남북통일이 아직은 핵심적 사안이 아니더라도 점차 중요한 전략적 고려사항으로 진전될 가능성이 있다. 만약 한·중간의 한반도 평화통일논의가 가능하다고 한다면 이는 시주석의 미래형 인식이 극대화되는 경우일 것이다.

이처럼 시진핑주석은 과거, 현재, 미래형인식을 복합적으로 적용하고 사안의 성

격에 따라 대응을 차별화하는 대북전략을 구사하고 있다. 그럼에도 불구하고 중국은 여전히 한국과의 전략적 협력과 북한과의 전통적 우호협력을 최대한 균형적으로 유지함으로써 한반도 영향력의 총체적 우위를 확보한다는 기존의 대한반도정책기조를 확고하게 유지하고 있다. 이는 중국이 한·중, 북·중 어느 하나를 포기할 수 없는 상황에서 그들만의 고유한 정책수단을 통해 두개의 양자관계를 최대한 조화시키려고 하는 것이다. 중국의 이러한 전략은 현실적으로 다른 국가가 답습하기 힘든 중국만의 고유한 자산이다. 이는 결국 북한체제의 존속필요성과 한반도 미래상에 대한 한국과 중국의 인식차이로 인해 적어도 현단계에서 한반도 평화통일논의가 결코 쉽지 않을 것이라는 점을 의미한다.

2. 平和的, 自主的統一의 爭點과 限界

한반도통일과 관련된 중국의 공식적인 입장은 1992년8월24일 한·중수교공동성명 제5항에 명시된 바와 같이 "중국은 남북한이 상호대화와 협상을 통해 자주적인 평화통일을 실현하는 것을 지지한다"는 것이다. 한반도통일에 대한 한국과 중국의 관심과 논의수준이 시기별, 정권별로 차이는 있었지만 중국은 이에 대한 기본입장과 원칙을 일관되게 유지하고있다. 중국이 시종일관 고수하는 한반도통일의 대전제는 평화적, 자주적 추진이며 이것이 충족되지 않는 한 중국의 지지를 확보하는 것은 불가능하다. 따라서 설사 한·중간의 초보적인 한반도 통일논의가 가능하다고 하더라도 논의의 개시단계부터 평화, 자주문제를 둘러싼 공방이 불가피하다. 더 큰 어려움은 우리의 노력만으로 통일과정의평화, 자주의 문제를 극복하는 것이 현 단계에서는 거의 불가능하다는 것이다.

우선 첫번째 예상쟁점으로 평화적 통일의 문제를 살펴보면 다음과 같다. 사실 통일과정의 평화적 유지는 중국이 아니라 우리에게 더욱 절실한 문제다. 우리가 통일 그 자체가 중요하지 않고 어떠한 통일이냐가 중요하다고 강조하는 것도 평화의 문제를 염두에 둔 것이다. 국가, 민족의 기반을 뿌리채 흔들수 있는 비평화적인 통일과정에서 막대한 인적, 물적 희생과 파괴를 감수해야 하는 통일이 의미를 갖기는 어렵다. 또한 어떠한 명분으로도 이러한 통일을 추진해서는 안된다. 한반도의 평화적 통일을 위한 대전제는 우선 통일에 대한 북한주민과 북한지도부의 기본적인 동의가 있어야 하며 더 나아가 이에 대한 주변 이해당사국들의 지지가 불가결한 요인이다. 그러나 현재 북한의 권력구도와 내부통제상황, 남북한의 교류협력수준, 미국·중국·러시아·일본등 주변국가들의 한반도정책기조를 고려할 때 한반도의 평화적 통일에 대한 대내외

환경은 전혀 긍정적이지 않다.

　　이런 상황에서 중국이 전폭적으로 남한주도의 통일을 지지할 가능성은 거의 없다. 그럼에도 불구하고 우리가 중국의 지지를 확보하기 위한 방도를 강구하고자 한다면 우선 두가지 측면을 적극 고려해야 한다. 하나는 통일의 과정과 목표, 한반도의 미래상을 좀 더 평화적이고, 남북한의 상생을 담보할 수 있으며, 한반도주변의 평화 • 안정을 촉진할수 있는 방향으로 재설정하는 것이다. 다른 하나는 통일 실현의 기간을 점진적, 단계적으로 재설정하고 남북한의 동질성회복, 군사적긴장완화, 한반도평화체제구축을 위한 정책에 최우선 순위를 두는 것이다. 그리고 이러한 두 요인을 긍정적으로 결합시키고 시너지효과를 창출하기 위한 생산적인 방안은 남북한의 다양한 교류와 협력을 확대발전시키는 것이다. 또한 이러한 과정을 가장 효과적으로 추진할수 있는 방법으로 박근혜성부가 심혈을 기울여 구상한 '한반도신뢰프로세스'를 재가동해야 한다. 현 단계에서 한반도 신뢰프로세스만큼 남북한관계, 주변국관계를 무리없이 풀어갈 묘안은 없다. 예측불가능한 북한의 비상식적인 행동이 번번이 선의의 정책추진을 가로막고 있는 것은 사실이지만 어느 시점에서는 선순환구조를 가동시키기 위한 큰 결단이 필요하다. 이는 한반도문제에 직간접으로 관여하는 중국내 주요인사들의 관점이기도 하다. 중국과의 한반도 평화통일논의는 이러한 관점에 대한 상호이해와 조율로부터 시작되어야 한다.

　　두번째의 예상쟁점인 자주적 통일의 문제는 평화의 문제에 비해 더욱 어려움에 직면할 가능성이 높다. 중국이 한반도통일의 지지조건으로 강조하는 자주적 통일은 한반도주변강대국 특히미국, 일본의 개입이 없는 남북한 당사자간의 상호노력에 의한 통일을 의미하며 아울러 평화적인 통일과정을 전제하고 있다. 그리고 자주를 강조하는 이면에는 한국의 안보상황이 전적으로 한 • 미동맹에 의존하고 있다는 점을 의식한 것이다. 실제로 중국의 입장에서 한국에 대규모의 미군이 주둔하고 있을 뿐만아니라 주한미군의 역할이 한반도를 넘어 여타 분쟁지역으로 확장되는 소위 '전략적 유연성'을 강화하는 상황에서 통일과정이 본격화될 경우 남북한당사자간의 자주적인 통일추진이 가능하다고 생각하기는 어렵다. 실제로 최근 중국은 미국이 주한미군기지에 '고고도미사일방어체제'(THAAD) 배치등을 통해 한반도를 대중국 견제의 전초기지로 전환하려고 한다는 강한 의구심을 갖고있다. 더욱이 중국은 한국정부가 현재 전시작전권을 갖고있지 못할 뿐만아니라 한동안 이양시기를 확정하고 적극 추진되던 전시작전권의 이양문제가 사실상 무기연기되었다는 점을 매우 부정적으로 인식하고있다.

　　그렇다면 통일과정의 자주성을 강화하기 위한 방안은 존재하는가? 결코 쉽지 않은 구조적 상황에서 중국과의 전략적 협력강화가 하나의 방안이라고 할수 있지만 현재의 한·미동맹, 북·중관계현실에서 한중 전략적 협력 역시 많은 한계를 갖고 있다. 사실 9월2일의 한중정상회담, 9월3일의 전승절 열병식참여, 10월10일 시주석의 대북 축전및 류윈산 (劉雲山) 정치국상무위원의 방북과 열병식참관, 10월16일 한·미정 상회담의 한·미동맹강화및 대북정책공조합의등 최근의 사태추이를 세밀하게 분석하면 우리가 중국, 미국과의 관계에서 균형 잡힌 유연한 외교적 성과를 이루었다고 평가하기는 어렵다. 더 큰 문제는 그러한 성과가 중국이 강조하는 자주적 통일노력에 근접하는 것이라고 볼수 없다는 점이다.

결국 이러한 상황에서 한반도통일의 '자주성' 강화방안은 역시 남북한의 군사적 긴장완화및 한반도평화체제구축을 통한 한·미동맹의 강도 조절밖에 없다. 칭화대학의 옌쉐퉁 (閻學通) 교수는 1961년의 '중조우호합작호조조약'이 유명무실하며 특히 자동군사개입조항이 사문화되었다는 주장을 하기도 한다. 물론 이는 중국정부의 공식적인 입장도 아니고 관련 학자들의 보편적인 견해도 아니다. 이러한 주장의 이면에는 한·미군사동맹의 강화움직임, 남한의 군사적 의존성을 부각시키기 위한 의도가 내포되어있는 것으로 보인다. 그러나 우리가 중국과의 평화통일논의를 시작하고 일정한 성과를 바란다면 이 모든 동향에 대한 치밀한 검토와 대비가 불가피하다. 이처럼 한중은 자주평화통일문제에서 큰 차이가 존재한다. 중국이 한반도통일 지지조건으로 제시하는 평화적, 자주적 통일의 문제는 적어도 현단계에서는 충족되기 매우 어려운 조건이다.

한·중간의 한반도평화통일논의는 그 필요성에도 불구하고 통일에 대한 상호인식, 주요쟁점에 대한 근본적 대립이 존재한다. 그리고 이러한 한계는 양국의 평화통일논의자체를 불가능하게 하며 설사 초보적인 논의를 시작한다고 하더라도 의미있는 진전을 이루기가 어렵다.

그럼에도 불구하고 우리가 반드시 주목해야 할 것은 한반도정세및 남북한관계에 대한 중국내의 여론변화가 빠르게 확산되고있고 특히 청년세대의 인식변화가 광범하게 일어나고있다는 점이다. 따라서 바람직한 통일한국의 미래상에 대한 중국청년층의 객관적 이해를 높여줄수 있는 다양한 교류협력과 교육기회를 확대해야한다. 특히 한국에 유학하고있는 6만여 중국인유학생들에게 한반도통일이 동아시아평화·공영의 선결과제이자 역내의 모든국가들이 혜택을 볼수 있는 '공공재'라는 점을 적극 이해시켜야 한다. 이들이 한·중관계의 미래주역이기때문이다.

중국은 한반도통일의 대전제로 평화적, 자주적 통일원칙을 설정하고 잇다. 또한 전술한바와 같이 이는 남북관계의생성, 변화과정의 국제적 요인과 복합적으로 결부되어있기때문에 한·중양국의 노력만으로 해결할 수 없는 구조적인 문제다. 따라서 중

소통과 이해 증진 공동안보 모색

국과의 통일논의를 구체화하기 위해서는 평화, 자주의 문제에 대한 우리의 가시적인 노력과 성과가 있어야 한다. 우선 평화의 문제는 남북한의 교류협력확대와 군사적 긴장해소가 그 출발점이다. 남북관계가 상생을 위한 교류협력의 돌파구를 찾지 못하고 군사적 대치를 지속하는 상황에서 중국과 한반도평화통일논의를 거론하는 것은 설득력이 없다. 또한 자주의 문제는 결국 한・미동맹과 직결된 것으로서 평화의 문제와도 연계되어있다. 즉 한반도의 평화가 담보되지 않는 상황에서 한・미동맹이 강화되고 이는 결국 한국의 안보적 자주성을 훼손할 수밖에 없다. 따라서 남북한의 신뢰증진⇨ 군사적 긴장완화⇨한반도평화체제추진⇨한・미동맹의 강도조절⇨한국의 안보적 자주성제고⇨대중, 대미관계의 균형적 유지등 일련의 선순환 구조를 확립하는 것이 바람직하다.

이상의 한계요인을 종합적으로 검토해볼때 중국과의 한반도평화통일논의는 여전히 부정적인 요인이 많으며 현 단계에서 유의미한 결과를 도출하는 것이 거의 불가능하다. 특히 중북관계가 최근 회복세를 보이고 있다.

따라서 우리의 입장에서는 한계요인이 상존하는 상황에서 중국과의 한반도평화통일논의자체에 급급하기 보다는 우선 장기적관점에서 논의를 가능하게 하는 대내외 환경조성에 정책의초점을 맞추는 것이 바람직하다. 그중에서도 최우선적인 사항은 남북한의 교류협력확대와 군사적 긴장완화를 통한 한반도평화체제를 가시화하는 것이다. 이것이 충족되지 않고서는 중국이 한반도통일의 전제로 설정하고있는 평화와 자주의 문제를 결코 해결할수 없다. 물론 한반도통일이 중국의 지지혹은 반대만으로 좌우될 사안은 분명히 아니고 그들의 일거일동에 일희일비해서도 안되지만 중국요인이 핵심적인 사항임은 부정하기 어렵다.

결국 한반도통일문제를 긴 안목으로 보다 객관화할 필요가 있다. 통일을 진정 염원하는 것과 '자기희망적'으로 통일을 사고하는 것은 전혀 다른 차원의 문제다. 한반도통일의 장기적인 비전과 통일한국의바람직한 미래상에 입각해서 점진적, 단계적으로 통일문제를 풀어가는 것이 북한과 주변국들의 지지를 확보하는 지름길이다. 해묵은 불신과 대립을 해소하기 위한 한반도신뢰프로세스의 대내외적 확산, 정치적 구호가 아닌 냉철하고 차분한 통일준비가 필요하다. 한반도신뢰프로세스의 '일대일로' (一帶一路), 통일준비의 '도광양회' (韜光養晦) 가 절실히 요구되는 시점이다.

'동북아 경제 회랑' 구축은 피할 수 없는 추세

石源华[*]

2016년 4월29일 필자는 중국 공공외교협회와 한중일 협력사무국이 댜오위타이 (釣魚臺) 국빈관에서 가진 '제1회 한중일 공공외교포럼 및 2016년 한중일 협력 국제 포럼'에 참석한 행운을 가졌다. 중국 외교부 장예수이 (張業遂) 부부장이 축사를 하고, 삼국의 전 정부요인, 외교관, 저명한 학자, 사회 유명인사들이 한자리에 모여 한중일 삼국 협력의 중요성과 발전 상황에 대해 심도 있는 논의를 했다. 포럼을 통해 한중일 삼국 협력에 진한 봄기운이 흐르고 있음을 느꼈다. 필자는 '동북아 경제 회랑' 구축은 피할 수 없는 시대의 조류라는 것을 깊이 느꼈다.

'일대일로 (一帶一路 , One belt, One road) '의 구상과 추진 과정에서 동북아 지역 협력은 마땅히 받아야 할 중시를 받지 못했고, 유기적인 결합을 이루지 못했다. 2015년 3월28일 국가발전개발위원회, 외교부, 국무부가 공동 발표한 〈실크로드경제 벨트와 21세기 해상 실크로드 공동 건설 추진을 위한 비전과 행동〉에서 '일대일로'에서는 동북아를 언급하지 않았다. 중국이 현재 계획 추진하고 있는 중국 주변 '6대 경제회랑'에도 역시 '동북아 경제 회랑'을 포함되어 있지 않다. 동북아가 '일대일로'에서 제안한 중국 주변 협력권에서 빠져있고, 단절되었다는 것은 해결해야 할 중요한 문제이다.

동북아 지역은 '일대일로 경제벨트'와 '21세기 해상 실크로드'의 연결부분으로 아시아의 지정학적인 안보뿐 아니라 중국의 주변 경제 협력에 있어서도 상당히 중요한 지역으로 '일대일로' 구축을 위해 꼭 거쳐가야 하는 중요한 지역이다. 필자는 기고를 통해 한반도를 기점으로 각종 루트를 이용하는 유라시아 대륙교에 참여해 '실크로드 경제벨트' 구축을 추진하고, 중국의 해상 실크로드와의 연결을 추진하는 '중국과 남북한 경제 회랑' 건설을 주장한 바 있다. (〈세계지식〉 2015년 제5기) 그 후, 러시아를 포함한 '중국과 남북한, 러시아 경제 회랑'의 구축을 주장했다. 하지만, 북핵 문제와 한반도 안보 상황 불안 등 여러 원인으로 인해 이를 실현하는 데 많은 어려움이 있

---

[*] 石源华 : 중국 푸단대학 국제관계와 공공사무학원 교수.

다. 그렇지만 필자는 최근 한중일 협력 발전의 활기에 힘입어 한중일을 중심으로 러시아, 몽고, 북한을 포함한 '동북아 경제 회랑'을 구축할 수 있다고 생각한다.

　　동북아지역협력은 중국의 주변 지역 협력에서 최초로 추진되었다. 20여 년 전 유엔의 주도로 추진된 투먼장 (圖們江) 개발계획에 중국, 일본, 한국, 북한, 몽고, 러시아 6개국이 모두 참여했고, 비록 성공하지는 못했지만 많은 경험과 교훈을 얻었다. 1999년부터 추진된 한중일 협력은 그 동안 정치적 이유로 중단된 적은 있지만 1997년 아시아 금융위기, 2008년 글로벌 경제위기를 거치면서도 3국은 동아시아 기타 국가들과 한마음 한 뜻으로 어려움을 극복하며 많은 성공적인 경험을 얻었다. 지리적으로 인접해 있는 3국은 서로의 장점을 보완해가며 밀접한 인문적 교류와 경제 협력을 강화해왔다. 2015년, 3국간 총 무역액은 6257억 달러에 달했고, 연인원 2400만 명이 왕래를 했다. 즉, 현재 3국 협력의 수준은 중국이 주변 지역과의 여러 협력 메커니즘 중에 최고라고 할 수 있다. 정상 회담을 중심으로 20개 장관급 회의 및 60여 개의 실무층 협의를 바탕으로 이미 구축된 협력은 중국의 주변 6개 경제화랑 발전 프로세스보다 더 성숙되어 있고, 최상의 선도적인 위치를 선점하고 있어 동북아 경제 회랑 건설에 탄탄한 기반을 이미 가지고 있다.

　　역사는 한중일을 중심으로 하는 동북아 경제 회랑을 구축을 선택하고 있다. 한중일 3국은 아시아의 주요국이자 세계에서 중요한 경제체제이다. 3국의 인구는 아시아 전체 인구의 1/3, 전세계의 1/5를 차지하고 있다. 3국의 경제력은 아시아의 70%, 세계의 22%를 차지하고 있고, 3국의 아시아 지역 경제와 세계 경제에 대한 공헌률을 각각70%와 36%로 세계 경제와 국제 무역 협력의 안정적 성장 거점이 되고 있다. 2015년 11월, 3년간 중단되었던 한중일 3국 정상회담이 서울에서 재개되어 동북아 지역 협력에 새로운 활력을 불러 넣었다. 그 후, 교육부 장관, 환경부 장관, FTA협상, 삼국 기자 연합 취재, 삼국 청년 관리 교류 등 관련 행사들이 개최되면서 삼국 협력에 온난 기류가 생겼다. 동북아 지역에서 '일대일로'가 추진하는 제7의 주변 '경제 회랑'을 구축하면 상당한 영향력을 줄 수 있는 '경제 회랑'이 될 것이다.

　　동북아 경제 회랑 구축이 직면한 어려움은 첫째, 동북아 지역 협력의 '안보 골칫거리'가 된 북핵 문제로 인한 한반도 정세 불안이다. 둘째는 일본 국내에서 우경화가 나타나고, 아베 정부가 기꺼이 미국의 '아시아태평양 재균형' 전략의 도우미를 자처하고, 역사 문제를 역행하고, 영토 분쟁의 도발로 인해 중일, 한일 관계의 긴장을 야기한다는 것이다. 동북아 경제 회랑 건설을 위해 이러한 양대 문제를 전략적으로 해결할 필요가 있다. 한중일의 진일보한 협력 실현을 기반으로 경제 회랑을 러시아 동부지역, 북한, 몽고를 포함한 전체 동북아시아로 확대해 6개국 간에 '5통 즉, 정책소통 (政

策溝通）, 인프라연통（施設聯通）, 무역창통（貿易暢通）, 자금융통（資金融通）, 민심상통（民心相通）'을 실현하고, 동북아 경제 공동체 건설을 위해 더욱 노력하는 것을 목표로 삼아야 한다.

　　동북아 경제 회랑 구축은 중국과 주변국가와의 국제 경제 협력권을 원활하게 이어주어 중국의 주변 국제경제협력과 '일대일로' 발전 전략의 완벽한 전략적 고리를 이루게 될 것이다. 동북아 경제 회랑은 중국의 전략적 기회 연장과 제13차 5개년 계획을 실시하는 데 도움이 되고, 한중 및 중러의 전 방위적인 협력 강화에 유리하며, 일본의 '일대일로' 구축 참여를 촉진하고, 북한의 국제 사회 융합 추진과 몽고의 동북아 협력 참여에 도움이 될 것이다. 동북아 경제 회랑은 중국, 동북아 더 나아가서 전 세계에 행복한 삶을 마련해 줄 수 있다.

（金善女 번역）

현재 동북아안보에 존재하는 도전 및 출로

刘卿[*]

1. 현재 동북아안보에존재하는 주요 도전

첫째, 동북아 각국의 신뢰적자가 더욱 커시고 있다. 상호 신뢰건선은 동북아안보에 있어 결여한 부분이다. 최근에 동북아 각국의 상호 신뢰관계는 또 다시 준엄한 도전에 직면하였다. 북한의 핵실험과 함께 유엔의 대북제재는 남북 대결을 한층 더 심화시켰고 중북, 중한의 신뢰에 영향을 주었다. 미국이 동북아와 동남아에서 중국에 압력을 가하면서 중미 상호 전략적 불신임도 한층 깊어졌다. 일본의 평화헌법개정과 남해문제 개입 등 행위로 인해 중국과 한국은 그 전략적인 동기에 우려와 경각성을 높이고 있다. 최근에 일본 국내에는 중국과의 관계를 개선하려는 조짐이 보이고 있으며 일본 외무 대신 기시다 후미오도 중국을 방문했다. 그러나 중일관계의 개선여부는 계속 지켜봐야 할 것이다.

둘째, 동북아 다자 안보협력이 뒤걸음질 치고 있다. 6자회담은 8년간이나 장기 공전상태에 처해있으며 이 회담에 대한 각국의 태도도 일치하지 않다. 2016년초에 유엔 안보리는 2270호 결의를 통과하여 대북제재와 평화담판 추진 두 방면의 내용을 언급했다. 그러나 관련 측은 다만 대북 제재만 강조할뿐 평화담판의 가동에는 별 관심이 없다. 그러나 만약 북한에 정치적인 출구를 주지 않는다면 북한은 막다른 처지에 몰리게 되여 필연적으로 모험적인 행동을 하게 될것이다. 6자회담이 장기공전상태에 있고 동북아에 6자회담을 대체할 기타 다자 회담이 나타나지 못하고 있어 북핵문제와 지정학적경쟁은 지역 국가 안보협력의 장벽이 되고 있다.

셋째, 미국의 "역외 균형자"역할이 지역진동에 대한 영향력이 증강되고 있다. 현재, 미국은 정부의 부채가 19만억 달러에 달해 국방 예산을 계속 감소해야 하는 압력에 직면해 있다. 이런 배경하에 미국 국내에서는 "고립주의"가 대두하고 대외 전략적 비용을 절감할것을 요구하고 있다. 그들은 아세아지역에서는 아세아국가에서 더욱 많

---

[*] 刘卿 : 중국국제문제연구원 아시아태평양연구소 소장.

은 전략적 비용을 지출하기를 바라고 특히 동맹국에서 더욱 많은 방어비용을 지출하기를 희망한다. 이와 동시에 그들은 지역 국가간의 모순을 빌어 "역외 균형자"의 역할을 발휘하여 균형을 잡으려 한다. 그들은 동북아에서는 일본과 한국이 더욱 많이 북핵문제에 대처하고 중국을 견제할것을 바란다. 미국의 전략적 의도가 변화되면서 동북아에 대한 간섭방식에도 변화가 발생했다. 미국은 조직자와 관리자의 역할을 더욱 많이 발휘하고 일미, 한미 동맹을 더욱 공고히 하려 한다. 그리고 일, 한이 중국과 대결하여 중일한 3국이 상호 전략적인 소모를 진행하기를 희망한다. 이런 전략적인 조정은 계속 강화되어 동북아안전구도를 개변함으로써 이 지역이 "냉전시기"의 안전구도에서 벗어나기 어렵게 하고 있다.

2. 동북아안보환경개선에도 호전의 요소가 존재한다

첫째, 3국은 각국에 모두 이익을 줄수 있는 경제의제에 대한 협력념원이 강화되고 있다. 이는 안전분야의 협력에 스필오버 효과를 나타낼것이다. 이를테면 중한 자유무역구를 정식 가동하고 중일한 자유무역구 담판을 가속화하는것이다. 이런 협력은 모두 지역국가에 더욱 많은 이익을 창조할수 있으며 안전협력의 합법성과 동력에 모두 큰 힘을 부여할수 있으며 상호 신뢰를 쌓아가고 협력습관을 양성하고 원활한 소통을 유지하는데 큰 도움을 줄것이며 난제를 해결하는데도 도움이 될것이 분명하다.

둘째, 민간요소가 날로 활발해져 3국간 협력의 기초가 튼실해지고 있다. 2015년 3국은 2400만명의 인원교류가 있었으며 지난 3년간, 중한 인문교류공동위원회는 3차례의 전원회의를 소집하고 약 70차의 인문교류활동을 전개했다. 2016년에는 또 69개의 새로운 교류협력항목을 증가했으며 일련의 중한 친선교류인터넷플랫폼 건설이 진행중이거나 준비중여서 필연코 중한 양국 네티즌들의 교류에 중요한 역할을 하게 될것이다. 그리고 중일한 인문교류도 많아지고 있다. 2015년 일본에는 중국 관광객이 500만명이나 되어 동기 대비 2배로 증가되었으며 각국의 관광객중에서도 1위를 차지하고 있다. 일본 방문객이 많아지면서 일본에 대한 대중들의 인상도 변화되고 있다.

셋째는 현재 관련국은 정책조정의 준비단계에 있으며 안전협력에 호전의 요소가 존재한다. 북한 제7차 로동당 전국 대표대회 이후 반도정세는 한동안 완화될 가능성이 있다. 왜냐하면 제7차 대표대회에서는 현재 남북관계의 긴장상태는 "대화와 협상을 통하여 해결할수 있다"고 했다. 최근에 북한은 남북군사당국 회담을 제안하여 한국의 반응을 시탐했다. 미북관계도 호전될 가능성이 있다. 최근 북한 외무상 이 수용이 유엔 방문기간에 미국에서 군사훈련을 중지하면 북한은 핵실험을 중단할것 이라고 밝혔다. 오바마는 북한에서 반도 무핵화에 대하여 성의있는 표현을 한다면 미국도 성의있게 대화준비를 할것이라고 말했다. 이 외에 북한은 미국의 "정권교체" 에 대해 선거결과가 어떠하든간에 대미정책에 대하여 다시 출발할 가능성을 보여주 었다. 2015년말, 미북은 비밀담판을 가진 적이 있으며 새로운 정부와 조정을 거친 후 쌍방은 다시 접촉할 가능성이 존재한다. 2016년 하반년, 중일한은 일본에서 진행 되는 중일한 정상회의와 중국에서 진행되는 G20회의 등 관계를 개선할 기회가 존재 하고 있다.

3. 동북아안보협력추진에 대한 몇가지 사고

첫째,신뢰관계건설을 계속 추진하여야 한다. 중미는 지역의 평화와 안정이 가져 다주는 공동이익이 의견상이보다 크다는것을 잘 알고 객관적으로 서로의 발전을 인 정하고 경쟁보다는 협력을 강화하여야 한다. 쌍방은 북핵문제해결을 향후 일정한 기 간동안의 첫번째 외교문제중의 하나로 해야 하며 북핵문제를 지정학적우세를 추진 하는 도구로 이용하지 말아야 한다. 중일한 3국은 동북아의 "관건적인 3국"으로서 3국간의 신뢰가 무너지면 3각 안정국면도 형성되기 어렵게 된다. 동북아의 공동 안 보를 실현하고 "아세아패러독스"에서 빠져나오려면 영합게임 사고방식을 버리고 냉 전사유에 빠져들지 않도록 경각성을 높이고 안전선택의 다양성을 확보하여야 한다. 3국은 솔직한 대화를 통해 신뢰를 증가하고 의심을 감소하고 대화로 안전협력을 도 모해야 한다. 또한 민감한 문제를 적절히 처리하여야 하고 특히 역사문제를 잘 처리 하여야 한다. 이와 동시에 민의기초를 튼튼히 다지고 책임을 지는 태도로 여론을 정 확히 인도하고 방해를 차단하고 협력에 조건을 창조해야 한다.

둘째는 다자 대화기제를 구축하고 "진동감소장치"를 조속히 설치하여야 한 다. 먼저 기제를 통해 북핵문제를 완화해야 한다. 북한에 대한 제재를 시행하는 동 시에 대화창구를 남겨놓아야 한다. 반도비핵화에 대한 적극적인 모색과 반도 평화 기제전환을 함께 추진하는 사고방식이다. 대화와 소통을 통해 북한의 안전수요를 이해하고 북한에 안전감을 부여해야 한다. 이와 동시에 기타 안전대화기제의 가능 성을 모색해야 한다. 기제화안배를 통해 각국의 관심과 실제적인 난제를 이해하고 함께 해결점을 찾아야 한다.

셋째는 다양한 경로를 통해 동북아의 협력습관을 양성하여 협력문화를 형성하여야 한다. 각 측의 공동한 이익을 증가할수 있는 의제에 초점을 모아야 한다. 특히 경제와 관련한 비전통적인 안전분야에서 협력을 진행하여야 한다. 인터넷 범죄, 금융사기, 에너지 안전, 핵 안전 등 분야의 협력을 서둘러 추진하고 동북아 공동 이익의 기초를 확대하여 전통적인 안전분야에서 스필오버효과를 나타내도록 하여야 한다. 협력과정에 북한에 문을 활짝 열어놓아 점진적으로 북한을 지역 비민감분야의 협력에 편입시켜야 한다.

(金善女 번역)

위안부협의와 한일 안보협력

张薇薇*

2015년 12월 28일, 위안부문제가 한일간에 타결되였다. 그후 얼마지나지 않아 박근혜대통령은 일본 아베수상과 통화를 하였고 아베는 "위안부"피해자에게 사과와 반성을 하였다. 2016년 7월 밑에 한국 정부에서 조직한 지원기금인 "화해치유재단"이 정식 설립되였다. 일본은 주한 일본대사관 앞에 놓인 위안부 소녀상 철거를 전제로 하지 않고 재단에 일화 10억엔을 빠른 시일내에 지원하기로 하였다. 한국정부는 관련 조치가 실시된후 "위안부"문제가 최종적 및 불가역적으로 해결되였는가를 확인해야 할것이다.

박근혜대통령은 취임 초기에 위안부문제를 한일간의 가장 중요한 문제중의 하나로 삼았었다. 한일간의 관계도 이로 인해 수년간 악화상태에 처해있었다. 지난해 년말, 관련 문제의 해결에 명확한 변화가 발생하지 않은 상황하에서 양국 정부는 갑자기 소위의 "공동 인식"을 선포했는바 이는 정치적인 요소가 다분한 협의임에 틀림없다. 그 후의 집행에서도 배후의 정치적인 고려가 분명히 드러나고 있다.

1. 분쟁이 많은 위안부 협의

위안부협의는 타결되여서부터 벌써 거의 반년 남짓이 집행되고 있고 그 추진속도도 빠르지만 한국과 일본 국내에는 이에 대한 의문과 비평이 끊이지 않고 있다. 한국 위안부 지지단체는 이 협의가 정부의 행위일뿐 피해자의 의견이 전혀 들어가지 않았다고 강렬하게 비판하였다. 2016년 7월 28일 "화해치유재단"이 설립된지 얼마 지나지 않아 재단 이사장 김태현이 어떤 한국 남자에게 스프레이 분무를 당하는 사건이 발생하였다. 일본 국내에도 협의가 정말로 "최종"해결조치인지에 의심을 품고 여론이 분분한가 하면 한국 재단에 10억엔을 지원하는것은 "배상금"의 의미가 있어 일본의 명예에 영향을 준다는 등등 여론도 많았다.

---

* 张薇薇 : 중국국제문제연구원 아시아태평양연구소 조리연구원.

사실상, 위안부협의는 본질적으로 "한개 협의, 각자 해석"이다. 일본은 위안부문제에서 "최종적 및 불가역적 조치"라는 것을 강조하여 한국이 더는 위안부문제를 정치에 리용하지 않을 것을 요구하였다. 그러나 한국은 일본 수상의 통화내용, 일본 외무상의 태도표시 및 위안부기금에 대한 자금투입 등 행위를 강조하여 일본이 위안부문제에 책임을 지고 있다는것을 두드러지게 하고 있다. 이는 한국 정부와 민간에서의 위안부문제에 대한 핵심적인 요구이기도 하다.

그러나 쌍방은 분기가 분명하다. 협의를 선포한후 일본 수상 아베와 외무상 기시다 후미오는 위안부문제는 1965년 《한일청구권협정》에 기초하여 최종적으로 완전히 해결하였다고 하였다. 2016년 1월 18일 아베는 참의원예산위원회에서 2차 대전 기간에 일본정부와 군대가 위안부를 강제로 징용하였다는 직접적인 증거가 없으며 일본 군대는 위안소 설립이나 위안부 관리, 운송 등 업무에만 직접적으로나 간접적으로 개입했을 뿐이라고 말했다. 이는 일본 정부가 여전히 위안부를 강제로 징용한데 대한 법적 책임을 인정하지 않는다는 것을 말한다. 일본의 이러한 태도는 한국 민간의 인정과 양해를 얻지 못할것이 분명하다. 따라서 주한 일본대사관 앞의 위안부 소녀상도 철거할 가능성이 거의 없다. 이런 상황을 잘 아는 일본정부는 한국과의 안보협력을 서두르기 위하여 소녀상 철거를 재단에 10억엔을 투입하는 전제로 하지 않기로 결정하였다.

2. 곧 실시하게 될 안보협력

한일 양국 정부가 위안부협의를 서두르는 주요 목적은 안보분야의 협력에 정치적인 분위기를 마련하기 위한 것이다. 아베는 2016년 1월 18일 참의원예산위원회에서 "위안부협의"는 "일본 안보에 대해 중대한 의의를 가진다"고 강조하였다. 미국 국무장관 케리는 "협의"가 "미국의 가장 중요한 2개 동맹국간의 관계를 개선"하는데 도움이 되고 "미일한 3자 협력을 강화"할것이라고 지적하였다. 이것이 바로 위안부협의 배후의 가장 큰 추진력이다.

2009년으로부터 지금까지, 미국은 지속적으로 "아태재균형"전략을 추진하고 있다. 미국은 본 국의 군사자원을 아태지역에 더욱 많이 배치하였는가 하면 동맹국간의 협력을 부단히 강화하여 그물형 안전연맹을 형성함으로써 더욱 많은 안전 임무를 감당하고 있다. 일본과 한국은 동북아지역에서의 미국의 중요한 동맹국이고 미국은 상호간의 협력을 희망한다. 북한의 핵과 미사일 개발계획 및 중국의 해양활동 강화가 자국의 안전에 위협을 주고 있다고 생각하는 일본은 일미동맹을 중요히 여기고 있으며 한국과의 안보협력도 강화하려 하고 있다. 이로 인해 일본은 위안부문제에서 일정한 타협을 하였다. 그러나 한국은 국가안보정책에서 주로 북한에 초점을 맞추고 있을뿐 부상하고 있는 중국에 대비하거나 억제하려 하지 않을 뿐만 아니라 대북정책에 있어 중국의 도움을 받아야 한다고 인정하고 있다. 그리고 일본의 침략을 받은 비참한 역사와 일본 정치에서 점점 더 강렬해지는 우경화에 대하여 한국 민간에서는 일본과의 안보협력에 많은 반감을 가지고 있다.

　　최근 년간, 북한의 핵과 미사일 기술의 신속한 발전은 한국의 안보에 변화를 일으켰다. 2016년 1월 북한은 제4차 핵실험에 성공하고 4월에는 잠수함 발사 탄도 미사일실험을 성공적으로 진행하였으며 6월에는 무수단 미사일 발사에 성공함으로써 중거리 탄도 미사일 기술에서 획기적인 진전을 가져왔다. 이에 대해 한국은 북한의 핵과 미사일 기술이 이미 실제적인 위협으로 되고 있으며 대응조치가 절박하다고 느끼고 있다. 7월 8일, 한미 양국은 한국에 "사드"시스템을 배치할것을 정식 선포하였어. 한국의 이 결정은 미국의 세계미사일방어시스템의 포괄범위가 한층 더 확대되어 동북아 지역과 중국의 전략적 환경에 중대한 영향을 미치게 됨으로써 중국의 강렬한 반대를 불러일으켰다.

　　한국의"사드"시스템 배치결정은 한국이 신속히 미국에 기울어져 안전보호를 구하는 상황에서 한일은 《군사정보보호협정》（GSOMIA）과《물품역상호제공협정 物资劳务相互提供协定》（ACSA）의 체결을 서둘러 추진할 가능성이 있다는것을 말한다. 이는 군사동맹성격을 띤 협정이다. 관련 담판은 이미 2012년 봄에 거의 끝낸 상황이지만 당시 한국의 야당과 시민단체의 강렬한 반대로 인해 한국은 잠시 체결계획을 취소하기로 하였으며 지금까지 보류상태에 있었다. 미국은 이에 초조해하며 협력을 추진하여 2014년 12월 29일에 《미일한 북한의 핵과 미사일 위협 관련 정보교류협정》비망록을 체결함으로써 한국 국방부와 일본 방위성이 미국 국방부를 통해 북한의 군사정보를 공유하기로 규정하였다. 이 비망록의 실질은 일한관계가 완화되지 않은 상황하에서 미국을 통해 군사정보 교류를 실현하는 것이다. 한국 국방부 대표는 만약 한국 남부 성주에 배치하기로 결정한 미국의 고고도미사일방어체계인 "사드" （THAAD）의X밴드 레이더가 북한이 발사한 미사일을 발견하였을 경우 한국은 일본과 정보를 공유할 가능성이 있다고 2016년 8월 4일에 말했다. 국내 여론에 대한 우려로 인해 한국정부는 줄곧 일본과의 군사정보공유를 부인하거나 피해가는 상황이였지만 사실상 관련 의제는 이미 의사일정에 오른 상황이며 신속히 현실로 될 가능성이 크다. 한일은 "위안부"문제를 대표로 하는 장애를 에돌아 미국이 주도하는 안보협력을 강화할 가능성이 크다.

3. 한일 안보협력 강화의 영향

미국을 핵심으로 한일이 안보분야의 협력은 강화하는 것은 지역의 긴장정세를 심화할것이 분명하다. 미국이 주도하는 군사동맹체계의 동북아에서의 확장은 겉으로 볼 때 북핵문제가 그 이유와 중점인듯 하지만 더욱 중요한 목표는 바로 중국을 견제하기 위한것이다. 일정한 기간동안, 미국과 일본은 중국이 남해에서 섬을 건설하고 검사와 시험 비행 등 주권범위내의 활동을 진행하는데 대해 질책과 압력을 가했다. 미국은 여러 차례 미사일 구축함을 파견하여 남해에서 "항행자유"행동을 집행하였다. 일본은 이에 대해 전폭적으로 지지할것을 표시하였으며 심지어 참가할 의욕도 보여주었다. 그러나 한국은 줄곧 남해에서의 중국의 행동에 대해 부정적인 평가를 하지 않았지만 한미일 안보협력을 강화하는 배경하에 미국과 일본이 한국에 태도 표시를 하도록 압력을 가할것이 분명하다.

이는 중국이 평화롭고 조화로운 주변 사회환경을 구축하고 지역 협력을 추진하는 것을 방해할 것이며 중일한 3국 협력에도 부정적인 영향을 끼칠것이다. 중국은 냉정하게 정세를 분석하고 모순을 적극 해소하고 더욱 유력한 정책으로 중일한 협력 및 "일대일로（一帶一路）"등 주변협력계획을 추진하여야 한다.

중국국제문제연구원 아태연구소 조리 연구원.

（金善女 번역）

중•일•한 안보 협력이 직면한 기회와 도전

笪志剛*

최근 동북아 지역의 지정학적 안보 상황을 보면, 한반도 문제가 다시 떠오르면서 이 지역 안보 위험이 갑자기 확대되었다. 한반도에 대한 한•미•일의 강경한 태도, 한국의 사드 배치 결정으로 인한 사태 악화, 점점 가시화되는 남중국해 문제 모두 동북아 및 아태지역의 안보 협력과 힘겨루기에 많은 불확실성을 더하고 있다. 아울러 수평적인 차원에서 볼 때, 중•일•한 FTA협상 프로세스 가속화와 여전히 존재하고 있는 6자 회담의 재개 가능성, 역내포괄적경제동반자협정 (RCEP), '일대일로 (一帶一路)' 등 범지역, 지역 협력 체제 준비를 심화하였으며 안보협력을 다시금 의사일정에 상정하였는데 지역 안정과 협력, 번영과 발전에 있어서 안보협력은 빠질 수 없는 것이다. 그 가운데 중•일•한 안보협력은 심각한 도전에 직면하였지만 단비가 조용히 만물을 적시는 것과 같은 얻기 힘든 기회도 맞이하고 있다.

복잡한 역사적인 갈등과 현실의 갈등의 제약으로 인해 한•중•일3자간, 중•일 혹은 한•일 간 안보 협력은 늘 낮은 수준을 보여왔고, 거의 제로에 가까운 공동 안보 협력 체제는 최근 끊임없이 성장하는 경제무역 및 인문적 교류와 큰 차이를 보이고 있다. 현재, 동북아의 지정학적 상황이 지속적으로 악화되고, 지역 내 전통적 안보와 비전통적 안보 위험이 교차되며, 냉전 후유증이 여전히 지역 평화와 발전을 제약하는 민감한 시기에 중•일•한간의 안보협력은 자연재해, 원자력 에너지 위험, 핵 위기, 테러리즘 등을 함께 대처해야 하기에 얼음을 깨고 앞으로 나가는 전환점을 맞이할수도 있다.

본문에서는 중•일•한안보 협력의 새로운 상황을 매개로 하고, 위험과 도전 제거를 골자로, 기회를 통한 상호 이해 심화와 안보 협력 추진을 취지로 중•일•한사이에 지역 유대감과 단일화 인식을 기반으로 하는 안보 협력 추진의 효과적인 방법을 모색하고자 한다.

---

* 笪志剛 : 중국 흑룡강성 사회과학원 동북아연구소 소장, 연구원.

1.새로운 상황에 직면한 한•중•일 안보 협력

1) 중•일•한경제무역 협력과 안보 협력에는 확실히 괴리가 존재한다.

최근 중•일과 중•한관계 발전을 보면, 중•일•한의 경제통상 협력은 전체적으로 안정적이고 규모적으로도 비교적 높은 수준을 유지하고 있는 것과 비교했을 때 안보 협력은 지정학적 환경의 영향을 받아 중•일 양자 혹은 중•일•한3자 관계 혹은 지역 불안정 요소의 영향을 받아 안보 협상과 협력을 둘러싼 신뢰도가 떨어지고, 전략적으로 상호 의심이 확대되고, 국민 감정이 악화되는 등 경제통상 협력과 안보 협력 사이에는 확실히 괴리가 존재하고 있다. 이 역시 중•일, 중•한 혹은 중•일•한안보 협력이 진전을 거두지 못하게 만들고, 양자 혹은 3자가 애매한 상황에 직면하게 하고 있다.

2) 동북아 지정학적 정세 악화가 안보 협력 필요 촉진

중•일•한 안보 협력이 효과적인 제도 메커니즘을 구축하지 못하는 데는 동북아의 지정학적 안보 환경 악화와 밀접한 관계가 있다. 북한이 2016년초 미사일을 발사하고, 핵 실험을 위한 위성 발사에서 동해, 남해를 둘러싼 중•일 간 분쟁 확대, 일본의 미야코 섬에 사정거리300km인 대공 미사일 시스템 배치 결정, 거기에 한국의 사드 배치 결정으로 야기된 중한 관계의 새로운 변화까지, 동북아 지역을 둘러싼 지정학적 안보 상황에 큰 변화가 생김으로써 중•일•한 안보 협력의 협력공간이 축소되었다. 한반도 사태로 인한 동북아의 지정학적 상황이 악화되어 중•일•한의 안보 협력 추진의 필요가 대두되었지만, 중•일과 한•중간 국가 안보와 지정학적 안보를 둘러싼 이견과 틈은 더욱 벌어져 중•일•한안보 협력은 양자 혹은 3자 관계의 조정과 교섭이 필요하고 도전을 맞이하게 되었다. 단기적으로 안보 협력의 필요성이 외부 혹은 양자 관계의 영향으로 줄어드는 추세를 보이고 있다.

3) 효과적인 중•일•한안보 협력 체제 구축 시급.

중•일, 중한, 중•일•한3자간 혹은 동북아 전체에서도 국가 이익, 지정학적 전략과 안보 힘겨루기가 끊임없이 일어났다 사라지고 있다. 이러한 게임들은 냉전 후유증 혹은 새로운 안보 동맹의 방향으로 발전할 가능성을 가지고 있다. 확실한 것은 세계 단일화, 지역 안보관의 새로운 변화 등 중장기적인 시각으로 보거나, 지역 안보의 전략적 균형 유지라는 기본에 입각해 중•일•한은 협의의 국가 안보 이익 관념의 멍에를 벗어 던지고, 아시아 안보관에 입각한 효과적인 안보 협력 체제 구축을 위해 노력해야 하는 중대한 선택을 해야 한다는 것이다. 다시 말해 중•일•한은 경제무역 협력인 자유무역협정 협상에 박차를 가하면서 안보 협력에서 효과적인 체

소통과 이해 증진 공동안보 모색

제와 방식을 모색해 저항을 극복하고 경제와 안보 협력이 지역 내에서 나란히 나아가도록 해야 한다.

2.새로운 기회를 맞은 한·중·일 안보 협력

1) 한반도 상황이 협력 대응 공감대 확대

중·일·한 및 국제사회 모두가 유엔 2270호 결의에 호응해 유례없이 단호한 대북 제제를 실시하는 것을 볼 때, 한반도 정세의 중대한 변화가 중·일·한3국의 안보 협력 강화를 위한 전례 없는 계기를 마련해 주었고, 중·일·한 안보 협력 수준을 높여 최종적으로 한반도 비핵화를 포함한 문제 해결을 위한 상상을 가능하도록 했다. 지금 문제는 중·일·한이 안보 협력을 둘러싸고 다른 전략적 방향을 가지고 있다는 것이다. 아시아 안보관과 새로운 협력관을 주장하며 아시아의 일은 아시아 스스로가 해결해야 한다는 중국의 생각과는 다르게 한·일은 안보 협력에서는 역외 국가를 깊게 신임하고, 경제 협력은 역내 국가를 신임하는 이원화 전략을 취함으로써 한반도 위기로 이룬 3국의 공감대를 떨어뜨렸고, 역외 요소의 영향과 제약을 시도 때도 없이 받고 있다.

2) 중·일·한 안보 협력 우위와 잠재력 여전해

미국 등 역외 국가들이 중·일·한 경제 통상 협력을 원격 조정하고, 안보 협력은 나누어서 실시하고, 다른 지정학적인 전략을 통해 견제하고 있지만 중·일·한경제 통상 상호 의존도가 끊임없이 확대되기 때문에 최종적으로 경제 통상 분야에서 EU의 60%, 북미의 50% 의존도를 넘어서는 것은 시간문제다. 상술한 경제통상 의존도가 끊임없이 높아짐에 따라 3국간의 안보 상호 신뢰가 쌓이고, 민심에도 미묘한 변화가 일 것이며, 안보 분야에서의 지역 단일화 유대감과 동질감이 점점 높아지며, 주권 의식 역시 나타날 것이다. 그때가 되면 중·일·한 안보 협력의 잠재력은 더욱 두드러지게 되고, 동북아 더 나아가 아시아 태평양 지역 안정의 동력과 지역 안보의 견고한 초석이 될 것이다.

3) 한·중·일의 새로운 안보관 구축 가능성 높아져

중·일·한이 새로운 안보관 혹은 3자의 안보관 구축 가능성 여부에 대한 답은 긍정적이다. 하지만 불확실한 요소와 위험들이 존재하고 있다는 것은 확실하다. 중·일·한 지역 안보관의 형성은 중·일·한의 역내 FTA수준 제고와 지정학적 인접성, 문화 배경의 근접성, 경제 상호 보완 우위와 밀접한 관계가 있다. 다시 말해 3국의 새로운 안보관 형성의 전제는 지역 단일화에 대한 인식과 수준을 높이는 것이다. 날로 빈번해지고 원활해지는 민간 왕래는 3자 안보 모델 구축을 위한 유리한 기반이 되고 있다. 지금 중국은 새로운 아시아 안보관을 제시했고, 한일 역시 자국 국정에 따라 지역 안보 구상을 내놓았다. 중·일·한3국이 지역 안보 이념에 대한 이견을 줄이고, 서로의 안보 협력 방법을 인정하고, 지역 내 이익 공동체와 책임 공동체를 기본 방향으로 한 지역 안보 운명 공동체 실현하는 것은 중·일·한이 앞으로 반드시 공동으로 직시해야 할 과제이다.

3. 한·중·일 안보협력이 직면한 도전

1) 동북아 지역 협력의 좌절감 상승

중·일·한안보협력이 심각한 도전에 직면했음은 논쟁의 여지가 없다. 미·일을 겨냥한 중국의 동중국해 봉쇄 가능성, 동북아 지역 협력에서 중요한 것은 피하고 대수롭지 않은 것만 논의하거나 다른 루트를 찾는 방법을 채택하고, '일대일로' 및 관련 조치의 출범, 사드로 인해 한·미·일 對 중조러 구도의 냉전체제로의 회귀 위험, 한·미·일 군사동맹체계가 더 공고해지고 미·일의 남중국해 문제 개입 강도가 확대되며, 미국이 주도하는 환태평양경제동반자협정(TPP)과 범대서양 무역 투자 동반자 협정(TTIP) 등의 규칙 제정에서 중국을 제약하려는 것이 원래 체제적으로 상응하는 보장이 부족한 동북아 지역 협력에 좌절감을 상승시켜 중·일·한이 단기 및 중장기 안보 모델을 구축하는 데 지대한 위험과 도전을 던져주었다.

2) 한·미·일 안보체제의 배타적 속성

장기적이고 효율적인 한·중·일 안보 협력체계 구축의 최대 걸림돌과 장애물은 한미일 군사동맹체제이다. 첫째는 한·미·일 안보체제의 배타적 속성에서 기인하고, 둘째는 미국이 한국과 일본을 이용해 중국의 굴기를 막으려는 전략적 의도에서 나온 것이며, 셋째는 미국의 '아시아 회귀'(Pivot to Asia) 및 '아시아태평양 재균형' 전략의 지정학적 이익을 추구하는 속셈을 드러냈다. 전자는 한일을 미국의 군사동맹 전차에 옭아매 독립적인 안보 전략을 펼 수 없게 만들고, 안보 협력을 논할 수 없게 할 뿐 아니라 나아가 중·일·한의 통상협력 수준을 높이는데 까지 영향을 미칠 가능성이 있다. 후자는 미국의 글로벌 전략과 지역 전략에서 대표적인 중장기 전략이다. 중미의 힘겨루기 결과에 따라 한국과 일본은 부득불 한 쪽을 선택할 수 밖에 없다. 안보 협력 옵션이 어쩌면 향후 일어날 수 있는 동서양 대결의 초점으로 한일이 중장기적으로 부득이하게 현상 유지나 신중하게 판단하는 중요한 국가전략이 될 것이다.

3) 중미 힘겨루기의 불확정성으로 인한 위험 증가

중미 간 지역 전략과 국가이익 힘겨루기의 확대와 대립이 날로 가시화되면서 중·일·한안보협력은 미국의 그림자에서 벗어날 수 없게 되었다. 중미의 상호존중, 호혜공영, 싸우되 최악의 상황까지는 가지 않는 전략은 어쩌면 한일 양국이 중국과의 안보협력을 점차적으로 심화하는 방법을 제공할 수도 있다. 하지만 중미 힘겨루기의 불확실성이 계속 존재해 갈등이 확대된다면 중·일·한 안보 협력의 위험성은 더 커지거나, 20세기 냉전시기와 같은 완전 대립하는 단절상태까지 될 가능성이 있다. 향후 중미가 화합하면 모두 윈-윈 할 수 있지만, 싸우면 쌍방 모두에게 해가 되는 시나리오가 중·일·한 안보 협력에 '화합'이라는 최선의 선택 방법을 제시하고 있다.

(金善女 번역)

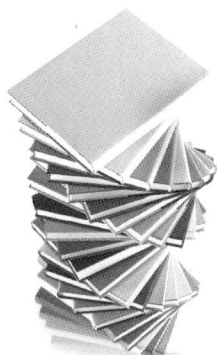

제 4 장

지역안보협력에 대한 정책 제안

한중일 3 국 국내 여론과 지역 안보 메커니즘의 구축

加茂具樹*

1. 한중일 3국간 안보 협력을 어떻게 추진해 갈 것인가? 안보 딜레마 (SecurityDilemma) 의 극복은 중요한 관건 중 하나이다. "국가는 자국의 안전을 최우선으로 여기나 자국의 안전을 강화하는 것은 타국에 불안을 초래할 수 있고 이 경우 다른 나라도 안전을 강화하게 되므로 결과적으로 안전 강화를 위한 쌍방의 노력이 양국 관계를 불안정하게 만들 수 있다" 어떻게 하면 이러한 안보 딜레마 문제를 야기하지 않고 또한 딜레마가 설령 발생하더라도 이를 완화하기 위한 어떤 노력들이 필요한가. 지역 안보 메커니즘을 구축하기 위하여 관련 국가 여론의 움직임을 이해하는 것이 필요불가결일 것이다.

2. 여론은 주요 정치 과정의 행위주체들이 결코 무시하지 못하는 환경을 구성하는 중요 요인으로 역할을 하고 있다. 특히 민주주의 국가일 경우 국민의 목소리를 반영하여 정책을 결정하는 것이 바람직하다. 민주적 외교를 주권자인 국민을 대표하는 외교라고 정의한다면 외교는 국민의 뜻을 따라야 할것이다. 이는 민주적인 외교를 뒷받침하는 것이 여론이라는 말이다.이 뿐만아니라 집권당이 여론의 거세찬 반대를 무릅쓰고 정책을 시행한다면 집권당의 수많은 의원들의 재선이 위협받을 뿐만 아니라 여당내 반대 세력 대두에 영향을 미치기 때문에 집권당 지도부는 여론의 동향에 세심한 주의를 기울이기 마련이다. 권위주의적 국가라고 할지라도 오늘날처럼 소셜 네트워크 미디어가 발달한 시대에 있어서 여론 동향을 완전히 무시한 정책 결정은 있을 수 없는 일이다.

3. 물론 국민들이 주장하는 외교정책이 늘 적절하지만은 않을 것이다. 외교에 대한 국민들의 이해도는 낮고 또한 이해하였다고 하더라도 외교와 안보 문제에 관해 옳바른 판단을 내릴 수 있기까지 시간이 소요되는 경우가 많다. 국민 여론이 단기적으로 대외정책에 영향력을 미치는 경우는 상대적으로 적다는 의론이 있기는 하지만 일반론으로 보면 장기적으로는 외교정책이 국민 여론을 반영한다는 것이 통설이다. 일본 중

---

* 加茂具樹 : 일본 게이오대학 교수.

국 한국 어느 나라를 막논하고 정책 결정자는 국민 여론의 동향에 결코 무관심하지 않을 것이다.

4. 한중일 3국의 국민들 사이에서 지금까지 지역 평화와 번영을 실현해 온 국제 공공재와 가치 (한일양국의 경우는 미일동맹) 는 어떤 것인지, 지역 평화와 번영을 실현하기 위해 필요한 국제 공공재와 가치는 어떤 것들인지에 관한 인식이 공유되지 못하고 있다. 아마도 냉전시대 및 냉전후의 평화와 번영에 관련된 경험과 실적에 대한 이해가 한중일 3국 사이에서 공유되지 못한 것이 그 원인 일 것이라고 사료된다.

5. 그러나 한중일 3국 국민들 사이에서는 3국간 상호 협력을 통해 지역 평화와 번영을 실현하는 것이 중요하다는 인식이 공유되고 있다. 또한 지역 평화와 번영을 실현하기 위해 극복해야 할 과제가 어떤 것들인지에 대한 인식도 공유되고 있다.

6. 한중일 3국은 지금끼지 지역외 평화와 번영을 실현해 온 가치를 포섭함과 동시에 지역 평화와 번영을 실현하기 위하여 3국이 공유가능한 새로운 가치를 창출해 내고 그것을 지속적으로 공유하기 위한 메커니즘을 구축할 필요가 있다. 위기관리를 위한 메커니즘을 구축한 후 그 성공 체험을 바탕으로 돈독한 신뢰를 쌓아가면서 상호 협력 심화를 도모하는 것이 바람직하다.

7. 예컨대 동아시아와 동남아시아 지역에서는 매년 대규모 자연재해가 발생하고 있다. 역내의 군과 경찰, 소방, 해상 경비를 담당하는 조직은 재해 발생 후의 긴급 전개체제, 사후 재해구호 등 폭 넓은 역할을 수행할 필요가 있다. 한중일 3국이 (각자의 경험과 실적을 상호 활용하는 형식으로) 협력하여 아시아 재난 구호에 관련된 협력 메커니즘을 구축할 수는 없을까? 혹은 동중국해와 남중국해에서 해상 안전 (해상 사고, 탐색 구조) 어업 자원 보호에 관한 협력 실적을 쌓으면서 차츰 깊은 신뢰를 구축해 나갈 수도 있다. 한중일 수산 자원 보호 당국과 해상 경비 당국 (또는 군) 이 서로 긴밀하게 연대하면서 핫라인 설치 및 행동 규범 운용을 확실하게 추진하는 것이 중요하다.

(일한번역 김단실)

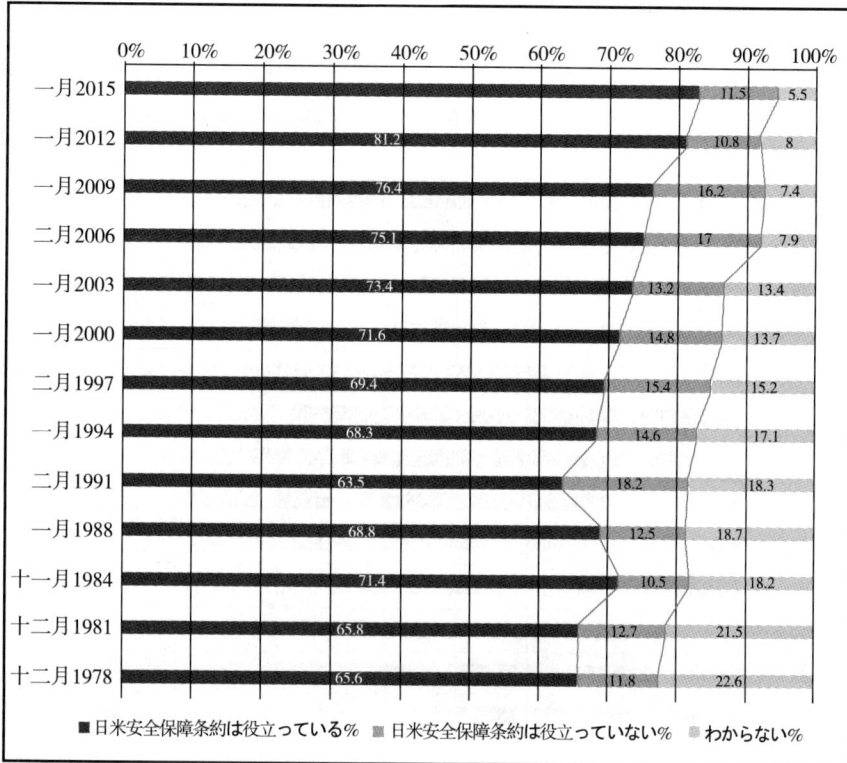

図1 日米安全保障条約についての考え方

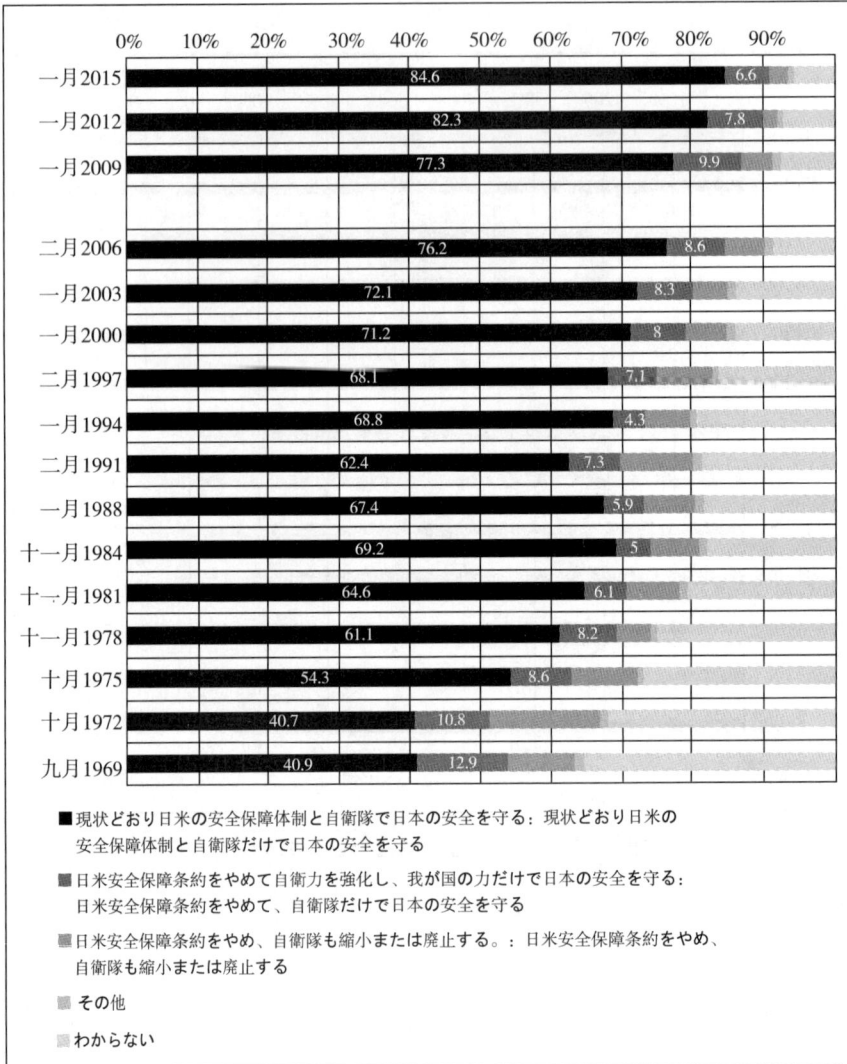

	0%	10%	20%	30%	40%	50%	60%	70%	80%	90%

一月2015　84.6　6.6
一月2012　82.3　7.8
一月2009　77.3　9.9

二月2006　76.2　8.6
一月2003　72.1　8.3
一月2000　71.2　8
二月1997　68.1　7.1
一月1994　68.8　4.3
二月1991　62.4　7.3
一月1988　67.4　5.9
十一月1984　69.2　5
十一月1981　64.6　6.1
十一月1978　61.1　8.2
十月1975　54.3　8.6
十月1972　40.7　10.8
九月1969　40.9　12.9

■現状どおり日米の安全保障体制と自衛隊で日本の安全を守る：現状どおり日米の
　安全保障体制と自衛隊だけで日本の安全を守る

■日米安全保障条約をやめて自衛力を強化し、我が国の力だけで日本の安全を守る：
　日米安全保障条約をやめて、自衛隊だけで日本の安全を守る

■日米安全保障条約をやめ、自衛隊も縮小または廃止する。：日米安全保障条約をやめ、
　自衛隊も縮小または廃止する

■その他

■わからない

図2　日本の安全を守るための方法

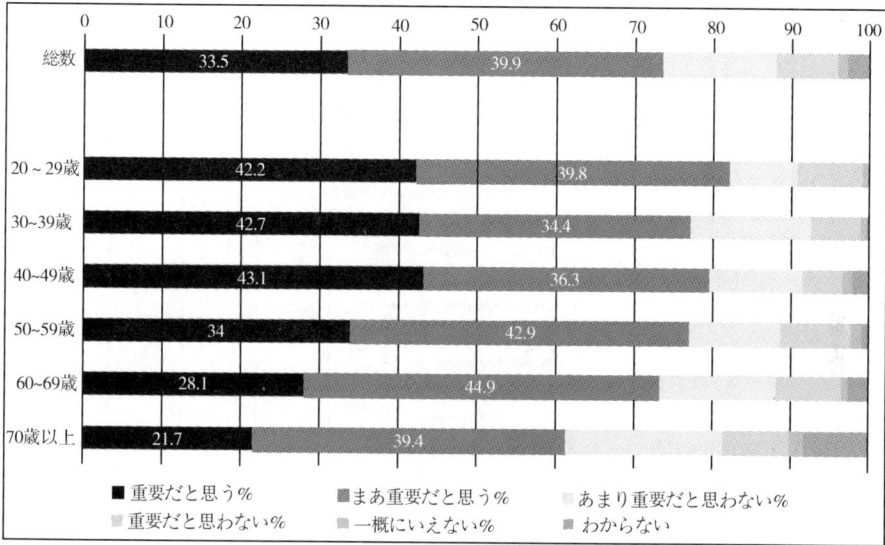

図3　今後の日本と中国との関係の発展

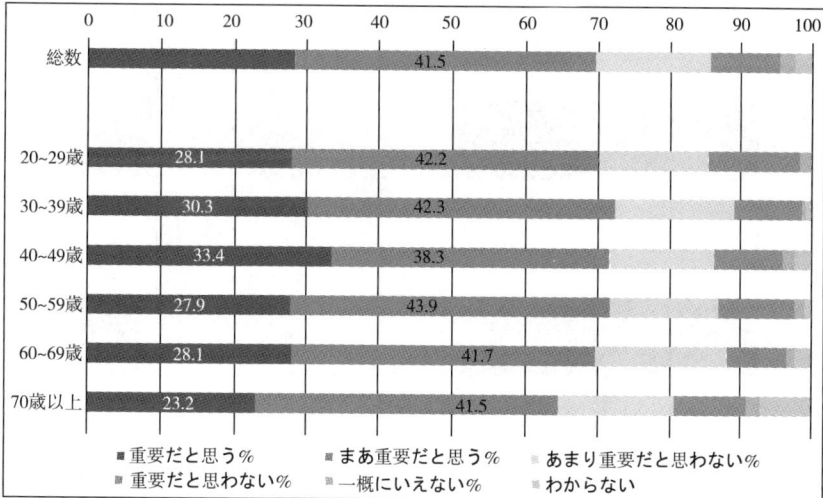

図4　今後の日本と韓国との関係の発展

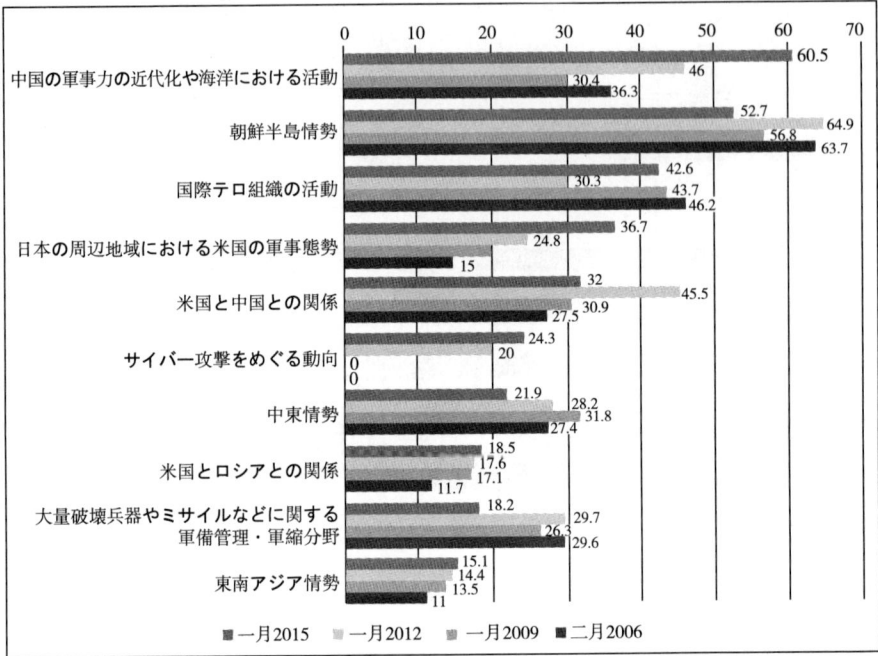

図5　日本の平和と安全の面から関心をもっていること

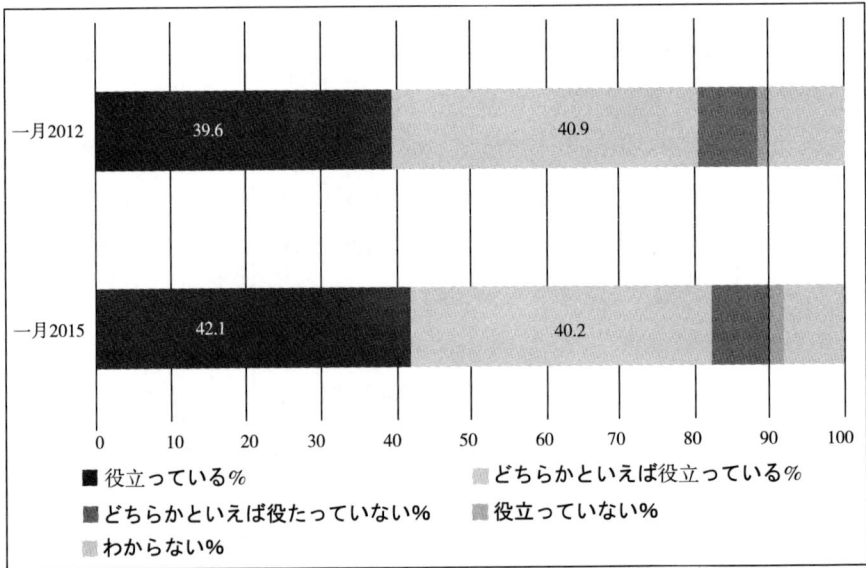

図6　日本の平和と安全のために米国以外との防衛協力・交流役立っているか?

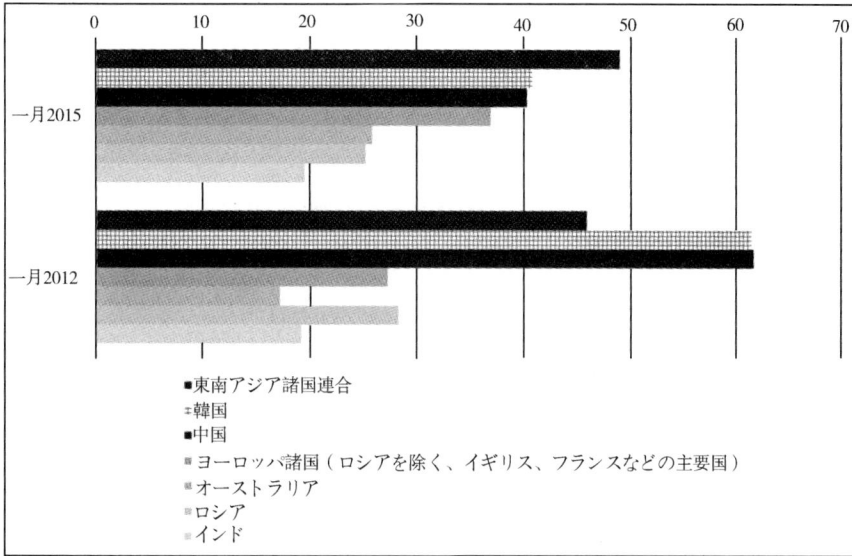

図7　日本の平和と安全のために役立っている防衛協力・交流の相手国

비대칭적 2×2게임에 적용한 북·미간 북한 핵 협상 양상

李弘揆[*]

이 에세이는 북한의 핵문제 해결을 위한 6자회담에서 관찰된 다음의 세 가지 문제에 대한 분석과 설명을 제공하고자 하였다. 첫째는 6자회담 결과의 의외성, 둘째는 북한의 벼랑끝 전술, 셋째는 회담 내에서 중국의 역할이다.

먼저, 일반적인 양자 간 거래에서는 두 협상 당사자 중, 사회적 지위가 높은 한쪽이 지위를 파워로 전환해 협상에서 더 많은 것을 얻어내는 현상을 당연히 받아들이고 ,[①] 이 현상은 강대국과 약소국의 국가 간 협상에도 그대로 적용되어 강대국이 약소국에 비해 협상에서 더 많은 것을 얻어 낸다는 예측이 보편적으로 인정된다. 그러나 6자회담은 그러한 보편적 논리와 반대되는 현상을 보여준다. 지난 2002년 12월 북한의 "핵 동결 해제 선언"으로 인한 제2차 북핵사태 이후, 미국, 중국, 러시아, 일본, 남한, 북한이 함께 참여하여 2003년 8월부터 2007년 9월까지 6차례에 걸쳐 진행된 6자회담에서 가장 약소국으로 평가되는 북한이 나머지 5개 강국들을 자신의 의도대로 유도 했을 뿐만 아니라, 상대적으로 더 많은 것을 얻어 낸 것이다. 이러한 상황을 어떻게 설명할 것인지 그 이유를 밝혀 보려는 것이 이 글의 첫 번째 목적이다. 이같은 문제의식은 북한을 제외한, 미국으로 대표되는 나머지 회담 참가 5개국들이 협상에서 동원 가능한 강제력의 수준면에서 북한의 강제력에 비해 월등히 높다는 것과, 북한이 회담을 통해 의도하고 목표했던 요소들이 미국을 포함한 나머지 5개국들의 목표에 비해 월등히 높은 수준으로 성취되었다는 두 가지 가정을 바탕에 두고 있다.

또한, 북한은 6자회담에서 합의를 이끌어 냄으로써 자신에게 돌아오는 이득이 다른 어떤 경우의 기대치보다 크다는 결론을 쉽게 도출해 낼 수 있는 상황임에도 불구하고, 왜 협상 실패와 미국의 군사적 공격 위협을 감수하면서까지 지하 핵 실험과 미사

---

[*] 李弘揆: 한국 동서대 국제학원 교수.

① Shane R. Thye, David Willer, and Barry Markovsky, "From Status to Power: New Models at the Intersection of Two Theories", *Social Forces*, Vol. 84, No. 3, (March 2006), p. 1473.

일 시험발사를 거듭하며 아슬아슬한 벼랑 끝 전술을 지속하고 있는가?라는 물음에도 답을 해보려 한다. 과연 일부의 지적처럼, 북한 정책결정자들의 비합리적이며 극단적인 전쟁 및 위험 추구 성향 때문인가? 아니면 또 다른 이유 때문인가?라는 물음을 포함해, 앞에서 제시된 의문들에 답을 얻기 위해, 이 글은 북·미 간에 이루어진 핵 협상 양상을Anatol Rapoport와 Melvin Guyer가 제시한 비대칭적 2×2게임 (asymmetric 2×2 game) [①] 모델과 Avinash Dixit과 Susan Skeath의 위협-변화 협상 (variable-threat bargaining) [②] 이론에 적용해 설명한다.

6명의 참여자가 존재하는 6자회담이 어째서 2×2게임모델에 적용될 수 있는 지를 설명하는 것도 이 글의 목적이다. 21세기 국제질서 변화의 가장 핵심적인 화두인 중국의 부상은 미국에게 위협임과 동시에 새로운 협력의 기회이기도 하다는 시각이 있다.[③] 협력 파트너이면서 경쟁자라는 중국의 양면적 성격은 6자회담에서도 관찰된다. 중국은 북한의 핵무장을 원하지 않는다는 면에서 미국과 같은 입장을 취하고 있지만, 북한에 대한 경제제재나 군사적 공격의 측면에서는 미국을 견제하는 모습을 보였기 때문이다. 무력 사용과 같은 강압에 의하여 북한의 변화를 요구하는 대신 6자회담의 틀 안에서 미국과 북한, 그리고 나머지 4개 참여국이 만족할 만한 결과를 만들어 내려는 것이 이제까지 중국이 회담에 참여하면서 보여준 입장이다. 북한 핵문제의 해결을 위해 중국이 보다 더 강경하고 분명한 태도를 보여야 국제사회의 요구[④] 에도 불구하고 북한에 대하여 모호한 입장을 유지하고 있는 중국의 입장을 살펴 본다.

북·미의 핵 협상 양상을 게임이론에 적용한 기존 연구들은 게임의 결과가 양국 정부의 성향이나 전략에 따라 달라진다고 분석[⑤] 하거나, 북핵문제를 해결하기 위한

---

① Anatol Rapoport and Melvin Guyer, "A Taxonomy of 2×2 Game", *General Systems*, Vol. 11, (1966), p. 212. Rapoport와 Guyer는 2×2게임에참여한두행위자의보상값선호도에따라가능한게임모형을 78가지로분류하였다. 본논문에서다루게될북한핵문제에대한북·미간의협상게임은, 이들중"Class II: One player has a dominating strategy - No-conflict games"에속한 26번게임에해당된다.

② Avinash Dixit and Susan Skeath, *Games of Strategy,* New York: W. W. Norton & Company, 1999, p. 528.

③ Bergsten, C. Fred, Charles Freeman, Nicholas R. Lardy and Derek J. Mitchell. 2009. "China's Rise: Challenges and Opportunities", *Peterson Institute for International Economics* , pp.9-31.

④ Kosuke Takahashi, "China's Worsening North Korean Headache", *Asia Times*, (January 29, 2005) ; Mark Willacy, "China Condemns North Korean Nuclear test", *ABC News*, (May 25, 2009) .

⑤ 김우상, 『신한국책략: 동북아시아국제관계』 (서울: 나남출판사, 1998), pp. 88-105.

정책의 전략적 선택을 제시[①] 하는데 집중한 것이 대부분이었다. 전자의 경우에는 게임 행위자를 북한과 미국으로만 국한시킴으로써 게임 결과에 영향을 미칠 변수로 양국의 입장만을 고려하고, 한반도 핵문제에 직접 연관된 주변국들로부터 비롯되는 요소들은 고려 대상에서 배제하는 한계를 보였다. 후자의 연구들은 각 연구의 목적이 내포한 정책적 방안 제시라는 특성 때문에 게임에 참여한 두 행위자 중, 미국의 정책적 입장만을 분석의 중심에 두고 북한의 입장은 간과하여 다소 미국 중심적인 분석 경향을 나타낸다. 본 에세이는 게임의 행위자인 미국과 북한을 동등하게 분석의 중심에 두려 노력했으며, 게임의 결과를 이끌어 내는데 있어 북·미 양국의 상황 뿐만 아니라, 회담에 참여하고 있는 중국의 역할도 중요한 변수로 작용하고 있다는 사실을 고려하였다. 중국의 역할은 6자회담이 다자게임 (n-player game) 으로 확대되는 것을 막고 양자게임 (two-player game) 의 형식을 유지할 수 있는 여건을 마련하는 역할을 함으로써, 복잡성을 감소시켜 회담의 타결 가능성을 높인다는 점을 설명한다.

우선, 북·미간의 협상과 관련된 기존 연구들의 내용을 먼저 살펴보고, 북한이 핵보유에 대한 의지를 갖게 된 역사적 배경을 약술한다. 이어서 6자회담이라는 다자게임을 양자게임으로 단순화시키는 중국의 역할을 설명한 다음, 6자회담에서 북·미 양측의 입장을 비대칭적 2×2 게임과 위협-변화 협상이론에 적용해 분석한다.

관련된 기존 연구들

Shane R. Thye, David Willer, Barry Markovsky는 사회적 지위와 사회적 이윤분배 간의 관계 연구에서 지위가 가지는 특성들이 거래나 협상에서 다양한 방식으로 영향력을 형성하기 때문에, 협상 결과가 그에 참여하는 당사자들이 점유한 지위의 차이에 따라 달라진다고 설명하며,[②] 사회적 지위가 협상의 초기 조건 형성에도 영향을 끼친다고 본다.[③] 이같은 연구내용은 국가 간의 협상에서도 국력이 강한 국가가 유리한 방향으로 협상을 유도해 더 많은 이익을 얻어 낼 수 있으리라는 예상을 가능하게 한다.

Carsten K. W. de Dreu는 협상 참여자들이 가진 강제력의 크기가 협상자들의

---

① Gary Samore, "The Korean Nuclear Crisis", *Survival*, Vol. 45, No. 1, (March 1st, 2003), p.7-24; Victor Cha, "Engaging North Korea Credibly", *Survival*, Vol. 42, No. 2, (2000), pp. 136-155; Victor Cha, "Hawk Engagement and Preventive Defense on the Korean Peninsula", *International Security*, Vol. 27, No. 1, (June 1st, 2002), pp. 40-78.

② Shane R. Thye, "A Status Theory of Power in Exchange Relations", *American Sociological Review*, Vol. 65, No. 3, (2000), p. 408.

③ David Willer, "The Basic Concepts of Elementary Theory" in David Willer and Bo Anderson, Networks, Exchange, and Coercion: The Elementary Theory and its Applications, (Oxford: Elsevier, 1981), p. 28.1, (June 1st, 2002), pp. 40-78.

태도에 미치는 영향에 관한 연구에서, 강제력과 협상 태도 간의 관계 설명을 위해 갈등의 악순환 (Conflict Spiral Perspective) 과 억지력 (Deterrence Perspective) 이라는 두 가지 관점을 제시했다. 갈등의 악순환적 관점은 ①협상자의 강제력 수준이 증가할 때, 위협에 대한 의존도 역시 증가하고, ②협상자들은 스스로가 약하게 보이는 것을 피하고, 자신의 약점을 숨기거나, 강점을 강조하기 위해, 상대의 강제력이 강할 때 오히려 더 양보를 하지 않으려는 경향을 보이며, ③두 협상자의 강제력이 비슷할 때, 경쟁과 요구의 수준이 높아진다고 본다. 반면, 억지력의 관점은 ①상대의 강제력이 강할 경우 협상자의 요구 수준이 낮아지고, ②두 협상자의 강제력이 비슷한 경우에는, 차이가 많은 경우에 비해, 요구 수준이 낮아진다고 설명한다.

그러나 6자회담에서 나타난 북・미의 협상 태도는, Thye, Willer, Markovsky와 Dreu가 설정한 독립변수인 지위/강제력과 종속변수인 협상결과/협상태도 간의 관계를 무의미하게 만든다. 국제사회에서의 지위나 강제력, 자원동원 능력 등 모든 면에서 객관적으로 열등한 북한이 협상에서 미국보다 많은 것을 얻어 냈고, 강제력이 월등한 미국에게 북한은 요구 수준을 높게 가져갔으며 (억지적 관점의 첫 번째 양상과 다름) , 위협에 대한 의존 수준이 미국보다 훨씬 높았다 (갈등 악순환적 관점의 첫 번째 양상과 다름) . 미국 역시, 지위와 강제력 측면에서 월등히 약한 북한에게 훨씬 많은 양보를 제공했으며, 북한보다 위협에 덜 의존했다. 이처럼 기존 이론과 상반되게 나타난 현상은, 이 논문의 본문에서 비대칭적 2×2 게임과 위협-변화 협상 이론을 통해 중점적으로 설명될 부분이다.

김우상은1993년 발생했던 제1차 북핵사태 이후, 북・미 간에 진행된 협상을 게임이론에 적용해 설명하면서 북한과 미국 정부가 가진 성향이 게임 결과를 결정짓는 주요 변수라고 설정한 바 있다.[1] 그의 분석에 따르면 북한이 초강경파적 성향을 고수하는 경우, 미국의 입장에 상관없이 북한은 어떠한 경우에도 핵사찰을 받지 않을 것이며, 북한이 준강경파적 성향을 가진 경우에는 미국이 중도적 입장에서 협상전략을 구사해야만 북핵문제가 해결될 것으로 여겼다. 그는 2002년에 발표한 논문에서도 역시, 북・미의 핵 협상 결과를 양국의 성향에 따라 예측할 수 있는 것으로 보면서 ,[2] 북한의 성향을 네 가지 (strong hawkish, weak hawkish, weak dovish, strong dovish) 로 구분하고 미국의 성향을 세 가지 (resolute, middle, appeaser) 로 나누어, 12가지 가능한 게임 결과를 예측했다. 김우상의 연구는 북한과 미국이 각각 취득한 상대에 관한 정보의 완벽성 또

---

[1] 김우상, 앞의책 (1998) , p. 95.

[2] Woosang Kim, "In Dealing with a Hawkish Rival: Game Teoretic and Empirical Analyses of the Korean Peninsula Case", *The Korean Journal of Defense Analysis*, Vol. 14, No. 2, (Fall 2002) , p. 34.

는 과거 게임의 인식 여부 (perfect, complete or imperfect, incomplete information) 나 게임 진행의 시간적 순서 여부 (simultaneous or sequential game) 에 상관 없이, 상대의 전략에 대해 적절한 대응을 결정하는 과정에서 미국이 중도적 입장을 지향해야만 북한을 성공적으로 협상에 임하도록 유도할 수 있다는 정책적 방향을 경험적으로 제시했다는 의의를 가지지만, 북·미 양국 이외에 한반도의 핵 문제에 관련된 동아시아 주변국들의 역할을 변수에서 제외했다는 약점을 가지기도 한다. '핵무장 포기를 강제하기 위한 미국의 강압적 방법이 효과적으로 달성되기 위해서는 북한이 고립에 대한 위협을 확실히 인식하도록 만들어야 하는데, 이를 위해 미국은 북·미 모두에게 경계심을 가진 중국, 러시아, 일본, 한국과 같은 주변국들 모두와 신뢰를 형성해야만 한다'고 언급한 Gary Samore의 지적[1] 은 북핵문제에 관한 북·미 협상에서 주변국들의 역할이 무시할 수 없는 변수가 될 수 있음을 보여주는 것이라 할 수 있다.

　　Victor Cha는 북한의 핵무장이 생존을 위한 하나의 전략이라고 해석했지만, 핵무기 중심의 황폐한 생존전략은 협력과 평화를 전제로 하는 풍성한 생존전략으로 전환[2] 될 때만 북한 정권에 더 바람직한 결과를 가져올 수 있다고 주장한다. 또한 북한의 핵 포기를 강제하기 위한 수단으로 미국이 진행한 각종 봉쇄정책은 봉쇄로 인해 북한이 입게 될 손실의 영역이 클수록 효과적이기 때문에, 미국의 입장에서는 당근과 채찍을 적절히 조절한 조건적 개입 (conditional engagement) 을 통해 북한이 현상태를 유지하고 싶어 하는 상태에 이르도록 유도해야 한다는 주장을 하면서, 현 상태에서 당근을 제공함으로써 향후 효과적인 채찍의 역할[3] 을 기대할 수 있게 되어야 한다는 점을 지적했다. 그의 2002년 논문에서는 북한이 승리가 불가능함을 알면서도 전쟁 수행을 선택하게 될 가능성을 방지하기 위해, 미국이 북한에 대해 봉쇄와 개입을 배합한 정책 (containment plus engagement policy) 을 사용해야 한다고 주장하면서, 북한과의 협상에서 협력이나 배신을 결정하는 중요한 잣대로 북한에 대해 가지는 미국의 인식론적 요소를 지적했다. 현 북한체제를 붕괴되어야 할 비이성적인 것으로 인식할 경우, 미국은 북한과의 게임에서 배신을 선택할 가능성이 크지만, 지속적 협상의 대상으로 여겨 국제사회로 유도해 낼 대상으로 인식한다면 협력적 태도를 선택한다는 것이다.[4] 이러한 Cha의 연구는 미국 중심적 시각으로 북한

① · Gary Samore, "The Korean Nuclear Crisis", *Survival*, Vol. 45, No. 1, (March 1st, 2003), pp. 13, 23.

② · Victor Cha, "Engaging North Korea Credibly", p. 139.

③ · *Ibid.*, p. 147.

④ · Victor Cha, "Hawk Engagement and Preventive Defense on the Korean Peninsula", *International Security*, Vol. 27, No. 1, (June 1st, 2002), p. 43.

핵 문제를 해결하기 위해, 현 시점에서 미국이 취할 수 있는 정책적 선택들 중 가장 가능성 있는 선택이 배신보다는 협력적 전략임을 지적하고 있으며, 동시에 북한의 전략은 다소 비합리적 요소를 포함하는 경향이 있으므로 예측하기 곤란하다고 보는 경향도 나타낸다.

김우상과 Cha에 의한 연구들은, 비록 게임 결과를 3인칭적 관점에서 공평하게 예측하지 않고 미국이나 한국의 입장에서 북핵 문제를 해결하기 위한 전략적 정책을 입안하는데 도움을 주기 위한 목적론적 시각을 유지하기는 했으나, 북·미 양측이 전쟁 수행이라는 극단적 선택을 피하고 평화적인 해결방안의 가능성을 찾는데 기여했다는 의의를 가진다. 또한 Samore의 지적에서 처럼 북·미협상이 미국과 북한 양자만의 게임으로 해석되는 경우의 분석에 취약점을 드러냄으로써, 양자 간의 협상 게임에 영향을 주는 외부 요인인 주변국들을 고려할 필요성을 갖도록 하는 계기를 마련하였다.

북한 핵과 관련된 간략한 역사적 배경

북한의 핵 보유에 대한 열망은 그 근원이 한국전쟁 당시까지 거슬러 올라 간다. 한국전 당시 미국은 북한과 중국에 대해 핵무기 사용을 고려했던 사실이 있으며, 이 사실을 알고 있는 북한은 그 이후 현재까지 체제유지라는 측면에서 줄곧 핵무장을 원해 왔다. 북한의 김일성은 1950년대 후반 중국이 핵무기 개발을 시작하여 1964년 처음으로 실험에 성공할 당시까지 두 차례나 모택동에게 핵 기술 전수를 요청했다가 거절 당한 사실[1] 이 있으며, 구 소련과는 1959년에 원자력 협정을 체결하고 그들의 지원으로 연구용 원자로를 착공하여 1965년부터 실제 가동하기 시작하였다. 북한의 IAEA (International Atomic Energy Agency) 가입과 영변의 원자력 연구소 설립 역시, 그 무렵인 1964년에 이루어진 것으로 알려져 있다. 이 사실들은 북한의 핵 보유에 대한 의지가 단순히 최근에 형성된 것이 아니라 정권 수립과 때를 같이 함을 보여주는 사례들이다. 이후 북한은 '70년대와 '80년대를 거쳐 현재까지 다양한 경로를 통해 자력으로 핵 기술 개발에 노력을 기울여 왔다.

북한이 가진 핵무장에 대한 강한 의지의 바탕에는 정권의 안정적 보장과 체제 정당성 확보를 위해 남한이나 중국, 일본 등 다른 국가의 개입 없이, 미국과 직접적인 정치·경제적 관계를 수립하고자 하는 의도가 늘 존재해 왔다. 미국의 경제제재로 인해 겪은 경제 위기와 더불어, 북한이 정권의 안정적 유지에 불안감을 갖게 된 데는 '70년대 초반 남한이 진행했던 핵 개발 시도도 역시 중요한 몫을 차지했다. 당시 남한의 박정희 정부 역시 미국으로부터 정권을 보호 받는 데 대한 확신을 잃어가고 있었고, 그

---

[1] Rinn-Sup Shin, "North Korea: Policy Determinants, Alternative Outcomes, U.S. Policy Approaches,"*Congressional Research Service: Report for Congress*, Rep. 93-612 F, (June 24th, 1993) .

것이 남한의 비밀 핵 개발 추진 계기가 되었는데, 이를 발견한 미국의 Gerald Ford 행정부는 박정희 정권에 대해 '핵 무장'과 '미국과의 동맹 유지' 둘 중 하나만을 선택하라는 압력을 행사하기도 했다. 북한의 핵 무장 의지는 이 같은 '70년대 남한의 핵 무장 노력과도 관련이 있다.

'벼랑 끝 외교'[①] 로 일컬어지는 북한의 핵 외교정책은 미국을 협상 테이블로 이끌어 내는 데 상당한 성공을 거두어 왔으며, 1993년 3월 12일 NPT 탈퇴 선언으로 시작된 제1차 북핵 위기 때도 상황은 마찬가지였다. 당시 북한이 미국에 대해 주장했던 협상 조건은, 핵 개발을 포기하는 대신 두 개의 경수로 원자력 발전소 건설을 지원 받는 것과, 미국과의 정치 • 경제적 관계 정상화였다. 비록 협상 진행 과정에서 여러 어려움을 겪긴 했으나, 결과적으로는 1994년 10월 21일 제네바 합의를 통해 두 가지 조건을 모두 얻어내고 북 • 미 합의 (US-North Korea Agreed Framework) 를 만들어 냈다. 그러나 이후, 미국이 정치적으로 북한의 체제를 인정하거나 경제적으로 기존의 제재를 완화하려는 어떤 신호도 보여주지 않았기 때문에, 북한은 미국의 제네바 합의 이행에 불만을 가졌다. 이 같은 사실은 북한으로 하여금 미국과의 외교 관계에서 다시 한 번 핵 카드 사용을 고려하도록 만들었고, 결국 2002년 12월 12일 외무성을 통해 '핵 동결 해제'를 선언[②] 함으로써 제2차 북핵위기가 조장되었다. 미국도 이에 정면으로 대응하여 북한에 지원하던 중유를 중단하기로 결정하여 북-미 양자 협상은 원점으로 돌아갔다. 양국간 긴장이 발생하였지만 북-미 양자협상의 쟁점인 북한 핵 문제 해결과 북한 체제 보장 문제는 2003년 8월27~29일 중국 베이징에서 열린 6자회담의 쟁점이 되었다.

두 차례의 북핵 위기를 통해, 북한은 미국에 다음 세 가지 사항을 지속적으로 요구하였는데, 미국으로 하여금 북한에 대해 어떠한 체제 위협적 행위도 없이 정당하게 주권을 인정해 줄 것과, 북한이 국제무대에서 행하는 정당한 경제활동 및 경제개발 노력에 어떠한 개입도 하지 말 것, 그리고 북 • 미 간에 상호 불가침 조약을 맺을 것 이었다. 이 조건들은 북한이 '80년대 이후 진행해 온 경제개방 및 경제개발 노력과 밀접히 관련된 사안들로서, 국내 정치적 측면에서의 안정성 확보와 정권의 지속적 유지를 위한 의도로부터 발생한 것이었다. 따라서 북한에게 있어 핵 문제는 미국과의 협상에서 우위를 차지하기 위한 전술로 이용되어 왔음을 알 수 있다.

---

① Scott Snyder, *Negotiating on the Edge: North Korean Negtiating Behaviour* , Washington: United States Institute for Peace Press, 1999, p. 69.

② BBC NEWS, "NKoreaships nuclear fuel" , December 25, 2002, BBC NEWS 웹페이지 http://news.bbc.co.uk/2/hi/asia-pacific/2605985.stm (검색일: 2007년 7월 13일) .

왜 양자게임인가?

북한의 핵 문제 해결을 위한 6자회담은 말 그대로 6자 게임이라고 할 수 있다. 6자회담에 참여하고 있는 각 당사국들이 모두 자국의 이해득실에 따라 북한 핵 문제 해결에 대한 구체적 입장을 달리 할 수 있기 때문이다. 그러나 6자회담을 6자 게임으로 설정하면 이것은 전형적인 다자게임 (n-player game) 이 되므로, 연구자가 모든 회담참여자 간의 가능한 관계인 최소 6! = 720개 조합[1] 을 고려해야만 하는 사실상 해석이 불가능한 상황에 이르게 된다. 그러나 6자회담은 북한의 핵문제 해결을 목표로 개최되었다는 점에서 북·미 양자협상을 대체하는 성격을 지닌다. 대표적 행위자 (representative agent) 모형[2] 의 관점에서 북한의 핵 포기를 원하는 모든 참가자의 입장이 미국에 의해 대변되며, 북한은 미국에 반대하는 입장으로 표현될 수 있기 때문이다. 실제로도 6자회담은 본회담과는 별도로 북·미간 양자 실무협상에서 합의에 이른 경우에만 공동선언문이 채택되었으며, 북한과 미국이 합의하지 못한 경우에는 6자회담이 중단되거나 연기되었다.

북한이 핵 보유를 이처럼 오랫동안 원해온 원인이 과연 핵무장을 통해 국제사회에서 핵 강국으로서의 지위를 얻으려는 공격적 현실주의의 관점[3] 으로부터 비롯된 것인지, 아니면 자기 체제의 안정적 유지를 위해 미국 등 서방 자유진영과의 중요한 협상카드로 사용하려는 방어적 차원[4] 에서 비롯된 것인지는 보는 입장에 따라 달라질 수 있다. 또한 6자회담에 참여하고 있는 각 당사국들도 역시 모두 자국의 이해득실에 따라 북한 핵 문제 해결에 대한 구체적 입장을 달리 할 수 있다. 그러나 북한을 제외한 나머지 회담 참가국들, 특히 미국, 중국, 러시아와 같은 기존의 핵 보유국들은 자신의 핵에 대한 기득권을 지키기 위해 NPT체제를 유지하려 하고, 핵 에너지를 평화적으로 이용해야만 한다는 정치 및 도덕적 명분을 공통으로 가진다. 더구나 이들은 북한이 핵을 보유하게 될 경우, 일본과 남한 역시 핵 무장을 추진할 가능성 때문에 북한 핵 보유의 용인이 절대 불가하다는 전략적 시각에도 동일한 입장을 유지하고 있다. 따라서 이미 기정사실화 된 북한의 핵 보유 문제를 보유 이전의 상태로 되돌려야 한다는 기본원칙에 있어서 동일한 문제의식을 가졌다는 점에서는 미국, 중국, 러시아, 일본, 남한

[1] Roger A. Mccain, *Game Theory: A Non-technical Introduction to the Analysis of Strategy*, Florence: Thomson South-Western, 2004 , p. 171.

[2] *Ibid*. pp. 174, 180-181; James E. Hartley, "The Origins of the Representative Agent,"*The Journal of Economic Perspectives,* Vol. 10, No. 2, (Spring, 1996) .

[3] John J. Mearsheimer, *The Tregedy of Great Power Politics*, New York: Norton, 2001, p. 392.

[4] Robert Jervis, "Realism, Neoliberalism, and Cooperation: Understanding the Debate," *International Security*, Vol. 24, No. 1, (Summer, 1999) , p. 42.

의 입장을 미국의 입장으로 단순하게 환원하는 것이 가능하다.

　본래 중국은 북한과 미국 간의 협상에 참여하여 기존의 북·미 양자게임을 북·중·미 3자게임으로 전환하고자 하는 의도를 가지고 있었다. 2002년 북·미 양자협상이 결렬되자 중국은 북핵 문제 해결을 위한 대안으로 북한, 미국, 중국이 참여하는 3자회담을 제안하였으며, 그 제안이 받아들여져 2003년 4월23~25일 중국 베이징（北京）에서 3자회담이 개최된 바 있다. 그러나 3자 회담을 지속하여 3자게임의 형태로 국익을 극대화하려는 중국의 의도는 궁극적으로 관철되지 못했다.[①] 3자회담에 대해 한국, 일본, 러시아의 견제와 반발이 있었을 뿐만 아니라 미국이 3자회담보다는 다자회담 방식을 선호하였기 때문이다.[②] 이후 중국은 북한과 미국 간의 관계 악화로 6자회담이 중단되는 위기에 처할 때마다 6자회담 재개를 위한 중재자 역할을 지속적으로 수행하는 쪽으로 입장을 바꾸었다. 중국의 입장에서는 북·미 양자게임을 3자 게임으로 바꾸는 것이 가장 큰 이익이겠으나, 3자 게임이 지속되기 어려운 상황에서 북·미 양자게임의 형태는 그대로 유지한 채 6자 회담을 유지하는 것이 현실적으로 가장 이익이 된다고 본 것이다.

　중국에게는 자국의 지속적 경제발전을 위해 한반도 지역의 안정 유지가 북한의 핵무장 포기 못지 않게 중요한 요소이다. 한반도 지역의 안정을 위해서는 한국과 일본, 러시아를 배제하기 어렵다는 상황을 고려한 중국이 3자회담을 다시 6자회담으로까지 확대하는데 동의했다. 그러나 6자회담의 틀 안에서는 중국이 자신의 이익을 지나치게 강조할 수 없다. 중국이 자신의 입장을 내세우는 순간부터 한국과 일본, 러시아도 실질적인 게임 참여자로 행동하려 할 것이기 때문이다. 그 때부터는 6자회담이 진정한 6인 게임으로 발전하고 중국은 회담 참여를 위해 수 백 가지 가능한 조합을 계산에 넣어야 한다. 북·미 간 양자협상이 6자회담으로 대체되었음에도 불구하고 여전히 양자게임의 틀을 유지하는 것이 중국으로서는 차선의 전략인 셈이다. 중국이 6자회담의 틀 안에서 북한과 미국의 양자게임이 계속 유지될 수 있도록 경기장을 제공하며 심판 역할을 수행하고 있는 이유가 여기에 있다.

---

　① 2003년 당시 중국은 본래부터 북-미-중 3자회담을 6자회담으로 확대하지 않고 3자회담방식을 지속한다는 입장이었다. "外交部: 中朝美解决朝核问题北京会谈应继续进行" 新华网 5월 23일 （http://news.xinhuanet.com/newscenter/2003-05/23/content_884664.htm）

　② 미국은 북핵 문제 해결을 위한 부담과 비용을 혼자서 부담할 수 없다는 판단 하에 3자회담을 향후 북핵 문제와 관련된 인접국들이 모두 참여하는 다자회담으로 확대한다는 입장이었다. "미국의 입장" 연합뉴스 2003년 4월16일자. 2003년 초부터 다자회담을 제안했던 러시아는 2003년 3자회담이 개최되는 당일에 북핵 문제에 관해 일본과 의견 조율을 했다. "러 외무차관 23일 방일, 북핵 등 조율" 연합뉴스 2003년 4월18일자.

북·미 간 북한 핵 협상 모델

이러한 미국의 입장과 대립하고 있는 북한의 핵 보유 의지를 양 측의 정책적 입장과 그 입장에 입각한 행위의 결과에 따라 2×2게임에 적용해 보면 〈표1〉과 같이 나타낼 수 있다.

전형적인 2×2 게임에서는 죄수의 딜레마 게임이나 겁장이 게임, 사슴사냥 게임 등에서 돌 수 있듯이, 양 행위자 중, 한 쪽만 협조하고 나머지 한 쪽은 배신하는 두 상황 (b&g, c&f) 이 서로가 교차해서 대칭적으로 보상값 (payoff) 을 갖는 것이 예상되고, 두 행위자가 모두 지배적 전략 (dominant strategy) 을 갖게 되는 경우가 많다.[1] 하지만 북핵 문제에 임하는 북·미 간의 게임에서는 양국이 서로 엇갈려 배신하거나 협조하는 경우의 상황들이 각각 다르고 그에 대한 결과치가 다르기 때문에 동일한 보상값을 예상할 수 없으므로 비대칭적 게임의

표 1. 2×2 게임으로 본 북·미 간의 북한 핵 협상 모델.

		US	
		협조C	배신D
NK	협조C	a / e	b / g
	배신D	c / f	d / h

특성을 나타내며, 지배적인 전략도 미국의 선택에서만 발견 된다. 이것은 북한이 이 게임 모델에서 미국의 행위를 지배적 전략이라는 측면에서 예측할 수 있으며, 그 예측된 행위에 대해 최선의 보상값을 얻을 수 있는 대응행위 선택이 가능함을 보여준다. 상대의 전략을 관찰한 이후, 그에 대한 자신의 전략을 적절히 구사할 수 있는 이 같은 특성으로 인해 북·미간의 협상 게임은 김우상의 기존 연구[2] 에서와 같이 순차 게임에 적용될 수 있다. 그러나 상대의 전략을 예측하여 사전에 자신의 전략을 준비하고 회담장에서 준비된 전략을 내 놓은 이제까지의 6자회담 협상 행태는, 협상장소에 나가기 전까지는 상대의 전략을 정확히 알 수 없었다는 측면에서, George W. Downs 와 David M. Rocke, Randolph M. Siverson이 보여준 군비경쟁 형식의 게임[3] 으로

---

[1] Avinash Dixit and Susan Skeath, Games of Strategy, p. 256.

[2] Woosang Kim, "In Dealing with a Hawkish Rival: Game Teoretic and Empirical Analyses of the Korean Peninsula Case", p. 35.

[3] George W. Downs, David M. Rocke, and Randolph M. Siverson, "Arms Races and Cooperation", *World Politics*, Vol. 38, No. 1, (October 1985) , pp. 118-146.

도 해석될 수 있기 때문에 양국의 협상이 2×2게임에도 충분히 적용 가능하다고 할 수 있다.

북한과 미국이 각각의 선택적 행위에 따라 얻을 수 있는 개별적인 보상값의 선호도를 예상하기 위해 양측의 이해득실을 살펴 보면 〈표2〉와 같이 나타낼 수 있다. 이를 바탕으로 도출된 북한의 보상값 선호도는 CC 〉 DC 〉 DD 〉 CD의 사슴사냥 게임 (stag hunt game) [①]형식을 취하고 있으며, 미국은 CC 〉 DC 〉 CD 〉 DD로 수업마감게임 (class deadline game) [②] 에서 선생님의 보상값 선호도를 가지고 있다. 첫 번째, 북・미가 모두 협조하여 합의점을 찾게 되는 'a & e'의 경우에서 북한은 i) 미국과의 관계 정상화를 통해 현재의 김정은 체제를 인정 받을 수 있게 되고, 그로인해 정권을 유지하는데 도움이 되는 결과를 얻게 된다. 또 미국을 비롯한 나머지 6자회담 참가국들모부디 핵 포기에 대한 대가로 ㄱ 동안의 ii) 경제 봉쇄 제재 조치를 해제 받고, 동시에 iii) 경제 및 에너지 원조를 획득하는 이익을 얻게 된다. 더구나 비록 합의의 도출에 따라 핵무기를 파기하거나 핵시설을 중단, 불능화, 폐기한다 하더라도, 이제까지 축적된 iv) 핵무기 개발에 관련된 기술은 그대로 유지할 수 있다는 점 역시 북한에게는 이익임에 틀림 없다. v) 핵 무장을 해제하고 관련된 시설들을 중단해야 한다는 사실이 핵 강국으로서의 위치를 포기하는 단 한가지 손해 요소일 뿐, 그에 따라 얻을 수 있는 대가가 북한에게는 더 많은 이익이 되는 것이다. 위의 다섯 가지 결과에 대해 각각 긍정 또는 부정적 효과를 판단하여 이에 따라 + 또는 − 값을 부여해 봄으로써 북한이 핵 포기를 전략으로 선택했을 때 얻을 보상값의 선호도가 가장 클 것으로 예상했다. 미국의 입장에서도 역시 이 CC (a & e) 의 경우가 가장 높은 보상값의 선호도를 가진다. 북한의 핵무장을 포기하도록 유도함으로써

---

① · Avinash Dixit and Susan Skeath, Games of Strategy, p. 109.

② · *Ibid.*, p. 296.

표 2.　북·미 간의 북한 핵 협상 모델에서 보상값 예측을 위한 북한과 미국의 이해 득실.

	NK	US
a & e 북:협조 미:협조	i) 현 체제 유지 보장 (+) ii) 경제 제재 해제 (+) iii) 경제/에너지 원조 획득 (+) iv) 핵기술 보유 (+) v) 핵무장 해제 (−)	i) 동북아 내 정치적 영향력 유지 (+) ii) 미국 주도 NPT체제 강화 (+) iii) 경제 및 에너지 지원 부담 (−)
	4 (선호도 가장 높음)	4 (선호도 가장 높음)
d & h 북:배신 미:배신	i) 핵무장 (+) ii) 핵기술 보유 (+) iii) 국제사회에 암묵적 핵강국으로 등장 iv) 경제 제재 지속 (−) v) 외교적 고립 (−) vi) 체제 붕괴 위협 증가 (−) vii) 군사적 위협에 노출 (−)	i) 동북아 내 정치적 영향력에 타격 (−) ii) 미국 주도 NPT체제 부담 증가 (−) iii) 동북아 지역 군사력 보강 필요 (−) iv) 북핵 해결위한 군사행동 고려 부담 (−) v) 북한이 지속적 외교부담 (−) vi) 국내정치 지지도 하락 (−)
	2	1 (선호도 가장 낮음)
b & g 북:협조 미:배신	i) 핵기술 보유 (+) ii) 핵무장 해제 (−) iii) 경제 제재 지속 (−) iv) 체재 붕괴 위험에 노출 지속 (−) v) 군사적 위협에 노출 지속 (−)	i) 미국 주도 NPT체제 강화 (+) ii) 경제 및 에너지 지원 부담 없음 (+) iii) 북한의 핵 재무장 지속 감시 필요 (−) iv) 중·러와 외교적 마찰 가능성 (−)
	1 (선호도 가장 낮음)	3
c & f 북:배신 미:협조	i) 핵무장 (+) ii) 핵기술 보유 (+) iii) 국제사회에 암묵적 핵강국으로 등장 iv) 현 체재 유지 보장 (+) v) 경제봉쇄 해제 (+) vi) 경제/에너지 원조 획득 (+) vii) 경제 제재 재가동 (−) viii) 군사적 위협에 노출 증가 (−) ix) 외교적 고립 (−)	i) 경제 제재 정당성 강화 (+) ii) 무력 사용의 정당성 확보 (+) iii) 한국, 일본과 동맹관계 강화 (+) iv) 경제 및 에너지 지원 부담 (−) v) 군사행동 고려 부담 (−) vi) 외교정책 실패 국내 지지도 하락 (−)
	3	2

　　i) 동북아시아에서 기존의 정치적 영향력을 지속적으로 유지하거나 증가 시킬 수 있는 기회를 얻게 되며, 인도, 파키스탄, 이스라엘에 대한 암묵적 예외 인정으로 NPT 체제의 적용이 공정하지 못하게 이루어지지 못하고 있다는 정치적 비판을 받고 있던 ii) 미국 주도의 NPT체제를 강화하는 계기를 마련할 수 있다. 그러나 이러한 이득에도 불구하고, 미국은 북한의 핵 포기에 대해 iii) 경제 및 에너지 지원을 약속하고 이를 이행하는 부담을 감수해야만 한다.

　　두 번째, 북·미의·상호 배신으로 6자회담에서 합의점을 찾지 못하고 협상에 실패하는 'd & h'의 경우에, 북한은 i) 핵으로 무장하고 ii) 핵무기 생산 및 운영 기술을 보유하게 됨으로써 iii) 파키스탄의 경우처럼 국제사회에서 암묵적으로나마 핵 보유국으로 인정

받게 되는 이득을 얻게 된다. 그러나 미국 및 회담 참여 4개국, 그리고 기타 서방 국가들에게 iv) 경제 제재를 지속하도록 하는 원인을 제공하고 v) 기존에 우호적 관계를 유지하던 중국이나 러시아 등으로부터도 비난을 받는 외교적 고립상황에 직면하여, 결과적으로 vi) 현재 체제가 더욱 곤란함을 겪는 악영향을 받을 수 있다. 또, 핵 포기를 강제하려는 최후의 수단으로 미국이 고려하는 vii) 군사적 공격의 위협을 받게 된다는 점도 북한에게는 부정적인 부담이 될 수 밖에 없다. 그러므로 6자회담 실패시 북한에게 부여되는 보상값의 선호도는 차악이 될 것으로 예상된다. 그러나 미국은 이 상호 배신 DD (d&h) 경우 북한에 비해 훨씬 많은 손실을 감수해야 하므로, 가장 낮은 보상값의 선호도를 갖게 된다. i) 동북아시아 내에서 냉전시대 이후 지속적으로 유지해 온 정치적 영향력에 타격을 입을 뿐만 아니라, ii) NPT체제 하에서 또 하나의 예외를 어쩔 수 없이 용인해야 하는 국제정치적 부담을 지게 된다. 더구나 이는 일본이나 한국, 또는 이란 등 잠재적 핵 보유 가능 국가들의 핵무장을 억제할 명분도 약화시킨다. 또한 iii) 북한이 핵을 보유함으로써 일본, 대만, 한국에 그와 상응할 만 한 수준의 군사력을 배치하여 지역의 군사적 균형을 보강하고, iv) 북한의 핵 포기를 강제하기 위한 군사행동까지도 고려해야만 하는 부담이 가중된다. 이렇듯 v) 핵을 보유한 북한은 미국에게 지속적인 외교적 부담이 될 수 밖에 없으며, vi) 미국의 국내정치적 측면에서도 북한의 핵 문제를 적절히 처리하지 못한데 대한 행정부의 지지도 하락 가능성도 있다. 따라서 이러한 상황을 감안한 미국의 보상값 선호도는 그가 선택할 수 있는 4가지 가능성 중 가장 낮은 수준이 될 것이다.

　　세 번째 'b & g'의 상황은, 북한이 많은 대가를 예상하고 협력을 선택하여 핵 무장을 포기했으나, 미국이 이에 대한 대가 제공 등의 약속을 이행하지 않고 김정일 체제를 붕괴시켜 좀 더 상대하기 편안한 정권으로 교체하는데 노력을 지속하는 상황이다. 이 경우 북한에게는 i) 핵기술을 보유하고 있다는 잇점 이외에 어떠한 다른 이득도 기대할 수 없는 상황이 되므로 최악의 보상값 선호도가 주어진다. ii) 그 동안 많은 비용과 노력을 들여 준비한 핵무기 포기 자체로 인한 손해와, iii) 미국의 경제 제재가 지속됨에 따라 국내 정치, 경제, 사회적 불안 요소들로 인해 iv) 체제 붕괴 위협에 지속적으로 노출됨과 동시에, v) 미국의 군사적 위협에도 노출이 지속되는 등의 부정적 요소들만이 발생하기 때문에 북한에게 주어지는 보상값의 선호도가 가능한 4가지 선택 중 가장 낮을 수 밖에 없다. 미국의 입장에서는 DC (b&g) 상황 하에서 북한이 핵을 포기함으로 인해 미국이 주도하는 i) 기존 NPT체제에 안정적 측면이 증가할 뿐만 아니라, 북한에 대해 ii) 경제 지원을 부담하지 않아도 되며, 만일 현재의 김정은 체제가 붕괴되고 좀 더 수월한 상대가 정권을 갖게 될 경우 동북아지역 내에서 기존보다 월등한 정치적 영향력을 행사할 수 있을 수도 있게 된다는 장점이 있다. 그러나 미국의 배신 행위에 대한 대응으로 iii) 북한이 다시 핵으로 재무장 할 가능성을 꾸준히 감시해야 한다는 점과, 협력에 참여한 북한의 입장을 고려한다는 명분을 가지고 동북아 지역에서 기존의 영향력마저 잃을 것을 경계하는 iv) 중국 및 러시아와의 외교적 마찰 가능성과, 한국 또는 기타 국제 사회로부터 비도덕적 처사라는 비난의 가능성이 존재한다는 사실은 부정적 측면으로 작용할 것이다. 따라서 6자회담을 통해 북한만 약속을 이행하고 미국은 그렇게 하지 않는 상황을 선택함으로써 미국이 얻게 될 보상값의 선호도는 차선이 될 것으로 예상된다.

　　네 번째 'c & f'는, 미국이 북한과에 대한 경제 제재를 해제하고, 중유 제공 등의 에너지도 지원하는 등의 협조적 행위를 이행하였음에도 불구하고, 북한이 약속을 어기고 핵무장을 포기하지 않는 경우이다. 이 때 북한은 i) 핵으로 무장됨과 동시에 ii) 핵 기술을 보유한다는 장점을 가질 수 있고, iii) 나아가 국제사회에서 암묵적인 핵보유국으로 인정을받게 될 것이다. 또한 단기적으로 iv) 경제적 봉쇄가 해제되고, v) 몇 차례 최소한의 경제 및 에너지 원조를 얻음으로 인해 vi) 현재의 체제를 유지하는데 다소 유리한 여건을 조성할 수 있다. 그러나 장기적으로는 vii) 미국이 다시 경제 제재조치를 재 가동하고 viii) 더 큰 군사적 위협에 노출되는 위험에 직면할 수도 있으며, ix) 중국과 러시아 등 북한에 우호적이던 동맹국들로부터도 더이상 도움을 받을 명분을 잃게 되거나 비난을 받는 등의 외교적 고립 위기에 직면할 가능성이 있다. 따라서 이때 북한이 얻을 수 있는 보상값의 선호도는 차선이 될 것으로 예상할 수 있다. 미국에게 이 CD (c&f) 의 상황은, 북한에 대한 i) 경제적 제재 재가동에 정당성을 강하게 부여 받을 수 있으며, 심지어 기존에 반대입장을 유지해 오던 중국과 러시아로부터도ii) 북한에 대한 군사력 행사의 용인까지 얻어낼 수 있는 가능성이 있다. 또한 북한의 핵무장 유지로 인해 한국과 일본은 미국과의 군사협력 필요성이 증가하므로 미국은iii) 한국 및 일본과의 동맹체제를 강화할 수 있는 계기가 된다. 그러나 북한이 최종적으로 배신의 전략을 선택하기 전까지 미국은 iv) 북한에 대해 단기적인 경제 및 에너지를 지원해야 할 부담이 있다. 북한의 배신 이후에는 장기적으로 경제 제재를 재가동 하거나 v) 더 강력한 군사 행동을 고려해야 하는 부담과, 북한 핵 문제를 원활하게 처리하지 못한 결과에 대한 국내 정치적 책임으로 vi) 정권의 지지도가 하락하는 결과를 가져올 수 있다. 따라서 이 경우 미국이 얻을 수 있는 보상값의 선호도는 차악으로 예상할 수 있다.

　　위의 각 상황들에서 북한과 미국이 얻을 수 있는 보상값을 2×2 게임에 적용해 보면 다음 〈표 3〉과 같은 결과를 얻을 수 있다. 이 2×2 게임에서 발견되는 가장 특이한 사항은 북한의 협조나 배신 여부와는 관계 없이 미국에게는 협조 행위가 지배적 전략으

표 3. 북·미 간의 북한 핵 협상 모델에서 양측이 얻는 보상값.

		US	
		협조C	배신D
NK	협조C	4 (a) 4 (e)	1 (b) 3 (g)
	배신D	3 (c) 2 (f)	2 (d) 1 (h)

　　로 채택된다는 사실이다. 또한 북한의 입장에서는 미국이 협조할 경우에 자신도 협조를 선택하는 것이 내쉬 균형점 (Nash Equilibrium) 을 형성하여 유리하지만, 미국이 배신히는 경우에는 냉혹한 방아쇠 전략 (grim trigger strategy) 을 사용하여 배신을 선택해야만 자신에게 유리한 결과를 얻을 수 있기 때문에, 지배적 전략이 존재하지 않는다. 바꾸어 말하자면, 이 협상 게임에서 미국의 전략이 협조를 선택하는 것으로 고정될 가능성이 매우 크다는 사실을 예상한 북한은 설령 미국이 매우 강력한 위협적 태도를 취하는 경우에도 큰 두려움을 느끼기 보다 오히려 미국의 궁극적 협조를 전제로 원하는 것을 최대로 얻어낼 수 있도록 전략적 노력을 집중할 수 있었다. 따라서 북핵 문제에 대한 북 · 미 간의 협상 모델에서는 그 진행이 애초부터 북한에 다소 유리한 상황을 바탕으로 시작되었다고 볼 수 있다.

　　그러나 〈표 3〉에서 주의깊게 고려해 볼 필요가 있는 부분은 북한과 미국이 협조라는 전략을 선택하는 대신에 배신을 선택하는 경우 보상값의 차이, 다시말해 미국의 선택 중 'e'와 'g' 간의 보상값과 'f'와 'h' 간의 보상값 차이, 그리고 북한의 선택 중 'a'와 'c' 간의 보상값 차이가 그리 크지 않다는 사실이다. 만약 미국측에게 e 〈 g 또는 f 〈 h의 보상값이 주어지는 상황이 발생한다면 미국의 선택에서도 역시 지배적 전략이 나타나지 않을 것이고, 이는 북한으로 하여금 미국의 전략을 예측하기에 훨씬 어렵게 만들 것이다. 북한의 입장에서 보자면 역시 보상값에 있어 a 〈 c의 상황이 주어지는 경우, 북한으로 하여금 〈표 3〉에서 나타난 바와 같은 내쉬 균형점을 유지하도록 하는 동기가 더이상 존재하지 않게 된다. 따라서 〈표2〉에서 보상값을 구하는데 사용한 고려 요소들을 중심으로 어떠한 요소들이 양국의 전략적 선택에 더 결정적으로 영향을 미치는가를 살펴 보는 것이 중요하다. 더구나 현재 북·미간 협상의 잠정적 결과가 CC (a&e) 로 나타나고 있는 상황에서 ,본 논문이 자칫 사안에 대한 이론적 분석이 아닌 결과의 사후해석적 경향으로 치우치는 것을 방지한다는 관점에서도 의미가 있다고 본다.

우선 북한이 핵무장을 포기하는 협조적 입장을 유지할 때, 미국이 협조 (g) 와 배신 (e) 중 어떤 전략을 선택 할 것인가는 북한에 대한 경제 및 에너지 지원을 미국이 얼마나 부담해야 하는가와, 미국만의 일방적 배신으로 촉발될 중국 및 러시아와의 외교적 마찰 가능성이 얼마나 심각할 것인가에 달려있다. 북한의 핵 포기 댓가로 부담해야 할 경제적 또는 에너지 지원 규모가 클수록 미국이 협조보다 배신을 선택할 가능성은 높아지며, 중국이나 러시아의 개입 가능성이 낮을수록 역시 협조보다는 배신을 고려할 가능성이 높아 진다. 미국이 배신했을 경우 중국과 러시아와도 마찰이 발생하리라는 우려가 없다면, 미국은 반드시 협조를 선택할 필요가 없을 것이다. 또한 미국이 감당해야 할 경제 및 에너지 지원을 나누어 부담할 4개국의 도움이 없으면 협조라는 전략을 선택하지 않을 수도 있다.

반대로 북한의 입장에서 미국이 경제/에너지 지원과 체제유지 보장 등의 협조적 입장을 유지할 때, 협조 (a) 또는 배신 (c) 의 보상값에 차이를 만드는 요소들을 찾아볼 수도 있다. 미국으로부터 받을 경제 및 에너지 지원의 규모가 원하는 수준에 미치지 못한다거나 체제 보장 약속이행의 가능성이 낮으면 'a'의 보상값이 낮아질 것이고, 미국의 군사/경제적 위협 규모가 작거나 중국 및 러시아로부터 받게 될 처벌의 가능성이 낮아지면 'c'의 보상값은 높아질 것이다. 만약 배신을 선택해도 미국이 응징행위를 취하지 않고, 중국이나 러시아로부터 받을 처벌의 가능성도 낮게 예상한다면 북한은 굳이 핵 무장을 포기하는 협조적 선택을 할 필요를 느끼지 않을 것이다.

위에서 언급된 것처럼 현실적으로 교착상태에 있는 6자회담이 재개되고 미국과 북한이 협조적 전략을 유지하여 의미있는 결실을 얻을수 있으려면, 양국이 모두 협조적 전략을 선택할 수 있도록 영향을 미칠 수 있는 중국과 러시아의 역할이 필요하다. 그러나 러시아는 정치적 안정과 경제발전이라는 국내문제 해결이 국제무대에서의 역할보다 더 시급한 상황이다. 그러므로 현재로서는 국제무대에서 G-2로 불려질만큼 부상한 중국의 주도로 나머지 4개국들이 경제적 지원 부담을 분담함으로써 'e'의 보상값을 증가시켜 미국이 협조적 전략을 선택하는데 기여할 수 있다. 또한 동북아 내에서 미국의 영향력 증가에 대한 경계심을 가진 중국과 러시아가 잠재적 처벌[1] 의 가능성을 제공함으로써 'g'의 보상값을 감소시켜 미국의 일방적 배신 가능성도 줄일 수 있다.

미국은 '부상'한 중국과 협력하여 다양한 국제 현안에 대하여 공동의 책임을 짐으로써 이제까지 국제 문제 해결에서 미국 혼자서 짊어지던 부담과 비용을 줄일 수

---

① Ibid., p. 266. 2×2 게임이죄수의딜레마게임의형식으로보상값을갖는경우에대한해결책으로 Dixit과 Skeath는게임의반복 (repetition) , 처벌과보상 (penalties and rewards) , 리더쉽 (leadership) 이라는방법을제시했다.

있다.① 냉전시대 G-2였던 미국과 소련은 대결 상대였지만 세계화 시대의 G-2
인 미국과 중국은 '동반자'로 서로 협력해야 할 필요성도 증대되어, '차이메리카'
(Chimerica) 라는 새로운 용어가 등장하기도 했다.② 세계적 경제위기와 에너지 및
환경 문제 등 다양한 현안에서 공동으로 대처해야 하는 경제적 공생관계를 맺고 있
는 미국과 중국은 국제적인 안보 위협에 대한 대처에서도 협력을 강화해야 할 이해
관계를 가지고 있다. 그래서 오바마 (Barack Obama) 미 대통령은 "미·중 관계
가 21세기를 만들어 갈 것이며, 그러므로 양자 관계는 세계에서 가장 중요하다 (The
relationship between the United States and China will shape the 21st century,
which makes it as important as any bilateral relationship in the world.) "라고
선언하면서 중국과의 협력에 큰 의미를 부여했다.③

중국에게 최선익 이익이 되는 6자회담 결과는 북한이 핵무장을 포기한 상태에서
한반도가 안정적인 상태를 유지하는 것이다.④ 또한 북한이 계속 중국의 우방으로 남
아 한반도에 대한 영향력을 지속할 수 있는 상황도 중국에게 중요하다. 북한 체제가
급변하여 한반도 지역이 불안정해 지는 것은 중국으로서는 피하고 싶은 상황이기 때
문에,⑤ 북한이 핵무장을 포기하지 않고 핵실험과 미사일 발사를 지속하는 상황에서도
미국이나 한국, 일본과 보조를 맞추어 북한을 압박하는 행위에 참여가기는 쉽지 않다.
따라서 북한에 대하여 중국이 취할 수 있는 태도는 북한이 최대한 협력적 전략을 선택
할 수 있도록 유도하는 것이다. 이 같은 중국의 국가이익은 6자회담이 북한과 미국 간

---

① Bergsten, C. Fred, Charles Freeman, Nicholas R. Lardy and Derek J. Mitchell. 2009. "China's
Rise: Challenges and Opportunities", *Peterson Institute for International Economics* , pp.9-31.

② Ferguson, Niall and Moritz Schularick. 2007. "Chimerica and the Global Asset Market Boom", *International
Finance*. Vol. 10, No. 3. (January) ; Brzeninski, Zbigniew. 2009. "The Group of Two that Could Change the
World", *Financial Times* , January 13. 일간지 파이낸셜타임즈 웹사이트 [http://www.ft.com/cms/s/0/
d99369b8-e178-11dd-afa0-0000779fd2ac.html#axzz1CKyQl2G8] 검색일: 2010년 12월 15일.

③ "Obama: US-China relations to shape 21st century", http://www.usatoday.com/news/
washington/2009-07-27-obama-china_N.htm

④ 중국정부의북한핵문제에대한기본 입장은 "대화와 협상이라는 평화적 방식으로 한반도의 비핵화를 실
현하여 한반도와 동북아의 평화와 안정을 보존한다."는 것이다. 중국 정부의 북한 핵 문제에 대한 기본 입장
에 대해서는 다음 자료를 참조하라. "中国政府对朝鲜核问题的立场" 新华网 (http://news.xinhuanet.com/
ziliao/2007-04/18/content_5991379.htm)

⑤ 중국의 대북 정책결정에 직접적인 영향을 미치는 중국 내 한반도 전문가들은 북한의 비핵화를 주장하면
서도 대북한 제재에는 소극적이며 북한의 체제 붕괴 가능성을 부정적으로 평가한다. 또한 그들은 중국이 북핵 문
제에서 중국의 이익을 수호하기 위해서는 북한에 대한 정책적 레버리지를 유지해야 한다고 본다. 문정인. 중국의
내일을 묻다. (서울: 삼성경제연구소 2010)

의 양자게임 형식을 유지하도록 게임의 경기장을 제공하고 심판역할을 자처하는 중국의 태도와 연결된다.

〈표 3〉에서 보여주는 바와 같이 상대방인 미국의 협조가 이미 어느 정도 전제된 상태에서, 북한은 6자회담 개시 이후 현재까지 미사일 시험발사와 핵실험 등을 통해 미국에게 자신이 나타낼 수 있는 가능한 가장 강력한 위협신호를 꾸준히 표현해 보임으로써 미국과의 협상에서 최적의 결과를 얻어내려는 노력을 지속해 왔다. 2×2게임 양상을 분류한 Rapoport와 Guyer의 입장에 따르면 북·미 간의 협상게임에서는 북한이 더 큰 보상값을 얻는 만족한 행위자 (satisfied player) 이며, 미국은 불만족한 행위자 (aggrieved player) 로 불릴 수 있다. 〈표 3〉의CC (a&e) 에서 볼 수 있는 바와 같이, 북·미의 보상값이 균형상태에 도달한 2×2게임에서 두 행위자는 모두가 현재의 전략에서 다른 전략으로 이동하려는 동기를 갖지 않는다. 하지만 이들 중 어느한 쪽이 북한의 경우처럼 미사일 발사나 핵실험과 같은 배신의 전략으로 이동하는 위협 (threat of a shift) 을 구사할 경우, 상대 행위자인 미국은 그 위협에 대한 피해를 줄이기 위해 자신도 역시 배신으로 전략을 이동할 것인지 아니면 현재의 협조전략을 유지할 것인지를 다시 선택해야만 하는 상황에 놓인다. 북한이 비록 현재 자신의 즉각적 이해 (immediate interest) 에 반하여 균형상태로부터 벗어나는 전략을 선택하지만, 이것은 상대인 미국이 현재 전략을 수정하도록 유도함으로써 결과적으로 자신이 미국에 비해 평형상태에서 얻을 수 있는 것 보다 더 많은 이득을 얻으려는 의도에 따른 행위라는 것이Rapoport와 Guyer의 설명이다.[①] 그러나 이들의 설명은 일련의 위협적 행위들에도 불구하고 양측 모두가 다시 협조적 전략을 선택하여 6자회담 이 재개되는 양상을 설명하기에는 제한적인 측면이 있다.

Dixit과Skeath가 설명한 위협-변화 협상 모델[②] 은 북·미 간 핵 협상에 대한 Rapoport와 Guyer의 제한점을 보완하는 설명을 제공한다. 〈그림 1〉이 바로 Dixit와 Skeath의 위협-변화 협상 모델이다. 북한과 미국을각각 A와 B로 부호화 하면, a와 b가 만나는 P는 두 행위자가 협상에 성공하지 않고도 얻을 수 있는 기본적 보상값인 안전적 뒷받침의 보상값 (backstop payoff, BATNA: Best Alternative to a Negotiated Agreement) 을 의미한다. Q는 A (북한) 와 B (미국) 가 협상을 통해 기본적 보상값 보다 더 많은 이익을 얻게 되는 궁극적인 보상값 (ultimate payoff) 을 의미한다. x와 y축을 잇는 사선 V는 A와 B가 얻는 궁극적 보상값의 가능한 조합을 나타내는 것으로서,

---

① · Anatol Rapoport and Melvin Guyer, "A Taxonomy of 2×2 Game" , p. 206.

② · Avinash Dixit and Susan Skeath, Games of Strategy, p. 530.

소통과 이해 증진 공동안보 모색

　　A와 B는 항상 이 직선 V 위에서 협상의 보상값을 얻게 된다. P와 Q를 잇는 실선은 정상적 상황 하에서 A와 B가 협상을 통해 얻게 되는 보상값의 움직임을 표현하는데, P1과 Q1을 잇는 점선에서 볼 수 있듯이 A가 자신의 보상값은 변화 시키지 않은 채로 B의 보상값을 감소시킬 수 있거나 (P에서 P1으로의 이동), 자신의 보상값이 감소하는 것에 비해 B의 보상값을 더 많이 감소시키는 것이 가능하다면, 협상에서 얻게 되는 궁극적인 보상값 Q를 자신에게 더 유리한 Q1으로 이동시키는 것이 가능하다. 상대의 행위를 위와 같은 결과 (Q에서 Q1으로의 이동) 로 유도하는 전술 중 하나가 위협 (This will hurt you more than it hurts me.) [1]인데, 북한이 사용한 위협이 미국의 위협에 비해 훨씬 더 효과적이었다는 사실을 〈그림 1〉을 통해 알 수 있다. 이는 동시에 배신을 선택하는 경우 북·미가 얻게 되는 보상값이 어째서 〈표3〉과 같은 차이를 발생시키는가에 대한 설명을 제공해 주기도 하다. 양국이 서로 핵무기를 포함한 전쟁 상황에까지 이르게 될 경우, 더 잃을 것이 없다고 여기는 북한에 비해, 미국은 자신의 피해를 상대적으로 더 크게 인식하고 있다는 것이다.

　　같은 맥락에서, 〈그림 1〉은 미국의 지배적 전략이 협조로 굳어진 상태에서는 북한도 협조하여 내쉬 균형점을 형성하는 것이 이득임에도 불구하고, 어째서 북한이 협상에서 협조적 태도를 보이지 않고, 미사일 시험 발사나 지하 핵실험과 같은 벼랑끝 전술로 미국에 대한 위협을 지속해 왔는지를 설명하는데 도움을 준다. 일단 협상이 타결된 후에는 보상값을 변화시키기 위한 전략이 제한되기에, 협상 과정에서 최대한 실선 PQ를 점선

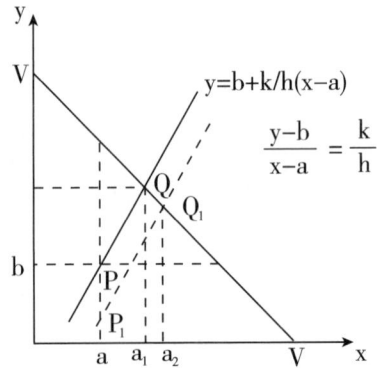

그림1.　variable-threat bargaining 모델

P1Q1처럼 우측 아래로 옮겨 놓아야만 협상 후 자신이 얻는 보상값을 a1에서 a2로 증가 시킬 수 있다는 사실을 계산했기 때문이다. 더구나 미국의 입장에서는 북한이 뚜렷한 지배적 전략을 갖지 않았으므로, 북한이 미국의 선택을 예측했던 것과 같은 수준으로 북한의 선택에 확신을 가질 수가 없었다. 따라서 북한의 위협 전술은 미국의 협상 태도에 효과적으로 영향을 미칠 수 있었던 반면, 지배적 전략이 협상쪽으로 노출된 미국이 사용한 위협은 북한에게 그다지 효과적인 영향을 줄 수 없었다.

　　이처럼 북·미 간의 협상 양상에서 발견된 점들은 갈등의 악순환이나 억지력의

---

① · Avinash Dixit and Susan Skeath, Games of Strategy, p. 531.

관점에서 제시된 예측① 들 중, 일부와 부합되지 않는 결과를 보여준다. "상대의 강제력이 높을 때, 협상자는 오히려 더 양보를 하지 않아 갈등을 유발하게 된다"는 갈등의 악순환적 관점과, "상대의 강제력 수준이 높을 때, 협상자의 요구 수준이 낮아져 갈등을 억제하게 된다"라는 억지력의 관점은 서로 상반된 예측을 하였으나, 두 예측을 〈표 3〉의 북 • 미 협상 모델에 적용해 보면 북한의 강제력 수준이 변화하는 정도, 즉 북한의 선택이 배신인가 협조인가에 상관 없이 미국은 협조를 지배적 전략으로 선택함으로써 동일한 수준의 양보와 요구 수준을 보여 주었다. 또한 북한은 자신보다 월등한 강제력의 상대인 미국에게 핵실험과 미사일 시험발사라는 강수로 맞서 어떠한 양보도 하지 않았으며, 오히려 경제제재 해제와 현 체제의 유지 보장을 선행조건으로 주장하는 등, 강한 요구를 내세우는 보습을 보였다. 이는 협상자의 양보나 요구 수준의 강도가 상대의 강제력 정도에 의존해 변한다고는 보기 어려우며, 그보다는 협상자 스스로가 상대 강제력의 실효성을 어떻게 인식하고, 어떤 전술을 사용하는 것이 목적 달성에 적절한가를 합리적으로 판단하여 상황에 따라 다르게 행위의 강도를 결정한다고 보는 것이 더 옳을 것이다.

결론적으로 이 에세이를 통해 발견할 수 있었던 사실들 중 가장 중요한 점은, 협상이나 거래에 있어서 그 결과와 협상 참여자들의 태도를 결정하는 변수에 관한 사항이다. 기존의 연구들이 협상의 결과에 영향을 미치는 변수로 사회적 지위를 지적하였으며, 협상 참여자들의 태도를 결정짓는 변수로 참여자들의 강제력에 초점을 맞추었으나, 6자회담을 통해 보여준 북 • 미 간의 태도와 협상 양상은 이들의 이론으로부터는 다소 벗어나 있었다.

미국에 비해 월등히 약소국으로 평가되는 북한이 자신의 체제와 정권의 안정을 확보하기 위해 핵무기라는 협상 카드를 사용하여 원하는 배부분을 얻어낼 수 있었던 까닭은 미국의 전략이 지극히 제한되었다는 이유가 크다. 다시 말해, 과거 6자회담에서 미국이 취하리라고 예측되었던 선택은 지배적 전략으로 나타난 협조였으며, 이를 북한도 이미 알고 있었기 때문에 미국이 북한 계좌의 자금동결, 경제 제재, 군사적 공격 가능성 시사 등 강력한 위협들을 다양하게 사용했음에도 불구하고, 크게 두려움 없이 자신이 원하는 바를 얻기 위해 협상에 임할 수 있었고 오랜 기간을 기다릴 수 있었다고 본다. 이에 비해, 북한의 지배적 전략은 상대적으로 변화 가능성이 높았으며, 이 점이 협상에 임하는 미국을 어렵게 만들었던 부분이라 할 수 있다.

북한은 미국이 협조 이외에 다른 선택을 하기 어렵다는 사실을 알고, 이에 대해

---

① Carsten K. W. de Dreu, "Coercive power and Concession Making in Bilateral Negotiation", *Journal of Conflict Resolution*, Vol. 39, No. 4, (December 1995), p. 654.

소통과 이해 증진 공동안보 모색

자신이 가능한 선택 중 최선의 전략이 역시 협조라는 사실을 계산할 수 있음에도 불구하고, 미사일 시험발사와 핵실험, 연평도 포격 등과 같은 강수를 보이며 미국과 나머지 6자회담 참가국들에 대한 위협을 늦추지 않았다. 이는 위협-변화 협상 이론에서 볼 수 있듯이 협상을 통해 협상 참여자 각자가 얻는 보상값의 조합을 최대한 자신에게 유리한 상태로 옮겨 놓기 위한 계산적 행위라고 볼 수 있다. 일단 협상이 완료되고 협상 참여자 각각에게 돌아갈 보상값이 정해진 후에는 더이상 자신에게 주어지는 추가적인 이익을 기대할 수 없기 때문이다.

이를 바탕으로 도출할 수 있는 결론은 협상 결과와 협상에 임하는 태도를 결정하는데는, 사회적 지위나 강제력의 정도에 비해, 협상 참여자가 상대 전략에 대해 어떤 대응이 가장 효과적일지를 판단하는가와 상대의 전략을 어떻게 인식하느냐가 더 중요한 요인으로 작용한다고 보아야 하며, 이러한 계산이 옳은 것이었을 때만 협상의 결과 역시 자신이 원했던 방향으로 나타난다고 보는 것이 적절한 설명이라는 것이다. 또한 협상 과정을 통하여 지극히 비합리적 성향으로 해석 되도록 북한이 취해 온 많은 행동들이, 북한 정권 내부 정책결정자들의 전쟁과 위험을 즐기는 극단적 성향 때문만은 아니라는 사실도 알 수 있다. 국제사회에 비정상적이고 비합리적으로 비춰겼던 북한의 행동들은 오히려 협상에 임하여 자신에게 가장 최선의 결과를 얻어내기 위해 벌인 합리적인 선택의 결과였던 것이다.

이 글을 통해 마지막으로 얻어낸 결과는 6자회담에서 중국과 러시아 및 나머지 참여국가들의 역할이었다. 비록 중국과 러시아가 북한의 핵 무장에 대해 미국과 마찬가지로 반대 입장을 유지했지만, 미국이 북한 체제를 지속적으로 위협하는 등의 배신 전략을 선택하는 경우 외교적 압력을 제공하여 미국에 부담이 될 수 있었다는 점과, 협조를 선택하는 경우 경제/에너지 지원 부담을 함께 나누어 경감해 줌으로써, 협조와 배신 중에서 협조적 전략을 선택하는 것이 용이하도록 만든 중요한 요인이 되어 주었다. 특히 중국은 6자회담에 참여하는 주변 4개국 중 한반도 지역의 안정을 가장 절실하게 원하는 국가 중 하나이면서, 동시에 북한과 가장 가까운 관계를 유지하고 있는 국가로서, 2×2게임에서 선형석으로 나타나는 약점인 죄수의 딜레마, 즉 양대 행위자 모두가 배신을 선택하게 되는 극단적 상황을 방지하는데 기여하고 있다. 미국과 북한이 협상이 지속될 수 있도록 양자를 독려하고, 양대 행위자가 배신의 전략을 선택함으로써 한반도에 벌어질 수 있었던 무력 충돌 가능성을 막으면서, 협력에 필요한 미국의 부담을 경감시키는데 기여함으로써, 북한 핵 문제를 평화적으로 해결하는 데 도움을 주고 있다는 사실이다. 이 같은 중국의 역할은 죄수의 딜레마가 해결되기 위한 전제조건인 게임의 반복, 처벌 및 보상의 리더쉽을 제공하는 것이 된다.

동중국해 안정과 미래 중일 관계

胡继平*

현재 동중국해에서 중일관계에 영향을 주는 3대 문제는 첫째, 영토분쟁, 둘째, 해상안전, 셋째, 해상 분계선이다.

영토분쟁이 절대 새로운 문제가 아니지만 최근 중일관계에 중대한 영향을 주는 것은 사실이다. 핵심은 중일의 과거 논쟁을 보류하자던 공감대를 일본이 부인했다는 것에 있다. 공감대와 관련 당시 중일관계 정상화 과정에서 일본의 정치가와 외교관들이 인정한 것이고, 그 중 일부만이 '공감대' 보다는 '묵계'라고 불러야 한다고 생각했다. 당시 양국의 입장에 모호하고 애매한 부분이 있었지만 이러한 애매한 부분이 양측에 어느 정도 여지를 주었고, 직접적인 입장 충돌을 피할 수 있도록 했다. 2010년 9월 중국 어선과 일본 해상보안청 선박과의 충돌, 2012년 9월 일본의 댜오위다오 (釣魚島) '국유화' 실시는 일본이 과거의 모호한 부분에 대한 결론을 내리고 양측이 과거에 이룬 균형을 깬 것이다. 새로운 국면에서 일본은 영토분쟁의 존재를 확실하게 부인했고, 중국은 어쩔수 없이 해경의 법 집행을 통해 주권에 대한 주장을 하게 되었다. 지금 양측이 댜오위다오에서 현 상황을 변화시킬만한 중대한 조치를 취하고 있지는 않아 기본적으로 통제된 상황이지만 영토분쟁이 중일관계에 악영향을 주고 있다는 것은 부인할 수 없다. 첫째, 양측은 영토분쟁을 둘러싼 외교전, 여론전이 여전해 외교관계와 국민감정이 한동안 개선되기는 어려울 것이다. 둘째, 일본측이 분쟁의 존재를 인정하지 않고 있어 중국의 주권행사를 위해 댜오위다오 12해리에서 하고 있는 순찰행동이 일본에게 '영해 침범'으로 생각되어 양국 국민을 자극하고 있다. 셋째, 분쟁을 부인하는 것은 해결을 위한 대화와 외교 협상을 실시할 수 없게 만들어 양자관계의 악화를 장기화하고 있다.

해상안보 문제가 최근 몇 년간 비교적 두드러지고 있다. 영해와 영공 밖의 공해 및 그 상공에서 각국의 해군과 공군은 자유롭게 행동을 할 수 있지만, 사실 각국이 인정한 국제법 기준을 마련되어 있지 않다. 예를 들어 일부 국가들이 영공 밖에 큰 범위

---

* 胡继平 : 중국 현대국제관계연구원 원장조리.

의 공역을 방공식별구역 (ADIZ) 으로 정하고, 역내 진입한 타국 비행기에 대해 긴급 출동하여 저지하고 심지어는 전자 방해까지 하며, 어떤 국가는 정부 차원에서 정보를 발표하기도 하고, 자국 언론은 긴급 출동의 수를 보도하며 저지당한 쪽이 위협 요소라고 암시하고 있다. 하지만 이런 긴급 출동과 저지, 방해는 자유로운 비행에 대한 방해라고 할 수 있다. 2013년 중국이 동중국해에 ADIZ를 설정하자 일본은 국제법을 위반한 행위라고 비난했다. 일본이 오히려 1969년 이미 ADIZ를 설정했다는 것은 둘째치고, 사실 ADIZ에 대한 국제법이 없는 상황에서 각측이 스스로 정하고 발표하는데에는 통일된 근거가 절대 없다는 것이다. ADIZ의 넓이와 역내 진입 타국 대해 취할 수 있는 행동에 대한 통일된 기준도 없다. 현재, 한중일 3국이 동중국해에서 정한 ADIZ는 중첩되는 부분이 있기 때문에 3자는 협상을 할 필요가 있다. 넓이를 정하는데 의견 합의를 보지 못한다면 적어도 마찰을 피하고, 시로의 상호 안보 신뢰를 증신하기 위해 중첩되는 부분에서의 행동 규범을 정해야 한다.

해상 경계선 문제의 영향력 또한 상당히 크다. 중일 동중국해 해상 분계와 관련, 중국은 일본이 주장하는 '중간선' 이서 부분은 분쟁 지역이 아니라고 생각한다. 이 선 서쪽 지역에서의 유전과 천연가스 개발에 대해 일본 역시 처음에는 의의을 표시하지 않았지만 후에 반대하기 시작했다. 최초의 반대 이유는 모 일본 대신이 공개석상에서 컵을 이용해 시연을 하면서 소위 '빨대효과'로 비롯되었다. 당연히 이는 일본 유전 탐사 전문가에 의해 근거가 없는 것으로 여겨졌다. 그는 개발로 인한 영향이 1km를 넘지 않는다며 그렇게 많은 유정을 팔 필요가 없고, 중국의 유정은 '중간선'에서 가장 가까운 거리도 5km가 된다고 지적했다. 하지만 최근 일본은 중국이 이 '중간선'에서 더 멀리 떨어진 곳에서 하고 있는 석유와 천연가스 개발을 일본의 200해리 안에 있다는 이유로 또 반대하기 시작한다는 사실을 알게 되었다. 그 밖에 일본은 또한 중일 양국이 동중국해 자원 개발에 관한 '합의'를 곡해했다. 처음 일본 법인이 중국 법에 따라 춘샤오 (春曉) 유정 탐사와 개발 참여에 중국이 동의하는 것을 양국의 '공동개발'로 해석했고, 중국어로 교섭한 후에야 정정을 했다. 후에 일본은 또 중국의 기타 개발 프로젝트가 양자의 '합의'를 위반한 것이라고 지적했다. 사실 '합의'는 양자가 규정된 지역 안에서 선택된 지점에서 공동개발을 하는 것만을 규정하고 있고, 동중국해의 기타 해역의 개발도 양자의 동의가 있어야 한다는 것은 전혀 언급하지 않았다. 일본측이 점점 높은 요구조건을 내걸고 공격적인 외교 수단으로 나오는 일본측의 행동은 동중국해 경계선 문제 해결을 더욱 어렵게 만들고 있다.

동중국해의 안정은 미래 중일관계 안정 여부와 직결될 뿐 아니라 지역 평화와 안정과도 관계가 있다. 동중국해 안정 수호는 지역 대국으로써의 중일 양국이 함께 지켜야 할 책임이자 의무이다. 양국은 양자관계와 지역 안정이라는 전략적 측면에서 이러한 문제들을 신중하게 대하고 해결해야만 이견을 점차 줄이고, 공동 이익을 확대함으로써 양자관계를 더 건전한 발전의 길로 인도해 양국과 지역 각국 국민들의 안녕을 추구할 수 있다.

(金善女 번역)

북한의 비핵화를 위해 필요한 정책적 전환

前田宏子[*]

1.현재까지의 경위와 현황

1994년의 제네바 합의가 2003년에 무산되고 동년에 제1차 6자회담이 개최되었다. 그러나 북한은 2006년에 최초의 핵실험을 단행했고 6자회담은 2008년 12월을 마감으로 다시는 열리지 않았다. 2009년 북한은 6자회담 탈퇴를 선언하고 핵개발을 추진하였고 "핵보유국"을 자칭하면서 전세계에 북한의 핵보유를 인정하도록 강요하고 있다.

이러한 상황에서 지금 당장 6자회담을 재개해도 의미가 없다. 과거의 교훈을 봐도 북한은 협상의 테이블에 마주앉는것 자체를 거래재료로 삼아 시간을 벌면서 핵개발을 추진해왔다. 하물며 현재는 핵개발을 향후도 계속해 나갈 것이라는 의사를 명백히 표명한 상태이니 북한은 그 어떤 양보도 하지 않을 것이다.

북한문제를 해결하기 위해서 주변국가들간의 협력이 불가결이라는 점은 오늘날도 변함없다. 그러나 6자회담이 왜 지금까지 북한의비핵화에 실패하였는지를 검토하고 필요한 정책적 전환이 이루어지지 않는다면 사태는 과거와 마찬가지로 점점 더 악화될 뿐일것이다.

2.왜 현재까지 6자회담 구조는 북한의 핵개발을 저지할수 없었는가?

북한은 주변국들이 자국에 대하여 느끼는 위협감을 잘 알고 이를 이용하여왔다. 이것이 이른바 "약자의 공갈"이라고 하는것이다. 유엔의 경제제재등 조치의 효과가 크지않아 북한에 타격을 줄수 없었다.

가령 한반도에서 긴급사태가 발생했을 경우 북한이 승리할 가능성은 없으나 개발한 미사일과 핵무기를 이용하여 한국과 일본 그리고 미군에 막대한 피해를 줄 위험성

---

* 前田宏子: 일본 PHP종합연구소연구원.

은 있다. 독재체제인 북한과 달리 민주주의국가는 인명희생에 대해 커다란 공포를 느낀다.

결국 6자회담은 북한 붕괴라는 사태만은 막았을지 모르지만 비핵화라는 목표가 실패로 돌아가고 사태는 계속 악화되고 있는 형편이다. 북한의 핵 및 미사일 기술은 꾸준히 향상되었고 이에 따라 한국과 일본도 북한의 핵에 대비하기 위해 새로운 무기와 안보법제를 마련해야 할 필요성에 직면하고 있다. 동북아의 안보환경은 전반적으로 악화되고 있다.

일본에서는 향후 어떤 상황이 벌어질 것인가? NPT 체제를 준수해야 하고 일본 국민들이 핵에 대해 강한 반감을 가지고 있기때문에 일본이 핵무기를 개발하고 보유할 가능성은 낮지만 미사일 방어강화, 원정공격능력증강, 전수방위에 있어서도 허용되는 선제적 자위권 행사를 수용하는 방향으로 여론을 조성하는 등 사태는 불가피적인 것으로 보인다. 한국의 THAAD 배치에 중국이 반대하고 있듯이 일본이 북한에 대비하여 취하는 조치도 중일간에는 "북한 대책이라는 것은 구실일뿐 진정한 타깃은 중국일 것"이라는 의구심을 야기할 지도 모른다.

3. 지금까지 안고 있는 문제를 극복하기 위해 필요한 포인트

그럼 "약자의공갈"에 강대국과 기타 더욱 유력주변국들이 왜 지금까지 굴복해왔을까? 그것은 강대국사이에 정책적 불일치가 존재했기때문이다. 우선 주변국들이 일치 단결하야 북한에 압력을 가한다. 이와 동시에 북한이 자포자기적 정책을 채택하지 않도록 하기 위해 그들로 하여금 존속가능케 하는 조건도 아울러 제시할 필요가 있다.

첫째로 필요한 것은 한반도 유사시의 경우에 대비해 한미일 대응책을 준비해 두는 것이다.

둘째, 중국이 대북제재에 엄격한 자세로 임하지 않는 한 사태가 점진적으로 악화되는 현실은 구태의연일 것이다. 중국이 한반도에 대해 가지고 있는 관심과 우려를 이해할 수는 있지만 지금이 바로 정책적 전환을 실현할 기회이기도 하다. 미국은 한반도 유사시에 미국과 중국이 충돌하는 사태를 회피하기 위한 위기관리계획에 대해 적극적으로 중국과 협상하고자 하는 자세를 보이고 있다. 더 나아가 중국이 대북제재에 규정대로 엄격하게 임하는것을 조건으로 북핵 위기가 종식된후 중국의 동의없이는 38선이북에 미군을 파견하지 않겠다고 약조함으로써 중국의 우려를 어느정도 불식해 줄수도 있을것이다. 물론 미국은 이와 동시에 한국과 협상하면서 한국의 의향을 존중해야 할 것이다.

소통과 이해 증진 공동안보 모색

　　중국은 최악의 사태를 회피하고 싶은 간절한 소망에도 불구하고 사태가 점진적으로 악화되고 있는 현실을 목도하면서 어느 시점에서인가 필히 정책적 전환을 해야 한다는 점, 반드시 돌파구를 찾아야 한다는 점을 이해해야 할 것이다. 지금 중국과 한국은 전후이래 가장 양호한 관계를 유지하고 있다. 아울러 북한문제를 둘러싸고 미국과 중국사이에 대화를 가지는 것은 미중관계의 긴장완화에 얼마간은 도움이 될 것이다.

　　북한에게는 우선 핵개발을 중단하고 핵을 폐기하는 도경을 제시하지 않는 한 그 어떠한 협상도 있을수 없다는 자세를 각국이 일치 단결하여 내비쳐야 한다. 이와 동시에 그들의 체제를 보증할 수는 없지만 (정권운영능력의 결여에 대해서까지 책임을 질수 없음) 김정은정권과 북한내부체제 붕괴를 꾀한 그 어떤 시도도 하지 않는다는 약속 즉 내정불간섭을 북한에 대해 약속하는 것은 가능할 것이다. 한국도 결코 지금 당장 통일을 원하지는 않으며 북한이 붕괴되기를 원하는 주변국은 존재하지 않는다. 가장 중요한 포인트는 북한이 카드를 쥐고있는 현 상항을 주변국이 카드를 수중에 장악한 상황으로 반전시켜야 한다는 점이다.

(일한번역 김단실)